I0054904

Managementwissen für Studium und Praxis

Herausgegeben von Professor Dr. Dietmar Dorn und Professor Dr. Rainer Fischbach

Lieferbare Titel:

Anderegg, Grundzüge der Geldtheorie und Geldpolitik
Arrenberg · Kiy · Knobloch · Lange, Vorkurs in Mathematik, 3. Auflage
Barth · Barth, Controlling, 2. Auflage
Behrens · Kirspel, Grundlagen der Volkswirtschaftslehre, 3. Auflage
Behrens · Hilligweg · Kirspel, Übungsbuch zur Volkswirtschaftslehre
Behrens, Makroökonomie – Wirtschaftspolitik, 2. Auflage
Bontrup, Volkswirtschaftslehre, 2. Auflage
Bontrup, Lohn und Gewinn, 2. Auflage
Bradtke, Mathematische Grundlagen für Ökonomen, 2. Auflage
Bradtke, Statistische Grundlagen für Ökonomen, 2. Auflage
Busse, Betriebliche Finanzwirtschaft, 5. Auflage
Camphausen, Strategisches Management, 2. Auflage
Dinauer, Grundzüge des Finanzdienstleistungsmarkts, 2. Auflage
Dorn · Fischbach · Letzner, Volkswirtschaftslehre 2, 5. Auflage
Dorsch, Abenteuer Wirtschaft ·40 Fallstudien mit Lösungen, 2. Auflage
Drees-Behrens · Kirspel · Schmidt · Schwanke, Aufgaben und Fälle zur Finanzmathematik, Investition und Finanzierung, 2. Auflage
Drees-Behrens · Schmidt, Aufgaben und Fälle zur Kostenrechnung, 2. Auflage
Fischbach · Wollenberg, Volkswirtschaftslehre 1, 13. Auflage
Götze, Grafische und empirische Techniken des Business-Forecasting, 2. Auflage
Götze · Deutschmann · Link, Statistik
Gohout, Operations Research, 4. Auflage
Haas, Excel im Betrieb, Gesamtplan
Hans, Grundlagen der Kostenrechnung
Heine · Herr, Volkswirtschaftslehre, 3. Auflage
Koch, Marktforschung, 5. Auflage
Koch, Betriebswirtschaftliches Kosten- und Leistungscontrolling in Krankenhaus und Pflege, 2. Auflage
Laser, Basiswissen Volkswirtschaftslehre
Martens, Statistische Datenanalyse mit SPSS für Windows, 2. Auflage
Mensch, Finanz-Controlling. 2. Auflage
Peto, Grundlagen der Makroökonomik, 13. Auflage
Piontek, Controlling, 3. Auflage
Piontek, Beschaffungscontrolling, 3. Auflage
Plümer, Logistik und Produktion
Posluschny, Basiswissen Mittelstandscontrolling, 2. Auflage
Posluschny, Kostenrechnung für die Gastronomie, 3. Auflage
Rau, Planung, Statistik und Entscheidung – Betriebswirtschaftliche Instrumente für die Kommunalverwaltung
Rothlauf, Total Quality Management in Theorie und Praxis, 2. Auflage
Rudolph, Tourismus-Betriebswirtschaftslehre, 2. Auflage
Rüth, Kostenrechnung, Band I, 2. Auflage
Rüth, Kostenrechnung, Band II
Scharnbacher · Kiefer, Kundenzufriedenheit, 3. Auflage
Schuster, Kommunale Kosten- und Leistungsrechnung, 3. Auflage
Schuster, Doppelte Buchführung für Städte, Kreise und Gemeinden, 2. Auflage
Specht · Schweer · Ceyp, Markt- und ergebnisorientierte Unternehmensführung, 6. Auflage
Stender-Monhemius, Marketing – Grundlagen mit Fallstudien
Stibbe, Kostenmanagement, 3. Auflage
Strunz · Dorsch, Management, 2. Auflage
Strunz · Dorsch, Internationale Märkte
Weeber, Internationale Wirtschaft
Wilde, Plan- und Prozesskostenrechnung
Wilhelm, Prozessorganisation, 2. Auflage
Wörner, Handels- und Steuerbilanz nach neuem Recht, 8. Auflage
Zwerenz, Statistik, 4. Auflage
Zwerenz, Statistik verstehen mit Excel – Buch mit Excel-Downloads, 2. Auflage

Kommunale Kosten- und Leistungsrechnung

Controllingorientierte Einführung mit Bezügen zum NKF bzw. NKR

von
Professor
Dr. Falko Schuster
Fachhochschule für öffentliche Verwaltung
des Landes Nordrhein-Westfalen

3., überarbeitete und aktualisierte Auflage

Oldenbourg Verlag München

Bibliografische Information der Deutschen Nationalbibliothek

Die Deutsche Nationalbibliothek verzeichnet diese Publikation in der Deutschen Nationalbibliografie; detaillierte bibliografische Daten sind im Internet über <http://dnb.d-nb.de> abrufbar.

Rosenheimer Straße 145, D-81671 München
Telefon: (089) 45051-0
oldenbourg.de

Lektorat: Rainer Berger
Herstellung: Anna Grosser
Coverentwurf: Kochan & Partner, München
Cover-Illustration: Hyde & Hyde, München
Gedruckt auf säure- und chlorfreiem Papier
Gesamtherstellung: Grafik + Druck GmbH, München

ISBN 978-3-486-59688-5

Vorwort zur 3. Auflage

Die Kosten- und Leistungsrechnung (KLR) müssen die Städte, Kreise und Gemeinden nicht neu entdecken. Im Gegenteil – es handelt sich hierbei um ein betriebswirtschaftliches Instrumentarium, das in Kommunalverwaltungen seit vielen Jahren mit Erfolg eingesetzt wird und einen relativ hohen Reifegrad aufweist.

Einschränkend ist allerdings darauf hinzuweisen, dass – auch wenn von Kosten- und Leistungsrechnung gesprochen wird – meist lediglich eine Kostenrechnung und keine Leistungsrechnung praktiziert wird, wie dies im Übrigen auch im Bereich der Privatwirtschaft nicht selten der Fall ist. Hinzu kommt, dass in der Regel lediglich einige spezielle Bereiche der Kommunalverwaltung die Kostenrechnung einsetzen und die Städte, Kreise und Gemeinden von einer flächendeckenden Anwendung der Kosten- und Leistungsrechnung noch weit entfernt sind. Dies ist primär darauf zurückzuführen, dass die Kostenrechnung auch heute noch überwiegend als Orientierungshilfe oder als verbindlicher Ausgangspunkt für die Preisfindung genutzt wird. Letzteres ist immer der Fall, wenn öffentlich-rechtliche Entgelte, insbesondere Benutzungsgebühren, kalkuliert werden müssen. Infolgedessen ist die Kostenrechnung primär in den Teilen des kommunalen Verwaltungsbetriebs anzutreffen, die früher als Gebührenhaushalte bezeichnet wurden. Es handelt sich dabei um kommunale Einrichtungen bzw. Teilbetriebe, die beispielsweise für die Friedhöfe, die Wasserversorgung sowie die Abfall- und Abwasserentsorgung zuständig sind. Mit Einführung des Neuen Steuerungsmodells wurde die Kostenrechnung zusätzlich für die so genannten Hilfsbetriebe einer Gemeinde, beispielsweise die kommunalen Bauhöfe, bedeutsam, um die Preise zu kalkulieren, mit denen Dienstleistungen für andere Verwaltungsbereiche abgerechnet werden können.

Zusammenfassend lässt sich der aktuelle Zustand der kommunale Kosten- und Leistungsrechnung somit folgendermaßen beschreiben: Die kommunale Kosten- und Leistungsrechnung hat sich in den letzten Jahren wenig verändert. Sie ist nach wie vor lediglich in speziellen Bereichen einer Kommunalverwaltung anzutreffen, wobei meist auf die Leistungsrechnung verzichtet und eine reine Kostenrechnung durchgeführt wird, die dann wiederum in der Regel ausschließlich der Preiskalkulation dient. Der Beitrag, den die Kosten- und Leistungsrechnung im Hinblick auf die Einhaltung des Wirtschaftlichkeitsgrundsatzes zu leisten vermag, wird damit bei Weitem nicht ausgeschöpft.

Bereits in der ersten Auflage der Schrift wurde gezeigt, wie die kommunale Kosten- und Leistungsrechnung gestaltet werden kann und sollte, um nicht nur der Preisfindung zu dienen, sondern um die gesamte Steuerung der Kommunalverwaltung zu begleiten. In der nunmehr vorliegenden dritten Auflage werden diese Ausrichtung und somit auch die Grundkonzeption des Lehrbuches beibehalten. Gleichwohl waren Überarbeitungen und Ergänzungen der Schrift erforderlich: Die in den letzten Jahren zu verzeichnende radikale Veränderung des kommunalen Haushaltsrechts hat auch deutliche Auswirkungen auf die kommunale Kosten- und Leistungsrechnung. Insofern mussten neue Vorschriften aufgenommen und die Verbindungen zum neuen Haushalts- und Rechnungswesen hergestellt werden. Der neue Untertitel der Schrift „Controllingorientierte Einführung mit Bezügen zum Neuen Kommunalen Finanzmanagement und Rechnungswesen" weist auf die vorgenommenen Veränderungen hin.

Die Neuauflage wurde weiterhin genutzt, um die Schrift auch von der didaktischen Seite so zu gestalten, dass sie nunmehr mit den beiden anderen im Oldenbourg-Verlag veröffentlichten Arbeiten zum *Thema „Basiswissen NKF und NKR"* eine Einheit bildet.

Das *Lehrbuch „Neues Kommunales Finanzmanagement und Rechnungswesen"* vermittelt einen kompakten Überblick über das neue kommunale Haushalts- und Rechnungswesen, das auch als Neues Kommunales Rechnungswesen (NKR), Neues Kommunales Finanzmanagement (NKF), Neues Kommunales Rechnungs- und Steuerungssystem (NKRS), Verwaltungsdoppik, kommunale Doppik oder Drei-Komponenten-System bezeichnet wird. Mit der *Schrift „Doppelte Buchführung für Städte, Kreise und Gemeinden"* erfolgt der Einstieg in das externe Rechnungswesen, und zwar speziell in die Buchführung des NKF bzw. NKR. Das mit der Verwaltungsdoppik verbundene interne Rechnungswesen ist Gegenstand der vorliegenden Arbeit mit dem Titel *„Kommunale Kosten- und Leistungsrechnung"*.

Straelen, Juli 2010 Professor Dr. Falko Schuster

Inhalt

1 Kosten- und Leistungsrechnung in der Kommunalverwaltung

1.1 Einordnung des Rechnungswesens

Das **betriebliche Geschehen** ist dadurch gekennzeichnet, dass spezielle **Funktionen** (Tätigkeiten) erfüllt werden müssen, um die angestrebten Zustände, die Ziele, zu erreichen. Im Hinblick auf die Zielsetzung eines Betriebes ist es sinnvoll, zwischen dem **Formalziel**, dem rein rechnerischen Ziel, und dem **Sachziel**, dem inhaltlichen Ziel, zu unterscheiden sowie gegebenenfalls noch Nebenbedingungen zu berücksichtigen, die man auch als **Nebenziele** bezeichnen kann (vgl. Schuster, Einführung, S. 43).

Für eine privatwirtschaftliche Unternehmung geht man üblicherweise davon aus, dass die Erwirtschaftung eines Gewinns angestrebt wird. Es handelt sich dabei um das Formalziel der Unternehmung. Im Hinblick auf dieses Formalziel wird das inhaltliche Ziel, das Sachziel, festgelegt, also entschieden, welche Produkte man erzeugen und absetzen will. Gleichzeitig ist darauf zu achten, dass die Unternehmung jederzeit zahlungsfähig ist. Die Sicherung der ständigen Zahlungsfähigkeit kann man als Liquiditätsziel bezeichnen. Es handelt sich dabei um eine Nebenbedingung bzw. ein Nebenziel.

Die Realisierung der betrieblichen Zielsetzung macht es erforderlich, dass bestimmte Tätigkeiten vorgenommen bzw. spezielle Funktionen erfüllt werden müssen (vgl. auch Rau, Betriebswirtschaftslehre, S. 58 u. S. 62). So ist es zunächst erforderlich, die notwendigen Einsatzgüter, die auch Produktionsfaktoren genannt werden, bereitzustellen (**Beschaffung**). Danach geht es darum, diese so zu kombinieren, dass die gewünschten neuen Güter, die Produkte, entstehen (**Produktion**). Anschließend kommt es darauf an, die hergestellten Güter gegen Entgelt an den Markt abzugeben (**Absatz**). Beschaffung, Produktion und Absatz bilden den Sockel oder die Basis des betrieblichen Geschehens. Man spricht daher in diesem Zusammenhang auch von den betrieblichen **Grundfunktionen** (vgl. Schuster, Einführung, S. 34).

Um sicherzustellen, dass diese Funktionen so ablaufen, dass die betriebliche Zielsetzung erreicht wird, sind weitere Tätigkeiten notwendig. In diesem Zusammenhang ist die Betriebsleitung gefordert. Sie ist für die so genannten **Führungsfunktionen** zuständig. Die betreffenden Tätigkeiten werden auch als **Steuerungsfunktionen** oder **Managementfunktionen** bezeichnet. Es handelt sich dabei um drei Handlungsbereiche, und zwar um die **Planung, Organisation und Kontrolle** (vgl. Schuster, Einführung, S. 35).

So muss beispielsweise geplant werden, welche Produktionsfaktoren beschafft werden sollen. Anschließend ist dafür Sorge zu tragen, dass die Beschaffungsplanung auch ausgeführt wird, was dann später noch einmal überprüft werden muss, um bei einer fehlerhaften Beschaffung entsprechende Korrekturen vornehmen zu können. Ähnliche Führungsaufgaben fallen bei den Grundfunktionen „Produktion" und „Absatz" an.

Hinzu kommt noch, dass in Geldwirtschaften die notwendigen Einsatzgüter in der Regel nicht durch Tauschakte, sondern durch halbe Tauschakte bereitgestellt werden, indem man beispielsweise Geld abgibt, um ein Sachgut zu bekommen, bzw. indem man umgekehrt ein Produkt gegen Geld abgibt. Insofern werden die betrieblichen Grundfunktionen von einer weiteren Funktion begleitet, die man auch als **Querschnittsfunktion** bezeichnen kann, gemeint ist die **Finanzierung.** Auch diese Funktion muss von der Betriebsführung geplant, organisiert und kontrolliert werden. Dies ergibt sich aus dem betrieblichen Formalziel; denn die Gewinnerzielung ist nur möglich, wenn der Betrieb jederzeit zahlungsfähig ist, d.h. wenn er liquide ist. Bei Zahlungsunfähigkeit ist der Betrieb in seiner Existenz bedroht. Das Ziel Gewinnerzielung ist also unter der Nebenbedingung der jederzeitigen Zahlungsfähigkeit anzustreben.

Die schwierige Aufgabe, den Betrieb zu führen, also die Funktionen „Beschaffung", „Produktion", „Absatz" und „Finanzierung" zu planen, zu organisieren und zu kontrollieren, setzt umfassende **Informationen** über das betriebliche Geschehen voraus. Diese Funktion der Informationsversorgung übernimmt das Rechnungswesen. Das **Rechnungswesen** hat insofern eine führungsunterstützende Aufgabe. Man kann diese Funktion als **Stabsfunktion** bezeichnen (vgl. Schuster, Doppelte Buchführung, S.2). Durch das Rechnungswesen wird das betriebliche Geschehen in Zahlen, und zwar überwiegend in Wertgrößen, abgebildet, um den betrieblichen Entscheidungsträgern und eventuell auch Außenstehenden einen Überblick über bzw. einen Einblick in das betriebliche Geschehen zu vermitteln und damit optimale Entscheidungen zu ermöglichen (vgl. Chmielewicz, Betriebliches Rechnungswesen 1, S. 13).

Das Rechnungswesen lässt sich somit als die wertmäßige Abbildung des betrieblichen Geschehens definieren.

Abbildung 1 verdeutlicht noch einmal, welche grundsätzliche Beziehung zwischen der betrieblichen Zielsetzung, dem Management und dem Rechnungswesen besteht: Zunächst werden die Ziele des Betriebes festgelegt. Danach wird der Betrieb im Hinblick auf die Zielsetzung gesteuert. Um richtig steuern zu können, bedarf es der vom Rechnungswesen bereit gestellten Informationen. Damit gilt Folgendes: Wenn sich Ziele ändern, muss anders gesteuert werden. Diese Auswirkungen auf die Steuerung haben ihrerseits einen veränderten Informationsbedarf zur Folge, dem muss sich das Rechnungswesen anpassen.

Diese Überlegungen gelten grundsätzlich auch für die Kommunalverwaltung, d.h. die Gemeinde-, Stadt- oder Kreisverwaltung, die wir nachfolgend, um ihren Betriebscharakter zu betonen, **kommunalen Verwaltungsbetrieb** nennen (vgl. Schuster/Siemens, Vorwort sowie Schuster/Steffen, S. 1).

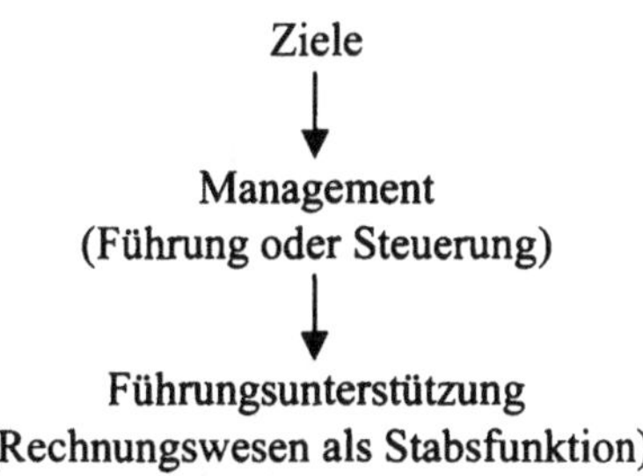

Abbildung 1: Zielsetzung, Management und Rechnungswesen..

Zu beachten ist, dass die Zielsetzungen des kommunalen Verwaltungsbetriebs von dem einer privatwirtschaftlichen Unternehmung abweichen (vgl. Schuster, Einführung, S. 49). Insofern müssen, wie oben dargelegt, beide Betriebstypen in eine unterschiedliche Richtung gesteuert werden, was wiederum Einfluss auf den Informationsbedarf und damit auf das Rechnungswesen hat. Hinzu kommt, dass sich in den letzten Jahren gravierende Änderungen im Zielsystem der Gemeinden ergeben haben (vgl. Schuster, Neues Kommunales Finanzmanagement, S. 5). Infolgedessen müssen die kommunalen Verwaltungsbetriebe heute anders gesteuert werden als bisher. Wie bedeutsam diese Veränderungen sind, macht der für diesen Umgestaltungsprozess gewählte Begriff „Neue Steuerung" deutlich (vgl. Schuster, Einführung S. 200). Aus dieser Neuausrichtung des kommunalen Managements resultiert ein stark veränderter Informationsbedarf. Dem vermag das traditionelle kommunale Rechnungswesen nicht zu entsprechen. Eine tief greifende Umgestaltung war erforderlich. Das Ergebnis dieses Veränderungsprozesses bezeichnet Klaus Lüder zutreffend als „Neues Kommunales Rechnungswesen".

1.2 Stellung der Kosten- und Leistungsrechnung

1.2.1 Zweige des betrieblichen Rechnungswesens

In der Literatur finden sich zahlreiche Versuche, das betriebliche Rechnungswesen einzuteilen. Meist wird dabei das Rechnungswesen der öffentlichen Verwaltungsbetriebe außer Acht gelassen. Bezieht man sämtliche Betriebstypen in die Betrachtung ein, erscheint es sinnvoll, grundsätzlich **drei Zweige des betrieblichen Rechnungswesens** zu unterscheiden (vgl. Schuster, Doppelte Buchführung, S.4), und zwar

- **die Buchführung im engeren Sinn**, die man auch als *pagatorische Rechnung* bezeichnen kann,
- **die Kosten- und Leistungsrechnung,** die auch als *kalkulatorische Rechnung* bekannt ist, und
- **die einzelfallbezogenen Rechnungen**, die auch als *Investitions- oder Wirtschaftlichkeitsrechnungen* bezeichnet werden (vgl. Abbildung 2).

Zweige des Rechnungswesens	PRIVATWIRTSCHAFTLICHES UNTERNEHMEN	TRADITIONELLE KOMMUNAL-VERWALTUNG	KOMMUNALVERWALTUNG mit NKF bzw. NKR
	Buchhaltung (pagatorische Rechnung)		
1. Zweig	Kaufmännische doppelte Buchführung (Buchungen im Zwei-Komponenten-System)	Verwaltungskameralistik (Buchungen im mehrstufigen Ein-Komponenten-System)	Verwaltungsdoppik (Buchungen im mehrstufigen Drei-Komponenten-System)
	Betriebsbuchhaltung ↓	Erweiterte Kameralistik ↓	↓
2. Zweig	Kosten- und Leistungsrechnung (kalkulatorische Rechnung)		
3. Zweig	Einzelfallbezogene Rechnungen		

Abbildung 2: Die Zweige des Rechnungswesens.

1.2.2 Die Buchführung

Der erste Zweig des betrieblichen Rechnungswesens (vgl. weiterhin Abbildung 2), die **Buchführung im engeren Sinne**, wird nachfolgend nur kurz **Buchhaltung** oder **Buchführung** genannt. Sie ist darauf ausgerichtet, all die Transaktionen abzubilden, die der Betrieb mit Außenstehenden, d.h. mit anderen Betrieben, tätigt. Da im modernen Wirtschaftsleben solche Transaktionen in der Regel mit Geld abgewickelt werden, spricht man in diesem Zusammenhang auch von der **pagatorischen Rechnung,** wobei dieser Begriff vom lateinischen Verb „pagare (zahlen)" abgeleitet wird. Der Begriff „pagatorische Rechnung" deutet weiterhin an, dass es bei der Buchführung nicht nur um die laufende Erfassung von Geschäftsvorfällen geht, sondern dass auch der Jahresabschluss, also die abschließende Rechnung bzw. Datenzusammenstellung, einzubeziehen ist. Im öffentlichen Rechnungswesen kommt noch hinzu, dass Planung, laufende Erfassung der Geschäftsvorfälle und Abschluss in einer engen Verbindung stehen, so dass auch hier der Begriff „pagatorische Rechnung“ besser geeignet erscheint, um den betreffenden Teil des Rechnungswesens zu charakterisieren, als der Begriff „Buchführung“, der eine zu enge Interpretation nahe legt. Gleichwohl wird üblicherweise nicht von der pagatorischen Rechnung, sondern von der Buchführung oder Buchhaltung gesprochen. Damit können wir zusammenfassend Folgendes festhalten:

Bei der Buchführung, die auch Buchhaltung oder pagatorische Rechnung genannt wird, handelt es sich um den Bereich des Rechnungswesens, der von Zahlungsvorgängen und damit von Geschäften ausgeht.

Das muss allerdings nicht bedeuten, dass nur die Zahlungsvorgänge gebucht bzw. im Jahresabschluss zusammengestellt werden, sondern es werden eventuell auch andere Größen buchhalterisch erfasst, allerdings nur dann, wenn sie mit Zahlungen direkt oder indirekt in Verbindung stehen.

Da das Resultat der pagatorischen Rechnung, d.h. der Jahresabschluss bzw. die Jahresrechnung, häufig auch Außenstehenden zur Verfügung steht, spricht man in diesem Zusammenhang auch vom **externen Rechnungswesen.** Die Bezeichnung ist allerdings nicht ganz zutreffend, da es durchaus Betriebe gibt, die ihren Jahresabschluss nicht veröffentlichen müssen.

In der betrieblichen Praxis finden sich unterschiedliche Buchführungssysteme (siehe auch Abbildung 2):

- Die Unternehmen setzen die **doppelte kaufmännische Buchführung** ein, die auch kurz *doppelte Buchhaltung, doppelte Buchführung, Doppik, Finanzbuchhaltung oder Geschäftsbuchhaltung* genannt wird.
- Das traditionelle Buchhaltungssystem der öffentlichen Verwaltungsbetriebe ist demgegenüber die *Kameralistik,* genauer die **Verwaltungskameralistik**.
- Diese wird allerdings zunehmend durch eine neue Verwaltungsbuchführung verdrängt, die beispielsweise als **Verwaltungsdoppik**, *kommunale Doppik oder Buchführung im NKF* bezeichnet wird.

Dass sich in den Unternehmen und den öffentlichen Verwaltungsbetrieben unterschiedliche Buchhaltungssysteme entwickelt haben, ist auf die unterschiedlichen betrieblichen Zielsetzungen zurückzuführen.

Die kaufmännische Buchführung

Bei der kaufmännischen Buchführung geht es primär um die Gewinnermittlung. Folglich muss man mit Größen arbeiten, die die Gewinnberechnung ermöglichen. Verwendung finden daher vorrangig die beiden Begriffspaare „Vermögen und Schulden“ sowie „Aufwand und Ertrag“. Die Größen „Vermögen und Schulden“ werden am Jahresende in einer abschließenden Rechnung zusammengestellt. Es handelt sich um die Bilanz. Die Größen „Aufwand und Ertrag“ fließen in die Gewinn-und-Verlust-Rechnung ein. Durch das System der doppelten

Buchführung wird sichergestellt, dass beide Rechnungen das gleiche Jahresergebnis, also entweder einen gleich hohen Gewinn oder einen gleich hohen Verlust ausweisen. Da letztlich mit zwei Rechenwerken gearbeitet wird, könnte man die kaufmännische Buchführung auch als **Zwei-Komponenten-System** bezeichnen, was allerdings nicht üblich ist.

Die Verwaltungskameralistik

Die klassische Buchführung der Verwaltung, die Verwaltungskameralistik, hat sich im Hinblick auf eine andere Zielsetzung entwickelt (vgl. Schuster, Kaufmänner im Rathaus). Sie ist so konzipiert, dass sie den traditionellen Zielen des Staates bzw. einer öffentlichen Verwaltung Rechnung tragen kann. Einerseits geht es darum, die Zahlungsfähigkeit zu garantieren. Andererseits ist sicherzustellen, dass die Entscheidungen des Souveräns auch umgesetzt werden, wobei in einem demokratischen Staat die Bürgerinnen und Bürger den Souverän darstellen und über die entsprechenden Volksvertretungen, also beispielsweise Parlamente und Stadträte, ihren Willen zum Ausdruck bringen. Im Hinblick auf die erste Zielsetzung, d.h. zur Liquiditätssicherung, bedarf es einer Rechnungslegung, die den Zahlungsmittelfluss abbildet, also mit dem Begriffspaar „Einzahlungen und Auszahlungen" arbeitet. Man könnte hier auch von einem **Ein-Komponenten-System** sprechen. Im Hinblick auf das zweite Ziel, d.h. um sicherzustellen, dass die Entscheidungen des Souveräns befolgt werden, bedarf es eines Rechnungsstils, der einerseits die Ermächtigung, d.h. die Vorgabe oder das Soll, berücksichtigt und andererseits nachzuweisen vermag, ob das Geplante auch umgesetzt wurde. Es muss erkennbar sein, inwieweit das Ist dem Soll entspricht. Insofern ist eine mehrstufige Rechnungslegung, eine **Soll-Ist-Rechnung**, erforderlich, die als das wichtigste Merkmal des kameralen Rechnungsstils angesehen werden kann (vgl. Schneider, Allgemeine Betriebswirtschaftlehre, S. 124). Die Berücksichtigung des Solls, das nach Auffassung von Eugen Schmalenbach besser Darf hieße, macht den eigentlichen „Wesensunterschied zwischen kameralistischer und kaufmännischer Rechnungsweise" (Schmalenbach, S. 249) aus.

In diesem traditionellen Rechenwerk der öffentlichen Verwaltung wird zunächst die geplante Zahlung verbindlich vorgegeben (das Haushaltssoll). Ausgewählte Personen dürfen dann aufgrund dieser Ermächtigung tätig werden und die Zahlung eines Betrages anordnen (Soll-Zahlung). Der betreffende Beleg, der diese Anordnung beinhaltet, wird einer speziellen Organisationseinheit, der Gemeindekasse, zugeleitet, durch die anschließend die angewiesene Geldbewegung, die Ist-Zahlung, vorgenommen wird. Die Beteiligung mehrerer Personen am Zahlungsvorgang (Trennungsgrundsatz und Mehraugenprinzip) gewährleistet in Verbindung mit dem öffentliche Prüfungswesen, dass nur solche Zahlungen getätigt werden, zu denen der Souverän ermächtigt hat. Die Verwaltungskameralistik lässt sich somit zusammenfassend als ein **mehrstufiges Ein-Komponenten-System** charakterisieren, das der Zahlungsfähigkeit des Verwaltungsbetriebs und der Durchsetzung der demokratischen Entscheidungen dient (vgl. Schuster, Die Organisation der Finanzbuchhaltung, Teil 1, S.3).

Die Verwaltungsdoppik

Mit zunehmender Bedeutung des Strebens nach **intergenerativer Gerechtigkeit** haben sich Veränderungen im Zielsystem der öffentlichen und speziell der kommunalen Verwaltungsbetriebe ergeben (vgl. Schuster, Kaufmänner). Nunmehr reicht es nicht mehr aus, lediglich die

Zahlungsfähigkeit des Verwaltungsbetriebs und die Durchsetzung der Ratsbeschlüsse sicherzustellen, sondern man muss zusätzlich dafür sorgen, dass der Wert der verbrauchten Güter nicht den Wert der geschaffenen Güter übersteigt. Sollen die zukünftigen Generationen nicht belastet werden, ist von jedem Verwaltungsbetrieb, also auch von einer Gemeinde, darauf zu achten, dass der hervorgerufene Gesamtressourcenverbrauch nicht größer ausfällt als das erzielte Gesamtressourcenaufkommen. Zieht man ein Begriffspaar aus dem betrieblichen Rechnungswesen heran, lässt sich die neue zusätzliche Zielsetzung der Kommunalverwaltung auch folgendermaßen formulieren: die Erträge sollen die Aufwendungen wenigstens erreichen. Es handelt sich dabei um eine Zielsetzung, die man als **„neuen Haushaltsausgleich“** bezeichnet und die eine Gewinnorientierung beinhaltet.

Anders als im privatwirtschaftlichen Bereich geht es allerdings nicht darum, einen möglichst großen Gewinn zu erzielen, sondern lediglich darum, einen Verlust zu vermeiden. Inwieweit dieser Zielsetzung entsprochen wird, lässt sich mit der Kameralistik nicht nachweisen, da in diesem Buchhaltungssystem, nur mit einem Begriffspaar, d.h. ausschließlich mit Einzahlungen und Auszahlungen, gearbeitet wird. Aufwendungen und Erträge sind hingegen Inhalte des kaufmännischen Rechnungswesens, d.h. der doppelten Buchführung. Es handelt sich um Größen, die in der Gewinn- und Verlustrechnung erfasst werden. Im Hinblick auf das Ziel der intergenerativen Gerechtigkeit ist somit die Übernahme des kaufmännischen Rechnungswesens notwendig. Zu beachten ist allerdings, dass die oben genannten traditionellen Ziele der Verwaltung, d.h. die Sicherung der Zahlungsfähigkeit des Verwaltungsbetriebs und der Durchsetzung der demokratischen Entscheidungen, nicht aufgegeben werden können.

Will man der neuen und der alten kommunalen Zielsetzung gemeinsam Rechnung tragen, muss man das kaufmännische Zwei-Komponenten-System mit dem mehrstufigen Ein-Komponenten-System der Verwaltung verbinden. Das Ergebnis ist ein **mehrstufiges Drei-Komponenten-System**, das

- **erstens** mit den drei Begriffspaaren *„Einzahlungen und Auszahlungen“*, *„Vermögen und Schulden“* sowie *„Aufwendungen und Erträge“* arbeitet,
- **zweitens** zu drei abschließenden Rechnungen führt, und zwar zur *Finanzrechnung*, zur *Bilanz* und zur *Ergebnisrechnung*, sowie
- **drittens** die *Mehrstufigkeit* der verwaltungskameralistischen Buchführung beibehält.

Wie bereits oben erwähnt, wird diese neue Buchführung als **Verwaltungsdoppik** bezeichnet. Darüber hinaus spricht man in diesem Zusammenhang auch von der **kommunalen Doppik**, der **Buchführung mit drei Komponenten** oder **Doppik des NKF.** Teilweise werden auch für diesen neuen Buchungsstil der öffentlichen Verwaltung die im Bereich der Unternehmen üblichen Bezeichnungen „Finanz- und Geschäftsbuchhaltung“ bzw. „Finanz- und Geschäftsbuchführung“ verwendet, wobei allerdings ein unklarer Gebrauch der Begriffe festzustellen ist.

Unabhängig von der speziellen Ausgestaltung der Buchführung, d.h. der pagatorischen Rechnung, ist zu beachten, dass die Anbindung an den Zahlungsvorgang bestimmte Konsequenzen bezüglich dessen, was und mit welchem Wert gebucht wird, zur Folge hat:

- *Wenn Zahlungen geleistet oder erzielt werden, ist zu buchen, unabhängig davon, aus welchem Grund eine Zahlung anfällt.* Die Auszahlungen für die Reparatur eines durch Blitzeinschlag hervorgerufenen Schadens werden ebenso erfasst wie die üblichen Personal- und Materialauszahlungen. Zufälligkeiten, Glück und Unglück finden in der Buchhaltung somit genauso ihren Niederschlag wie typische Geschäftsvorfälle.
- *Die Bewertung dessen, was erfasst wird, wird von außen, d.h. in der Regel vom Markt, bestimmt.* Steigt der Marktpreis für ein Gut **und** erzielt man diesen höheren Marktpreis, so wird dieser Effekt in der Buchhaltung deutlich. Sinkt der Marktpreis für ein Gut, weil sich beispielsweise die Mode verändert hat, **und** erzielt man somit nur geringere Einzahlungen für das Gut, wirkt sich dieser negative Effekt ebenfalls in der Buchhaltung aus.
- *Erfolgt keine Zahlung (bzw. kein Gütertausch) wird in der Buchhaltung auch nichts erfasst.* Wird beispielsweise Eigenkapital eingesetzt, erfolgt keine Zinsauszahlung und somit auch keine Buchung. Gibt ein Betrieb ein Gut aus sozialen Gründen unentgeltlich ab, wird der positive Effekt, der bei der beschenkten Person entsteht, in der Buchhaltung des Betriebs nicht berücksichtigt.

Alles in allem ist also der Zahlungsvorgang dafür entscheidend, ob überhaupt gebucht wird und welcher Betrag in den Büchern seinen Niederschlag findet.

1.2.3 Die Kosten- und Leistungsrechnung

Der zweite Zweig des betrieblichen Rechnungswesens, **die Kosten- und Leistungsrechnung** (vgl. wieder Abbildung 2), dient dazu, die Informationslücken, die sich durch die außen- bzw. zahlungsorientierte Sichtweise bei der Buchhaltung ergeben, zu schließen. Man bemüht sich, die Zufälligkeiten, die aus der betrieblichen Umwelt resultieren, auszuschalten und ungestört in den Betrieb hineinzusehen. Durch diese Vorgehensweise versucht man, zu erkennen, ob der Betrieb **wirtschaftlich** arbeitet, ob also der Wert der im Hinblick auf die betriebliche Zielsetzung verbrauchten Güter in einem sinnvollen Verhältnis zu dem Wert der Güter steht, die in dem Betrieb entstanden sind.

Die Kosten- und Leistungsrechnung ist somit das traditionelle Instrument zur Wirtschaftlichkeitsbeurteilung und Wirtschaftlichkeitssteuerung, wobei hier allerdings in der Privatwirtschaft häufig von der Kosten- und Erlösrechnung gesprochen wird.

Da in der Kosten- und Leistungsrechnung die Größen teilweise rein rechnerisch ermittelt werden und man sich dabei eventuell vom Zahlungsvorgang lösen muss, spricht man in diesem Zusammenhang auch von der **kalkulatorischen Rechnung** und setzt damit diesen Zweig des Rechnungswesens auch sprachlich klar von der pagatorischen Rechnung, d.h. der Buchhaltung, ab.

Im Gegensatz zur pagatorischen Rechnung, die auch als externes Rechnungswesen bezeichnet wird, spricht man bei der kalkulatorischen Rechnung, d.h. bei der Kosten- und Leistungsrechnung, auch vom **internen Rechnungswesen**, um anzudeuten, dass dieser Teil des Rechnungswesens nicht für Außenstehende bestimmt ist. Ganz zutreffend ist die Bezeichnung

„internes Rechnungswesen“ nicht, da beispielsweise die Kostenrechnung in Verbindung mit einer Gebührenkalkulation grundsätzlich auch der Öffentlichkeit zugänglich ist.

Die für die Kosten- und Leistungsrechnung typische Sichtweise hat Folgen bezüglich dessen, was und mit welchem Wert etwas erfasst wird:

- *Güterverbrauch und Güterentstehung werden nur berücksichtigt, wenn sie mit dem Betriebszweck, d.h. mit dem Sachziel des Betriebs, in Verbindung stehen.* Die Auszahlung für die Reparatur eines durch Blitzeinschlag hervorgerufenen Schadens wird beispielsweise in der Kosten- und Leistungsrechnung nicht berücksichtigt. Zufälligkeiten sollen möglichst keinen Niederschlag finden.
- *Eventuell erfolgt in der Kosten- und Leistungsrechnung eine andere Bewertung der verbrauchten und entstandenen Güter als in der Buchhaltung.* So können beispielsweise Abschreibungen vom aktuellen Wiederbeschaffungszeitwert, also von einem Wert, den man nicht bezahlt hat und der im Betrachtungszeitpunkt für ein vergleichbares neuwertiges Wirtschaftsgut gilt, abgeleitet werden, was in der Buchhaltung, die auf das Anschaffungswertprinzip abstellt, nicht zulässig ist.
- *Weiterhin kann in der Kosten- und Leistungsrechnung eventuell auch dann, wenn keine Zahlung erfolgt, ein Betrag berücksichtigt werden.* Wird beispielsweise Eigenkapital eingesetzt, erfolgt keine Zinsauszahlung. Gleichwohl werden in der Regel Kosten berücksichtigt. Es handelt sich dabei um die kalkulatorischen Zinsen.

Für die Kosten- und Leistungsrechnung gilt somit eine andere Sichtweise bzw. ein anderes Erfassungsprinzip als für die Buchhaltung. Während die Buchhaltung darauf ausgerichtet ist, das zu erfassen, was mit Außenstehenden passiert und insofern am Zahlungsvorgang ansetzt, wird mit der Kosten- und Leistungsrechnung ein Einblick in den Betrieb angestrebt, der nicht von störenden Außeneinflüssen getrübt wird. Die Kosten- und Leistungsrechnung ist somit eine notwendige Ergänzung für alle Buchführungssysteme.

Trotz dieser unterschiedlichen Sichtweise werden in beiden Rechenwerken in großem Umfang identische Daten verwendet. Es liegt daher nahe, die Daten der pagatorischen Rechnung an die kalkulatorische Rechnung weiterzuleiten, in der sie anschließend, falls dies erforderlich ist, bereinigt oder ergänzt werden.

Erfolgt die Anbindung der Kosten- und Leistungsrechnung an die kaufmännische doppelte Buchhaltung, spricht man von der **Betriebsbuchhaltung** (vgl. Abbildung 2), wobei die Bezeichnung häufig nicht nur den „Brückenschlag“ selbst, sondern auch die eingebundene Kosten- und Leistungsrechnung erfasst (vgl. Chmielewicz, Betriebliches Rechnungswesen 2, S. 27). Wird die Kosten- und Leistungsrechnung mit der Verwaltungskameralistik verbunden, wählt man die Bezeichnung **„Erweiterte Kameralistik“** (vgl. Schuster/Steffen, S. 8).

Auch die Verwaltungsdoppik kann man mit der Kosten- und Leistungsrechnung verbinden. Die Pfeile in Abbildung 2 machen dies deutlich. Naheliegend ist eine ähnliche Konstruktion wie im kaufmännischen Bereich, so dass man auch im NKF von der Betriebsbuchhaltung sprechen könnte, wenn man die Einbeziehung der Kosten- und Leistungsrechnung meint. Trotz der Verknüpfungsmöglichkeiten von pagatorischer und kalkulatorischer Rechnung bleiben die inhaltlichen Unterschiede zwischen der doppelten kaufmännischen Buchführung, der Verwaltungskameralistik und der Verwaltungsdoppik auf der einen Seite und der Kosten- und Leistungsrechnung auf der anderen Seite bestehen. Es handelt sich um zwei unterschiedliche Zweige des betrieblichen Rechnungswesens. Die etwas irritierenden Begriffe „Betriebsbuchhaltung" und „Erweiterte Kameralistik" ändern daran nichts.

1.2.4 Die einzelfallbezogenen Rechnungen

Der dritte Zweig des Rechnungswesens (vgl. wieder Abbildung 2) ist deshalb erforderlich, weil sowohl die Buchhaltung, d.h. die pagatorische Rechnung, als auch die Kosten- und Leistungsrechnung, d.h. die kalkulatorische Rechnung, relativ kurze Zeiträume, und zwar in der Regel ein Jahr abdecken. Es gibt jedoch zahlreiche betriebswirtschaftliche Entscheidungen, die sich über viele Abrechnungsperioden auswirken. In erster Linie handelt es sich dabei um Investitions- und Finanzierungsentscheidungen. In diesen Fällen sind Berechnungen erforderlich, die zahlreiche zukünftige Jahre überlagern.

So sind beispielsweise bei der Beurteilung von Investitionen im Bereich Abwasserentsorgung eventuell alle Einzahlungen und Auszahlungen zu berücksichtigen, die durch diese in den nächsten zwanzig Jahren hervorgerufen werden. Da man die Zahlen des Rechnungswesens auf die betreffende Entscheidung zuschneiden und durch weitere Schätzungen ergänzen muss, kann man in diesem Zusammenhang von **einzelfallbezogenen Rechnungen** sprechen. Häufiger werden allerdings die Bezeichnungen **„Investitionsrechnungen"** oder **„Wirtschaftlichkeitsrechnungen"** verwendet (vgl. beispielsweise Rau, Planung, S. 204 u. 205).

Sowohl der erste Zweig des betrieblichen Rechnungswesens, d.h. die Buchhaltung, als auch der dritte Zweig des betrieblichen Rechnungswesens, d.h. die einzelfallbezogenen Rechnungen, sind nicht Gegenstand dieser Schrift. Nachfolgend geht es ausschließlich um den zweiten Zweig des betrieblichen Rechnungswesens, also um die Kosten- und Leistungsrechnung, wobei sich die Betrachtung auf den kommunalen Verwaltungsbetrieb bezieht.

1.3 Traditionelle Zielsetzungen der Kosten- und Leistungsrechnung

Wie aus den vorherigen Betrachtungen hervorgeht, lässt sich die Kosten- und Leistungsrechnung als der Zweig des betrieblichen Rechnungswesens definieren, der darauf ausgerichtet ist, den Güterverbrauch und die Güterentstehung zu erfassen, und zwar unabhängig davon, ob diese Vorgänge mit Zahlungen in Verbindung stehen.

Diese von der pagatorischen Rechnung abweichende Ausrichtung hat mit den **Zielsetzungen** zu tun, die mit **der Kosten- und Leistungsrechnung** traditionell verfolgt werden.

Zum einen soll sie, wie bereits erwähnt, zur **Wirtschaftlichkeitsbetrachtung,** speziell zur Wirtschaftlichkeitsbeurteilung, beitragen (vgl. Kosiol, S. 156). Mit Hilfe der Kosten- und Leistungsrechnung versucht man festzustellen, ob der Verbrauch an Produktionsfaktoren, in einem sinnvollen Verhältnis zu den entstandenen Produkten steht. Man will in anderen Worten wissen, ob Einsatzgüter verschwendet werden bzw. wurden. Der Betrachtung liegt der **Wirtschaftlichkeitsgrundsatz** zugrunde, den man zunächst vereinfachend folgendermaßen fassen kann: Demnach ist ein gegebenes Ziel mit dem geringstmöglichen Mitteleinsatz zu erreichen (**Minimalprinzip**) **oder** es ist mit gegebenen Mitteln ein möglichst hoher Zielerreichungsgrad anzustreben (**Maximalprinzip**). Es handelt sich hierbei um eine vorläufige Formulierung, die nach der Definition der Begriffe „Kosten" und „Leistung" an späterer Stelle noch einmal präzisiert wird. Gleichwohl macht die allgemein gehaltene Formulierung deutlich, warum es bei diesem Grundsatz geht:

Mit dem Streben nach Wirtschaftlichkeit, versucht man einen unnötigen Gütereinsatz und damit Verschwendung zu vermeiden.

Weiterhin soll Kosten- und Leistungsrechnung Informationen für die **Preisbildung** (vgl. Kosiol, S. 175) liefern, indem man zunächst die Stückkosten eines Produktes berechnet (**Stückkalkulation**) und anschließend den erforderlichen Preis ermittelt (**Preiskalkulation**). So soll deutlich werden, welcher Preis erforderlich ist, um die Stückkosten abzudecken oder um einen bestimmten Gewinn zu erzielen. Insofern ist die Kosten- und Leistungsrechnung ein Hilfsmittel zur Preisfindung. Dabei ist zu beachten, dass ein privatwirtschaftliches Unternehmen selbstverständlich nicht einfach den Preis fordern und erzielen kann, den es im Rahmen der Kalkulation ermittelt hat. Auch das Verhalten der Nachfrager und Konkurrenten hat letztlich Einfluss auf die Preisbildung. Der Preis entsteht in einem Spannungsverhältnis von Kosten-, Nachfrage- und Konkurrenzorientierung.

Eine dritte Aufgabe der Kosten- und Leistungsrechnung besteht darin, Informationen für die **Bewertung selbst erstellter Güter des Anlagevermögens und der** noch vorhandenen **Halb- und Fertigfabrikate** bereitzustellen, die für die Buchhaltung im engeren Sinn benötigt werden. Insofern besteht hier eine enge Verbindung zum pagatorischen Rechnungswesen. Wichtig ist die Kosten- und Leistungsrechnung auch in Verbindung mit der öffentlichen Auftragsvergabe. Sie ist dann in bestimmten Fällen **die Basis für behördlich Prüfungen** im Hinblick auf eine Angemessenheit der geforderten Preise. Darüber hinaus liefert die Kosten- und Leistungsrechnung eventuell die Ausgangsdaten für einzelfallbezogene Rechnungen.

1.4 Rechtliche Einbindung der kommunalen Kosten- und Leistungsrechnung

Interessant ist, dass diese traditionellen Ziele der Kosten- und Leistungsrechnung überwiegend auch für den kommunalen Verwaltungsbetrieb gelten und in den entsprechenden Vorgaben ihren Niederschlag gefunden haben, wobei mit der Einführung des Neuen Kommunalen Finanzmanagements bzw. des Neuen Kommunalen Rechnungswesens einige Regelungen hinzugekommen sind.

Im Hinblick auf den **Einsatz der Kostenrechnung als Instrument der Preisfindung** sind für die Kommunalverwaltungen besonders die **Kommunalabgabengesetze** der einzelnen

Bundesländer von Bedeutung. Nachfolgend wird beispielhaft auf das *Kommunalabgabengesetz für das Land Nordrhein-Westfalen*, das kurz als *KAG NRW* bezeichnet wird, Bezug genommen. Hier ist besonders auf *§ 6 KAG NRW* zu verweisen, der die Berechnung der Benutzungsgebühren regelt. Die Benutzungsgebühr ist ein spezielles Entgelt, d.h. ein Preis, den die Kommune unter bestimmten Voraussetzungen ihren Abnehmerinnen und Abnehmern in Rechnung stellt. Im Einzelnen beinhaltet *§ 6 KAG des Landes Nordrhein-Westfalen* folgende Vorgaben, die für die kommunale Kostenrechnung von Bedeutung sind:

„(1) Benutzungsgebühren sind zu erheben, wenn eine Einrichtung oder Anlage überwiegend dem Vorteil einzelner Personen oder Personengruppen dient, sofern nicht ein privatrechtliches Entgelt gefordert wird. Im übrigen können Gebühren erhoben werden. Das veranschlagte Gebührenaufkommen soll die voraussichtlichen Kosten der Einrichtung oder Anlage nicht übersteigen und in den Fällen des Satzes 1 in der Regel decken......

(2) Kosten im Sinne des Absatzes 1 sind die nach betriebswirtschaftlichen Grundsätzen ansatzfähigen Kosten....Zu den Kosten gehören auch Entgelte für in Anspruch genommene Fremdleistungen, Abschreibungen, die nach der mutmaßlichen Nutzungsdauer oder Leistungsmenge gleichmäßig zu bemessen sind, sowie eine angemessene Verzinsung des aufgewandten Kapitals; bei der Verzinsung bleibt der aus Beiträgen und Zuschüssen Dritter aufgebrachte Eigenkapitalanteil außer Betracht......."

Es wird deutlich, dass von den betreffenden kommunalen Einrichtungen, die eine **Benutzungsgebühr** erheben, eine kostenorientierte Preisstellung verlangt wird, und zwar soll das Gebührenaufkommen grundsätzlich kostendeckend sein. Es handelt sich hierbei um den **Kostendeckungsgrundsatz.** Zu beachten ist der Wortlaut der Vorschrift – es ist von dem Gebührenaufkommen die Rede und nicht von der einzelnen Gebühr, so dass der Kostendeckungsgrad der einzelnen Gebühr in gewissen Grenzen, die sich aus anderen rechtlichen Vorgaben ergeben, durchaus unterschiedlich sein kann. Gleichwohl wird häufig von einer kostendeckenden Gebühr gesprochen. Anders als im Bereich der Privatwirtschaft ist im Bereich der Kommunalverwaltung eine kostenorientierte Preisstellung in vielen Fällen durchsetzbar, da es sich bei zahlreichen kommunalen Einrichtungen, die Benutzungsgebühren verlangen, um Betriebe handelt, die eine monopolähnliche Stellung haben und deren Abnehmer bzw. Kunden darüber hinaus noch einem Abnahmezwang unterliegen. Das gilt beispielsweise für Betriebe, die auf den Gebieten Wasserversorgung, Abwasserentsorgung und Abfallbeseitigung tätig sind.

In den anderen Bereichen, in denen eine Kommunalverwaltung als Anbieter von Sachgütern und Dienstleistungen auftritt, ist diese Marktstellung nicht gegeben, man denke beispielsweise an kommunale Bäderbetriebe. Die Kostenrechnung liefert in diesen Fällen – wie auch im Bereich der Privatwirtschaft – nur eine **Orientierungshilfe für die Preisfindung**. Die Entgelthöhe wird darüber hinaus von den Nachfragern und vom Konkurrenzverhalten mitbestimmt.

Die Tatsache, dass ein Betrieb kostendeckend arbeitet und ein anderer nicht, wird in der Verwaltungspraxis oft falsch interpretiert. Nicht selten wird die Kostendeckung mit Wirtschaftlichkeit gleichgesetzt, und zwar wird behauptet, dass eine Gemeinde keine Gewinne machen dürfe, aber kostendeckend arbeiten müsse. In der Kostendeckung wird eine Art

Wirtschaftlichkeit gesehen, die zulässig ist. Noch wirtschaftlicher zu arbeiten, sei nicht möglich, da man keine Gewinne machen dürfe. Obwohl die genauen begrifflichen Grundlagen erst in einem späteren Teil dieser Schrift gelegt werden, soll wegen der großen Bedeutung dieser Fehlinterpretation für die Steuerung des kommunalen Verwaltungsbetriebs auf diesen Punkt bereits jetzt kurz eingegangen werden.

Kostendeckung und Wirtschaftlichkeit haben zunächst einmal nichts miteinander zu tun.

Wenn es einem kommunalen Teilbetrieb gelingt, den kostendeckenden Preis durchzusetzen, ist das in aller Regel nicht auf einen besonders günstigen Preis, sondern auf die Markt- bzw. Machtstellung zurückzuführen, d.h. auf die mit Abnahmezwang gekoppelte Monopolstellung. Sie lässt es zu, dass über die Gebühr in großem Umfang auch Kosten weitergewälzt werden können, die vermeidbar gewesen wären. Gerade in kostendeckend arbeitenden öffentlichen Betrieben kann sich aufgrund der nicht gerechtfertigten Gleichsetzung von Kostendeckung und Wirtschaftlichkeit Verschwendung sehr gut „verstecken".

Sämtliche Produkte einer Gemeinde sind also unabhängig vom erzielten Kostendeckungsgrad stets im Hinblick auf die Wirtschaftlichkeit zu betrachten.

In diesem Zusammenhang ist auf den in den **Gemeindeordnungen** bzw. **Kommunalverfassungen** der einzelnen Bundesländer verankerten **Wirtschaftlichkeitsgrundsatz** hinzuweisen. In *§ 75 (1) der Gemeindeordnung für das Land Nordrhein-Westfalen*, die nachfolgend kurz als *GO NRW* bezeichnet wird, findet sich beispielsweise die folgende Vorgabe: „Die Haushaltswirtschaft ist wirtschaftlich, effizient und sparsam zu führen."

Damit wird deutlich, dass der Wirtschaftlichkeitsgrundsatz für die gesamte kommunale Haushaltswirtschaft gilt. Bereiche, die Gebühren kalkulieren, sind davon nicht ausgenommen. Zusätzlich sind noch die Effizienz und Sparsamkeit zu berücksichtigen, wobei wir an dieser Stelle darauf verzichten, der Frage nachzugehen, in welcher Beziehung diese beiden Begriffe zum Wirtschaftlichkeitsgrundsatz stehen.

Da die Kosten- und Leistungsrechnung das klassische Instrument zur Wirtschaftlichkeitsbeurteilung ist und die Verpflichtung zur Beachtung des Wirtschaftlichkeitsgrundsatzes im kommunalen Haushaltsrecht nicht neu ist, sondern eine lange Tradition hat, müsste an sich in allen Kommunen der flächendeckende Einsatz der Kosten- und Leistungsrechnung selbstverständlich sein. Dies ist jedoch nicht der Fall.

Die mit der NKF- bzw. NKR-Einführung verbundene Neufassung des kommunalen Haushaltsrechts wurde genutzt, die Gemeinden noch stärker als bisher zu verpflichten, die Kosten- und Leistungsrechnung möglichst in allen Bereichen einzusetzen. So beinhaltet beispielsweise *§18 (1)* der neuen *Gemeindehaushaltsverordnung des Landes Nordrhein-Westfalen (GemHVO NRW)* die folgende Vorgabe:„Nach den örtlichen Bedürfnissen der Gemeinde soll eine Kosten- und Leistungsrechnung zur Unterstützung der Verwaltungssteuerung und für die Beurteilung der Wirtschaftlichkeit und Leistungsfähigkeit bei der Aufgabenerfüllung geführt werden." Ob eine solche halbherzige Formulierung dem Streben nach einer flächendeckenden kommunalen Kosten- und Leistungsrechnung hinreichend Rechnung trägt, kann gegenwärtig noch nicht abschließend beurteilt werden.

Nicht ohne Bedeutung für die Entwicklung der kommunalen Kosten- und Leistungsrechnung ist der für das NKF bzw. NKR typische **Produkthaushalt**. Da eine Gemeinde überwiegend im Bereich des Marktversagens tätig ist, sind die mit Hilfe von Aufwendungen und Erträgen ermittelten Teilergebnisse der Produktbereiche, Produktgruppen und Produkte nicht hinreichend, um zu beurteilen, ob die Gemeinde die richtigen Güter bereitstellt und diese ohne Verschwendung erzeugt. Ergänzend sind daher bei der Aufstellung des Haushaltsplanes entsprechende **Ziele** und **Kennzahlen** zu berücksichtigen und später im Jahresabschluss heranzuziehen. In diesem Zusammenhang ist beispielsweise *auf § 12 der nordrheinwestfälischen Gemeindehaushaltsverordnung* hinzuweisen. Bei der Bildung und Ermittlung zahlreicher produktorientierter Kennzahlen muss man auf die Kosten- und Leistungsrechnung zurückgreifen.

Neben den Kommunalabgabengesetzen, den Gemeindeordnungen bzw. Kommunalverfassungen sowie Gemeindehaushaltsverordnungen enthalten noch die **speziellen Vorschriften für die Kommunalunternehmen und die kommunalen Eigenbetriebe** Regelungen, die die Kosten- und Leistungsrechnung betreffen und die zusätzlich zu den Vorschriften gelten, die sich aus der Gemeindeordnung bzw. der Kommunalverfassung und dem Kommunalabgabengesetz ergeben. So hat beispielsweise nach *§ 20 (3)* der *Verordnung über kommunale Unternehmen und Einrichtungen als Anstalt des öffentlichen Rechts (Kommunalunternehmensverordnung oder KUV) des Landes Nordrhein-Westfalen* das „Kommunalunternehmen… die für die Kostenrechnung erforderlichen Unterlagen zu führen und nach Bedarf Kostenrechnungen zu erstellen.“ Für die Eigenbetriebe der Gemeinden gilt eine ähnliche Vorgabe. Nach *§ 19 (3)* der *Eigenbetriebsverordnung für das Land Nordrhein-Westfalen (EigVO NRW)* hat der „Eigenbetrieb… die für die Kostenrechnung erforderlichen Unterlagen zu führen und nach Bedarf Kostenrechnungen zu erstellen. Hierbei soll eine Kosten- und Leistungsrechnung zur Unterstützung der Steuerung und zur Beurteilung der Wirtschaftlichkeit und Leistungsfähigkeit der Aufgabenerfüllung geführt werden.“

1.5 Kosten- und Leistungsrechnung im NKF bzw. NKR

Insgesamt lassen die im vorherigen Abschnitt zusammengestellten Vorschriften einen deutlichen Bezug zum **Neuen Steuerungsmodell** für die Kommunalverwaltungen erkennen (vgl. Schuster, Einführung, S. 200), das neben gravierenden organisatorischen und personalwirtschaftlichen Veränderungen eine Reform des Haushalts- und Rechnungswesens beinhaltet. Mit dem **Neuen Kommunalen Finanzmanagement (NKF)** bzw. mit dem **Neuen Kommunalen Rechnungswesen (NKR)** erfährt die für die Neue Steuerung notwendige Umgestaltung des Haushalts- und Rechnungswesens ihre Konkretisierung (vgl. Schuster, Neues Kommunales Finanzmanagement, S. 6).

Das wichtigste Merkmal des neue Haushalts- und Rechnungswesens ist neben dem Drei-Komponenten-System die **Produktorientierung**, also Ausrichtung der Steuerung auf die einzelnen Bestandteile des von der Kommune bereitzustellenden Sortiments. Man spricht daher in diesem Zusammenhang auch vom **doppischen Kommunalhaushalt** oder vom **Produkthaushalt**.

Dabei bezeichnet man große Blöcke des Sortiments als **Produktbereiche**, die aus kleineren Sortimentsbestandteilen, den **Produktgruppen,** bestehen und die man ihrerseits in noch kleinere Sortimentsteile, die in der Verwaltungspraxis „**Produkte**" genannt werden, unterteilt. So spricht man beispielsweise in der Verwaltungspraxis vom Produkt „Druckerei" und meint damit das gesamte Aufgabenfeld dieser Einrichtung. Damit wählt die Verwaltungspraxis einen Produktbegriff, der sich von dem der Betriebswirtschaftslehre unterscheidet (vgl. Schuster, Neues Kommunales Finanzmanagement, S. 60). In der Betriebswirtschaftslehre wird üblicherweise das Ergebnis eines Produktionsprozesses als Produkt bezeichnet, also beispielsweise das in der Druckerei hergestellte Druckstück. Hierfür verwendet die Verwaltungspraxis häufig den Begriff „Leistung". Solche sprachlichen Unterschiede zwischen der Verwaltungspraxis und der BWL sind nicht selten. Für die betriebswirtschaftliche Steuerung des kommunalen Verwaltungsbetriebs ist somit erforderlich, dass man sich in beiden Sprachwelten auskennt.

Um zu beurteilen, was ein bestimmter Teil des kommunalen Sortiments zur gesamtbetrieblichen Zielsetzung der Gemeinde beiträgt, ist es sinnvoll, für diesen Sortimentsbereich eine getrennte Datenaufbereitung vorzunehmen, also einen entsprechenden **Teilhaushalt** abzugrenzen. Teilweise ist die Bildung der Teilhaushalte vorgeschrieben. So sind die großen Sortimentsblöcke einer Gemeinde, die Produktbereiche, in allen Bundesländern einheitlich abzugrenzen und als Teilhaushalte abzubilden.

Für jeden Teilhaushalt sind eigene Pläne zu erstellen, und zwar werden die mit dem betreffenden Sortimentsteil verbundenen Aufwendungen und Erträge im **Teilergebnisplan** sowie die mit dem betreffenden Sortimentsteil verbundenen Einzahlungen und Auszahlungen im **Teilfinanzplan** erfasst. Da es sich bei zahlreichen Sortimentsbestandteilen um kommunale Dienstleistungen handelt, die dem Bereich des Marktversagens zuzuordnen sind und insofern nicht gegen Entgelt oder nur zu einem geringen Entgelt abgegeben werden, sind zusätzliche Informationen in den Teilplänen zu berücksichtigen, um das betreffende kommunale Angebot rechtfertigen zu können. In der Regel sind daher die **Zielsetzungen** des betreffenden Teilhaushalts zu nennen und **Kennzahlen** anzugeben, die zur Überprüfung der Zielerreichung geeignet sind. Im Rahmen des Jahresabschlusses werden für jeden Teilhaushalt spiegelbildlich zu den beiden Teilplänen zwei abschließende Rechnungen durchgeführt, und zwar die **Teilergebnisrechnung** und die **Teilfinanzrechnung.** In diesen sind neben den Ist-Werten auch die Soll-Werte sowie eventuelle Abweichungen auszuweisen und zu erläutern.

Verbinden wir diese Kurzdarstellung mit den zuvor erläuterten Rechtsvorschriften, so wird deutlich, dass die **Kosten- und Leistungsrechnung im NKF bzw. NKR** besonders folgende **Aufgaben** zu erfüllen hat:

- **Erstens** unterstützt die Kosten- und Leistungsrechnung die gesamte kommunale **Budgetierung,** indem sie beispielsweise Informationen für die Erstellung des Haushaltsplanes, die Budgetverhandlungen im Rahmen des Kontraktmanagements, die Bewirtschaftung der Haushaltsansätze, die laufende Kontrolle der Haushaltswirtschaft und die Erstellung sowie die Analyse des Jahresabschlusses liefert. Insofern greifen sämtliche kommunale

Entscheidungsträger, die an der „output- und ressourcenorientierten Budgetierung" (vgl. Budäus, Manifest, S. 40) beteiligt sind, auf Daten aus der Kosten- und Leistungsrechnung zurück. Mit Hilfe der Kosten- und Leistungsrechnung kann beispielsweise ein produktverantwortlicher Bereich ermitteln, welchen Ressourcenverbrauch die Erstellung des gewünschten Outputs hervorrufen wird und welche Kosten ihm erstattet werden müssen, damit er diese Produkte bereitstellen kann.

- **Zweitens** ist die Kosten- und Leistungsrechnung eine wichtige **Grundlage für das kommunale Controlling**. Wählt man eine einfache Definition, so handelt es sich beim Controlling um eine führungsunterstützende Funktion, mit deren Hilfe versucht wird, Planung und Kontrolle stärker miteinander zu verknüpfen und das Rechnungswesen enger mit den Führungsfunktionen zu verbinden (vgl. Schuster, Einführung, S. 134). Ein wesentlicher Beitrag des Controllings besteht darin, unterjährig Informationen bereitzustellen und diese mittels Kennzahlen zu verdichten. Die Kosten- und Leistungsrechnung liefert insofern **die Basis für die ständige Beachtung des Wirtschaftlichkeitsgrundsatzes** und insbesondere die **Grundlage für eine entsprechende Kennzahlenbildung und -analyse.**
- **Drittens** zieht man die Kosten- und Leistungsrechnung heran, um die Werte solcher Güter zu ermitteln, die ein Teil der Verwaltung, beispielsweise ein Produktbereich, einem anderen Teil der Verwaltung, also einem anderen Produktbereich, zur Verfügung stellt. Die betreffenden Beträge werden sowohl auf der Planungs- als auch auf der Abschlussebene des NKF bzw. NKR als **interne Aufwendungen** und **interne Erträge** berücksichtigt. Mit einem internen Aufwand wird der Produktbereich belastet, der die Dienstleistung eines anderen Produktbereichs in Anspruch nimmt. In gleicher Höhe wird dem Produktbereich, der für den anderen Produktbereich arbeitet, ein interner Ertrag angerechnet. So wird der Ressourcenverbrauch den Produkten zugeordnet, die ihn verursacht haben. Die Kosten- und Leistungsrechnung dient in diesen Fällen der **Ermittlung der internen Verrechnungspreise**.
- **Viertens** liefert die Kosten- und Leistungsrechnung die notwendigen Informationen für **die Bewertung der selbsterstellten Güter**, die in der neuen kommunalen Bilanz erfasst werden müssen. Wie im privatwirtschaftlichen Bereich wird die kommunale Kosten- und Leistungsrechnung damit verstärkt eingesetzt, um die selbst hergestellten Güter des Anlagevermögens, die aktivierten Eigenleistungen, oder die selbst erzeugten Güter des Umlaufvermögens, die gelagert werden, zu bewerten.
- **Fünftens** ist die Kosten- und Leistungsrechnung auch im NKF bzw. NKR ein wichtiges **Hilfsmittel der Preisfindung**, wenn es darum geht, die Entgelte für bestimmte Dienstleistungen und Sachgüter zu bestimmen, die an einzelne Bürgerinnen und Bürger abgegeben werden. Wenn es um die **Gebührenkalkulation** geht, ist die Kosten- und Leistungsrechnung mehr als ein Orientierungspunkt für die Preisfindung, sondern die verbindliche Grundlage für die Entgeltermittlung.

Auf den Punkt gebracht, hat eine controllingorientierte kommunale Kosten- und Leistungsrechnung in allen Phasen des betrieblichen Geschehens primär zwei Aufgaben zu erfüllen: Sie soll einerseits zur Preisfindung bzw. Wertermittlung und andererseits zur Beurteilung der Wirtschaftlichkeit beitragen.

2 Grundbegriffe der Kosten- und Leistungsrechnung

2.1 Kosten und Leistung

Üblicherweise bezeichnet man in der Betriebswirtschaftslehre den **betriebszweckbezogenen bewerteten Güterverzehr**, der in einem Betrieb in einer Abrechnungsperiode, d.h. üblicherweise während eines Jahres, stattfindet als **Kosten** (vgl. Chmielewicz, Betriebliches Rechnungswesen 2, S. 15). Der Begriff „Kosten" weist damit drei Definitionsbestandteile auf: Erstens geht es um die Erfassung des Güterverbrauchs. Zweitens wird dieser nur berücksichtigt, wenn er mit dem Betriebszweck in Verbindung steht, d.h. im Hinblick auf die inhaltliche Zielsetzung des Betriebs anfällt. Drittens ist eine Bewertung der einzelnen verbrauchten Güter erforderlich. Ansonsten könnte man die verschiedenen Verbrauchskomponenten nicht zusammenfassen und gemeinsam betrachten.

An sich könnte man die in der BWL übliche Begriffsfassung auch für den Bereich der Kommunalverwaltung übernehmen. Es ist jedoch zu beachten, dass die Kosten- und Leistungsrechnung im kommunalen Verwaltungsbetrieb dezentral durchgeführt wird. In diesen Fällen ist für die Abgrenzung des Güterverbrauchs nicht die inhaltliche Zielsetzung der Kommunalverwaltung als Ganzes, sondern die spezielle inhaltliche Zielsetzung des betreffenden Teilbetriebs relevant. Was unter den Kostenbegriff fällt, hängt also vom jeweiligen inhaltlichen Ziel, d.h. vom Sachziel, ab. Insofern wird in dieser Schrift folgende Definition gewählt:

Kosten = sachzielbezogener bewerteter Güterverbrauch

Dieser Kostenbegriff soll nachfolgend kurz an je einem **Beispiel** aus der Privatwirtschaft und der Kommunalverwaltung erläutert werden.

Betrachten wir zunächst eine Bäckerei. Um die Kosten zu ermitteln, erfasst man in einem ersten Schritt den Güterverzehr in der betreffenden Abrechnungsperiode, also beispielsweise den Mehlverbrauch, den Stromverbrauch und die Arbeitsstunden der Mitarbeiter. Anschließend versucht man, die Preise der einzelnen Güter in Erfahrung zu bringen. Bei den Produktionsfaktoren, die man käuflich erworben hat, ist das relativ einfach. Die Preise für diese Güter lassen sich den entsprechenden Rechnungen der Lieferanten entnehmen. Das gilt beispielsweise für das eingesetzte

Mehl. Um den Wert des Güterverzehrs bei diesem Produktionsfaktor zu bestimmen, muss man lediglich den Mehlverbrauch mit dem gezahlten Mehlpreis multiplizieren. Bei anderen Produktionsfaktoren kann die Preisbestimmung schwieriger sein. Werden beispielsweise Familienmitglieder in der Bäckerei unentgeltlich beschäftigt, fehlt es eventuell an einer klaren Preisangabe, da kein Lohn gezahlt wird. Man muss hier den Preis anhand eines Vergleichs ermittelt, indem man beispielsweise klärt, was man einer fremden Person bezahlen müsste, wenn diese die Aufgaben des unentgeltlich tätigen Familienmitglieds übernehmen würde. Ist ein solcher Preis bestimmt worden, ergibt sich auch in diesem Fall der Wert des Güterverzehrs, indem man den Preis mit der Verbrauchsmenge, hier also mit den geleisteten Arbeitsstunden, multipliziert. Hat die Bäckerei für alle Arten von Produktionsfaktoren die Verbrauchsmengen und die anzusetzenden Preise ermittelt, muss noch geprüft werden, ob der betreffende Güterverbrauch tatsächlich mit dem Sachziel in Verbindung steht. Hier wird unterstellt, dass das Sachziel der betreffenden Bäckerei darin besteht, Brote zu backen und zu verkaufen. Demzufolge wäre ein Güterverbrauch beispielsweise dann nicht sachzielbezogen, wenn der Bäcker Mehl, Arbeitszeit, Strom usw. einsetzt, um sich seinen Sonntagskuchen zu backen. Der dadurch hervorgerufene bewertete Güterverzehr wird vom Kostenbegriff nicht erfasst. Das Gleiche gilt, wenn die Bäckerei einer sozialen Einrichtung, mit der keine Geschäftsbeziehungen bestehen und auch nicht aufgenommen werden sollen, Mehl spendet. Dieser bewertete Güterverzehr hat ebenfalls nichts mit Kosten zu tun. Wie beim ersten Fall fehlt es auch hier an einer Verbindung zum Sachziel. Wichtiger ist, dass es für die Verwendung des Kostenbegriffs nicht erforderlich ist, dass mit dem sachzielbezogenen Gütereinsatz auch das Sachziel erreicht wird. Der Güterverbrauch muss lediglich im Hinblick auf das Sachziel erfolgen. Insofern führt der mit einem misslungenen Backvorgang verbundene Mehlverbrauch ebenfalls zu Kosten.

Die Überlegungen lassen sich ohne weiteres auf den kommunalen Bereich übertragen. **Betrachtet man beispielsweise ein kommunales Grünflächenamt**, so ist im Hinblick auf eine Kostenerfassung zunächst zu ermitteln, welcher Güterverzehr vorliegt, also welches Material verbraucht wurde, welche Abnutzung sich bei den langlebigen Wirtschaftsgütern ergab und wie viele Stunden man gearbeitet hat. Anschließend sind die Preise für die eingesetzten Produktionsfaktoren zu bestimmen. Auch hier ist die Preisbestimmung teilweise einfach, so beispielsweise dann, wenn gekauftes Material verbraucht wurde, und teilweise schwierig, so beispielsweise dann, wenn die Kapitalkosten bestimmt werden müssen – ein Punkt auf den an späterer Stelle noch eingegangen wird. Durch Multiplikation der Verbrauchsmengen mit den betreffenden Preisen ergibt sich der bewertete Güterverzehr. Ob es sich dabei um Kosten handelt, hängt davon ab, ob dieser Güterverzehr mit dem Sachziel des Grünflächenamtes in Verbindung steht. Aus Gründen der Vereinfachung wird unterstellt, dass das betreffende kommunale Grünflächenamt die Aufgabe hat, bestimmte öffentliche Parkanlagen zu pflegen. Würden ein Mitarbeiter des Grünflächenamtes beispielsweise während seiner Dienstzeit Pflegearbeiten in einem privaten Garten durchführen, würde der dadurch hervorgerufene Güterverbrauch nicht zu Kosten führen.

Diese strenge Begriffsfassung ist im Hinblick auf die Ziele der Kosten- und Leistungsrechnung, also beispielsweise im Hinblick auf die Wirtschaftlichkeitsbeurteilung und die Preisfindung, wichtig. Dies verdeutlichen die folgenden **Beispiele**.

> Wird die Kostenrechnung eingesetzt, um die Preise zu kalkulieren, und würde man den Güterverzehr, der durch die Pflege privater Gartenanlagen hervorgerufen wird, in die Kostenrechnung einfließen lassen, müssten diejenigen, die Dienstleistungen des Grünflächenamtes zu einem „kostendeckenden Preis" in Anspruch nehmen, einen Güterverzehr bezahlen, den sie gar nicht hervorgerufen haben. Im Falle der Gebührenkalkulation würde der Bürger also gezwungen, eine Dienstleistung zu bezahlen, die ein anderer erhalten hat.
>
> Auch im Hinblick auf die Wirtschaftlichkeitsbetrachtung würden sich Verzerrungen ergeben. Würde beispielsweise der mit der Pflege des Privatgartens hervorgerufene Güterverzehr nicht getrennt erfasst und einfach als Kosten berücksichtigt, würde bei einem Betriebsvergleich das betreffende Grünflächenamt eventuell negativ beurteilt, obwohl der sachzielbezogene Ressourceneinsatz möglicherweise durchaus einem Vergleich standhalten kann. Anpassungsmaßnahmen würden an der falschen Stelle ansetzen. Die wirkliche Ursache für den zu hohen Verbrauch an Einsatzgütern, d.h. der Missbrauch öffentlicher Mittel für private Zwecke, würde nicht deutlich.

Die Überlegungen zeigen, dass die Kosten- und Leistungsrechnung nur einen Teil der controllingrelevanten Informationen bereitzustellen vermag. Darüber hinaus sind stets weitere Informationsquellen auszuwerten. So kann bei der Ermittlung der Personalkosten beispielsweise eine Anwesenheitsüberprüfung sinnvoll sein.

Spiegelbildlich zum Kostenbegriff lässt sich der Begriff der **Leistung** folgendermaßen fassen (vgl. Kosiol, S. 28):

Leistung = sachzielbezogene bewertete Güterentstehung

Auch dieser Begriff soll nachfolgend kurz anhand zweier **Beispiele** erläutert werden, wobei wir uns wieder auf die Bäckerei und das Grünflächenamt beziehen wollen.

> In der **Bäckerei** lässt sich die Leistung folgendermaßen ermitteln: Zunächst werden für sämtliche Produktarten die erstellten Mengen festgestellt. In einem zweiten Schritt geht es darum, für jede Produktart den jeweils gültigen Preis zu bestimmen, was bei den einzelnen Erzeugnissen unterschiedliche Probleme aufwerfen kann. Bei Sachgütern und Dienstleistungen, die verkauft worden sind, also beispielsweise bei den verkauften Broten, ist die Preisermittlung einfach. Hier ist der erzielte Verkaufspreis maßgeblich. Bei Gütern, die noch nicht verkauft worden sind, also beispielsweise bei Halbfertigfabrikaten (zu denken wäre hier an vorgebackene und eingefrorene Brötchen, die vor einem Verkauf noch aufgebacken werden müssen), ist die Preisbestimmung erheblich schwieriger. Ein Verkaufspreis ist noch nicht bekannt. Eventuell wird man mit Hilfe der Kostenrechnung einen Preis kalkulieren, was nicht unproblematisch ist; denn, was diese vorgebackenen Brötchen wirklich wert sind, zeigt sich erst am Markt. Eventuell können sie gar nicht verkauft werden, dann sind sie nichts wert, oder aber es wird ein Preis erzielt, der über dem berechne-

ten Preis liegt. Auch in diesem Fall ist die Bewertung falsch. Gelingt es für alle Produktarten einen mehr oder weniger zutreffenden Preis zu ermitteln, ergibt sich die bewertete Güterentstehung durch Multiplikation von Preis und Menge, wobei es sich entweder um eine Verkaufsmenge oder um eine Bestandserhöhung handeln kann. Nunmehr ist noch zu prüfen, ob die so ermittelte bewertete Güterentstehung auch als Leistung anzusehen ist. Die mit dem Brotverkauf in Verbindung stehende bewertete Güterentstehung hat unmittelbar mit dem Sachziel der Bäckerei zu tun. Es handelt sich hierbei um einen Teil der Leistung der Bäckerei. Das Gleiche gilt für die auf Lager genommenen vorgebackenen Brötchen, die noch nicht verkauft worden sind. Auch diese Produkte haben mit dem Sachziel der Bäckerei zu tun. Andererseits wird die Leistung nicht dadurch vergrößert, dass die Bäckerei eine vollständig abgeschriebene Maschine, d.h. eine Maschine, die zumindest buchhalterisch nichts mehr wert ist, veräußert. Im weitesten Sinne kann man hier noch von einer bewerteten Güterentstehung sprechen; denn der Betrieb verfügt zumindest zahlenmäßig nach dem Verkauf über größere Vermögenswerte als vorher. Eine sachzielbezogene Güterentstehung liegt jedoch nicht vor; denn das Sachziel der Bäckerei besteht nicht darin, mit gebrauchten Maschinen zu handeln, sondern darin, Brot und andere Backwaren zu erstellen und zu vermarkten.

Auch diese Überlegungen lassen sich wieder auf den kommunalen Verwaltungsbetrieb übertragen, was am Beispiel des **Grünflächenamtes** verdeutlicht wird: Zunächst sind die einzelnen Produktarten zu bestimmen und abzugrenzen, die das Grünflächenamt erstellt. So könnte man beispielsweise zwischen der Rasenpflege und dem Baumschnitt unterscheiden. Anschließend muss man Maßgrößen bestimmen, um die Anzahl der erstellten Dienstleistungen feststellen zu können. Für die Dienstleistung Rasenschnitt bietet sich eine Erfassung nach Quadratmetern an. In einem weiteren Schritt ist dann der Preis für die jeweilige Dienstleistung zu klären. Wird die Dienstleistung „Rasenschnitt" gegen Entgelt erbracht und nach Quadratmetern abgerechnet, ist die Bewertung relativ einfach. Es kann der erzielte Quadratmeterpreis zu Grunde gelegt werden. Im Bereich der Kommunalverwaltung ist eine solche Bewertung der erstellten Produkte jedoch in vielen Fällen nicht möglich, da zahlreiche Dienstleistungen unentgeltlich abgegeben werden. Auch dann, wenn die Güter an andere Teilbetriebe veräußert und in der Buchhaltung so genannte innere Verrechnungen gebildet werden, ist eine Bewertung problematisch; denn eine wirkliche Preisbildung hat in der Regel nicht stattgefunden. Alles in allem wird deutlich, dass eine Bewertung der entstanden Güter oft nicht oder nur unzureichend möglich ist und insofern die Leistungsbestimmung im Bereich der Kommunalverwaltung erheblich größere Probleme aufwirft als im Bereich der Privatwirtschaft. Damit steht das Controlling im Bereich des kommunalen Verwaltungsbetriebs vor dem riesigen Problem, Steuerungsempfehlungen abgeben zu müssen, ohne den Wert der Güterentstehung genau zu kennen. Auf diesen Punkt wird an späterer Stelle noch einzugehen sein. Unabhängig von der Bewertung der entstandenen Güter ist noch zu klären, ob die Güterentstehung auch mit dem Sachziel zu tun hat. Wird durch eine Überprüfung beispielsweise festgestellt, dass das kommunale Grünflächenamt ohne Entgelt für Privatpersonen gearbeitet hat, liegt auch in diesem Fall eine Güterentstehung vor. Diese Güterentstehung ist zumindest halbwegs zuverlässig zu bewerten, indem man beispielsweise eine Bewertung von den Kosten ableitet. Da diese bewertete Güterentstehung aber nichts mit dem Sachziel des Grünflächenamtes zu tun hat, wird sie nicht der Leistung zugeordnet.

Es wird deutlich, dass eine sorgfältige Anwendung des Leistungsbegriffs, für die Wirtschaftlichkeitsbeurteilung unverzichtbar ist. Wird die sachzielfremde Güterentstehung als Leistung berücksichtigt, erscheint ein kommunaler Verwaltungsbetrieb wirtschaftlicher, als er tatsächlich ist, und werden die notwendigen Anpassungen nicht oder nicht hinreichend vorgenommen. Irritationen entstehen auch dadurch, dass die zum Kostenbegriff spiegelbildliche Definition des Begriffs „Leistung" häufig nicht übernommen wird, sondern teilweise andere Begriffsfassungen gewählt werden.

2.2 Fixe und variable Kosten

Die **gesamten Kosten** eines Betriebes in einer Periode, die nachfolgend mit dem Buchstaben **K** gekennzeichnet werden, lassen sich in **fixe Kosten (K_f)** und **variable Kosten (K_v)** einteilen (vgl. Chmielewicz, Betriebliches Rechnungswesen 2, S. 126). Damit gilt folgende **Gesamtkostenfunktion:**

$$\mathbf{K = K_f + K_v}$$

Bei den **fixen Kosten** handelt es sich um Kosten, die in einer Periode nicht mit der Produktmenge variieren, die also nicht mit steigender Produktmenge zunehmen bzw. nicht mit sinkender Produktmenge abnehmen. Man nennt diese Kosten auch *beschäftigungsfixe Kosten,* weil sie nicht mit dem Auslastungsgrad der Produktionskapazitäten variieren.

Variable Kosten ändern sich hingegen mit der Produktmenge. Sie nehmen bei steigender Produktmenge zu und bei sinkender Produktmenge ab. Sie verändern sich also mit dem Auslastungsgrad der Produktionskapazitäten, d.h. mit der „Beschäftigung" des Betriebs. Daher werden sie *beschäftigungsvariable Kosten* genannt.

Ändern sich die variablen Kosten im Gleichschritt mit der Produktmenge, liegt der Spezialfall der **proportionalen Kosten** vor.

Die folgende Funktion beinhaltet einen proportionalen Verlauf der variablen Kosten:

$$\mathbf{K_v = a \cdot X}$$

Dabei ist **a** ein konstanter Faktor und **X** das Symbol für die Produktmenge. Die **Stückkosten (k)** ergeben sich, indem man die Gesamtkosten durch die Produktmenge teilt:

$$\mathbf{k = K / X}$$

Die **variablen Stückkosten (k_v)** werden ermittelt, indem man die variablen Kosten durch die Produktmenge teilt:

$$\mathbf{k_v = K_v / X}$$

Die **fixen Kosten pro Stück (k_f)**, die auch **stückfixe Kosten** genannt werden, ergeben sich, indem man die Fixkosten durch die Produktmenge teilt:

$$\mathbf{k_f = K_f / X}$$

Handelt es sich bei den variablen Kosten um proportionale Kosten, ergeben sich die variablen Kosten pro Stück **(k_v)** letztlich in Höhe des konstanten Faktors **a** und **sind die variablen Stückkosten** somit **konstant**. Dies wird durch folgende Berechnung deutlich:

Den Ausgangspunkt bildet die Gleichung

$$\mathbf{k_v = K_v / X}$$

Mit $Kv = a \cdot X$

gilt $kv = a \cdot X / X$ und nach dem Kürzen von X

$$\mathbf{k_v = a}$$

Diesen Zusammenhang wollen wir nachfolgend anhand eines **Beispiels** veranschaulichen:

> Aus Gründen der Vereinfachung betrachten wir eine **Bäckerei**, die nur zwei Arten von Produktionsfaktoren einsetzt, und zwar einen Ofen und Mehl. Der Ofen sei auf 10 Jahre fest angemietet. Die jährliche Mietrate betrage 100 Euro. Die Bäckerei habe sich auf eine bestimmte Brotsorte spezialisiert. Für ein Brot werde 1 kg Mehl benötigt. 1 kg Mehl koste 1 Euro.
>
> Damit hat die Bäckerei fixe Kosten in Höhe 100 Euro pro Jahr. Die variablen Kosten hängen von der Produktmenge ab. Je mehr Brote gebacken werden, umso größer ist der Mehlverbrauch. Mit steigendem Mehlverbrauch steigen die variablen Kosten. Hier liegt der Spezialfall der proportionalen Kosten vor; denn die Mehlkosten steigen in einem konstanten Verhältnis zur Produktmenge. Wird ein Brot gebacken, betragen die Mehlkosten 1 Euro; werden zwei Brote gebacken, steigen die Mehlkosten auf 2 Euro; werden drei Brote gebacken, erhöhen sie sich auf 3 Euro. Die Kostenfunktion
>
> $$K = K_f + K_v$$
>
> lässt sich somit in diesem Fall folgendermaßen schreiben:
>
> $$K = 100 \text{ Euro} + 1 \text{ Euro} \cdot X$$

Bei einem gebackenen Brot, also mit X = 1, gilt K = 101 Euro; bei zwei Broten erhöhen sich die Gesamtkosten (K) auf 102 Euro. Werden beispielsweise 100 Brote gebacken, ergeben sich Gesamtkosten in Höhe von 200 Euro.

Die Stückkosten (k) werden ermittelt, indem man die jeweiligen Gesamtkosten (K) durch die jeweilige Brotmenge (X) teilt. Damit ergeben sich, wenn nur ein Brot gebacken wird, Stückkosten in Höhe von 101 Euro. Werden zwei Brote gebacken, sind die Gesamtkosten in Höhe 102 Euro durch zwei Stück zu teilen. Die Stückkosten betragen dann 51 Euro. Werden 100 Brote gebacken, sinken die Stückkosten auf 2 Euro; denn die Gesamtkosten in Höhe von 200 Euro sind durch die 100 Stück zu teilen. Damit nehmen bei der oben wiedergegebenen linearen Gesamtkostenfunktion die Stückkosten mit steigender Produktmenge ab. Dies ist darauf zurückzuführen, dass die Fixkosten bei steigender Produktmenge auf eine immer größere Zahl von Erzeugnissen verteilt werden: Wird beispielsweise nur ein Brot gebacken, betragen die fixen Kosten pro Stück (k_f) 100 Euro; werden zwei Produkte erzeugt, liegen die fixen Kosten pro Stück nur noch bei 50 Euro; bei einer Produktmenge von 100 Stück betragen sie sogar nur noch 1 Euro, da die gesamten fixen Kosten in Höhe von 100 Euro auf 100 Stück verteilt werden.

Dieser von der Wirtschaftswissenschaft schon sehr früh entdeckte Zusammenhang wird auch als **Stückkostendegression** bezeichnet. Nicht zweckmäßig ist hingegen die Bezeichnung Kosten- oder Fixkostendegression (vgl. Haberstock, Kostenrechnung I, S. 55); denn weder die Gesamtkosten noch die Fixkosten nehmen bei einer Ausweitung der Erzeugung ab. Die variablen Kosten pro Stück (k_v) sind, wie bereits erwähnt, bei einem linearen Gesamtkostenverlauf konstant. Auch dies wird anhand des soeben herangezogenen **Beispiels** deutlich:

Egal, wie groß die Brotmenge ist, wird für jedes Brot 1 kg Mehl benötigt, das 1 Euro kostet. Werden beispielsweise 100 Brote gebacken, betragen die Mehlkosten insgesamt 100 Euro. Teilt man diese variablen Kosten durch die Menge, erhält man die variablen Stückkosten in Höhe von 1 Euro.

In Verbindung mit dem Begriff der variablen Kosten ist noch der Begriff der **Grenzkosten (K′)** zu klären. Vereinfacht kann man die Grenzkosten als die Kosten bezeichnen, die zusätzlich entstehen, wenn man ein zusätzliches Produkt erzeugt. Diese zusätzlichen Kosten, die durch ein zusätzliches Produkt entstehen, können, je nachdem von welcher Produktmenge man ausgeht, unterschiedlich hoch sein. **Bei einer linearen Kostenkurve, d.h. bei einem proportionalen Verlauf der variablen Kosten, sind die Grenzkosten allerdings konstant. In diesem Fall entsprechen die Grenzkosten den variablen Stückkosten, die ebenfalls konstant sind.** Auch dies lässt sich anhand des gerade verwendeten **Beispiels** verdeutlichen:

Will die Bäckerei bei einer Produktmenge von 50 Broten ein weiteres Brot erzeugen, so entstehen zusätzliche Kosten in Höhe der zusätzlichen Mehlkosten, d.h. in Höhe von 1 Euro. Das Gleiche gilt, wenn die Bäckerei beispielsweise bei einer Produktmenge von 100 Broten ein zusätzliches Brot backen will. Auch in diesem Fall entstehen zusätzliche Mehlkosten in Höhe von 1 Euro.

Allgemein ergeben sich die Grenzkosten, indem man die Kostenfunktion zur Produktmenge hin differenziert, d.h. indem man die erste Ableitung bildet. Gehen wir von der bereits bekannten Kostenfunktion

$$\mathbf{K = K_f + K_v}$$

aus und berücksichtigen wir, dass die Gesamtkosten mit steigender Produktmenge steigen, dann ist es sinnvoll **K(X)** für **K** zuschreiben. Das Gleiche gilt für die variablen Kosten, die ebenfalls von der Produktmenge abhängen. Wir verwenden also nachfolgend $\mathbf{K_v(X)}$ für $\mathbf{K_v}$. Da $\mathbf{K_f}$ nicht von der Produktmenge abhängt, können wir die Kostenfunktion somit folgendermaßen aufstellen

$$\mathbf{K(X) = K_f + K_v(X)}$$

Leitet man diese Funktion nach **X** ab, fällt die von **X** unabhängige Komponente $\mathbf{K_f}$ weg, und es gilt

$$\mathbf{d\,K(X) / d\,X = d\,K_v(X) / d\,X}$$

oder kurz

$$\mathbf{K' = K_v'}$$

falls es sich bei den variablen Kosten um proportionale Kosten handelt, gilt

$$\mathbf{K_v = k_v \cdot X}$$

Differenziert man diese Funktion nach **X**, erhält man

$$\mathbf{K_v' = k_v}$$

und mit $K' = K_v'$ ergibt sich

$$\mathbf{K' = k_v}$$

Da, wie oben gezeigt, bei einem proportionalen Kostenverlauf auch gilt

$$\mathbf{k_v = a}$$

mit **a** als einem konstanten Faktor

gilt ebenfalls

$$\mathbf{K' = a}$$

Insgesamt lässt sich damit festhalten, dass bei einer linearen Kostenkurve bzw. bei einem proportionalen Verlauf der variablen Kosten die Grenzkosten den variablen Stückkosten entsprechen und konstant sind.

Wenden wir diese Überlegungen auf das oben genannte **Beispiel** an,

> so können wir die Grenzkosten der Bäckerei bestimmen, indem wir die Kostenfunktion der Bäckerei K = 100 Euro + 1 Euro · X nach X differenzieren. Wir erhalten dann K′ = 1 Euro, also konstante Grenzkosten, die mit den variablen Stückkosten übereinstimmen.

Nachdem wir die Begriffe fixe Kosten, variable Kosten und Grenzkosten geklärt und erläutert haben, soll noch kurz der Frage nachgegangen werden, welche *Bedeutung diese begriffliche Abgrenzung für die Steuerung eines Betriebes* hat und ob sie auch im Bereich des kommunalen Verwaltungsbetriebs controllingrelevant ist.

Zunächst ist festzustellen, dass durch die Trennung von variablen und fixen Kosten deutlich wird, welche Kosten durch eine Variation des Angebots in welchem Umfang verändert werden können. Solche Überlegungen spielen beispielsweise eine Rolle, wenn man überprüft, ob ein unrentabler Betrieb geschlossen werden soll. Die Trennung von fixen und variablen Kosten macht deutlich, dass die mit einer Betriebsschließung eventuell verbundene Kostensenkung *zunächst* lediglich in Höhe der variablen Kosten ausfallen wird. Entsprechende Überlegungen gelten, wenn man die Tätigkeit ausweiten will, dann kommen *häufig zunächst* lediglich die variablen Kosten hinzu. Gleichwohl darf man den Begriff „fixe Kosten" nicht falsch interpretieren:

Bei den fixen Kosten handelt es nicht um Kosten, die man nicht verändern kann. Auch Fixkosten lassen sich unter bestimmten Voraussetzungen gestalten.

> So stehen im obigen **Beispiel** die Ofenkosten nicht ein für allemal fest. Zumindest, wenn der Mietvertrag ausläuft, kann man diese Kosten abbauen.

Bei zahlreichen fixen Kosten gibt es solche Zeitpunkte, in denen eine Beeinflussung möglich ist. Auch ist zu beachten, dass eine Erhöhung der Produktmenge ab einer bestimmten Höhe nur gelingt, wenn beispielsweise eine weitere Maschine oder eine weitere Anlage eingesetzt wird. Hat man diese Investition getätigt, dann kann die Produktmenge zumindest bis zu einer neuen Grenze erhöht werden, ohne dass die Kosten für die Anlagegüter steigen.

Damit wird deutlich, dass es neben den fixen Kosten, d.h. neben den Kosten, die sich in Abhängigkeit von der Produktmenge in einem Jahr überhaupt nicht ändern, und den variablen Kosten, die sich in Abhängigkeit von der Produktmenge kontinuierlich ändern, Kosten zu berücksichtigen sind, die in gewissen Abständen auf die Produktmenge reagieren. Man spricht in diesem Zusammenhang von **sprungfixen Kosten** (vgl. Hummel/Männel, S. 106).

> Hätte im obigen **Beispiel** der Ofen eine Jahreskapazität von 300.000 Broten, müsste die Bäckerei, falls sie pro Jahr mehr als 300.000 Brote produzieren will, einen zweiten Ofen anmieten. Wenn wir unterstellen, dass dies nur im Rahmen eines Zehnjahresvetrages möglich sei, handelt es sich bei den Ofenkosten, genau genommen, nicht um fixe, sondern um sprungfixe Kosten.

Die Trennung von fixen und variablen Kosten sowie die zusätzliche Berücksichtigung von sprungfixen Kosten und Grenzkosten sind auch für das Controlling des kommunalen Verwaltungsbetriebs von grundsätzlicher Bedeutung. Das gilt beispielsweise, wenn geklärt werden muss, ob ein Teilbetrieb eventuell geschlossen werden soll.

> Als **Beispiel** wäre der Bereich **Gebäudereinigung** zu nennen. Bei einer Übertragung dieser Tätigkeiten auf eine Privatfirma fallen zunächst nur die variablen Kosten weg. Demzufolge ist es nicht damit getan, dass eine Privatunternehmung die betreffende Dienstleistung eventuell günstiger anbieten kann. Wenn bestimmte fixe Kosten nicht abgebaut werden können, muss der Kostenunterschied auch diese kompensieren. Ähnliche Überlegungen ergeben sich bei einer Ausweitung des Angebots. Wenn die Grenzkosten niedriger sind, als der zu erzielende Preis, ist auch dann, wenn die Stückkosten nicht vom Preis abgedeckt werden, die Erstellung und Abgabe eines zusätzlichen Produkts zweckmäßig.

Andererseits ist allerdings darauf hinzuweisen, dass es sich bei den Begriffen „variable Kosten" und „fixe Kosten" um eine Abgrenzung aus der Betriebswirtschaftstheorie handelt, die ohne Zweifel dazu beiträgt, wichtige Zusammenhänge besser zu durchschauen. Eine praktische Anwendung der Überlegungen wird aber häufig dadurch erschwert, dass sich bestimmte Kostenarten oft nicht eindeutig einer Kategorie zuordnen lassen (vgl. Chmielewicz, Betriebliches Rechnungswesen 2, S. 137). Das gilt beispielsweise im Bereich der Kommunalverwaltung für die Personalkosten. An sich handelt es sich dabei häufig um fixe Kosten, da beispielsweise eine Beschäftigung auf Lebenszeit erfolgt. Andererseits können Personen umgesetzt werden, so dass die Personalkosten eines Bereichs durchaus an Beschäftigungsschwankungen angepasst werden können.

Im konkreten Einzelfall ist also sorgfältig zu prüfen, ob bestimmte Kosten eher den Charakter von fixen oder variablen Kosten haben.

Auch der Begriff der Grenzkosten ist ein wichtiger Begriff aus der Betriebswirtschaftstheorie, der das Verständnis für bestimmte betriebswirtschaftliche Zusammenhänge fördert, dessen praktische Anwendung im kommunalen Verwaltungsbetrieb aber ebenfalls erhebliche Probleme aufwirft. Dies ist darauf zurückzuführen, dass es bei der kaum übersehbaren Zahl von Produktionsfaktoren und damit Kosteneinflussgrößen in aller Regel nicht möglich ist, zu berechnen, welche zusätzlichen Kosten ein zusätzliches Produkt hervorruft.

2.3 Einzel- und Gemeinkosten

Während man bei der Einteilung der Kosten in fixe und variable Kosten die Abhängigkeit von der Produktmenge als Unterscheidungskriterium heranzieht, wählt man bei der Abgrenzung von Einzel- und Gemeinkosten die Zurechenbarkeit auf eine Bezugsgröße als Differenzierungsmaßstab.

Einzelkosten sind Kosten, die man einer bestimmten Bezugsgröße direkt zuordnen kann, weil sie ausschließlich von dieser Bezugsgröße verursacht werden. Gemeinkosten sind Kosten, die man nicht direkt einer Bezugsgröße zuordnen kann, weil sie gleichzeitig von mehreren Bezugsgrößen hervorgerufen werden.

Wenn man Gemeinkosten auf bestimmte Größen verteilen will, ist dies nur mit Hilfe einer Verrechnung, d.h. mit Hilfe eines **Verteilungsschlüssels,** möglich. Da man nicht weiß, in welchem Umfang die verschiedenen Bezugsgrößen an der Entstehung dieser Kosten beteiligt sind, ist es auch nicht möglich, Gemeinkosten wirklich verursachungsgerecht auf die einzelnen Bezugsgrößen zu verteilen.

Hinter jeder Schlüsselung der Gemeinkosten steht damit lediglich ein vermuteter, aber nicht nachweisbarer Zusammenhang zur Kostenverursachung.

Als **Bezugsgrößen für die Trennung von Einzel- und Gemeinkosten** kommen Organisationsbereiche, also beispielsweise komplette Betriebe, Teilbetriebe und Sachgebiete, Produkte, Produktarten sowie Produktgruppen in Betracht. Insofern gibt es nicht die Einzel- und Gemeinkosten, sondern je nachdem, auf welche Bezugsgrößen man die Einzel- und Gemeinkosten bezieht, unterschiedliche Einzel- und Gemeinkosten, also beispielsweise die Einzelkosten eines Amtes, die Einzelkosten eines Produktbereichs und die Einzelkosten einer bestimmten Dienstleistungsart. Es ist daher zweckmäßig, von **relativen Einzelkosten** zu sprechen (Riebel, S. 38) und stets anzugeben, auf welche Bezugsgröße sich die Bezeichnung „Einzelkosten" jeweils bezieht.

Im Hinblick auf eine einfache Form der Kostenrechnung reicht es zunächst aus, als mögliche Bezugsgrößen die Kostenträger und die Kostenstellen zu berücksichtigen.

Dabei handelt es sich bei einer Kostenstelle um einen Organisationsbereich, den wir speziell für die Kostenrechnung abgrenzen, weil wir ihn beispielsweise mit anderen ähnlichen Bereichen vergleichen wollen, und bei einem Kostenträger um ein einzelnes Produkt oder die in einem bestimmten Zeitraum erzeugte Produktmenge einer speziellen Produktart, für die wir den in Kauf genommenen Güterverzehr erfassen und bewerten wollen.

Wenn wir diese beiden Bezugsgrößen berücksichtigen, habe wir zwischen

- Kostenstelleneinzelkosten ,
- Kostenstellengemeinkosten,
- Kostenträgereinzelkosten und
- Kostenträgergemeinkosten

zu unterscheiden.

Da bei der Trennung von fixen und variablen Kosten sowie von Einzel- und Gemeinkosten unterschiedliche Kriterien herangezogen werden, sind auch die jeweils entstehenden Kostenkategorien in der Regel nicht gleich. Eine eventuelle Übereinstimmung ist die Ausnahme und zufälliger Art.

Es dürfen also keinesfalls Einzelkosten und variable Kosten bzw. die Begriffe Gemeinkosten und fixe Kosten einfach gleichgesetzt werden.

Kombiniert man die Einteilung der Kosten in Kostenstelleneinzelkosten, Kostenstellengemeinkosten, Kostenträgereinzelkosten und Kostenträgergemeinkosten mit der Einteilung der Kosten in fixe und variable Kosten, ergeben sich die folgenden acht Kostenkategorien:

- variable Kostenstelleneinzelkosten ,
- variable Kostenstellengemeinkosten,
- variable Kostenträgereinzelkosten,
- variable Kostenträgergemeinkosten,
- fixe Kostenstelleneinzelkosten ,
- fixe Kostenstellengemeinkosten,
- fixe Kostenträgereinzelkosten und
- fixe Kostenträgergemeinkosten.

Sie werden nachfolgend an einem **Beispiel** aus dem Bereich des kommunalen Verwaltungsbetriebs kurz erläutert.

Betrachtet wird ein **kommunales Grünflächen- und Friedhofsamt,** bei dem aus Gründen der Vereinfachung lediglich die folgenden vier Kostennstellen unterschieden werden, und zwar die Kostenstellen

„Allgemeine Friedhofsverwaltung",
„Friedhofskapelle und Trauerhalle",
„Bestattungswesen" und
„Grünflächenpflege".

Die Kostenstelle „Bestattungswesen" ist für folgende drei Kostenträger zuständig, und zwar für die Kostenträger

„Familiengruft (Erdbestattung)",
„Einzelgrab (Erdbestattung)" und
„Urnengrab".

Bei der Kostenstelle „Grünflächenpflege" sind ebenfalls drei Kostenträger zu unterscheiden, und zwar die Kostenträger

„Baum- und Strauchschnitt",
„Rasenschnitt" und
„Neubepflanzung".

In diesem Fall sind bei Beschäftigung eines freiberuflichen Orgelspielers die Entgelte für diese Person **variable Kostenstelleneinzelkosten**, da die betreffenden Kosten eindeutig der Kostenstelle Friedhofskapelle zuzurechnen sind und andererseits mit der Anzahl der Trauerfeiern variieren.

Um **variable Kostenstellengemeinkosten** handelt es sich beispielsweise bei den Benzinkosten für die Fahrzeuge des Friedhofsbereichs, wenn keine Fahrtenbücher geführt und bestimmte Fahrzeuge von mehreren Kostenstellen eingesetzt werden. Diese Benzinkosten kann man in diesem Fall einer einzelnen Kostenstelle nicht direkt zuordnen, sondern man muss sie mit Hilfe eines Verrechnungsschlüssels auf die einzelnen Kostenstellen, die die Fahrzeuge eingesetzt haben, verteilen. Es handelt sich bei den Benzinkosten weiterhin um variable Kosten, d.h. diese Kosten steigen beispielsweise, wenn die Grünflächenarbeiten zunehmen.

Variable Kostenträgereinzelkosten liegen beispielsweise bezüglich der Dienstleistungsart „Urnenbestattung" vor, wenn von dem betreffenden Garten- und Friedhofsamt Urnen bereitgestellt werden. Diese Kosten sind einerseits dem Kostenträger „Urnenbestattung" eindeutig zuzuordnen; denn sie fallen bei anderen Dienstleistungen des Friedhofsbereichs nicht an. Weiterhin steigen diese Kosten mit der Anzahl der durchgeführten Urnenbestattungen.

Variable Kostenträgergemeinkosten sind beispielsweise die Kosten für den Einsatz von Schreibpapier im Bereich der Friedhofsverwaltung. Diese Kosten steigen mit der Anzahl der durchgeführten Bestattungen. Andererseits wird in der Regel nicht festgehalten, wie viel Schreibpapier in Verbindung mit der einzelnen Dienstleistungsart verbraucht wurde.

Fixe Kostenstelleneinzelkosten sind beispielsweise die Personalkosten, die mit der Leitung des betreffenden Amtes verbunden sind. Sie sind eindeutig der Kostenstelle „Allgemeine Friedhofsverwaltung" zuzuordnen und variieren nicht mit der Produktmenge, d.h. mit der Anzahl der Bestattungen.

Fixe Kostenstellengemeinkosten fallen an, wenn beispielsweise ein Fahrzeug von den Kostenstellen „Bestattungswesen" und „Grünflächenpflege" benutzt wird und nicht festgehalten wird, wie stark das Fahrzeug von den einzelnen Kostenstellen in Anspruch genommen wird. Die Kosten für die Abnutzung des betreffenden Wirtschaftsgutes sind den beiden Kostenstellen nur mit Hilfe eines Verteilungsschlüssels anzulasten.

Fixe Kostenträgereinzelkosten entstehen beispielsweise durch ein Fahrzeug mit Hebebühne für den Baumschnitt. Dieses Fahrzeug ist dem Kostenträger „Baum- und Strauchschnitt" eindeutig zuzuordnen. Bei anderen Dienstleistungen kommt es nicht zum Einsatz. Unterstellt man, wie dies üblich ist, die zeitbedingte Abnutzung des Fahrzeuges, berücksichtigt man also einen bestimmten Abschreibungsbetrag pro Monat oder Jahr, so ändern sich die Kosten nicht mit der Anzahl der Baum- bzw. Strauchschnittarbeiten.

Fixe Kostenträgergemeinkosten sind dann zu berücksichtigen, wenn ein Friedhofsbagger ausschließlich im Bestattungswesen eingesetzt wird und nicht festgehalten wird, für welche Grabart er in welchem zeitlichen Umfang benutzt wird. Die Kosten für die Abnutzung des Baggers sind dann den einzelnen Kostenträgern nur noch unter Verwendung eines Schlüssels anzulasten. Auch variieren diese Kosten nicht mit der Anzahl der Bestattungen, da in dem einzelnen Nutzungsjahr ein bestimmter Betrag berücksichtigt wird.

Die Betrachtung macht zweierlei deutlich:

Erstens entstehen offensichtlich zahlreiche Gemeinkosten, weil man auf eine genaue Erfassung des Güterverzehrs verzichtet.

Dies lässt zum **Beispiel** erkennen, wenn wir den Verbrauch des Schreibpapiers im Bereich der Kostenstelle „Allgemeine Friedhofsverwaltung" betrachten. Würde man bei jeder Dienstleistung genau festhalten, wie viel Schreibpapier verbraucht wird, wäre eine direkte Zuordnung auf den einzelnen Kostenträger möglich. Es lägen dann Kostenträgereinzelkosten vor. Bereits auf den ersten Blick wird jedoch deutlich, dass eine solche genaue Erfassung des Schreibpapierverbrauchs unsinnig wäre. Der zusätzliche Informationsgewinn bzw. der zusätzliche Beitrag zur Steuerung des Betriebs steht ganz offensichtlich in einem eklatanten Missverhältnis zu den Kosten, die durch eine solche exakte Erfassung des Schreibpapierverbrauchs hervorgerufen würden.

Damit wird an dieser Stelle ein Grundsatz deutlich, der an sich selbstverständlich ist und der die ganze Kosten- und Leistungsrechnung eines Betriebes bestimmen sollte, gegen den aber in der Praxis gleichwohl immer wieder verstoßen wird: Wie das gesamte betriebliche Geschehen so sollte auch die Kosten- und Leistungsrechnung stets im Hinblick auf das ökonomische Prinzip überprüft werden. Das bedeutet, dass die Kosten- und Leistungsrechnung, wenn sie zur Durchsetzung des Wirtschaftlichkeitsgrundsatzes beitragen will, auch selbst dem Wirtschaftlichkeitsgrundsatz genügen muss. So kann eine völlig unnötige „Verfeinerung" der Kosten- und Leistungsrechnung zur Ressourcenverschwendung führen. Dieser Punkt ist gerade in Verbindung mit den neuen Steuerungsmodellen für die Kommunalverwaltung zu beachten.

Es bleibt festzuhalten, dass zahlreiche Gemeinkosten deshalb entstehen, weil man aus Wirtschaftlichkeitsgründen auf eine sorgfältige und detaillierte Erfassung des betreffenden Güterverbrauchs verzichtet. Solche Gemeinkosten, die ohne weiteres durch ein bestimmtes Erfassungsverfahren in Einzelkosten umgewandelt werden können, werden **unechte Gemeinkosten** genannt (vgl. Riebel, S. 28). Für die betrieblichen Entscheidungsträger stellt sich damit das Problem, zu entscheiden, wann eine Einzelerfassung vorzunehmen und wann auf sie zu verzichten ist. Nicht immer ist das Missverhältnis zwischen dem Informationsgewinn und den zusätzlichen Kosten so eindeutig wie im oben aufgeführten Beispiel. Man kommt nicht umhin, von Fall zu Fall zu entscheiden, ob und in welche Richtung eine Kostenrechnung weiterentwickelt werden soll.

Zweitens lassen sich offensichtlich Gemeinkosten vermeiden, wenn man zusätzliche Kostenstellen bildet.

Würde man zum **Beispiel** im oben betrachteten Garten- und Friedhofsamt eine Kostenstelle „Fuhrpark" einrichten, ließen sich alle Kosten, die mit den Fahrzeugen verbunden sind, dieser neuen Kostenstelle eindeutig zuordnen. Es würde sich in diesem Fall bei den Fahrzeugkosten um Kostenstelleneinzelkosten der Kostenstelle „Fuhrpark" handeln. Eine Schlüsselung, d.h. eine rechnerische Verteilung, der Kosten auf mehrere Kostenstellen hätte man vermieden.

Mit steigender Zahl der Kostenstellen nehmen somit der Umfang der Kostenstellengemeinkosten und die Notwendigkeit von Schlüsselungen ab. Es wird allerdings sofort deutlich, dass man nicht beliebig viele Kostenstellen bilden kann, um Gemeinkostenschlüsselungen zu vermeiden. Die Kosten- und Leistungsrechnung dient der Wirtschaftlichkeitsbeurteilung und -beeinflussung. Um das betrieblichen Geschehen im Hinblick auf die Wirtschaftlichkeit steuern zu können, ist ein Überblick über das, was in dem betreffenden Betrieb passiert, erforderlich. Eine zu große Zahl von Kostenstellen würde nicht zu mehr, sondern zu weniger Transparenz beitragen. Hinzu kommt, dass das Schlüsselungsproblem durch die Bildung zahlreicher Kostenstellen nicht beseitigt, sondern lediglich verlagert wird; denn letztlich sollen den Kostenträgern die Kosten zugeordnet werden, was es dann in einer späteren Phase der Kostenrechnung erforderlich macht, Gemeinkosten zu schlüsseln.

Weshalb sind die Abgrenzung von Einzel- und Gemeinkosten und die zusätzliche Berücksichtigung von Kostenstellen und Kostenträgern für das Controlling des kommunalen Verwaltungsbetriebs von Bedeutung? Die Antwort ist einfach. Sind Kostenstellen oder Kostenträger in großem Umfang mit Gemeinkosten belastet, sind die ermittelten Kostenstellen- bzw. Kostenträgerkosten für Wirtschaftlichkeitsbeurteilungen wenig tauglich. Man erhält zwar letztlich „exakte“ Beträge, vergisst jedoch dabei, dass diese Beträge nicht durch eine verursachungsgerechte Zuordnung der Kosten, sondern durch eine künstliche Verteilung der Kosten zu Stande gekommen sind. Durch Anwendung entsprechender Schlüssel hat man Vermutungen über die Kostenentstehung zum Ausdruck gebracht – mehr nicht! Damit wird schon bei einer gründlichen Beschäftigung mit den Grundbegriffen der Kosten- und Leistungsrechnung deutlich, wie problematisch es ist, die mittels mehrfacher Gemeinkostenschlüsselung ermittelten Kosten eines Produkts für Wirtschaftlichkeitsvergleiche heranzuziehen.

> Selbstverständlich kann man zum **Beispiel** die „Kosten“ eines Personalausweises berechnen, d.h. für einen Personalausweis einen „genauen“ Betrag ermitteln (vgl. Deckert/Wind, S. 144). Welcher bewertete Güterverzehr mit diesem Produkt tatsächlich in Verbindung steht, lässt sich jedoch kaum feststellen; denn zahlreiche Dienstleistungen, die im Innenverhältnis des kommunalen Verwaltungsbetriebs erbracht werden, haben Einfluss auf die Entstehung des Produkts „Personalausweis“, so beispielsweise die Dienstleistungen des Personalamtes, die Dienstleistungen der Organisationsabteilung, die Dienstleistungen der Kämmerei, die Dienstleistungen der Kasse usw. Die Kosten des Produkts „Personalausweis“ setzten sich also zu einem erheblichen Teil aus Gemeinkosten zusammen. Ihre Höhe wird in großem Umfang durch Verteilungsschlüssel bestimmt. Der tatsächliche Güterverzehr, den dieses Produkt hervorruft, wird so nicht erfasst.

2.4 Grund- und Zusatzkosten

Die Abgrenzung von Grund- und Zusatzkosten ergibt sich durch die Gegenüberstellung einer Größe des pagatorischen Rechnungswesens mit einer Größe des kalkulatorischen Rechnungswesens, und zwar werden Aufwand und Kosten miteinander verglichen (vgl. Schuster/Steffen, S. 30), wobei man im NKF bzw. NKR für den in der Betriebswirtschaftslehre üblichen Begriff „Aufwand“ den Begriff „Aufwendungen“ verwendet. Die Begriffe **„Aufwand“ und „Aufwendungen“** sind somit **deckungsgleich**.

Beim **Aufwand** handelt es sich um eine periodisierte Erfolgsauszahlung. Dabei ist der Periodisierungszeitpunkt, also der Zeitpunkt der Aufwandsentstehung, der Augenblick des Güterverzehrs (Vgl. Chmielewicz, Betriebliches Rechnungswesen 2, S. 20).

Folgende **Beispiele** verdeutlichen diese Definition:

> Ein Betrieb beschäftigt einen Mitarbeiter und der betreffende Mitarbeiter erhält im Januar eines Jahres den Lohn für seine Tätigkeit in dem betreffenden Monat. In diesem Fall liegt ein Geldabfluss vor, also eine Lohnzahlung. Gleichzeitig hat der Betrieb Aufwand; denn der Produktionsfaktor Arbeit wurde im gleichen Zeitraum in einem entsprechenden Umfang in Anspruch genommen und damit im übertragenen Sinn „verzehrt".
>
> Der Betrieb kauft und bezahlt im Januar des gleichen Jahres Material im Werte von 10.000 Euro. Nur die Hälfte des Materials wird im gleichen Jahr verbraucht. Der Rest wird auf Lager genommen. Ein Verbrauch ist erst im nächsten Jahr geplant. In diesem Fall ist in dem betreffenden Jahr, falls keine Bestände aus Vorjahren verbraucht werden, die Materialauszahlung höher als der Materialaufwand. Die Materialauszahlung beträgt 10.000 Euro und der Materialaufwand hat eine Höhe von 5000 Euro. Wenn im nächsten Jahr kein zusätzliches Material gekauft wird und das gelagerte Material verbraucht wird, entsteht lediglich Materialaufwand in Höhe von 5000 Euro. Eine Auszahlung liegt in dem Jahr nicht vor.

Aufwand bzw. Aufwendungen haben somit immer mit einer Auszahlung zu tun, also mit dem Abfluss von Bar- oder Buchgeld. Allerdings müssen Aufwand und Auszahlung nicht zeitgleich anfallen. Der Aufwand wird erfasst, wenn das betreffende Wirtschaftsgut, für das die Auszahlung getätigt wurde, verbraucht wird. Die Auszahlung wird erfasst, wenn das Geld abfließt, also Zahlungsmittel beispielsweise bar abgegeben oder überwiesen werden.

In der Betriebswirtschaftslehre wird neben dem **Begriff „Auszahlung"** auch der **Begriff „Ausgabe"** verwendet, wobei einige Autoren beide Begriffe gleichsetzen und andere nicht. Letztere verwenden für den Abfluss von Bar- und Buchgeld nur den Begriff „Auszahlung". Wir setzen zwar die Begriffe „Auszahlung" und „Ausgabe" gleich, werden aber nachfolgend möglichst nur den Begriff „Auszahlung" verwenden, da dieser Begriff von allen Autoren gleich definiert und er auch im NKF bzw. NKR verwendet wird.

Kosten haben wir bereits als sachzielbezogenen bewerteten Güterverbrauch definiert. Vergleicht man die Definition des Aufwands mit der der Kosten, wird folgender Unterschied deutlich: Aufwand hat immer mit einer Auszahlung zu tun, Kosten nicht unbedingt. Kosten sind immer sachzielbezogen, Aufwand nicht unbedingt. Diesen definitorischen Unterschied veranschaulicht die nachfolgende Abbildung 3.

Aus Abbildung 3 geht hervor, dass es Aufwand gibt, dem keine Kosten gegenüberstehen (**Feld 1**). Dieser Aufwand ist somit nicht sachzielbezogen, d.h. er steht nicht direkt mit dem für die betreffende Periode gültigen Sachziel des Betriebs in Verbindung. Seine Entstehung hat andere Gründe. Er wird daher **neutraler Aufwand** genannt.

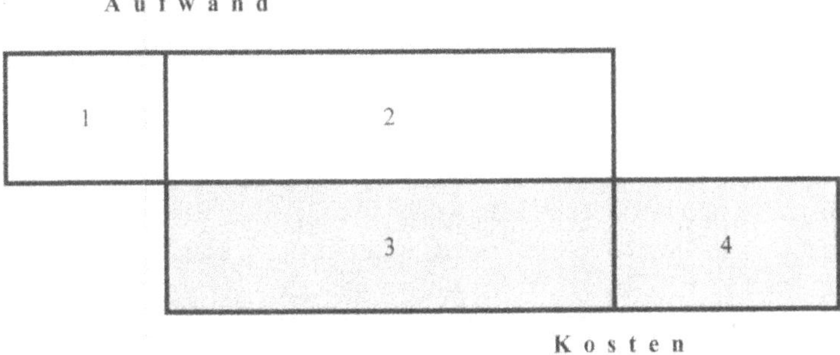

Abbildung 3: Gegenüberstellung von Aufwand und Kosten

Dieser neutrale Aufwand kann in drei Varianten vorkommen, und zwar als betriebsfremder, periodenfremder und außerordentlicher Aufwand.

- Der **betriebsfremde Aufwand** hat mit dem Sachziel des Betriebs überhaupt nichts zu tun. Hierzu zählt beispielsweise der mit einer Spende für karitative Zwecke verbundene Güterverzehr in einem privatwirtschaftlichen Unternehmen.
- Der **periodenfremde Aufwand** hat zwar mit dem Sachziel des Betriebs grundsätzlich etwas zu tun, aber nicht mit dem Sachziel der betreffenden Periode. Die Entstehung dieses Aufwandes ist darauf zurückzuführen, dass der Güterverzehr in einer anderen Periode vorlag und nicht richtig erfasst wurde. Periodenfremder Aufwand ist relativ selten. Denkbar wäre folgender Fall. Eine Reparatur wird von einer Fremdfirma durchgeführt, und die Rechnung geht auch in dem betreffenden Jahr ein. Normalerweise würde jetzt der Aufwand zu erfassen sein, der sachzielbezogen ist. Die Rechnung wird jedoch verlegt und erst im nächsten Jahr gefunden und bezahlt. Der Reparaturaufwand kann nicht mehr in der richtigen Periode verbucht werden, da der Jahresabschluss bereits erstellt wurde. Er muss somit periodenfremd erfasst werden. Mit dem sachzielbezogenen Güterverzehr des Jahres, in dem er verbucht wird, hat er nichts zu tun. Er ist daher zu neutralisieren.
- Die wichtigste Form des neutralen Aufwandes ist der **außerordentliche Aufwand**. Auch hier liegt eine Nähe zum Sachziel des Betriebes vor. Der eigentliche Grund für den Güterverzehr ist jedoch ein außergewöhnliches Ereignis, beispielsweise Hochwasser, Blitzeinschlag, Sturm usw. Der durch solche Ereignisse hervorgerufene Güterverzehr hat mit dem typischen Betriebsablauf, d.h. mit der Verfolgung des Sachzieles, nichts zu tun.

Im **Feld 2** wird der Aufwand erfasst, der mit der Verfolgung des Sachziels in der betreffenden Periode in Verbindung steht. Er hat unmittelbar mit dem Betriebszweck zu tun. Daher wird er **Zweckaufwand** genannt. Hierzu zählt beispielsweise der durch den Produktionsvorgang hervorgerufene Verbrauch des gekauften Materials. Insofern liegen auch, wie bereits erwähnt, Auszahlungen vor, die allerdings, wie ebenfalls bereits erläutert wurde, nicht zeitgleich anfallen müssen, sondern eventuell bereits in einer früheren Periode erfolgt sind.

Im **Feld 3** wird der sachzielbezogene bewertete Güterverzehr erfasst, den man von Auszahlungen ableiten kann. In der Kostenrechnung wird hierfür der Begriff **Grundkosten** verwendet. **Zweckaufwand und Grundkosten sind gleich.** Der betreffende Güterverzehr kann also sowohl mit einem Begriff der pagatorischen Rechnung als auch mit einem Begriff der kalkulatorischen Rechnung zum Ausdruck gebracht werden.

Schließlich sind noch Kosten zu beachten, denen kein Aufwand gegenübersteht **(Feld 4)**. Sie haben mit Auszahlungen nichts zu tun und müssen daher, wenn man den sachzielbezogenen Güterverzehr vollständig erfassen will, zusätzlich in Ansatz gebracht werden. Sie werden **Zusatzkosten** (vgl. Kosiol, S. 94) genannt. Die wichtigste, aber auch umstrittenste Zusatzkostenart sind die **kalkulatorischen Zinsen für das eingesetzte Eigenkapital,** auf die an späterer Stelle noch ausführlich eingegangen wird. Zunächst reicht es aus, ihren besonderen Kostencharakter kurz darzustellen.

Wenn ein Betrieb Fremdkapital einsetzt, um die Erreichung des Sachziels zu fördern, werden die Kapitalkosten ohne weiteres deutlich. Für das Fremdkapital muss der Betrieb Zinsen bezahlen. Es liegen also Zinsauszahlungen vor. Sind die Zinsauszahlungen ein Entgelt für die Kapitalbereitstellung in der gleichen Periode, liegt im gleichen Zeitraum auch Zinsaufwand vor. Wird das Fremdkapital sachzielbezogen also beispielsweise für die Finanzierung einer Produktionsstätte eingesetzt, handelt es sich hierbei auch um Kosten, d.h. um Zinskosten. Zinsauszahlungen, Zinsaufwand und Zinskosten fallen also in diesem Fall in der gleichen Periode an. Zu beachten ist allerdings, dass ein Güterverzehr nur im übertragenen Sinn vorliegt. Das Fremdkapital wird nicht verbraucht; denn es ist in voller Höhe zurückzuzahlen. Es wird das Recht „verbraucht", Kapital zeitweilig zu nutzen. Alles in allem handelt es sich bei den Kapitalkosten für das eingesetzte Fremdkapital um Grundkosten. Diese Kosten können von Auszahlungen abgeleitet werden.

Bei den **kalkulatorischen Zinsen für das eingesetzte Eigenkapital** ist eine Ableitung von den Auszahlungen nicht möglich; denn der Eigenkapitalgeber erhält keine Zinsen für das Eigenkapital. Dafür wird er am Gewinn beteiligt, falls ein solcher entsteht. Der Betrieb hat also in Verbindung mit der Nutzung des Eigenkapitals keine Zinsauszahlungen. Da der Aufwand immer von einer Auszahlung abgeleitet wird, hat der betreffende Betrieb auch keinen Zinsaufwand. Andererseits liegt Güterverzehr in dem oben erläuterten übertragenen Sinn vor, d.h. der Eigenkapitalgeber hat auf den Nutzen einer anderen Anlagemöglichkeit, die mit einer Zinszahlung verbunden wäre, verzichtet. Diesen Nutzenverzicht kann man auch bewerten. Man könnte beispielsweise zur Bewertung einen Zinssatz heranziehen, den man bei einer anderen langfristigen Anlage erhalten hätte. Erfolgt der Einsatz des Eigenkapitals sachzielbezogen, liegen Kosten vor. Da man die Kosten hier indirekt erklärt, also über den Nutzenverzicht, spricht man in diesem Zusammenhang auch von **Opportunitätskosten**, d.h. von den Kosten der entgangenen Gelegenheit (vgl. Haberstock, S. 108). Genau wegen dieser Erklärung ist der durchaus übliche Ansatz der kalkulatorischen Zinsen in der Kostenrechnung nicht ganz unumstritten (vgl. Schneider, Betriebswirtschaftslehre, Band 2, S. 61). Alles in allem bleibt festzuhalten, dass es einen sachzielbezogenen Güterverzehr gibt, den man zwar wertmäßig erfassen, aber nicht von Auszahlungen ableiten kann und für den die Bezeichnung „Zusatzkosten" verwendet wird.

In Verbindung mit dem Begriff „Zusatzkosten" sind noch zwei weitere Begriffe zu klären. Es handelt sich dabei um die Begriffe „**Anderskosten**" und „**kalkulatorische Kosten**".

Den Begriff „**Anderskosten**" verwendet man, wenn ein Güterverzehr sowohl in der pagatorischen als auch in der kalkulatorischen Rechnung erfasst wird, aber mit abweichenden Werten. Die Kosten sind dann anders als der Aufwand (vgl. Kosiol, S. 96). Wird beispielsweise in der pagatorischen Rechnung vom Anschaffungswert abgeschrieben und in der kalkulatorischen Rechnung vom Wiederbeschaffungszeitwert, der an späterer Stelle noch genau erläutert wird, fallen die Abschreibungen in der pagatorischen Rechnung, die man auch **pagatorische Abschreibungen** oder **Abschreibungsaufwand** nennen kann, anders aus als die Abschreibungen in der Kostenrechnung, die man auch **kalkulatorische Abschreibungen** oder **Abschreibungskosten** nennen kann. Solche kalkulatorischen Abschreibungen kann man als Anderskosten bezeichnen. Zusatzkosten liegen nur dann vor, wenn die kalkulatorischen Abschreibungen die pagatorischen übersteigen, und zwar nur in Höhe der Differenz.

Den Begriff „**kalkulatorische Kosten**" kann man als Oberbegriff zu den Begriffen „Anders- und Zusatzkosten" verwenden (vgl. Haberstock, S. 91). Damit wird deutlich, dass die kalkulatorischen Kosten nur teilweise aus Zusatzkosten bestehen und somit teilweise dem Aufwand entsprechen, d.h. von Auszahlungen abgeleitet werden können.

Üblicherweise unterscheidet man folgende **kalkulatorische Kostenarten**:

- die kalkulatorischen Abschreibungen,
- die kalkulatorischen Zinsen,
- die kalkulatorischen Wagnisse,
- die kalkulatorische Miete und
- den kalkulatorischen Unternehmerlohn.

Auf die kalkulatorischen Kosten wird noch gründlich einzugehen sein, da sie in der kommunalen Kostenrechnung eine große Rolle spielen. **An dieser Stelle bleibt festzuhalten, dass wir die Begriffe „Zusatzkosten" und „kalkulatorische Kosten" nicht gleichsetzen**. Den Zusatzkosten steht kein Aufwand gegenüber. Die oben genannten kalkulatorischen Kosten erfassen hingegen in der Regel einen Güterverzehr, bei dem es sich teilweise auch um Aufwand handelt.

Die Einteilung der Kosten in Grund- und Zusatzkosten bzw. die Berücksichtigung kalkulatorischer Kosten ist aus controllingorientierter Sicht von großer Bedeutung: Zum einen ist die Ermittlung von Zusatzkosten schon allein deshalb geboten, um den sachzielbezogenen Güterverzehr vollständig zu erfassen und damit eine zutreffende Basis für eventuelle Vergleiche zu schaffen. Zum anderen ist die Berücksichtigung von Zusatzkosten erforderlich, um im kameralistischen Rechenwerk angemessene innere Verrechnungen vornehmen zu können. Ansonsten würden die internen Erstattungen nicht ausreichen, um den tatsächlich aufgetretenen Güterverzehr auszugleichen und die Substanzerhaltung des betreffenden Bereichs zu garantieren. Schließlich ist eine vollständige Kostenerfassung auch für die Gebührenkalkulation notwendig; denn das Gebührenaufkommen soll in der Regel kostendeckend sein.

Zu beachten ist allerdings, dass bei den kalkulatorischen Kosten erhebliche Bewertungsprobleme auftreten. Auch dies ist controllingrelevant. So besteht beispielsweise dann, wenn man die Kostenrechnung einsetzt, um Gebühren zu kalkulieren, nach dem Kommunalabgabengesetz für das Land Nordrhein-Westfalen bei der Ermittlung der kalkulatorischen Abschreibungen die Möglichkeit, zwischen Anschaffungswert und Wiederbeschaffungszeitwert zu wählen. Noch größer ist der Bewertungsspielraum, wenn die Kosten- und Leistungsrechnung zur Wirtschaftlichkeitsbeurteilung eingesetzt wird. In einem solchen Fall sind im Hinblick auf die Bewertung allein Zweckmäßigkeitsüberlegungen von Bedeutung.

Sobald in den einzelnen Kostenrechnungen unterschiedliche Bewertungen vorgenommen werden, fehlt eine hinreichende Grundlage für das Controlling. Das gilt besonders, wenn man überbetriebliche Vergleiche anstrebt. Will man steuerungsrelevante Informationen durch Betriebsvergleiche erlangen, kommt man nicht umhin, sich bezüglich der Wertansätze bei den kalkulatorischen Kosten abzustimmen.

Nachfolgend werden noch einmal die wichtigsten der soeben erarbeiteten Begriffsfassungen zusammengestellt, die in dieser Schrift Verwendung finden. Im Einzelnen gelten folgende **Definitionen:**

- Auszahlung (=Ausgabe) = Geldabfluss
- Aufwand (=Aufwendungen) = periodisierte Erfolgsauszahlung (Periodisierungszeitpunkt ist der Augenblick des Güterverbrauchs)
- Kosten = sachzielbezogener bewerteter Güterverbrauch
- Neutraler Aufwand = Aufwand, der nicht mit dem Sachziel in Verbindung steht
- Zweckaufwand = Aufwand, der mit dem Sachziel in Verbindung steht
- Zweckaufwand = Grundkosten
- Grundkosten = Kosten, die mit einem Aufwand und damit auch mit einer Auszahlung in Verbindung stehen
- Zusatzkosten = Kosten, die nicht mit einem Aufwand und damit auch nicht mit einer Auszahlung in Verbindung stehen
- Kalkulatorische Kosten = Kosten, die Zusatzkosten beinhalten

Es wurde bereits darauf hingewiesen, dass in der Literatur auch andere Begriffsfassungen gewählt und beispielsweise Auszahlungen und Ausgaben unterschiedlich definiert werden.

2.5 Grund- und Zusatzleistung

Die soeben für den Güterverzehr vorgenommene Betrachtung lässt sich auch auf die Güterentstehung übertragen. Es ist also zwischen einer Güterentstehung, die mit Zahlungen in Verbindung steht, und einer Güterentstehung, bei der eine solche Verbindung fehlt, zu unterscheiden. Die sich so ergebende Trennung von **Grund- und Zusatzleistung** rührt ebenfalls daher, dass man eine Größe der pagatorischen Rechnung, d.h. der Buchhaltung, einer Größe der kalkulatorischen Rechnung, d.h. der Kostenrechnung, gegenüberstellt (vgl. Schuster/Steffen, S. 30). Dabei geht es um die Begriffe **„Ertrag“** und **„Leistung“**.

Ertrag wird definiert als **periodisierte Erfolgseinzahlung.** Der Periodisierungszeitpunkt ist der Augenblick der Güterentstehung.

Diese Definition müssen wir kurz erläutern (vgl. Chmielewicz, Betriebliches Rechnungswesen 2, S. 21). Zunächst wird deutlich, dass Ertrag immer mit einer Einzahlung und damit mit einem Geldzufluss, also einer Zunahme des Kassenbestandes oder des Bankguthabens, in Verbindung steht. Periodisieren bedeutet erfolgswirksam, d.h. gewinn- oder verlustbeeinflussend, verbuchen. In anderen Worten das Reinvermögen nimmt zu, wobei dieser genaue Zeitpunkt der Ertragsentstehung nicht immer so leicht zu bestimmen ist wie der Augenblick des Güterverzehrs, der bei der Definition des Aufwandes von Bedeutung ist.

In der Regel ist der Güterentstehungsprozess erst mit der Abgabe des Wirtschaftsgutes, d.h. des Sachgutes oder der Dienstleistung, an den Abnehmer abgeschlossen. Damit gilt dieser Augenblick üblicherweise als Zeitpunkt der Ertragserfassung. Wird eine Rechnung erstellt, wählt man häufig den später liegenden Zeitpunkt des Rechnungsausganges als Zeitpunkt der Ertragsentstehung. Es wird deutlich, dass ein Ertrag zwar immer mit einer Einzahlung, d.h. mit einem Geldzufluss, in Verbindung steht, der Zeitpunkt der Ertragsentstehung und der Zeitpunkt der Einzahlung jedoch voneinander abweichen können. Eventuell sind mit einem Ertrag sogar mehrere Einzahlungen zu verschiedenen Zeitpunkten verbunden.

Folgende **Beispiele** verdeutlichen den Unterschied zwischen den Begriffen **„Einzahlung“** und **„Ertrag“**:

> *Ein Besucher eines kommunalen Freibades bezahlt am Eingang den fälligen Eintrittspreis.* In diesem Fall werden Einzahlung und Ertrag zeitgleich erfasst. Zum einen liegt aus der Sicht des Badebetriebs ein Geldzufluss vor; zum anderen wurde eine Dienstleistung zur Verfügung gestellt, d.h. es ist ein marktreifes Gut, der Badebesuch, entstanden. Somit ist auch ein Ertrag zu buchen.

> *Ein kommunaler Bauhof führt für eine Privatperson eine kleine Tiefbaumaßnahme durch und rechnet diese gegenüber dem Kunden im Dezember ab. Im Januar des Folgejahres erhält der Bauhof den Rechnungsbetrag per Banküberweisung.* In diesem Fall ist der Ertrag mit Erstellung und Abnahme der Tiefbauarbeiten entstanden. In der Regel wird er aus Gründen der Vereinfachung allerdings erst beim Rechnungsausgang, hier also im Dezember, gebucht. Die Einzahlung ist erst im Januar des Folgejahres zu buchen, wenn die Gutschrift erfolgt.

> *Von einem anderen Kunden erhält der Bauhof im Dezember eine Anzahlung für eine durchzuführende Reparatur. Erst im Januar des Folgejahres führt der Bauhof die Arbeiten aus, die der Kunde auch abnimmt. Im Februar erhält der Kunde die Rechnung. Der Betrag entspricht exakt der geleisteten Vorauszahlung.* Im Dezember ist somit die Einzahlung zu buchen, da ein Geldzufluss vorliegt. Ertrag ist noch nicht entstanden. Der Bauhof hat die Arbeiten noch nicht ausgeführt. Im Januar wird die Reparatur durchgeführt und abgenommen. Jetzt kann der Ertrag gebucht werden. Aus Gründen der Vereinfachung geschieht dies allerdings in der Regel erst beim Rechnungsausgang, so dass die Buchung des Ertrages in diesem Fall im Februar erfolgt.

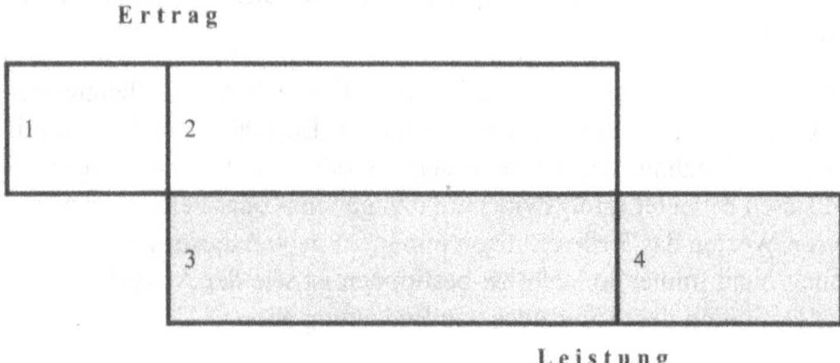

Abbildung 4: Gegenüberstellung von Ertrag und Leistung

Leistung haben wir bereits als sachzielbezogene bewertete Güterentstehung definiert. Vergleicht man diese Definition mit der des Ertrages, wird folgender Unterschied deutlich: Ertrag hat immer mit einer Einzahlung zu tun, Leistung nicht unbedingt. Leistung ist immer sachzielbezogen, Ertrag nicht unbedingt. Diesen definitorischen Unterschied wollen wir mit Hilfe der Abbildung 4 erläutern.

Aus Abbildung 4 geht hervor, dass es Ertrag gibt, dem keine Leistung gegenübersteht (**Feld 1**). Dieser Ertrag ist also nicht sachzielbezogen, d.h. er steht nicht direkt mit dem Sachziel der betreffenden Periode in Verbindung. Seine Entstehung hat andere Gründe. Er wird daher **neutraler Ertrag** genannt.

Der **neutrale Ertrag kann in drei Varianten vorkommen**, und zwar als betriebsfremder, periodenfremder und außerordentlicher Ertrag.

- **Betriebsfremder Ertrag** hat mit dem Sachziel des betreffenden Betriebs überhaupt nichts zu tun. Hierzu zählt beispielsweise eine Spende, die ein Betrieb erhält. Es sei denn, das Sachziel des betreffenden Betriebs sei auf die Erzielung von Spenden ausgerichtet, was ausnahmsweise der Fall sein könnte, wenn die betreffende Organisation „mildtätig" handelt. Im Bereich des kommunalen Verwaltungsbetriebs liegt beispielsweise betriebsfremder Ertrag vor, wenn ein Landeszuschuss für laufende Zwecke, also nicht für Investitionen, gewährt wird; denn das Sachziel des kommunalen Verwaltungsbetriebs besteht nicht darin, Zuschüsse zu bekommen, sondern die öffentlichen Aufgaben zu erfüllen, für die er zuständig ist. Das gilt selbst dann, wenn der Zuschuss zweckgebunden ist, also beispielsweise eine kommunale Volkshochschule einen Landeszuschuss zu bestimmten Kursangeboten erhält. Auch in diesem Fall liegt zwar eine Erfolgseinzahlung vor und damit ein Geldzufluss, der zu einem Ertrag führt – denn die Volkshochschule hat eine Güterentstehung zu verzeichnen, sie hat mehr Reinvermögen als vorher – das Sachziel wird jedoch nicht dadurch erreicht, dass sie einen Zuschuss erhält, sondern allein dadurch, dass sie ihren Bildungsauftrag richtig erfüllt. In der Ergebnisrechnung ist ein solcher betriebsfremder Ertrag meist schlecht zu erkennen, da er in der Regel als ordentlicher Ertrag verbucht wird. Bei der Leistungsermittlung ist dieser Betrag herauszufiltern.

- Der **periodenfremde Ertrag** entsteht dadurch, dass eine Erfolgseinzahlung vorliegt, aber, aus welchem Grund auch immer, nicht im zutreffenden Zeitraum periodisiert, d.h. erfolgswirksam verbucht wurde. In diesem Fall muss die Periodisierung in einer späteren, d.h. in der „falschen“ Periode, nachgeholt werden. Zu denken ist beispielsweise an Steuererstattungen, die sich auf Vorjahre beziehen. Insgesamt spielen periodenfremde Erträge im Bereich des kommunalen Verwaltungsbetriebs im Gegensatz zum betriebsfremden Ertrag nur eine untergeordnete Rolle.
- Das gilt auch für die dritte Variante des neutralen Ertrages, den **außerordentlichen Ertrag.** Ein solcher Ertrag liegt vor, wenn eine Erfolgseinzahlung zwar indirekt etwas mit dem Sachziel der Unternehmung zu tun hat, aber nicht aus dem typischen betrieblichen Geschehen resultiert, sondern ihre Entstehung außergewöhnliche Gründe hat. Das ist beispielsweise der Fall, wenn man ein vollständig abgeschriebenes Wirtschaftsgut zu einem außergewöhnlichen Preis veräußern kann. In einzelnen Bundesländern ist jeglicher Verkauf über Buchwert als außerordentlicher Ertrag zu erfassen. Dann ist der neutrale Ertrag gut zu erkennen.

Insgesamt wird deutlich, dass die verschiedenen Formen des neutralen Ertrages nicht leicht voneinander zu trennen sind. Auch die Literatur hat sich mit der Differenzierung der verschiedenen Arten des neutralen Ertrages nur relativ wenig beschäftigt. Dieser Mangel ist jedoch nicht so gravierend. Wichtiger als die Unterscheidung verschiedener Arten des neutralen Ertrages ist die grundsätzliche Abspaltung solcher Erträge, die nicht dadurch entstanden sind, dass der Betrieb die Erfüllung des Sachziels in der betreffenden Periode angestrebt hat, sondern deren Entstehung in erster Linie andere Gründe hat, beispielsweise unabhängige Entscheidungen Dritter, Zufälligkeiten des Marktes oder fehlerhafte Buchungen in Vorjahren.

Die Abgrenzung des neutralen Ertrages, d.h. des Ertrages, der keine Leistung darstellt, ist aus controllingorientierter Sicht sehr wichtig: Würde eine solche Bereinigung nicht vorgenommen, würde ein kommunaler Teilbetrieb beispielsweise allein deshalb besser erscheinen als ein anderer, nur weil er von dritter Seite bezuschusst wird.

In **Feld 2** der Abbildung 4 wird der Ertrag erfasst, der mit der Verfolgung des Sachziels in der betreffenden Periode zu tun hat. Es handelt sich dabei um den unmittelbar betriebszweckbezogenen Ertrag, der daher **Zweckertrag** genannt wird und der im privatwirtschaftlichen Bereich in der Regel den Großteil des gesamten Ertrages ausmacht. Dieser Ertrag resultiert aus den Erfolgseinzahlungen, die die betreffende Unternehmung durch Abgabe ihrer Produkte, d.h. von Sachgütern und Dienstleistungen, auf die man sich spezialisiert hat, erzielt. Im Bereich eines kommunalen Bäderbetriebs wären dies die erzielten Eintrittsentgelte, in einem kommunalen Abfallentsorgungsbetrieb und in einem kommunalen Wasserwerk die Gebühren, die für die Entsorgungs- bzw. Versorgungsdienstleistungen verlangt werden. Auch hier ist wieder darauf zu achten, dass nicht mit der Bezahlung durch den Kunden der Ertrag entsteht, sondern beispielsweise mit der Wasserlieferung, der Ermöglichung des Badebesuchs, der Übernahme des Abfalls, der Erstellung eines Anschlusses usw., wobei man in der Regel nicht den Zeitpunkt der eigentlichen Güterentstehung, sondern aus Vereinfachungsgründen den Zeitpunkt des Rechnungsausganges als Augenblick der Ertragserfassung wählt.

In **Feld 3** der Abbildung 4 wird die gleiche Güterentstehung erfasst wie in Feld 2, aber jetzt nicht mit einem Begriff der Buchhaltung, sondern mit einer Bezeichnung des kalkulatorischen Rechnungswesens. Es handelt sich hierbei um die sachzielbezogene Güterentstehung, die mit Einzahlungen in Verbindung steht und die **Grundleistung** genannt wird. Grundleistung und Zweckertrag sind gleich. Insofern können wir hier auch die gleichen Erläuterungen wie bei Feld 2 heranziehen. Lediglich die Vorgehensweise bei der Erläuterung des Begriffs fällt etwas anders aus, aber nicht das Ergebnis der Prüfung.

> Dies wollen wir am **Beispiel** der Abfallentsorgung kurz erläutern. Mit dem Abholen des Müll wird eine Dienstleistung erbracht. Eine Güterentstehung liegt vor. Die Erbringung solcher Dienstleistungen ergibt sich aus dem Sachziel des betreffenden kommunalen Verwaltungsbetriebs. Es liegt also eine sachzielbezogene Güterentstehung vor. Durch die Abrechnung der Dienstleistung wird die Güterentstehung auch bewertet. Damit liegt eine sachzielbezogene bewertete Güterentstehung, also eine Leistung, vor. Da die Leistung mit Einzahlungen in Verbindung steht, handelt es sich um eine Grundleistung.

Feld 4 beinhaltet die Leistung, der kein Ertrag gegenübersteht, die also nicht auf Einzahlungen zurückgeführt werden kann. Es muss insofern eine Güterentstehung vorliegen, für die der Betrieb auch zuständig und die also sachzielbezogen ist. Ein Entgelt wird vom Abnehmer aber nicht entrichtet. Insofern kann kein Ertrag entstehen. Gleichwohl muss diese Güterentstehung einen Wert haben. Ansonsten würde sie niemand verlangen und abnehmen. Es liegt in solchen Fällen eine sachzielbezogene bewertete Güterentstehung vor. Da sie nicht auf Einzahlungen zurückgeführt werden kann, muss man sie zusätzlich ermitteln und in Ansatz bringen. Sie wird daher **Zusatzleistung** genannt (vgl. Chmielewicz, Betriebliches Rechnungswesen 2, S.27). Es liegt auf der Hand, dass es schwierig ist, im privatwirtschaftlichen Bereich eine solche Leistung zu identifizieren; denn hier dominiert das Formalziel das Sachziel, so dass eine Güterentstehung nur dann zweckmäßig erscheint, wenn das entstandene Gut auch gegen Entgelt abgegeben wird. Wie bereits erwähnt, ist der Güterentstehungsprozess letztlich erst abgeschlossen, wenn die Abgabe an den Abnehmer erfolgt und dadurch der Anspruch auf das vereinbarte Entgelt entsteht. Insofern erscheint der Begriff Zusatzleistung in Lehrbüchern zum privatwirtschaftlichen Rechnungswesen gar nicht oder nur am Rande.

Sicherlich gibt es auch in privatwirtschaftlichen Unternehmen Güterentstehungen, die sachzielbezogen sind, aber zumindest nicht sofort zu Einzahlungen führen. Das ist beispielsweise der Fall, wenn sich die Erstellung des betreffenden Produkts über einen längeren Zeitraum und eventuell mehrere Fertigungsstufen erstreckt, so dass beispielsweise in einem Rechnungsjahr **Bestände an Halbfertig- oder Fertigfabrikaten** entstehen. Erfolgseinzahlungen liegen noch nicht vor und die zukünftig zu erwartenden Erfolgseinzahlungen lassen sich nicht mit einer hinreichenden Sicherheit abschätzen. Erträge könnten somit an sich (noch) nicht erfasst werden. Gleichwohl werden die betreffenden **Bestandserhöhungen** als **Erträge** verbucht, um die Aufwendungen, die durch die Erstellung dieser Produkte entstanden sind, auszugleichen. Die eigentliche Ertragserfassung erfolgt in voller Höhe beim Verkauf der betreffenden Produkte. Simultan wird die damit verbundene Bestandsminderung wie ein Aufwand bzw. als Ertragskürzung erfasst. Bestandserhöhungen werden somit als Erträge erfasst. Sie zählen damit zum Zweckertrag, d.h. zur Grundleistung, und stellen keine Zusatzleistung dar, auch wenn man das auf den ersten Blick wegen der zunächst fehlenden Einzahlungen vermuten könnte.

Ähnliche Überlegungen gelten für **selbst erstellte Anlagen**, d.h. für langlebige Wirtschaftsgüter, die im eigenen Betrieb erstellt werden und auch in diesem verwendet werden. Wird ein solches Wirtschaftsgut erzeugt, liegt eine Güterentstehung vor, die auch sachzielbezogen ist, da das betreffende Gut beispielsweise für die Fertigung der betriebstypischen Produkte benötigt wird. Das Gut lässt sich auch bewerten, z.B. in Höhe der Aufwendungen, die für seine Erstellung erforderlich waren. Insofern liegt eine Leistung vor. Da keine Einzahlung erzielt wird, scheint es sich um eine Zusatzleistung zu handeln. Dies ist jedoch nicht der Fall. Im Grunde handelt es sich bei der selbst erstellten Anlage nur um die Umwandlung von Vermögenswerten. Umlaufvermögen, beispielsweise Vorräte und liquide Mittel, mit denen der Produktionsfaktor Arbeit bezahlt wird, wird in Anlagevermögen, beispielsweise ein Gebäude, umgewandelt. Dies wird buchhalterisch dadurch berücksichtigt, dass man einerseits die selbst erstellte Anlage in der Bilanz aktiviert und andererseits in der Ergebnisrechnung unter der Position **„aktivierte Eigenleistungen"** einen **Ertrag** erfasst, um den durch die Produktion des Gutes hervorgerufenen Aufwand auszugleichen. In der kalkulatorischen Rechnung wird neben den Erstellungskosten für das Anlagegut auch die Entstehung des neuen Anlagegutes als Leistung erfasst. Insofern stimmen Ertrag und Leistung überein. Auch diesem Fall handelt es sich folglich um eine Grund- und nicht um eine Zusatzleistung.

Alles in allem wird deutlich, dass im privatwirtschaftlichen Bereich wegen der Formalzieldominanz, d.h. wegen des Strebens nach Gewinn, die Zusatzleistung an sich keine große Rolle spielen kann. Damit ist für den Bereich der Privatwirtschaft nur die Grundleistung von Bedeutung, die dem Zweckertrag entspricht. **Folglich ist hier auch der Leistungsbegriff unnötig** (vgl. Schneider, Betriebswirtschaftslehre, Band 2, S. 61). Dies erklärt, dass man in der Privatwirtschaft vielfach nicht von der Kosten- und Leistungsrechnung, sondern von der **Kosten- und Erlösrechnung** spricht, wobei man den Begriff des Erlöses meistens mit dem des Ertrages gleichsetzt.

Für den kommunalen Verwaltungsbetrieb sind der Begriff „Leistung" und die Unterteilung der Leistung in Grund- und Zusatzleistung jedoch nicht entbehrlich, sondern im Gegenteil sehr bedeutsam. Da die Kommunalverwaltung überwiegend im Bereich des Marktversagens tätig ist, sind Güterentstehungen, die nicht mit Erträgen bzw. Einzahlungen verbunden sind, häufig unvermeidbar und nicht selten sogar gewollt. Nur mit dem Begriff „Zusatzleistung" lassen sich diese Güterentstehungen erfassen. Da keine Entgelte erzielt werden und sich somit keine Preise bilden, werfen die Bewertung der Güterentstehung und damit die Berechnung der Zusatzleistung große, manchmal unlösbare Probleme auf.

Gleichwohl kann die Kommunalverwaltung sich nicht in eine Kosten- und Erlösrechnung flüchten, sondern muss sie im Hinblick auf eine sinnvolle betriebswirtschaftliche Steuerung eine Kosten- und Leistungsrechnung anstreben, wie dies im Übrigen auch vorgeschrieben ist (vgl. beispielsweise *§ 18 GemHVO NRW*).

Um die große Bedeutung der Zusatzleistung im Bereich der Kommunalverwaltung zu verdeutlichen, haben wir in Abbildung 4 für das Feld 4 eine besonders große Fläche gewählt.

Zusatzleistungen finden sich in allen Bereichen des von einer Kommune bereitgestellten Sortiments.

So handelt es sich zum **Beispiel** bei der Tätigkeit eines kommunalen Sozialamtes überwiegend um diese Art der Güterentstehung. Von einem solchen Amt sind bestimmte gesetzlich vorgegebene Aufgaben zu erfüllen. Dies geschieht, indem bestimmten Personen unentgeltlich Dienstleistungen zur Verfügung gestellt werden. Damit entstehen Güter, für die das Sozialamt auch zuständig und deren Erstellung von Wert ist. Insofern liegt eine sachzielbezogene bewertete Güterentstehung vor. Da diese Leistung nicht mit einer Einzahlung in Verbindung steht, handelt es sich um eine Zusatzleistung. Das Beispiel macht gleichzeitig die Bewertungsprobleme deutlich.

Die Tatsache, dass Bewertungsprobleme auftreten und beim gegenwärtigen Kenntnisstand der Betriebswirtschaftslehre häufig noch keine Problemlösungen in Sicht sind, darf jedoch nicht dazu führen, wichtige Güterentstehungen einfach zu ignorieren. Für die Wirtschaftlichkeitsbetrachtung kommunaler Teilbetriebe ist die Ermittlung der Zusatzleistung, auch wenn dies gegenwärtig vielfach nur ansatzweise und unvollkommen möglich ist, unverzichtbar. Ansonsten steht dem sachzielbezogenen bewerteten Güterverbrauch, d.h. den Kosten, nichts gegenüber, obwohl in vielen Fällen wertvolle Dienstleistungen erbracht werden.

Abschließend wollen wir auch die in Verbindung mit dem Leistungsbegriff behandelten Begriffe zusammenstellen, mit denen in dieser Schrift gearbeitet wird. Es gelten die folgenden **Definitionen**:

- Einzahlung (=Einnahme) = Geldzufluss
- Ertrag (=Erträge) = periodisierte Erfolgseinzahlung (Periodisierungszeitpunkt ist der Augenblick der Güterentstehung)
- Leistung = sachzielbezogene bewertete Güterentstehung
- Neutraler Ertrag = Ertrag, der nicht mit dem Sachziel in Verbindung steht
- Zweckertrag = Ertrag, der mit dem Sachziel in Verbindung steht
- Zweckertrag = Grundleistung
- Grundleistung = Leistung, die mit einem Ertrag und damit auch mit einer Einzahlung in Verbindung steht
- Zusatzleistung = Leistung, die nicht mit einem Ertrag und damit auch nicht mit einer Einzahlung in Verbindung steht

In der Literatur finden sich auch andere Begriffsfassungen, auf die wir nachfolgend kurz hinweisen, die wir aber nicht übernehmen.

- So wird häufig ein Unterschied zwischen Einzahlung und Einnahme gemacht (vgl. beispielsweise Wöhe, S. 814) und unter einer Einnahme beispielsweise ein Vermögenszuwachs erfasst, die nicht auf einen Geldzufluss zurückzuführen sind. Wir halten eine solche Begriffsfassung nicht für zweckmäßig.
- Ertrag wird in der betrieblichen Praxis und in Teilbereichen der Betriebswirtschaftstheorie auch mengenmäßig definiert, z. B. als Kartoffelertrag.

- Weiterhin wird in der Praxis mit dem Begriff des Ertrages häufig auch das Endergebnis der unternehmerischen Tätigkeit bezeichnet. Dieses Ergebnis wird in dieser Schrift Erfolg bzw. Gewinn oder Verlust genannt. **Ertrag ist eine Komponente des Erfolges, und zwar die positive**. Dem Ertrag wird der Aufwand gegenübergestellt. Übersteigt der Ertrag den Aufwand entsteht ein Gewinn, genauer ein pagatorischer Gewinn.
- Vielfach wird der Begriff des Ertrages mit dem des Erlöses gleichgesetzt (vgl. beispielsweise Schneider, Betriebswirtschaftslehre Band 2, S. 65). Angesichts divergierender Auffassungen über den Erlösbegriff (vgl. Engelhardt, Erlösplanung, S. 12) kann eine solche Vereinfachung durchaus zweckmäßig sein. Wir wählen hier jedoch für den Erlösbegriff eine engere Definition (vgl. hierzu auch Engelhardt, Werner Hans, Einzahlungen und Erträge, Sp. 460). **Erlös ist ein Teil des Ertrages**, und zwar der Teil, der durch die entgeltliche Abgabe von Sachgütern oder Dienstleistungen erzielt wird. Handelt es sich bei diesen Sachgütern oder Dienstleistungen um die typischen Erzeugnisse des Betriebs, so werden die betreffenden Erlöse auch **Umsatzerlös** oder kurz Umsatz genannt.
- Keinesfalls für zweckmäßig halten wir die Verwendung des Begriffs „kalkulatorischer Erlös“ (vgl. beispielsweise Hummel/ Männel, S. 85). Hierdurch werden die doch recht klaren Begriffsfassungen für das pagatorische Rechnungswesen einerseits und das kalkulatorische Rechnungswesen andererseits unnötig verwischt.
- Auch der Leistungsbegriff hat in der Betriebswirtschaftslehre teilweise unterschiedliche Inhalte. So versteht man beispielsweise in der Organisationslehre unter Leistung das in einem Zeitraum erzielte Arbeitsergebnis (vgl. Schuster/ Siemens, S. 81), das in der Regel mengenmäßig definiert wird. Im kommunalen Verwaltungsbetrieb könnte die Leistung einer Reinigungskraft beispielsweise durch den Umfang der gereinigten Fläche pro Stunde zum Ausdruck gebracht werden. Eine ähnliche mengenmäßige Begriffsfassung liegt vor, wenn man an die Leistung einer Maschine denkt. In praxisnahen Schriften steht der Begriff „Leistung“ häufig als Kurzformulierung für Dienstleistung. Im Neuen Steuerungsmodell bzw. im NKF wird der Begriff „Leistung“ für ein produziertes Gut verwendet. Dies ist erforderlich, weil man den Begriff „Produkt“, worauf wir bereits hingewiesen haben, anders als in der Betriebswirtschaftslehre für ein Güterbündel, d.h. einen Sortimentsteil, verwendet. All diese Begriffsfassungen verwenden wir nachfolgend nicht. Wir definieren Leistung als Wertgröße und verstehen darunter, wie bereits erläutert, eine sachzielbezogene bewertete Güterentstehung.

Alles in allem wird deutlich, dass keineswegs Einigkeit bezüglich der Begriffe des Rechnungswesens besteht. Der Streit lässt sich auch nicht so schnell beilegen, weil Definitionen nicht wahr oder falsch, sondern zweckmäßig oder unzweckmäßig sind (vgl. Chmielewicz, Forschungskonzeptionen, S. 49). Gerade aber in der Beurteilung der Zweckmäßigkeit gehen die Ansichten oft sehr auseinander. Demzufolge sind auch die von uns gewählten Begriffsfassungen nicht unumstritten. Dabei ist allerdings zu beachten, dass wir in der Regel keine neuen Definitionen gewählt, sondern weitgehend die Begriffsabgrenzungen von **Chmielewicz** übernommen haben.

2.6 Deckungsbeiträge

Der Begriff „**Deckungsbeitrag**" verbindet die Kostenrechnung mit den Erlösen, und zwar zieht man von dem Erlös einen bestimmten Teil der Kosten ab. Der so ermittelte Differenzbetrag, wird Deckungsbeitrag genannt und dient dazu, einen Beitrag zur Abdeckung der restlichen Kosten zu leisten.

Deckungsbeiträge können für die unterschiedlichsten Bezugsgrößen ermittelt werden. Bezugsgrößen können beispielsweise ein einzelnes Produkt, die von einem Produkt in einem bestimmten Zeitraum hergestellte Menge, eine Produktgruppe, eine Abteilung, ein Amt oder ein Betrieb sein. Demzufolge gibt es beispielsweise den Deckungsbeitrag eines Produkts, den Deckungsbeitrag einer Produktgruppe usw. Welche Kosten man von den Erlösen einer Bezugsgröße abzieht, hängt davon ab, welche Einteilung der Kosten man für zweckmäßig hält (vgl. Riebel, Teilkostenrechnung, Sp. 1548).

Teilt man die Gesamtkosten in fixe und in variable Kosten ein, ergibt sich der Deckungsbeitrag, indem man von dem Erlös der betreffenden Bezugsgröße die jeweiligen variablen Kosten abzieht, der restliche Betrag leistet einen Beitrag zur Abdeckung der Fixkosten. Wählt man eine Aufteilung der Kosten in Einzelkosten und Gemeinkosten, ergibt sich ein Deckungsbeitrag, indem man von den Erlösen, die auf die Bezugsgröße entfallen, die Einzelkosten der betreffenden Bezugsgröße abzieht. Der verbleibende Betrag ist dazu da, einen Beitrag zur Abdeckung der Gemeinkosten zu leisten.

Am einfachsten lässt sich der Unterschied zwischen diesen beiden Varianten der Deckungsbeitragsrechnung erläutern, wenn man ein Produkt, also ein einzelnes Stück, als Bezugsgröße wählt. Den entsprechenden Deckungsbeitrag kann man **Stückdeckungsbeitrag** oder **Deckungsspanne** nennen.

Wählt man eine **Einteilung der Kosten in fixe und variable Kosten**, ergibt sich der **Stückdeckungsbeitrag in der Variante 1** durch folgende Gleichung:

Erlös pro Stück – variable Kosten pro Stück = Stückdeckungsbeitrag Variante 1

um die Formel vorzubereiten

Preis (P) – variable Stückkosten (k_v) = Stückdeckungsbeitrag 1 (DB 1)

und kurz $\mathbf{P - k_v = DB\ 1}$

Es handelt sich dabei um den Beitrag, den das einzelne Stück zur Abdeckung der Fixkosten leistet.

Wählt man die **Einteilung der Kosten in Einzel- und Gemeinkosten**, ergibt sich der **Stückdeckungsbeitrag in der Variante 2** durch folgende Gleichung:

Erlös des Stücks – Einzelkosten des Stücks = Stückdeckungsbeitrag Variante 2

oder um die Formel vorzubereiten

Preis (P) – Einzelkosten des Stücks (EKSt) = Stückdeckungsbeitrag 2 (DB 2) und kurz **P – EKSt = DB 2**

Es handelt sich in diesem Fall um den Beitrag, den das einzelne Stück zur Abdeckung der Gemeinkosten leistet.

Zusammenfassend können wir damit folgende **Definitionen** festhalten:

Stückdeckungsbeitrag Variante 1 = Preis (P) – variable Stückkosten (k_V)

Stückdeckungsbeitrag Variante 2 = Preis (P) – Einzelkosten des Stücks (EKSt)

Da, wie wir bereits erläutert haben, variable Kosten und Einzelkosten nicht automatisch gleich sind, kann es vorkommen, dass die beiden Deckungsbeiträge voneinander abweichen. Insofern haben auch Kostenrechnungssysteme, je nachdem mit welcher Konstruktion des Deckungsbeitrags gearbeitet wird, eine unterschiedliche Aussagekraft.

Den Inhalt eines Deckungsbeitrags wollen wir anhand des folgenden **Beispiels** kurz veranschaulichen:

> Wir betrachten wieder die schon bekannte **Bäckerei**, die einen Ofen auf 10 Jahre angemietet hat und dafür 100 Euro Miete pro Jahr bezahlen muss. Es wird nur Brot einer speziellen Sorte hergestellt, wobei für jedes Brot 1 kg Mehl erforderlich ist, das 1 Euro kostet. Für das fertige Brot bekommt die Bäckerei 3 Euro. Aus Gründen der Vereinfachung wird unterstellt, dass keine weiteren Kosten anfallen. Damit errechnet sich der Stückdeckungsbeitrag folgendermaßen:
>
> Brotpreis – Mehlkosten pro Brot = Deckungsbeitrag des Brotes
>
> Bei den vorgegebenen Zahlen gilt: 3 Euro – 1 Euro = 2 Euro. Somit leistet jedes Brot einen Beitrag in Höhe von 2 Euro im Hinblick auf die Abdeckung der Ofenkosten. Solange wie die Differenz zwischen Brotpreis und Mehlkosten pro Brot positiv ist, d.h. solange wie der Deckungsbeitrag positiv ist, lohnt es sich, die Brotproduktion auszudehnen. Je mehr Brote gebacken und verkauft werden, umso größer ist der Anteil der Ofenkosten, der durch Erlöse abgedeckt wird. Gewinne entstehen allerdings erst ab einer bestimmten Brotmenge. Bei 50 Broten pro Jahr wird insgesamt ein Deckungsbeitrag in Höhe von 100 Euro (50 · 2 Euro) erzielt, der ausreicht, um die Ofenkosten in Höhe von 100 Euro abzudecken.

Das Beispiel macht deutlich, dass man die Begriffe „Deckungsbeitrag“ und „Gewinn“ nicht verwechseln darf.

Bei einem positiven Deckungsbeitrag entstehen nicht automatisch Gewinne. Zunächst tragen zusätzliche Erzeugnisse lediglich dazu bei, einen Teil der Fixkosten bzw. Gemeinkosten abzudecken. Damit findet zunächst lediglich eine Verlustminderung statt. Erst ab einer bestimmten Erzeugnismenge führen positive Deckungsbeiträge auch zu Gewinnen.

> Abschließend ist noch zu klären, ob wir in unserem **Beispiel** für die Deckungsbeitragsrechnung die *Variante 1 (Erlös – variable Kosten)* oder die *Variante 2 (Erlös – Einzelkosten)* gewählt haben.

Auf jeden Fall handelt es sich um einen Stückdeckungsbeitrag; denn der Erlös pro Stück und damit der Preis (P) in Höhe von 3 Euro bilden den Ausgangspunkt der Betrachtung. Hiervon ziehen wir die Mehlkosten pro Stück ab. Bei den Mehlkosten handelt es sich um variable Kosten. Sie steigen mit steigender Produktmenge und sinken mit sinkender Produktmenge. Es handelt sich bei diesen variablen Kosten um den Spezialfall der proportionalen Kosten, d.h. die Mehlkosten steigen im gleichen Verhältnis wie die Brotmenge. Damit sind die variablen Kosten pro Stück konstant. Also ergibt sich der Deckungsbeitrag, indem vom Erlös die konstanten variablen Stückkosten in Höhe von 1 Euro abgezogen werden. Es liegt also ein Deckungsbeitrag der Variante 1 (DB 1) vor. Andererseits kann man auch den Mehlverbrauch pro Brot mit Hilfe einer Waage genau ermitteln. Die Mehlkosten sind dann ebenfalls Einzelkosten, so dass man den Deckungsbeitrag ebenfalls nach der zweiten Vorgehensweise ermitteln kann. Wird für jedes Brot exakt 1 kg Mehl eingesetzt und gilt für jedes kg Mehl der oben genannte Preis in Höhe von 1 Euro, so sind die Einzelkosten des Brotes ebenfalls konstant. Der Deckungsbeitrag der Variante 2 (DB 2) ist also in diesem einfachen Beispiel genau so hoch, wie der Deckungsbeitrag der Variante 1 (DB 1).

Das Beispiel zeigt, dass es im Hinblick auf die Erzielung steuerungsrelevanter Informationen im privatwirtschaftlichen Bereich in aller Regel sehr sinnvoll ist, Deckungsbeiträge zu ermitteln, wobei allerdings noch nicht abschließend geklärt ist, welche Berechnungsvariante man bevorzugen soll.

Für das Controlling des kommunalen Verwaltungsbetriebs sind Deckungsbeiträge allerdings nur sehr begrenzt geeignet.

Dies ist zum einen darauf zurückzuführen, dass zahlreiche Dienstleistungen unentgeltlich abgegeben werden müssen. Damit fehlt es in diesen Fällen an den Preisen und damit an dem Ausgangspunkt für eine Deckungsbeitragsberechnung. Dort, wo Preise erzielt werden, sind die Erlöse vielfach wenig aussagekräftig. Zu denken ist in erster Linie an die kommunalen Teilbetriebe, die ihre Entgelte in Form von Gebühren erzielen, die nach dem jeweiligen Kommunalabgabengesetz auf der Basis der Kosten zu berechnen sind. Es macht offensichtlich wenig Sinn, von dem Erlös wieder bestimmte Kosten abzuziehen, die man zuvor zu seiner Bestimmung herangezogen hat. In anderen Bereichen wird die Preisbildung politisch beeinflusst. Das ist zum Beispiel häufig bei kommunalen Bädern oder kommunalen Theatern der Fall. Hier werden aus übergeordneten Gründen, beispielsweise aus Gründen der Sportförderung oder aufgrund einer kulturpolitischen Zielsetzung, relative niedrige Preise verlangt. Auch in diesen Fällen ist die Deckungsbeitragsrechnung wenig informativ, da die Ausgangsbasis, d.h. der Preis, manipuliert ist. Ähnliches gilt für die inneren Verrechnungspreise, wenn diese auf Kostenbasis berechnet werden und von dem abnehmenden Teilbetrieb erstattet werden müssen. Auch in diesem Fall ist der Preis nicht mit einem Preis vergleichbar, der unter Wettbewerbsdruck entsteht, und ist somit die Aussagekraft eines von diesem Preis abgeleiteten Deckungsbeitrags gering.

2.7 Wirtschaftlichkeit

Der für eine controllingorientierte Kosten- und Leistungsrechnung wichtigste Begriff ist der der **Wirtschaftlichkeit** (vgl. Bohr, Sp. 1795). Hinter diesem Begriff steht, wie wir bereits erläutert haben, der **Wirtschaftlichkeitsgrundsatz**, auch bekannt als **ökonomisches Prinzip**, das alternativ als **Minimal- oder** als **Maximalprinzip** formuliert werden kann. In der von uns bisher besprochenen allgemeinen Formulierung besagt das Minimalprinzip, dass ein vorgegebenes Ziel mit dem geringstmöglichen Mitteleinsatz zu realisieren ist, und das Maximalprinzip, dass man danach streben soll, mit gegebenen Mitteln ein Ziel möglichst weitgehend zu erreichen (vgl. Bohr, Sp. 1796). Verwendet man die Begriffe „Kosten" und „Leistung" ergibt sich folgende Formulierung:

Wirtschaftlich ist ein Handeln dann, wenn man entweder eine gegebene Leistung mit den geringstmöglichen Kosten oder mit gegebenen Kosten eine möglichst hohe Leistung erreicht.

Das Ausmaß der erzielten Wirtschaftlichkeit kann man mit einer **Kennzahl** zum Ausdruck bringen. Diese Wirtschaftlichkeitskennzahl setzt die Leistung in Relation zu den Kosten (vgl. Schuster/Steffen, S.39). Demnach gilt:

$$\text{Wirtschaftlichkeit} = \frac{\text{Leistung}}{\text{Kosten}}$$

Es werden also die sachzielbezogene bewertete Güterentstehung und der sachzielbezogene bewertete Güterverzehr in Relation gesetzt, um das Ausmaß der Wirtschaftlichkeit bzw. den Wirtschaftlichkeitsgrad festzustellen.

Wird keine Wertgröße, sondern nur eine Mengengröße im Zähler berücksichtigt, spricht man von der Kostenwirtschaftlichkeit (vgl. Eichhorn, Verwaltungshandeln, S. 16): Die Kennzahl sieht folgendermaßen aus:

$$\text{Kostenwirtschaftlichkeit} = \frac{\text{Ausbringungsmenge}}{\text{Kosten}}$$

Nachfolgend wollen wir anhand zweier **Beispiele** die oben genannten Kennzahlen kurz erläutern.

> Wir betrachten zunächst wieder den bereits bekannten **Bäckereibetrieb**. Wie wirtschaftlich in einem Jahr gearbeitet wird, lässt sich ermitteln, indem man Leistung und Kosten für den betreffenden Zeitraum einander gegenüberstellt. Die Leistung ergibt sich, indem man die sachzielbezogene Güterentstehung, also die in dem betreffenden Zeitraum erstellte Brotmenge, betrachtet. Unterstellen wir, dass keine Güter auf Lager gehen und keine Halbfertigfabrikate erstellt werden, dann entspricht die Produktionsmenge der Verkaufsmenge. Diese sachzielbezogene Güterentstehung wird durch den Markt bewertet. Bewertungsmaßstab ist der erzielte Brotpreis. Damit ergibt sich die Leistung der Bäckerei durch Multiplikation von Verkaufsmenge und Brotpreis. Die Kosten werden ermittelt, indem man den für die

Brotproduktion erforderlichen Verbrauch an Einsatzgütern ermittelt. Aus Gründen der Vereinfachung wird von uns unterstellt, dass nur zwei Einsatzgüter, und zwar Mehl und ein angemieteter Ofen, eine Rolle spielen und alle anderen Produktionsfaktoren frei sind. Also ermittelt man zunächst den in Verbindung mit der Brotererzeugung anfallenden Mehlverbrauch. Hierbei handelt es sich um einen sachzielbezogenen Güterverzehr. Durch Multiplikation mit dem Mehlpreis ergeben sich die Mehlkosten. Die Ofenkosten ergeben sich in Höhe des für den betreffenden Zeitraum vereinbarten Mietpreises. Hier wird im Grunde eine Dienstleistung einer Fremdfirma in Anspruch genommen, also im übertragenen Sinn ein immaterielles Gut verbraucht, um Brote zu erzeugen. Die Bewertung dieses Produktionsfaktors ergibt sich durch den zu zahlenden Mietpreis. Ofen- und Mehlkosten zusammen ergeben in unserem Beispiel die gesamten Kosten des Betriebs. Das Ausmaß der von der Bäckerei erreichten Wirtschaftlichkeit lässt sich damit unter Berücksichtigung der von uns gewählten Vereinfachung feststellen, indem man das Produkt aus Brotmenge und Brotpreis (die Leistung) durch die Summe aus Ofen- und Mehlkosten teilt. Unterstellt die Bäckerei hätte in dem betreffenden Jahr 100 Brote zu einem Preis von 3 Euro verkauft und für die Anmietung des Ofens Kosten in Höhe von 100 Euro gehabt sowie in Verbindung mit der Brotproduktion 100 kg Mehl verbraucht und der Mehlpreis pro kg hätte 1 Euro betragen, dann hat die Bäckerei offensichtlich wirtschaftlich gearbeitet. Dies zeigt die oben genannte Wirtschaftlichkeitskennzahl an:

$$\text{Wirtschaftlichkeit} = \frac{100 \text{ Brote} \cdot 3 \text{ Euro/Brot}}{100 \text{ Euro} + 100 \text{ kg} \cdot 1 \text{ Euro/kg}}$$

$$\text{Wirtschaftlichkeit} = 1{,}5$$

Sobald die Kennzahl über 1 liegt, ist das Handeln wirtschaftlich. Die sachzielbezogene Güterentstehung hat in diesem Fall einen größeren Wert als der sachzielbezogene Güterverzehr. Der Betrieb ist umso wirtschaftlicher, je weiter die Kennzahl über 1 liegt. Ergibt sich eine Zahl, die kleiner als 1 ausfällt, wird unwirtschaftlich gearbeitet.

Übertragen wir unsere Überlegungen nun auf den kommunalen Bereich, beispielsweise auf einen **kommunalen Bäderbetrieb**, so wird deutlich, dass die Messung der Wirtschaftlichkeit hier größere Probleme aufwirft. Relativ unproblematisch ist die Ermittlung der Kosten. Ein Großteil der Kosten lässt sich von den Daten der Buchhaltung ableiten, und zwar unabhängig davon, ob es sich um die kameralistische oder kaufmännische Buchführung handelt. Auch die Ermittlung eventueller Zusatzkosten stellt den kommunalen Bäderbetrieb nicht vor eine unlösbare Aufgabe. Der mengenmäßige Umfang der sachzielbezogenen Güterentstehung lässt sich ebenfalls grundsätzlich feststellen. In diesem Fall wäre die Anzahl der Badebesuche zu ermitteln. Probleme entstehen nun bei der Bewertung der sachzielbezogenen Güterentstehung (vgl. hierzu auch Brede, S. 201 u. 202). Das gilt besonders dann, wenn die Kommune zahlreiche unentgeltliche Badebesuche ermöglicht, also beispielsweise Schulen und Vereinen eine unentgeltliche Benutzung des Bades gestattet. Da kein Preis gezahlt wird, fehlt es an einem eindeutigen Bewertungsmaßstab.

Aber auch in den Fällen, in denen Eintrittspreise gezahlt werden, kann man den erzielten Preis nicht einfach als Bewertungsmaßstab heranziehen. Eventuell hat der Rat einen sehr niedrigen Eintrittspreis durchgesetzt, um bestimmten Zielgruppen die Benutzung des Bades zu ermöglichen. Eine gewisse Orientierung könnte die Kostenwirtschaftlichkeit liefern. Unterstellt wir hätten in dem betreffenden Geschäftsjahr 100.000 Besuche des Bades und 1.000.000 Euro Kosten zu verzeichnen, würde sich folgende Berechnung ergeben:

$$\text{Kostenwirtschaftlichkeit} = \frac{100.000 \text{ Besuche}}{1.000.000 \text{ Euro}}$$

$$\text{Kostenwirtschaftlichkeit} = \frac{1 \text{ Besuch}}{10 \text{ Euro}}$$

Man kann auch den **Kehrwert der Kostenwirtschaftlichkeit** heranziehen. **Bei dieser Kennzahl handelt es sich um nichts anders als um die Stückkosten**:

$$\text{Stückkosten} = \frac{Kosten}{Ausbringungsmenge}$$

$$\text{Stückkosten} = \frac{1.000.000 \text{ Euro}}{100.000 \text{ Besuche}} = 10 \text{ Euro pro Besuch}$$

Durch Vergleiche mit anderen Bäderbetrieben, könnte man Anhaltspunkte bezüglich der Wirtschaftlichkeit erhalten – mehr aber auch nicht.

Alles in allem ist erkennbar, wie schwierig die Bewertung sachzielbezogener Güterentstehungen und damit die Leistungsermittlungen im Bereich der Kommunalverwaltung sind. Infolgedessen kann in vielen Fällen die Wirtschaftlichkeit mit Hilfe der Kennzahl „Leistung/Kosten" nicht bestimmt werden. Eventuell gelingt es, die Kostenwirtschaftlichkeit zu berechnen. Ist dies der Fall, hat man zwar keine genauen Informationen bezüglich der Wirtschaftlichkeit, aber man gewinnt möglicherweise durch Vergleiche gewisse Anhaltspunkte für weitere Nachforschungen. Noch schwieriger ist die Beurteilung, wenn nicht einmal Produktmengen ermittelt werden können. Das ist stets der Fall, wenn die Kommunalverwaltung unabhängig vom Ausmaß der Inanspruchnahme für eine Leistungsbereitschaft sorgen muss.

Neben den soeben besprochenen Kennzahlen, werden in der Literatur auch andere Berechnungen vorgeschlagen, um das Ausmaß Wirtschaftlichkeit zu ermitteln. So wird beispielsweise der **Quotient aus Ertrag und Aufwand als Wirtschaftlichkeitsmaßstab** genannt.

Die Relation „Ertrag/Aufwand" ist schon zur Beurteilung der Wirtschaftlichkeit im privatwirtschaftlichen Bereich nicht unproblematisch (vgl. Wöhe, S. 53). Zur Wirtschaftlichkeitsmessung im Bereich der Kommunalverwaltung ist sie in der Regel nicht geeignet.

Würde man diese Kennzahl in einem kommunalen Teilbetrieb anwenden, erschiene die „Wirtschaftlichkeit" dieses Teils der Kommunalverwaltung beispielsweise um so größer, je mehr nicht rückzahlbare Landeszuschüsse für laufende Zwecke gewährt würden; denn solche Landeszuschüsse sind Erfolgseinzahlungen, die zu periodisieren sind und somit zu Erträgen führen. Das gilt selbst dann, wenn es sich um Investitionszuschüsse handelt, für die Sonderposten gebildet werden; denn mit der Nutzung des Vermögenswertes, sind diese ertragswirksam aufzulösen. Ähnliche Überlegungen gelten für kommunale Eigenbetriebe, die sich über Gebühren finanzieren und aufgrund einer mit Abnahmezwang gekoppelten Monopolstellung diese auch durchsetzen können. Die Relation „Ertrag/Aufwand" trägt hier kaum zur Wirtschaftlichkeitsbeurteilung bei.

In enger Verbindung mit dem Begriff „Wirtschaftlichkeit" stehen die Begriffe „Produktivität", „Effizienz", „Effektivität", „Rentabilität" und „Sparsamkeit", deren Definitionen in der Literatur keineswegs einheitlich ausfallen. Wir gehen nachfolgend kurz auf relativ häufig gewählte Begriffsfassungen ein.

Produktivität

Unter **Produktivität** wird vielfach eine mengenmäßige Kennzahl verstanden. Es wird die Produktmenge durch den mengenmäßigen Faktoreinsatz dividiert. Bei dieser rein mengenmäßigen Betrachtung kann sowohl auf der Output- als auch auf der Inputseite nur eine Güterart berücksichtigt werden (vgl. Eichhorn, Das Prinzip..., S. 191), ansonsten würde man „Äpfel und Birnen zusammenfassen". Eine bekannte Produktivität ist die **Arbeitsproduktivität**, bei der die in einem Zeitraum erstellte Produktmenge durch den in diesem Zeitraum erbrachten mengenmäßigen Arbeitseinsatz dividiert wird. Demnach gilt:

$$\text{Produktivität} = \frac{\text{Produktmenge}}{\text{Faktoreinsatzmenge}}$$

$$\text{Arbeitsproduktivität} = \frac{\text{Produktmenge}}{\text{Arbeitsmenge}}$$

Im kommunalen Verwaltungsbetrieb könnte man beispielsweise, wie dies auch geschieht, die in einem Zeitraum bearbeiteten Fälle durch den in diesen Zeitraum erbrachten Arbeitseinsatz dividieren, so dass man beispielsweise die „Produktivität" eines Mitarbeiters bzw. einer Mitarbeiterin in einer Kennzahl „Bearbeitete Fälle pro Arbeitswoche" zum Ausdruck bringen könnte. Eine solche Kennzahl sollte in Verbindung mit dem Controlling nur sehr vorsichtig eingesetzt werden; denn Erfassungs- und Interpretationsfehler liegen nahe: Zunächst ist zu überprüfen, ob die zur Produktmenge zusammengefassten Produkte auch wirklich vergleichbar sind. Handelt es sich bei den oben genannten Fällen um unterschiedlich schwierige Aufgabenstellungen, ist eine Zusammenfassung nicht gerechtfertigt. Weiterhin ist zu beachten, dass ein Anstieg der Produktivität eines Faktors nicht durch dieses Einsatzgut verursacht sein muss, sondern durch einen verstärkten bzw. verbesserten Einsatz anderer Produktionsfaktoren. So kann beispielsweise die Anzahl der bearbeiteten Fälle pro Arbeitswoche dadurch erhöht werden, dass dem betreffenden Mitarbeiter bzw. der betreffenden Mitarbeiterin bessere Arbeitsmittel, beispielsweise ein modernerer PC oder eine neue Software, zur Verfügung gestellt werden.

Effizienz

Der Begriff **„Effizienz"** wird teilweise betriebswirtschaftlich und teilweise gesellschaftspolitisch definiert.

Im betriebswirtschaftlichen Sinn erstreckt sich der Begriff „Effizienz" auf die Faktoreinsatzmengen. Dieser Begriff entstammt der Produktionstheorie (vgl. Busse von Colbe und Laßmann, S. 93). Kann ein Faktoreinsatz reduziert werden, ohne dass die Produktmenge kleiner wird, liegt ein ineffizientes Faktoreinsatzverhältnis vor. Es werden in anderen Worten Einsatzgüter verschwendet. Können sich die einzelnen Einsatzgüterarten gegenseitig ersetzen, liegt also eine substitutionale Produktionsfunktion vor, dann sind mehrere Faktoreinsatzmengenrelationen effizient. In diesen Fällen ist die Effizienz eine notwendige Bedingung für wirtschaftliches Handeln. Denn nur bei effizientem Einsatz der Produktionsfaktoren liegt keine Verschwendung vor. Eine hinreichende Bedingung für wirtschaftliches Verhalten ist die Effizienz allerdings nicht. Von den verschiedenen effizienten Faktoreinsatzmengenverhältnissen ist nur eine wirtschaftlich. Welche Faktoreinsatzmengenkombination das ist, hängt von den Preisen der einzelnen Produktionsfaktoren ab. Sind die Faktoreinsatzmengen nur in einer bestimmten Relation effizient, liegt also ein limitationaler Produktionsprozess vor, so ist ausnahmsweise die effiziente Faktoreinsatzmengenkombination auch die wirtschaftlichste. **In der Betriebswirtschaftstheorie ersetzt somit die Effizienzbetrachtung die Wirtschaftlichkeitsbetrachtung nicht, sondern bereitet die Effizienzbetrachtung die Wirtschaftlichkeitsbetrachtung lediglich vor.**

Im gesellschaftspolitischen Sinn kann man Effizienz folgendermaßen definieren (vgl. Eichhorn, Verwaltungshandeln... S. 22):

$$\text{Effizienz} = \frac{\text{gesellschaftlicher Vorteil}}{\text{gesellschaftlicher Nachteil}}$$

Aus der Sicht der Entscheidungsträger in einem kommunalen Verwaltungsbetrieb ist diese Kennzahl in der Regel nicht steuerungsrelevant. So macht es beispielsweise wenig Sinn, vor der Herausgabe eines Personalausweises, vor der Durchführung eines Anschlusses an das Wasserleitungsnetz oder vor der Entleerung einer Mülltonne die mit einer solchen Dienstleistung verbundenen gesellschaftlichen Vor- und Nachteile einander gegenüberzustellen. In der Regel ist der Gesetzgeber bzw. Verordnungsgeber für die betreffende Beurteilung zuständig. Hinzu kommt, dass erhebliche Messprobleme auftreten.

Insgesamt erscheint es zweckmäßig, sich bei der betriebswirtschaftlichen Steuerung der Kommunalverwaltung nicht am Begriff „Effizienz", sondern an dem eindeutig gefassten Begriff „Wirtschaftlichkeit" zu orientieren. In den haushaltsrechtlichen Regelungen der meisten Bundesländer ist der Begriff „Effizienz" auch nicht enthalten. In Nordrhein-Westfalen hat man allerdings bei der Neufassung der Gemeindeordnung diesen Begriff aufgenommen. So beinhaltet § *75 (1) Satz 2 der nordrheinwestfälischen Gemeindeordnung* folgende Vorgabe:*„Die Haushaltswirtschaft ist wirtschaftlich, effizient und sparsam zu führen."* Nach den *Handreichungen des nordrhein-westfälischen Innenministeriums* zu dieser Vorschrift soll der „Haushaltsgrundsatz der „Effizienz" …das Erfordernis einer Leistungswirksamkeit in die gemeindliche Haushaltswirtschaft einführen" und „außerdem dazu beitragen, die neue Steuerung mit zeitbezogenen Ziel- und Finanzvorgaben in der Praxis tatsächlich umzusetzen." Eine klare begriffliche Erläuterung ist das nicht. Angesichts der unterschiedlichen und auch teilweise unklaren Definitionen wird daher in den nachfolgenden Ausführungen auf den Begriff „Effizienz" verzichtet.

Effektivität

Ähnliche Überlegungen gelten für den Begriff **„Effektivität"**. Auch hier fehlt es in aller Regel an einer sorgfältigen Begriffsfassung. So werden beispielsweise „zeitbezogene Vergleiche von Soll und Ist im Hinblick auf Mitteleinsatz, Ergebnis oder übergeordnete Zielsetzungen" (Reichard, S. 13) mit Effektivität bezeichnet. Nach Auffassung von Eichhorn (Das Prinzip..., S. 140) ermöglicht die Effektivität „eine Aussage über das Verhältnis von Tatsächlichem (Ist) zum Erwünschten (Soll) oder darüber, ob mit einem bestimmten Output der erwünschte Nutzen gestiftet wurde." Weiterhin wird Effektivität auch als Relation „Outcome / Input" definiert (vgl. Brede, S. 208), wobei mit dem Outcome „die mit dem Output letztlich erzielte (positive) Wirkung" (vgl. Brede, S. 207) gemeint ist.

Die Zitate sprechen für sich. Es erscheint uns nicht zweckmäßig mit solchen Definitionen in einer Schrift, die die kommunale Kosten- und Leistungsrechnung zum Gegenstand hat, zu arbeiten. Wir verzichten daher in dieser Schrift auf den Begriff der Effektivität, der auch nach Auffassung anderer Autoren nicht dem Gebiet der Kosten- und Leistungsrechnung, sondern einem bisher noch nicht erschlossenen Zweig des Rechnungswesens zugeordnet wird, für das sich die Bezeichnung „Wirkungsrechnung" findet (vgl. Brede S. 206 u. 207 sowie Wissenschaftliche Kommission „Öffentliche Unternehmen und Verwaltungen" S. 288 u. 292). Hinzu kommt, dass „sich im Allgemeinen und selbst im fachlichen Sprachgebrauch im In- und Ausland manchmal eine synonyme Anwendung der Worte Effizienz, Effektivität und Wirtschaftlichkeit eingebürgert" hat (vgl. Eichhorn, Das Prinzip ..., S. 140). Auch aus diesem Grunde kann man somit auf die Begriffe Effizienz und Effektivität gut verzichten.

Rentabilität

Unter **Rentabilität** versteht man eine Gewinnkennzahl. Hierbei wird der Gewinn auf eine Ausgangsgröße bezogen. Es gibt zahlreiche Rentabilitätskennzahlen. Zu den bekanntesten zählt die Eigenkapitalrentabilität. Hierbei wird der Gewinn auf das eingesetzte Eigenkapital bezogen:

$$\text{Eigenkapitalrentabilität} = \frac{\text{Gewinn}}{\text{eingesetztes Eigenkapital}}$$

> Zahlt man zum **Beispiel** 100 Euro auf ein Sparbuch ein und hat man am Jahresende ein Guthaben von 103 Euro, dann ist ein Gewinn in Höhe von 3 Euro entstanden. Teilt man diesen Gewinn durch das eingesetzte Eigenkapital in Höhe von 100 Euro, erhält man eine Eigenkapitalrentabilität von 3 Euro/100 Euro = 0,03 = 3%.

Rentabilitätskennzahlen gehen in aller Regel vom pagatorischen Gewinn aus, d.h. von der Differenz zwischen Ertrag und Aufwand. Damit lassen sich Rentabilitätskennzahlen nur in solchen Fällen ermitteln, in denen auch Erträge entstehen. Da in weiten Bereichen des kommunalen Verwaltungsbetriebs eine unentgeltliche Abgabe von Sachgütern und Dienstleistungen erfolgt und insofern die betriebstypischen Erträge fehlen, macht es kaum Sinn, Rentabilitätskennzahlen zu ermitteln. In den Fällen, in denen Erträge beispielsweise in Form von Gebühren vorliegen, lassen sich zwar die Rentabilitätskennzahlen aufstellen, ihre Aussagekraft ist jedoch recht gering.

Sparsamkeit

Der Grundsatz der **Sparsamkeit** ist gemeinsam mit dem Wirtschaftlichkeitsgrundsatz in den kommunalrechtlichen Vorschriften sämtlicher Bundesländer verankert. In Nordrhein-Westfalen kommt, worauf wir bereits hingewiesen haben, noch der Grundsatz der Effizienz hinzu (vgl. *§ 75 (1) Satz 2 der nordrheinwestfälischen Gemeindeordnung*). Die verwaltungswissenschaftliche Literatur hat sich intensiv mit dem Verhältnis von Sparsamkeit und Wirtschaftlichkeit auseinandergesetzt, wobei teilweise Auffassungen vertreten werden, denen wir uns nicht anzuschließen vermögen. So stellt Becker beispielsweise fest: „Der Grundsatz der Sparsamkeit ist die Ausnahme vom Grundsatz der Wirtschaftlichkeit" (Becker, S. 703). Wir schließen uns dieser These nicht an und begründen dies folgendermaßen: Da der Wirtschaftlichkeitsgrundsatz vom Rationalprinzip, d.h. vom allgemeinen Vernunftprinzip, abgeleitet wird, würde eine Sparsamkeit, die von der Wirtschaftlichkeit ausgenommen wird, auch nicht rational, d.h. unvernünftig, sein. Wenn die Sparsamkeit eine Ausnahme der Wirtschaftlichkeit wäre, hätte der Gesetzgeber mit dem Hinweis auf die sparsame Haushaltsführung unvernünftiges Handeln vorgeschrieben. Dies ist jedoch nicht zu vermuten. In Nordrhein-Westfalen ist dieser Fall zumindest ausgeschlossen. Die *Handreichungen des nordrhein-westfälischen Innenministeriums zu § 75(1) GO* machen dies deutlich. Hier findet sich folgende klare Feststellung: „Eine wirtschaftliche Haushaltsführung schließt dabei grundsätzlich das sparsame Handeln ein". Damit keine Widersprüche entstehen, setzen wir den Grundsatz der Sparsamkeit mit dem Wirtschaftlichkeitsgrundsatz in der Ausprägung des Minimalprinzips gleich (vgl. auch Schuster/Steffen, S. 41).

3 Prinzipien der Kosten- und Leistungsrechnung

3.1 Prinzipien der Kostenerfassung

Bei den Prinzipien der Kosten- und Leistungsrechnung handelt es sich um allgemeine Grundsätze, die bei der Durchführung der Kosten- und Leistungsrechnung zu beachten sind. Es geht dabei in erster Linie um Prinzipien, die die Kostenerfassung und -verrechnung betreffen, die aber zumindest teilweise auch auf die Leistungsseite übertragen werden können.

Bezüglich der Kostenerfassung ist zunächst der Grundsatz zu beachten, dass die Kostenrechnung wie jedes andere betriebswirtschaftliche Instrument dem **Wirtschaftlichkeitsgrundsatz** unterworfen ist. Sie dient also nicht nur der Durchsetzung dieses Grundsatzes, indem sie die Beurteilung der Wirtschaftlichkeit bestimmter Bezugsgrößen (Produkte, Bereiche, Maßnahmen) ermöglicht, sondern sie muss sich auch selbst an diesem Grundsatz messen lassen. In anderen Worten auch die Kosten- und Leistungsrechnung muss wirtschaftlich sein. Die Kosten der Kosten- und Leistungsrechnung müssen in einem sinnvollen Verhältnis zu dem stehen, was dieser Zweig des Rechnungswesens leistet.

Der **Grundsatz der Wirtschaftlichkeit der Kostenerfassung** (vgl. Plinke, S. 47) gibt den Rahmen für den Grundsatz ab, dass im Hinblick auf die betriebliche Steuerung die Kostenerfassung so vollständig, so genau und so aktuell wie möglich erfolgen soll. Dieser **Grundsatz der Vollständigkeit, Genauigkeit und Aktualität der Kostenerfassung** wird also durch das zuvor genannte Prinzip begrenzt. Demnach ist es einerseits im Hinblick auf fundierte Entscheidungen unverzichtbar, umfassend und möglichst kurzfristig über das betriebliche Geschehen informiert zu werden, andererseits ist aber zu beachten, dass die Vollständigkeit und Genauigkeit der Kostenerfassung nicht Selbstzweck ist, sondern für das Controlling auch relevant sein muss. So ist beispielsweise im kommunalen Verwaltungsbetrieb eine vollständige und genaue Erfassung des Verbrauchs von Bleistiften in aller Regel nicht gerechtfertigt, weil die Erstellung und Auswertung entsprechender Belege vermutlich einen Aufwand hervorrufen würde, der die zu erwartenden Ersparnisse übersteigt.

In Verbindung mit dem Grundsatz der Vollständigkeit, Genauigkeit und Aktualität der Kostenerfassung ist auch der **Grundsatz der Nachprüfbarkeit der Kostenerfassung** von Bedeutung. Die Kosten müssen also entsprechend dokumentiert werden und der rasche Zugriff auf die betreffenden Aufzeichnungen muss gewährleistet sein, damit Rückfragen schnell beantwortet werden können und auch spätere Auswertungen noch möglich sind. Auch dieser Grundsatz wird selbstverständlich durch den Grundsatz der Wirtschaftlichkeit der Kostenerfassung begrenzt.

Das Problem besteht nun darin, dass man die Kosten der Erfassung zwar in vielen Fällen noch einigermaßen sicher schätzen kann, wie beispielsweise im oben genannten Fall der Bleistifterfassung, man aber andererseits den Nutzen der genauen Kostenerfassung oft nicht zu quantifizieren vermag. Insofern ist der Grundsatz der Wirtschaftlichkeit der Kostenerfassung in vielen Fällen nicht anwendbar. Man wird daher in der Regel auf eine sorgfältige und nachvollziehbare Erfassung der Kosten nur verzichten, wenn bei Anwendung des Grundsatzes der Genauigkeit, Vollständigkeit und Aktualität der Kostenerfassung bzw. des Grundsatzes der Nachprüfbarkeit der Kostenerfassung der Verstoß gegen den Wirtschaftlichkeitsgrundsatz offensichtlich ist.

3.2 Prinzipien der Kostenverrechnung

Als **Prinzipien der Kostenverrechnung** sind besonders folgende Grundsätze bekannt (vgl. Haberstock S. 56):

- das Verursachungsprinzip
- das Durchschnittsprinzip
- das Tragfähigkeitsprinzip und
- das Beanspruchungsprinzip.

Dabei ist das **Verursachungsprinzip**, das auch **Prinzip der Kostenverursachung** oder **Kausalitätsprinzip** genannt wird, das zentrale Prinzip der Kostenverrechnung bzw. Kostenzurechnung. Es besagt, dass die Kosten stets der Größe zuzuordnen sind, die den betreffenden Güterverzehr hervorgerufen hat. Im kommunalen Verwaltungsbetrieb könnten Bezugsgrößen für die Kostenverrechnung beispielsweise bestimmte Teilbetriebe, bestimmte Organisationsbereiche oder bestimmte Erzeugnisse sein.

Die Anwendung des Verursachungsprinzips ist für die Wirtschaftlichkeitsbeurteilung von ausschlaggebender Bedeutung; denn nur, wenn die *richtigen* Kosten der Leistung der betreffenden Bezugsgröße gegenübergestellt werden, lässt sich eine Aussage zur Wirtschaftlichkeit machen. Aber auch für die Preisbestimmung im Bereich des kommunalen Verwaltungsbetriebs liegt in vielen Fällen die Anwendung des Verursachungsprinzips nahe; denn es erscheint plausibel, dass der Abnehmer einer speziellen Dienstleistung die Kosten trägt, die er bei dem liefernden kommunalen Teilbetrieb hervorgerufen hat. Allerdings ist die an sich wünschenswerte Anwendung des Verursachungsprinzips offensichtlich in vielen Fällen nicht oder nur ansatzweise möglich.

Will man die in einem Betrieb insgesamt angefallenen Kosten den einzelnen Erzeugnissen (Produkten) verursachungsgerecht zuordnen, stößt man in der Regel auf ein unlösbares Problem. Zahlreiche Kosten sind nicht einem einzelnen Gut zurechenbar, sondern werden simultan durch mehrere Sachgüter oder Dienstleistungen hervorgerufen. Es handelt sich hierbei um die Gemeinkosten der Produkte.

> Betrachten wir das bereits mehrfach herangezogene **Beispiel** für eine privatwirtschaftliche Unternehmung, eine kleine Bäckerei, so wird das Problem auch ohne weiteres deutlich. Unterstellt, man habe einen Ofen langfristig angemietet, so werden die Mietkosten nicht von einem konkreten Brot, das in dem betreffenden Ofen gebacken wird, hervorgerufen, sondern diese Kosten sind entstanden, weil man zahlreiche Brote backen will. Eine verursachungsgerechte Zuordnung dieser Kosten auf das einzelne Brot ist nicht möglich. Den Mehlverbrauch für das einzelne Brot kann man hingegen feststellen. Insofern lassen sich die Mehlkosten auch verursachungsgerecht zuordnen. Es handelt sich hierbei um die Einzelkosten des betreffenden Brotes.

Die Grundüberlegung, dass nur ein Teil der Gesamtkosten verursachungsgerecht auf bestimmte Bezugsgrößen verteilt werden kann, hat zur Entwicklung spezieller Formen der Kostenrechnung geführt, die Teilkostenrechnungen genannt werden und auf die noch eingegangen wird.

Angesichts der Probleme, welche die Anwendung des Verursachungsprinzips aufwirft, wird vorgeschlagen, auf eine Verteilung der Kosten nach diesem Grundsatz zu verzichten und stattdessen eine „Zurechnung nach dem **Identitätsprinzip**“ (Riebel, Einzelkosten- und Deckungsbeitragsrechnung, S. 76) vorzunehmen. Dies bedeutet, dass man die mit einer Entscheidung verbundenen positiven und negativen Wirkungen einander gegenüberstellt. Bestimmte Kosten und bestimmte Leistungen haben ihren Grund also in einer gemeinsamen (d.h. identischen) Entscheidung (vgl. auch Hummel/Männel S. 56).

> Dies können wir wieder anhand des **Bäckereibeispiels** verdeutlichen, wobei wir unterstellen, dass man einen Ofen langfristig angemietet hat und in diesem Ofen Brote einer bestimmten Sorte gebacken werden. Die Entscheidung, beispielsweise das 100. Brot zu backen, hat zur Folge, dass einerseits, falls die Produktion und der Absatz dieses 100. Brotes gelingen, eine Leistung entsteht, die in dem Preis, den man für dieses Brot erzielt, zum Ausdruck kommt. Andererseits hat diese Entscheidung zur Folge, dass man zusätzlich Mehl beschaffen und einsetzen muss, um dieses 100. Brot zu backen. Diese Mehlkosten sind also der Entscheidung über das 100. Brot eindeutig zuzuordnen. Die Mietkosten werden hingegen nicht durch diese Entscheidung hervorgerufen, sondern durch die Entscheidung, überhaupt Brote einer bestimmten Sorte zu backen, sie werden also durch alle Brote hervorgerufen und können daher auch nur der Gesamtheit der Produkte zugeordnet werden.

Das Beispiel zeigt, dass das Verursachungsdenken durch das Identitätsprinzip an sich nicht aufgegeben, sondern nur verfeinert wird. Durch die Betrachtung von Riebel wird allerdings in besonders anschaulicher Weise deutlich, dass sich in der Regel nur bestimmte Kosten einer Bezugsgröße, beispielsweise einem Organisationsbereich oder einem Produkt, verursachungsgerecht zuordnen lassen. Damit bleiben Kosten übrig, die man anders verrechnen muss, wenn man eine vollständige Verteilung der Gesamtkosten anstrebt. Die Verteilung dieser Kosten, bei denen es sich, je nachdem welche Grundeinteilung der Gesamtkosten man gewählt hat, entweder um Gemeinkosten oder Fixkosten handelt, erfolgt nach **Anlastungsprinzipien** (vgl. Plinke, S. 48), wobei zwischen dem **Durchschnittsprinzip**, dem **Tragfähigkeitsprinzip** und dem **Beanspruchungsprinzip** unterschieden wird.

Nach dem **Durchschnittsprinzip** werden die nicht nach dem Verursachungs- bzw. Identitätsprinzip verteilbaren Kosten zu gleichen Teilen auf die jeweiligen Bezugsobjekte verteilt. Bezogen auf das oben genannte Beispiel, würde eine Verteilung der in einem Jahr angefallenen Mietkosten für den Ofen nach dem Durchschnittsprinzip bedeuten, dass man diese Kosten einfach durch die Anzahl der Brote teilt, die in dem betreffenden Jahr hergestellt wurden. Dies ist allerdings nur dann halbwegs vertretbar, wenn eine spezielle Brotsorte gebacken wird. Werden unterschiedliche Produkte erstellt, in dem betreffenden Ofen der Bäckerei also beispielsweise verschiedene Brotsorten gebacken, die den Ofen eventuell in zeitlicher und räumlicher Hinsicht in unterschiedlichem Umfang in Anspruch nehmen, dann ist es mit Sicherheit nicht sinnvoll, die Ofenkosten einfach durch die Gesamtstückzahl zu teilen (vgl. auch Hummel/Männel, S. 58). In einem Mehrproduktunternehmen müssen daher bei der Verteilung nach dem Durchschnittsprinzip spezielle Verteilungsschlüssel, auf die an späterer Stelle noch eingegangen wird, zum Einsatz kommen (vgl. Haberstock, S. 59).

Werden die nicht verursachungsgerecht verteilbaren Kosten unter Berücksichtigung der Absatzpreise bzw. Deckungsbeiträge auf Bezugsgrößen, also beispielsweise auf die einzelnen Produkte, zugerechnet, spricht man vom **Tragfähigkeitsprinzip**, das auch *Prinzip der Kostentragfähigkeit, Belastbarkeits- oder Deckungsprinzip* genannt wird (vgl. Haberstock, S. 59). Nach diesem Grundsatz werden also Produkte, die höhere Deckungsbeiträge erzielen, relativ stärker mit Gemein- bzw. Fixkosten belastet als Produkte mit kleineren Deckungsbeiträgen. Es liegt auf der Hand, dass eine Wirtschaftlichkeitsbeurteilung auf der Basis von Kosten, die teilweise unter Anwendung des Tragfähigkeitsprinzips ermittelt wurden, nicht sinnvoll ist.

Bei einer Verteilung der Gemein- bzw. Fixkosten nach dem **Beanspruchungsprinzip** versucht man, die betreffenden Kosten nach dem Umfang der anteiligen Nutzung zu verteilen (vgl. Plinke, S. 48). Man richtet sich bei der Kostenverteilung also danach, wie stark die verschiedenen Bezugsobjekte, das Gut, das die Gemein- bzw. Fixkosten hervorruft, in Anspruch genommen haben. Handelt es sich beispielsweise bei den Bezugsobjekten um Produkte, so werden die Produkte, die eine bestimmte Maschine stärker beansprucht haben, mehr mit Gemein- bzw. Fixkosten belastet als die Produkte, für deren Erstellung die betreffende Maschine in einem relativ geringen Umfang eingesetzt wurde. Ähnliche Überlegungen können greifen, wenn man bestimmte Bereiche als Bezugsgrößen wählt. Eine Verteilung nach dem Beanspruchungsprinzip liegt im kommunalen Verwaltungsbetrieb beispielsweise dann vor, wenn die Kosten des Fuhrparks nach der Anzahl der Kilometer, die die einzelnen Ämter mit den betreffenden Fahrzeugen gefahren sind, verrechnet werden. Damit wird deutlich, dass das Beanspruchungsprinzip eine gewisse Nähe zum Verursachungsprinzip aufweist. Da man die genaue Kostenverursachung nicht kennt, unterstellt man, dass der Umfang des Güterverzehrs bei einem Wirtschaftsgut vom Ausmaß der Inanspruchnahme abhängt. *Im Kommunalabgabengesetz für das Land Nordrhein-Westfalen* findet sich beispielsweise die folgende Vorschrift, die für die Berechnung der Benutzungsgebühr die Berücksichtigung des Beanspruchungsprinzips verlangt (vgl. *§ 6 (3)KAG NRW*):

„Die Gebühr ist nach der Inanspruchnahme der Einrichtung oder Anlage zu bemessen (Wirklichkeitsmaßstab). Wenn das besonders schwierig oder wirtschaftlich nicht vertretbar ist, kann ein Wahrscheinlichkeitsmaßstab gewählt werden, der nicht in einem offensichtlichen Missverhältnis zu der Inanspruchnahme stehen darf."

3.3 Prinzipien der Leistungserfassung und -verrechnung

Prinzipien der Leistungserfassung und -verrechnung werden in der Literatur gar nicht oder recht flüchtig behandelt. Dies ist offensichtlich darauf zurückzuführen, dass die Erfassung der Leistung weniger Probleme aufzuwerfen scheint, als die der Kosten (vgl. Plinke, S. 49). Dies ist zumindest im Bereich des kommunalen Verwaltungsbetriebs jedoch nicht der Fall. Die Bestimmung der Leistung wirft hier beträchtliche Probleme auf.

Erinnern wir uns noch einmal an die im Rahmen dieser Schrift verwendete Definition der Leistung als sachzielbezogene bewertete Güterentstehung, dann wird das Problem auch ohne weiteres deutlich. Die Bestimmung der Leistung setzt voraus, dass man das entstandene Gut, d.h. das **Produkt**, kennt bzw. erkennt.

Werden Sachgüter erstellt, so ist die Bestimmung des entstandenen Gutes zumindest in einigen Fällen noch relativ einfach. Wenn wir an das mehrfach verwendete Bäckereibeispiel denken, dann können wir das gebackene Brot als entstandenes Gut, d.h. als Produkt unserer Tätigkeit, ansehen. Je komplizierter das Ergebnis des Produktionsprozesses ist, umso schwieriger fällt die Abgrenzung des Produkts aus. In aller Regel erhalten wir neben einer stofflichen Komponente eine Vielzahl unstofflicher Komponenten, die zusammen das entstandene Gut, das Produkt, ausmachen. So „kauft" man im EDV-Bereich nicht nur ein Gerät, sondern gleichzeitig in Verbindung mit dieser stofflichen Komponente eine Fülle an Informationen, die teilweise in dem betreffenden Gerät enthalten sind, die man aber auch teilweise zusätzlich, z. B. in Form von Beratungen, erhält. Das gekaufte und damit entstandene Gut ist also im Grunde **ein Güterbündel**, so wie es sich bei einem Blumenstrauß auch nicht einfach um mehrere Blumen handelt, sondern um eine spezielle Anordnung bzw. Zusammenstellung von Blumen. Grundvoraussetzung für die Leistungserfassung ist somit die Definition der Produkte. Inzwischen liegen in den meisten Bundesländern übersichtliche und teilweise auch verbindliche Auflistungen der kommunalen Produkte vor. Die betreffenden Zusammenstellungen werden **Produktrahmen** oder **Produktplan** genannt. Zu beachten ist allerdings, worauf wir bereits hingewiesen haben, dass der Begriff „Produkt" in der Verwaltungspraxis anders definiert wird als in der Betriebswirtschaftslehre.

Aber selbst, wenn es gelingt, das Produkt zu definieren und auch die betreffenden Produktmengen bekannt sind, ist die Leistung noch nicht bestimmt; denn die sachzielbezogene Güterentstehung ist nunmehr noch zu bewerten. Die **Bewertung** erfolgt bei Gütern, die auf Märkten abgegeben werden, durch Preise. Im Falle eines Kaufs also durch den Kaufpreis in anderen Fällen durch den Mietpreis, die Pacht, die Leasingrate, den Zins usw. Als Zurechnungsprinzip bietet sich auch hier das **Verursachungsprinzip** an (vgl. Plinke, S. 49). Demnach ist dem Bezugsobjekt der Preis zuzuordnen, den es erzielt hat. Genau dies ist jedoch in vielen Fällen gar nicht feststellbar, da man in der Regel den Preis für ein Güterbündel erhält. So kann man beispielsweise von dem Preis eines Blumenstraußes nicht ohne weiteres auf den Preis einer einzelnen Blume schließen. Das gleiche gilt für den Paketpreis einer EDV-Anlage. In der Regel ist nicht feststellbar, welcher Preis für die einzelne Komponente durchgesetzt wurde. Noch schwieriger wird die Zurechnung des Preises dann, wenn der Kauf verschiedener Produkte nicht unabhängig voneinander erfolgt, wenn also zwischen den Gütern **Verbunde** bestehen (vgl. hierzu Engelhardt, Erscheinungsformen, besonders S. 83). In einem solchen Fall ist der Erlös, den man mit einem Produkt erzielt hat, nicht ohne weiteres diesem Produkt verursachungsgerecht zuzuordnen. Das wird im privatwirtschaftlichen Bereich besonders bei Lockartikeln deutlich. Diese werden zu niedrigen Preisen angeboten, um Käufer an sich zu ziehen, die zusätzlich zu dem Lockartikel andere relativ teure Produkte kaufen. Es wäre bei einer Wirtschaftlichkeitsbetrachtung verfehlt, dem Lockartikel lediglich den niedrigen Verkaufspreis zuzuordnen. Bei einer verursachungsgerechten Leistungserfassung müssten die positiven Verbundeffekte einbezogen werden. Noch schwieriger wird eine verursachungsgerechte Leistungserfassung dann, wenn, wie dies im Bereich des kommunalen Verwaltungsbetriebs nicht selten der Fall ist, der Preis aufgrund einer mit Abnahmezwang verbundenen monopolähnlichen Stellung durchgesetzt wird. In diesen Fällen liegt es auf der Hand, dass der erzielte Preis nicht zur Bewertung des Produkts geeignet, sondern in erster Linie eine Folge der Marktsituation ist. Am größten sind die Probleme, wenn, wie dies bei vielen kommunalen Dienstleistungen der Fall ist, überhaupt keine Preise erzielt werden.

Die Überlegungen zeigen, dass die Anwendung des Verursachungsprinzips auf der Leistungsseite an genauso enge Grenzen stößt wie bei der Kostenverteilung. Anders als auf der Kostenseite werden allerdings für die Leistungserfassung bzw. -verrechnung bisher keine Ersatzprinzipien diskutiert (vgl. Plinke, S. 49).

Zusammenfassend kann man festhalten, dass das Verursachungsprinzip das zentrale Prinzip der Kosten- und Leistungsrechnung ist, wobei seine Anwendung im Rahmen des Wirtschaftlichkeitsgrundsatzes erfolgt. In aller Regel ist es aber nicht möglich, alle Kosten bzw. Leistungen eines Betriebs auf Bezugsgrößen verursachungsgerecht zu verteilen. Das Problem wird umso größer, je detaillierter die Bezugsgrößen gewählt werden. Strebt man eine verursachungsgerechte Zuordnung der Kosten und der Leistung auf das einzelne Produkt an, so wird man nur einen relativ geringen Teil der Gesamtkosten bzw. der Gesamtleistung nach dem Verursachungsprinzip verteilen können. Gerade im Bereich der Kommunalverwaltung sind die für ein Produkt ausgewiesenen Kosten meist nach mehrfachen Gemeinkostenschlüsselungen entstanden und somit für Wirtschaftlichkeitsvergleiche wenig aussagekräftig. Für das kommunale Controlling empfiehlt es sich daher, die frühen Stufen der Kostenrechnung verstärkt als Ansatzpunkte für Wirtschaftlichkeitsbetrachtungen zu nutzen.

3.4 Systeme der Kosten- und Leistungsrechnung

3.4.1 Der zeitliche Aspekt

Kosten- und Leistungsrechnungen lassen sich **grundsätzlich im Hinblick auf drei Gesichtspunkte** unterscheiden bzw. gestalten. Es handelt sich dabei um **den zeitlichen Aspekt, den Umfang der Datenverarbeitung und das Bezugsobjekt.**

Im Hinblick auf den **zeitlichen Aspekt** werden Kosten- und Leistungsrechnungen danach unterschieden, ob bereits eingetretene Größen oder geplante Größen verarbeitet werden. Werden beispielsweise die in einem zurückliegenden Zeitraum tatsächlich entstandenen Kosten als Basis für die Kostenrechnung gewählt, spricht man von **Istkostenrechnungen**. Werden die in einem zukünftigen Zeitraum zu erwartenden bzw. die für die Zukunft prognostizierten Kosten betrachtet, spricht man von **Plankostenrechnungen.** Dabei bedeutet der Begriff „Plankostenrechnung" nicht, dass man nur mit zukunftsorientierten Kosten arbeitet, sondern dass man *zusätzlich* zu den eingetretenen Kosten auch die *prognostizierten Kosten* heranzieht (vgl. Haberstock, S. 66). Bei den Plankostenrechnungen unterscheidet man zwischen der starren und flexiblen Plankostenrechnung (vgl. Hummel/ Männel, S. 47). Bei der **starren Plankostenrechnung** geht man von *einer* geplanten Beschäftigung (Produktmenge) aus und nur für diese plant man die Kosten. Bei späteren Analysen orientiert man sich an diesen Kosten, auch wenn die tatsächlich hergestellte Produktmenge gar nicht der geplanten Produktmenge entspricht. Bei der **flexiblen Plankostenrechnung** werden für unterschiedliche Beschäftigungsgrade, also für verschiedene mögliche Produktmengen, die Kosten geplant (vgl. Hummel/Männel, S. 47). Bei einem späteren Soll-Ist-Vergleich kann man dann die Plankosten für die erst im Nachhinein bekannte tatsächlich erzeugte Produktmenge heranziehen. **Normalkostenrechnungen** sind dadurch gekennzeichnet, dass man auf eine sorgfältige Kostenprognose verzichtet, weil der Prognoseaufwand im Vergleich zu dem erwarteten Steuerungsnutzen zu groß ist. Aus Gründen der Vereinfachung arbeitet man daher mit Durchschnittskosten der Vergangenheit, wobei man gegebenenfalls noch allgemeine Veränderungen, wie beispielsweise die zu erwartende Inflationsrate, berücksichtigt (vgl. Haberstock, S. 64). Insofern könnte man die Normalkostenrechnung als eine stark vereinfachte Plankostenrechnung bezeichnen. Wie die Plankostenrechnung so liefert auch die Normalkostenrechnung steuerungsrelevante Informationen erst dann, wenn man die Normalkosten mit den Istkosten vergleicht.

3.4.2 Der Umfang der Datenverarbeitung

Im Hinblick auf den **Umfang der Datenverarbeitung** unterscheidet man zwischen **reinen Kostenrechnungen** und **Erfolgsrechnungen**, wobei letztere die Leistung bzw. die Erlöse einbeziehen (vgl. Plinke, S. 54). Die reinen Kostenrechnungen werden weiter aufgeteilt, und zwar in die Vollkosten- und Teilkostenrechnungen (vgl. Haberstock, S. 67).

Vollkostenrechnungen sind dadurch gekennzeichnet, dass alle Kosten, die in einem Betrieb in einer Periode angefallen sind bzw. anfallen, auf die erstellten Sachgüter und Dienstleistungen verrechnet werden. Bei den **Teilkostenrechnungen** verarbeitet man hingegen zunächst nur einen Teil der Kosten, d.h. nur ein Teil der Gesamtkosten wird den Produkten zugeordnet. Die restlichen Kosten werden als Blöcke erst in späteren Phasen der Kostenrechnung einbezogen. Mit Teilkostenrechnungen versucht man, dem Verursachungsgedanken stärker Rechnung zu tragen, indem einem Bezugsobjekt nur die Kosten zugeordnet werden, die es allein verursacht hat. Kosten, die nicht ein Produkt allein hervorgerufen hat, werden dem Produkt auch nicht zugerechnet, sondern in *Kostenblöcken* erfasst. Auch wenn man im Rahmen der Teilkostenrechnungen zunächst nur einen Teil der Kosten verrechnet, bedeutet dass nicht, das man die anderen Kosten vernachlässigt. Sie werden selbstverständlich auch beachtet, aber eben nicht willkürlich zugeordnet, sondern als Kostenblöcke einer Gesamtheit der Bezugsobjekte gegenübergestellt. Je nachdem wie man die Gesamtkosten einteilt, ergeben sich **zwei grundsätzliche Varianten von Teilkostenrechnungen.**

- Bei der **1. Variante** handelt es sich um Teilkostenrechnungen auf der Basis der variablen Stückkosten. Sie werden auch Grenzkostenrechnungen, Direct Costing oder Proportionalkostenrechnung genannt (vgl. Haberstock, S. 68). In diesem Fall teilt man die Kosten in fixe und variable Kosten ein und ordnet einem Produkt nur die Kosten zu, die sich in Abhängigkeit von der Produktmenge verändern. Dem einzelnen Produkt werden somit lediglich die variablen Stückkosten zugeordnet. Die restlichen Kosten, also die Fixkosten, werden nicht auf die einzelnen Produkte verrechnet, sondern als Block, d.h. als *Fixkostenblock,* behandelt, der erst in späteren Phasen der Kostenrechnung Beachtung findet. Da bei einem linearen Verlauf der variablen Kosten, wie wir bereits im Rahmen der Grundbegriffe gezeigt haben, die variablen Kosten pro Stück den Grenzkosten entsprechen, werden also in diesen Fällen dem einzelnen Produkt nur die Grenzkosten zugerechnet, d.h. die zusätzlichen Kosten, die dadurch entstanden sind, dass man über die bisherige Produktmenge hinaus ein weiteres Gut erzeugt hat.

  Betrachten wir wieder einmal das schon bekannte **Beispiel** einer kleinen Bäckerei, in der aus Gründen der Vereinfachung nur zwei Kostenarten zu berücksichtigen sind (die Ofenkosten und die Mehlkosten), dann würden im Falle der oben genannten Teilkostenrechnung einem Brot nur die Kosten zugerechnet, die durch den zusätzlichen Mehlverbrauch entstanden sind. Die Kosten für den Einsatz des Ofens würden hingegen nicht auf die Produkte aufgeteilt, sondern als Fixkostenblock in die Betrachtung einbezogen.

- Bei der **2. Variante** der Teilkostenrechnungen geht man von der Einteilung der Gesamtkosten in Einzel- und Gemeinkosten aus. Da es nicht *die* Einzelkosten schlechthin gibt, sondern Einzelkosten immer nur in Bezug auf eine bzw. in Relation zu einer Größe bestimmt werden können, spricht man in diesem Zusammenhang auch von **Teilkostenrechnungen auf der Basis relativer Einzelkosten oder kurz von Einzelkostenrechnungen.** Die Entwicklung dieser Art der Teilkostenrechnung geht auf Paul Riebel zurück (vgl. hierzu Riebel, Einzelkosten- und Deckungsbeitragsrechnung).

Konfrontiert man die ermittelten Kosten mit der Leistung, spricht man von **Erfolgsrechnungen.** Es wird dann das Gebiet der reinen Kostenrechnung überschritten. Bei den bisher vorliegenden Vorschlägen wird die Zusatzleistung in der Regel nicht einbezogen. Man beschränkt sich also auf Leistungen, die mit Einzahlungen verbunden sind, und zwar in der Regel auf Erlöse. Werden die erzielten Erlöse den gesamten Kosten gegenübergestellt, spricht man auch von einer **Nettoerfolgsrechnung**. Stellt man den Erlösen nur einen Teil der Kosten gegenüber, und zwar je nach der gewählten Variante der Teilkostenrechnung die variablen Kosten oder die Einzelkosten, spricht man auch von **Bruttoerfolgsrechnung**; denn von dem so ermittelten Erfolg sind noch die Fix- bzw. Gemeinkosten abzuziehen, um zum tatsächlichen Erfolg, d.h. zum Nettoerfolg, zu gelangen (vgl. Plinke, S. 55). Bruttoerfolgsrechnungen, d.h. Erfolgsrechnungen, die auf Teilkostenrechnungen aufbauen, werden auch **Deckungsbeitragsrechnungen** genannt (vgl. Riebel, S. 159). Dabei ist, je nachdem welche Variante der Deckungsbeitragsrechnung man gewählt hat, zwischen einer **Deckungsbeitragsrechnung auf der Basis von Einzelkosten** und einer **Deckungsbeitragsrechnung auf der Basis von variablen Kosten**, die auch **Fixkostendeckungsrechnung** (vgl. Hummel/Männel S. 51) genannt wird, zu unterscheiden.

Da die Einzelkosten nacheinander auf ein Produkt, die Menge einer Produktart, eine Produktgruppe, eine Kostenstelle, einen Teilbetrieb und auf den Betrieb selbst bezogen werden können, ist diese *Deckungsbeitragsrechnung auf der Basis von Einzelkosten meist mehrstufig* (vgl. Riebel, S. 189). Diese *Mehrstufigkeit* in der Betrachtung ist grundsätzlich *auch bei Deckungsbeitragsrechnungen auf der Basis von variablen Kosten möglich*, wenn sich der Fixkostenblock aufteilt lässt. Häufig kann man zwischen den fixen Kosten einzelner Bereiche und den fixen Kosten des Gesamtbetriebs unterscheiden. Dies gilt beispielsweise für einen kommunalen Bäderbetrieb, der ein Hallenbad und ein Freibad umfasst. In einem solchen Betrieb gibt es fixe Kosten, die jedem einzelnen Bad genau zugeordnet werden können, beispielsweise die Abschreibungen für die Becken und beim Hallenbad zusätzlich die Abschreibungen für das Hallenbadgebäude. Die anteiligen Abschreibungen für Gebäude, die von sämtlichen Besuchern oder von der Bäderverwaltung genutzt werden, sind hingegen gemeinsame fixe Kosten der Bäder.

Eine Deckungsbeitragsrechnung, die von einer Teilkostenrechnung auf der Basis von variablen Kosten ausgeht und die die Fixkosten differenziert über mehrere Stufen betrachtet, wird **stufenweise Fixkostendeckungsrechnung** (vgl. Haberstock, S. 69) oder **Schichtkostendeckungsrechnung** (vgl. Jost, S. 188) genannt.

3.4.3 Das Bezugsobjekt

Im Hinblick auf das **Bezugsobjekt** sind Kosten- und Leistungsrechnungen danach zu unterscheiden, ob sie beispielsweise auf eine Beurteilung eines Kostenträgers, einer Kostenstelle, eines Teilbetriebs oder eines Gesamtbetriebs zielen (vgl. Plinke, S. 52). Die produktbezogenen Vollkostenrechnung nennt man **Kostenträgerstückrechnung** oder **Stückkostenkalkulation** (vgl. Kosiol, S. 175). Sie ist die Grundlage für die Preiskalkulation oder Auftragskalkulation. Ermittelt man die Kosten für die in einem Zeitraum erzeugte Produktmenge, spricht man von der **Kostenträgerzeitrechnung**. Betrachtet man den Nettoerfolg (Gewinn bzw. Verlust) für ein einzelnes Stück, spricht man von einer **Stückerfolgsrechnung**. Ermittelt man den Erfolg, den ein Betrieb in einem Jahr erzielt hat, spricht man von der **Periodenerfolgsrechnung** (vgl. Chmielewicz, Betriebliches Rechnungswesen 2, S. 61) Nicht für alle

Varianten einer bezugsgrößenorientierten Kostenrechnung gibt es entsprechende Spezialbegriffe. Im Hinblick auf die Deckungsbeitragsrechnungen sind hingegen wieder Begriffe von Bedeutung, die auf die unterschiedlichen Bezugsgrößen des Rechenwerks abstellen. So unterscheidet man beispielsweise zwischen einer **bereichsbezogenen Deckungsbeitragsrechnung** und einer **Stückdeckungsbeitragsrechnung** (vgl. Plinke, S. 55).

3.4.4 Systembildung

Zu beachten ist, dass bei der Entwicklung eines **Systems der Kosten- und Leistungsrechnung** stets sämtliche der drei oben genannten Gesichtspunkte berücksichtigt werden müssen. Die Systembildung ist insofern anspruchsvoll. Aus diesem Grund beschränkt man sich in der Regel auf reine Kostenrechnungen.

Bei der **Plan- oder Vorkalkulation** handelt es sich beispielsweise um ein solches reines Kostenrechnungssystem. Die drei für die Systembildung maßgeblichen Kriterien werden auch deutlich. So ist die Plan- oder Vorkalkulation zukunftsorientiert angelegt (zeitlicher Aspekt). Weiterhin werden in diesem Kostenrechnungssystem sämtliche Kosten erfasst und verarbeitet (Umfang der Datenverarbeitung) und letztlich werden die Stückkosten ermittelt (Bezugsgröße). Eine stückbezogene Vollkostenrechnung auf der Basis von Istkosten, d.h. von eingetretenen Kosten, wird demgegenüber als **Nachkalkulation** bezeichnet (vgl. Plinke, S. 55). Probleme entstehen dadurch, dass für Kostenrechnungssysteme oft Bezeichnungen verwendet werden, aus denen nicht klar genug hervorgeht, wie man sich im Hinblick auf sämtliche der drei oben genannten Gesichtspunkte entschieden hat. Erst aus den Erläuterungen des betreffenden Kostenrechnungssystems wird, wenn überhaupt, deutlich, welche konkrete Variante gewählt worden ist. Hinzu kommt, dass nicht für jede denkbare Gestaltungsform Bezeichnungen bekannt sind.

Im Bereich der Kommunalverwaltung sind bisher besonders Kostenrechnungssysteme von Bedeutung, die als Hilfsmittel zur Preisfindung bzw. Preiskontrolle eingesetzt werden. In diesem Zusammenhang ist zum einen auf die **Gebührenbedarfsberechnung** und zum anderen auf die **Gebührenkontrolle** hinzuweisen. In beiden Fällen handelt es sich um stückbezogene Vollkostenrechnungen. Bei der Gebührenbedarfsberechnung werden Plankosten bzw. aus Gründen der Vereinfachung Normalkosten verarbeitet. Bei der Gebührenkontrolle fließen hingegen die eingetretenen Kosten, die Istkosten, in die Berechnung ein. Somit wird bei der Gebührenbedarfsberechnung eine Vorkalkulation und bei der Gebührenkontrolle eine Nachkalkulation durchgeführt.

4 Die traditionelle kommunale Vollkostenrechnung

Die kommunale Kostenrechnung wurde und wird nicht für den Betrieb „Kommunalverwaltung“ als Ganzes durchgeführt, sondern stets für einzelne kommunale Teilbetriebe, die im NKF auch als Produkte oder Teilhaushalte bezeichnet werden. Besonders in den Bereichen „Abfallentsorgung“, „Abwasserentsorgung“, „Wasserversorgung“ und „Friedhöfe“, die im alten Haushaltsrecht als Gebührenhaushalte oder als kostenrechnende Einrichtungen bezeichnet wurden, hat sie eine lange Tradition. Es handelt sich dabei um eine Vollkostenrechnung. Demnach werden sämtliche Kosten, die in dem betreffenden Bereich während eines Jahres entstanden sind, auf die erstellten Sachgüter oder Dienstleistungen verrechnet. Diese traditionelle kommunale Vollkostenrechnung ist auch gegenwärtig in der Regel nur in relativ wenigen Bereichen der Kommunalverwaltung anzutreffen. Von einer flächendeckenden Anwendung, d.h. von einem Einsatz in sämtlichen Teilhaushalten, ist man in der Regel noch weit entfernt, obwohl die im NKF bzw. NKR vorgegebene Erfassung interner Aufwendungen und Erträge ohne den Einsatz der traditionellen kommunalen Vollkostenrechnung kaum zu bewerkstelligen ist.

Die traditionelle kommunale Vollkostenrechnung dient in erster Linie dem Ziel, die Preisbildung zu unterstützen. Dies gilt in besonderem Maße im Hinblick auf die Preisbildung, die dem Kommunalabgabengesetz unterworfen ist. Von besonderer Bedeutung sind hier die Vorschriften, die die Benutzungsgebühren betreffen (vgl. beispielsweise *§ 6 KAG NRW*). Demnach soll das Gebührenaufkommen spezieller kommunaler Einrichtungen die entstandenen Kosten in der Regel decken, aber nicht überschreiten. Damit ergibt sich für diese Bereiche einer Gemeinde die Notwendigkeit, sämtliche Kosten zu ermitteln und auf die erstellten Dienstleistungen oder Sachgüter zu verrechnen. Da die Bestimmung der Kosten, die ein Erzeugnis hervorruft, erleichtert wird, wenn man die insgesamt entstandenen Kosten zunächst einzelnen Organisationsbereichen zuordnet, ist für Vollkostenrechnungen ein **dreistufige Aufbau** typisch. Dies gilt auch für die **traditionelle kommunale Vollkostenrechnung**:

- Zunächst wird geklärt, welche Kosten überhaupt angefallen sind. Es geht also um die vollständige Erfassung sämtlicher Kosten eines kommunalen Teilbetriebs in einer Abrechnungsperiode, wobei die Kosten, um ihre spätere Verrechnung zu erleichtern, nach bestimmten Gesichtspunkten gegliedert werden (Hilfsfrage: Welche Kosten sind überhaupt angefallen?). Diesen Teil der Kostenrechnung nennt man **Kostenartenrechnung**.

- In einem zweiten Schritt werden anschließend die vollständig erfassten Kosten, den Organisationsbereichen zugeordnet, in denen sie entstanden sind (Hilfsfrage: Wo sind die Kosten entstanden?). Da man Organisationsbereiche, die man speziell für die Kostenrechnung abgrenzt, Kostenstellen nennt, wird dieser Teil der kommunalen Vollkostenrechnung auch **Kostenstellenrechnung** genannt. Zu beachten ist, dass man bei den Kostenstellen zwischen Organisationsbereichen, die andere Kostenstellen mit Sachgütern und/oder Dienstleistungen beliefern, und solchen, die ihre Produkte an den „Markt", d.h. an den Bürger bzw. die Bürgerin, abgeben, unterscheidet. Die Kostenstellenrechnung endet daher nicht mit der erstmaligen Verteilung der Kosten auf die Kostenstellen, sondern es findet in einem zweiten Schritt noch eine Weiterverteilung der Kosten statt, so dass letztlich alle Kosten auf den Kostenstellen liegen, die Außenstehende beliefern.
- Den letzten Schritt der traditionellen kommunalen Vollkostenrechnung bildet die **Kostenträgerrechnung.** Hierbei versucht man, die Kosten der Kostenstellen, die ihre Sachgüter und Dienstleistungen nach außen abgeben, auf eben diese Produkte zu verteilen (Hilfsfrage: Wofür sind die Kosten angefallen?). Mit dem Begriff „Kostenträger" bezeichnet man, worauf wir bereits hingewiesen haben, sowohl das einzelne Produkt, das Stück, als auch die in einem Zeitraum erstellte Produktmenge. Werden die Kosten für das einzelne Stück ermittelt, spricht man von der **Kostenträgerstückrechnung**. Werden die Kosten für die in einem Zeitraum erstellte Produktmenge ermittelt, wählt man die Bezeichnung „**Kostenträgerzeitrechnung**".

Die traditionelle Vollkostenrechnung wird in den Kommunen sowohl als Planungs- als auch als Kontrollrechnung durchgeführt. Demzufolge wird, wenn es um Gebühren geht, zwischen der **Gebührenbedarfsberechnung**, die auch **Gebührenermittlung** genannt wird (Klümper/Möllers/Zimmermann S. 149), und der **Gebührenkontrolle** unterschieden. Die Konfrontation der in der Gebührenbedarfsberechnung enthaltenen Plan- oder Normalkosten mit den Ist-Kosten macht dann deutlich, ob die Gebühren in angemessener Höhe in Rechnung gestellt worden sind.

Nachfolgend geht es nicht nur darum, darzustellen, wie diese traditionelle kommunale Vollkostenrechnung korrekt durchzuführen ist, sondern auch darum, zu zeigen, welche controllingrelevanten Informationen sie zu liefern vermag.

5 Die Kostenartenrechnung

5.1 Begriff und Aufgaben der Kostenartenrechnung

Wie bereits dargelegt, handelt es sich bei der Kostenartenrechnung um die Erfassung aller Kosten eines Betriebs bzw. Teilbetriebs, die während einer Abrechnungsperiode entstanden sind, wobei die Kosten nach bestimmten Gesichtspunkten gegliedert werden.

Wie die Kostenrechnung insgesamt, so hat auch **die Kostenartenrechnung** in allen Phasen des betrieblichen Geschehens **primär zwei Aufgaben** zu erfüllen: sie soll einerseits zur **Preisfindung bzw. Wertermittlung** und andererseits zur **Beurteilung der Wirtschaftlichkeit** beitragen.

Für die **Preisfindung** im kommunalen Verwaltungsbetrieb ist die Kostenartenrechnung deshalb von Bedeutung, weil in vielen Fällen ein kostendeckendes Entgelt angestrebt wird. Ein solcher kostendeckender Preis kann selbstverständlich nur ermittelt werden, wenn man die insgesamt angefallenen Kosten kennt. Demzufolge ist die Kostenartenrechnung, indem sie zur vollständigen Erfassung der Kosten beiträgt, die Grundvoraussetzung für die Bestimmung des kostendeckenden Entgelts. In diesem Zusammenhang ist zu beachten, dass ein kostendeckender Preis auch im Bereich des kommunalen Verwaltungsbetriebs nicht automatisch erzielt werden kann. Zum einen können rechtliche Vorschriften einer entsprechenden Preisforderung entgegenstehen, so dass eventuell für die betreffende kommunale Dienstleistung überhaupt kein Entgelt oder ein Entgelt, das unter dem kostendeckenden Preis liegt, zu entrichten ist. So werden beispielsweise im kommunalen Friedhofsbereich in der Regel keine kostendeckenden Gebühren verlangt, weil man einen Teil der Kosten nicht dem Bestattungswesen zuordnet, sondern einer Funktion, die mit der Benutzung einer Parkanlage zu vergleichen ist, indem der Friedhof bestimmten Personenkreisen der Entspannung und der Besinnung dient. Auf der anderen Seite ist auch die Preiselastizität der Nachfrage (vgl. Busse von Colbe/Hammann/Laßmann, S. 112) zu beachten, die allerdings oft nicht oder nur schwer zu ermitteln ist (vgl. Hammann/Lohrberg, S. 99). Im Extremfall kann es passieren, dass die Einführung eines kostendeckenden Preises zu einer nachlassenden Nachfrage führt. Dies würde bedeuten, dass die Fixkosten auf eine kleinere Abnahmemenge umgelegt werden müssen, so dass sich ein neuer kostendeckender Preis ergibt, der über dem alten liegt, was dazu führen könnte, dass noch mehr Nachfrager abgeschreckt werden. Das Bemühen kostendeckende Preise durchzusetzen, würde in einer solchen Situation zum Ruin eines Betriebs führen. Es liegt auf der Hand, dass auch in zahlreichen Bereichen der Kommunalverwaltung dieser Zusammenhang beachtet werden muss. In den Fällen, in denen der kommunale Verwaltungsbetrieb als Monopolist auftritt und für die potentiellen Benutzer bzw. Nutzer der

Einrichtung ein Abnahme- oder Anschlusszwang besteht, ist die Ausgangssituation für die Durchsetzung eines kostendeckenden Entgelts günstiger. Auch hier kann jedoch häufig nicht einfach ein kostendeckender Preis in Rechnung gestellt werden. Das gilt beispielsweise dann, wenn die Gefahr besteht, dass durch einen kostendeckenden Preis das Verhalten der Bürger und Bürgerinnen in eine unerwünschte Richtung gelenkt wird. So kann eine hohe kostendeckende Abfallbeseitigungsgebühr, dazu führen, dass einzelne Personen „naturnah" entsorgen und dadurch erhebliche Gefahren und Kosten für die Allgemeinheit hervorrufen.

Insgesamt wird deutlich, dass die Kostenartenrechnung ein wichtiges Hilfsmittel zur Preisfindung ist, weil die vollständige Erfassung der Kosten erst die Berechnung eines kostendeckenden Entgelts ermöglicht. Der Preis, den die kommunale Einrichtung ihren Nutzern in Rechnung stellen sollte, steht damit allerdings noch längst nicht fest. Er ist unter Beachtung des Nachfragerverhaltens und einer eventuellen Konkurrenzbeziehung festzulegen.

Was die **Wirtschaftlichkeitsbeurteilung** anbelangt, so ist die Kostenartenrechnung die Grundvoraussetzung, um die Wirtschaftlichkeit eines Betriebes bzw. eines Teilbetriebes festzustellen. Das Ausmaß der Wirtschaftlichkeit wird deutlich, wenn man die im Rahmen der Kostenartenrechnung vollständig erfassten Kosten mit der Leistung vergleicht, die der betreffende Betrieb oder Teilbetrieb in der betreffenden Periode insgesamt erbracht hat und letztlich den **kalkulatorischen Betriebserfolg** ermittelt, in dem man von der Leistung die Kosten abzieht. Man bezeichnet eine solche Rechnung als **kalkulatorische Betriebserfolgsrechnung** und, wenn es sich um die geplante Leistung und die geplanten Kosten handelt als **kalkulatorische Planbetriebserfolgsrechnung**. Im Bereich des kommunalen Verwaltungsbetriebs ergeben sich bei der Durchführung einer solchen kalkulatorischen Betriebserfolgsrechnung, wie wir bereits erläutert haben, insofern Probleme, als zahlreiche Produkte unentgeltlich, zu bewusst niedrig gehaltenen Preisen oder zu kostendeckenden Entgelten abgegeben werden. In diesen Fällen sind die Erlöse und damit die gleich hohe Grundleistung zur Wirtschaftlichkeitsbeurteilung nicht geeignet. Die Zusatzleistung ist in die Betrachtung aufzunehmen. Deren Ermittlung wirft aber häufig unlösbare Probleme auf.

Den kommunalen Verwaltungsbetrieben bleibt in diesen Fällen gar nichts anderes übrig, als sich auf eine **reine Kostenbetrachtung** zurückzuziehen. Auch dann vermag die Kostenartenrechnung allerdings einen Beitrag zur Beurteilung der Wirtschaftlichkeit zu leisten, indem sie Ansatzpunkt für **Kostenvergleiche** liefert. So kann man beispielsweise die Kosten einer Einrichtung im Zeitablauf betrachten (**Zeitvergleich**) oder die Kosten einer Einrichtung mit denen einer ähnlichen Einrichtung in Beziehung setzen (**Betriebsvergleich**) oder den geplanten die eingetretenen Kosten gegenüberstellen (**Soll-Ist-Vergleich**). Die Betrachtung kann sich dabei auf die im Rahmen der Kostenartenrechnung ermittelten insgesamt entstandenen Kosten erstrecken oder auf einzelne Kostenarten. Im Einzelnen sind damit folgende Kostenvergleiche möglich:

- **gesamtkostenbezogene Zeitvergleiche,** Hilfsfrage: Wie haben sich die Kosten des Betriebs in den letzten drei Jahren entwickelt?
- **gesamtkostenbezogene Betriebsvergleiche**, Hilfsfrage: Wie hoch sind die Kosten des Betriebs im Vergleich zu den Kosten eines ähnlichen Betriebs?

- **gesamtkostenbezogene Soll-Ist-Vergleiche,** Hilfsfrage: Wie hoch sind die für das Jahr geplanten Kosten des Betriebs im Vergleich zu den in dem betreffenden Jahr tatsächlich entstandenen Kosten?
- **kostenartenbezogene Zeitvergleiche,** Hilfsfrage: Wie haben sich beispielsweise die Personalkosten in den letzten drei Jahren entwickelt?
- **kostenartenbezogene Betriebsvergleiche,** Hilfsfrage: Wie hoch sind beispielsweise die Personalkosten im Vergleich zu den Personalkosten eines ähnlichen Betriebs?
- **kostenartenbezogene Soll-Ist-Vergleiche**, Hilfsfrage: Wie hoch sind beispielsweise die geplanten Personalkosten im Vergleich zu den entstandenen Personalkosten?

Schließlich lassen sich auf der Basis der Kostenarten zahlreiche **controllingrelevante Kennzahlen** bilden und ermitteln, so beispielsweise der Personalkostenanteil, der Energiekostenanteil und der Anteil der kalkulatorischen Abschreibungen an den Gesamtkosten. Auch mit diesen Kennzahlen kann man Zeitvergleiche, Betriebsvergleiche und Soll-Ist-Vergleiche durchführen.

Ohne Zweifel erhält man auf diesem Wege zahlreiche interessante Informationen. Vor Kurzschlüssen ist jedoch zu warnen.

Reine Kostenunterschiede liefern keinen Beweis für Wirtschaftlichkeit bzw. Unwirtschaftlichkeit, sondern lediglich Anhaltspunkte für weitere Nachforschungen. Ausgestattet mit diesen Informationen muss man sich anschließend in den Betrieben vor Ort aufhalten, um die Gründe für diese Abweichungen und eventuelle Möglichkeiten für Ressourceneinsparungen zu erkennen.

Das folgende **Beispiel** macht dies deutlich.

> Wenn ähnliche kommunale Bäderbetriebe mit ähnlicher Ausgangssituation und ähnlicher Besucherzahl extrem unterschiedliche Personalkosten haben, arbeitet der Betrieb mit den höheren Personalkosten nicht automatisch unwirtschaftlicher als der andere. Vor einer abschließenden Beurteilung ist beispielsweise zu prüfen, wie häufig es in den einzelnen Bäderbetrieben zu Unfällen gekommen ist, wie oft also im Extremfall Personen ertrunken sind. Eventuell sind die höheren Kosten allein darauf zurückzuführen, dass mehr und höher qualifiziertes Aufsichtspersonal eingesetzt wurde, und es wurden die niedrigen Personalkosten in dem anderen kommunalen Teilbetrieb dadurch erreicht, dass man an der falschen Stelle gespart hat.

Das Beispiel zeigt, dass die Kostenrechnung, d.h. ein Zahlenwerk, umfassende Kenntnisse der betrieblichen Praxis nicht ersetzen kann. Sie erleichtert lediglich die Beurteilung des betrieblichen Geschehens. Die am Schreibtisch durchgeführte Kostenanalyse muss also durch (möglichst unerwartete) Betriebsbesuche ergänzt werden.

5.2 Gliederungsmöglichkeiten der Kostenarten

Da wir die Kosten als sachzielbezogenen bewerteten Güterverbrauch definiert haben, liegt es nahe, die **Kostenarten** nach der **Art des Güterverbrauchs**, der ihnen zu Grunde liegt, zu bilden (vgl. auch Schweitzer/Küpper/Hettich, S. 143). Nach diesem Gesichtspunkt lassen sich beispielsweise folgende Kostenarten unterscheiden:

Wird Material verbraucht, entstehen **Materialkosten**. Wird Energie verbraucht, entstehen **Energiekosten**. Wird Arbeitskraft verbraucht, entstehen **Personalkosten**. Wird von einem anderen Betrieb eine Reparaturdienstleistung in Anspruch genommen, entstehen **Reparaturkosten**. Wird eine Reinigungsdienstleistung in Anspruch genommen, entstehen **Reinigungskosten** usw.

Nicht immer ist allerdings der Güterverbrauch ohne weiteres erkennbar. Das gilt beispielsweise für den mit Gütern des Anlagevermögens verbundenen Güterverbrauch. Wird eine Maschine eingesetzt, so findet der Güterverbrauch nicht in vollem Umfang sofort statt. Die Maschine kann eventuell mehrere Jahre eingesetzt werden. Erst am Ende der Nutzungsdauer ist der Verbrauch ersichtlich. In der Zwischenzeit muss man den Güterverbrauch unterstellen. Man nimmt also an, dass sich der Güterverzehr eines langlebigen Wirtschaftsgutes über einen längeren Zeitraum „scheibchenweise" vollzieht. Den einer Abrechnungsperiode zugeordneten bewerteten Güterverzehr eines Wirtschaftsgutes nennt man **Abschreibung.** Da Abschreibungen auch in der Buchhaltung, also im pagatorischen Rechnungswesen, vorkommen (vgl. Engelhardt/Raffée, S. 114) und dort eventuell anders berechnet werden (vgl. in diesem Zusammenhang Schmalenbach, S. 101), ist es sinnvoll, die Abschreibungen in den beiden Zweigen unterschiedlich zu benennen. **Abschreibungen die in der Buchführung, also in der pagatorischen Rechnung ermittelt werden, nennt man pagatorische Abschreibungen, Abschreibungsaufwand oder bilanzielle Abschreibungen. Die im Rahmen der Kosten- und Leistungsrechnung anzusetzenden Abschreibungen werden kalkulatorische Abschreibungen oder Abschreibungskosten genannt** (vgl. Chmielewicz, Betriebliches Rechnungswesen 2, S. 27–29).

Noch schwieriger ist es, einen Güterverzehr zu erkennen, wenn Nominalgüter, also Geldbeträge, eingesetzt werden. Wird beispielsweise **Fremdkapital** eingesetzt, nimmt in anderen Worten der Betrieb einen Kredit auf, dann sind in aller Regel Zinsen zu zahlen. Diese Zinszahlungen sind Erfolgsauszahlungen und führen demzufolge zu Zinsaufwand. Wenn die Kreditaufnahme sachzielbezogen ist, handelt es sich auch um **Zinskosten**. Der Güterverbrauch ist erst auf den zweiten Blick ersichtlich. Selbstverständlich wird kein Geldbetrag verbraucht; denn der geliehene Betrag ist zurückzuzahlen. Verbraucht wird ein unstoffliches Gut, ein Recht, und zwar das Recht mit dem Geld einer anderen Person bzw. Organisation in einem bestimmten Zeitraum Geschäfte abzuwickeln. Die Ermittlung des Güterverbrauchs wirft noch größere Probleme auf, wenn **Eigenkapital** eingesetzt wird. Für Eigenkapital fallen keine Zinszahlungen an, also entsteht auch kein Zinsaufwand. Gleichwohl spricht man in diesem Zusammenhang von **Eigenkapitalkosten**. Auch hier lässt sich der Güterverbrauch nicht ohne weiteres erkennen. Wenn insgesamt kein Verlust erzielt wird, wird kein Vermögenswert verbraucht. Man hätte allerdings die mit dem Begriff „Eigenkapital" verbundene Mittel auch anders verwenden können. So hätte man sie beispielsweise anlegen und damit

Zinsen erwirtschaften können. Diesen Verzicht auf den Nutzen der entgangenen Gelegenheit interpretiert man als Kosten. Man spricht in diesem Zusammenhang von **Opportunitätskosten** (vgl. Kosiol, S. 36). Es handelt sich hierbei um Zusatzkosten, die als **kalkulatorische Eigenkapitalzinsen** (vgl. Schneider, Betriebswirtschaftslehre Band 2, S. 59) bekannt sind oder kurz **Eigenkapitalzinsen** (vgl. Chmielewicz, Betriebliches Rechnungswesen 2, S. 19) genannt werden.

Neben der Art des Güterverbrauchs können noch andere Gesichtspunkte herangezogen werden, um die Kosten einzuteilen. So ist zunächst auf die bereits erläuterte Unterscheidung von **fixen und variablen Kosten**, **Einzel- und Gemeinkosten** sowie **Grund- und Zusatzkosten** hinzuweisen. Zusätzlich können noch die **kalkulatorische Kosten**, die meist nur Zusatzkostenanteile beinhalten gesondert betrachtet werden. Weiterhin kann eine Einteilung in **Kostenstellen- und Kostenträgerkosten** sinnvoll sein (vgl. auch Schweitzer/Küpper/Hettich, S. 146). Bei der Betriebsabrechnung wird zusätzlich noch zwischen **primären und sekundären Kostenarten unterschieden**. Mit primären Kostenarten werden die Kostenarten bezeichnet, die erstmalig in der Kostenrechnung erfasst werden. Es handelt sich dabei beispielsweise um die Personalkosten, die kalkulatorischen Abschreibungen und die kalkulatorischen Zinsen. Ob sekundäre Kostenarten entstehen, hängt davon ab, welche Organisationsbereiche man zu Kostenstellen, genauer zu Vorkostenstellen, erklärt, die gegenüber den anderen Kostenstellen eine dienende Funktion erfüllen. Bildet man beispielsweise in einem kommunalen Bäderbetrieb eine Vorkostenstelle „Bäderverwaltung", dann entsteht eine neue Kostenart, und zwar die Kostenart „Verwaltungskosten". Diese sekundäre Kostenart „Verwaltungskosten" setzen sich aus den primären Kosten zusammen, die der Vorkostenstelle „Bäderverwaltung" zugeordnet werden, also beispielsweise aus den Personalkosten der Verwaltungsmitarbeiter und den Kosten, die durch den Verbrauch von Büromaterial entstehen.

Bezüglich der Abgrenzung der Kostenarten ist der einzelne Betrieb weitgehend frei. Die entsprechende Übersicht über die zu unterscheidenden Kostenarten nennt man **Kostenartenplan**. Werden Betriebsvergleiche angestrebt, ist es sinnvoll die Kostenartenpläne aufeinander abzustimmen. Insofern sollten sich die kommunalen Verwaltungsbetriebe möglichst auf einheitliche Kostenartenpläne verständigen. Dabei liegt es nahe, von der verbindlichen Haushaltssystematik auszugehen. Bei kameralistischer Buchhaltung ist der Gruppierungsplan maßgeblich.

Im NKF bzw. NKR ist es angebracht, bei der Ermittlung der Kostenarten von den **Aufwandsarten** auszugehen, die **im Kontenrahmen bzw. Kontenplan** enthaltenen sind (vgl. beispielsweise Anhang 1). Diese Aufwandsarten sind zunächst im Hinblick auf das Sachziel des einzelnen kommunalen Teilhaushalts zu bereinigen. Eventuell sind anschließend wichtige Aufwandsarten weiter zu unterteilen. Letztlich entsteht so für jeden Teilhaushalt eine Liste der aufwandsgleichen Kosten. Wegen der unterschiedlichen Sachziele der kommunalen Teilbetriebe können diese Listen unterschiedlich sein. Ergänzt man die Listen der aufwandsgleichen Kosten um die jeweils relevanten kalkulatorischen Kosten, ergeben sich die **Kostenartenpläne** der einzelnen kommunalen Teilbetriebe.

5.3 Wertansätze in der Kostenartenrechnung

5.3.1 Überblick über die möglichen Wertansätze

Da wir die Kosten als sachzielbezogenen bewerteten Güterverzehr definiert haben, ist nunmehr noch die Frage zu klären, wie der im Rahmen der Kostenartenrechnung erfasste und gegliederte Güterverbrauch zu bewerten ist. Grundsätzlich stehen **vier Preise** als Orientierungshilfen für die **Bewertung** des sachzielbezogenen Güterverzehrs zur Wahl:

Dies ist *erstens* der Preis, den man bei der Anschaffung des betreffenden Wirtschaftsgutes zahlen muss bzw., wenn man das betreffende Wirtschaftsgut selbst erstellt hat, den man hätte zahlen müssen. *Zweitens* wäre es möglich, den Preis zur Bewertung heranzuziehen, den man bezahlen muss, wenn man das betreffende Wirtschaftsgut am Ende der Nutzung durch ein neues ersetzen muss. *Drittens* kommt der Preis in Betracht, der in dem Zeitraum, für den die Kostenrechnung durchgeführt wird, für ein vergleichbares neuwertiges Wirtschaftsgut gilt. *Viertens* könnte man unabhängig davon, welchen Preis man gezahlt hat oder in Zukunft zahlen müsste, für ähnliche Güter einfach einen bestimmten Preis zugrunde legen.

Zu beachten ist, dass man für ein Wirtschaftsgut in der Regel nicht nur den eigentlichen **Kaufpreis** entrichten muss, sondern dass meistens **weitere Auszahlungen** erforderlich sind, um das Wirtschaftsgut zu erlangen. Eventuell muss man zusätzlich noch die Verpackung, den Transport oder bestimmte Montagearbeiten bezahlen. Die Summe aus Kaufpreis und diesen zusätzlichen Zahlungen ergibt den Wert des Wirtschaftsgutes der in der Kostenrechnung zu berücksichtigen ist.

Damit sind **für die kommunale Kostenartenrechnung vier Wertansätze** relevant, die wir folgendermaßen definieren:

Anschaffungs- bzw. Herstellungswert	=	Wert des Gutes A im Augenblick des Erwerbs
Wiederbeschaffungswert	=	Wert eines vergleichbaren neuwertigen Gutes im Augenblick des Ersatzes des Gutes A
Wiederbeschaffungszeitwert (Zeitwert)	=	Wert eines vergleichbaren neuwertigen Gutes im jeweiligen Betrachtungszeitraum
Festwert	=	Wert, der für ähnliche Wirtschaftsgüter in gleicher Höhe zugrunde gelegt wird

Irritationen können dadurch entstehen, dass in zahlreichen Vorschriften nicht von Anschaffungswerten bzw. Herstellungswerten gesprochen wird, sondern von **Anschaffungskosten** und **Herstellungskosten**, obwohl die mit der Anschaffung bzw. Herstellung verbundenen Auszahlungen gemeint sind. Das gilt ebenfalls für die **Anschaffungsnebenkosten**. Auch hiermit sind ausschließlich zusätzliche Auszahlungen gemeint, die beim Erwerb des Wirtschaftsgutes anfallen. Welcher Wertansatz in der Kostenartenrechnung zu wählen und welcher Wertansatz damit auch für die anderen Bereiche der Kosten- und Leistungsrechnung bestimmend ist, hängt von dem Ziel ab, das man mit der jeweiligen Berechnung verfolgt. Wir haben bereits mehrfach darauf hingewiesen, dass die Kostenrechnung in allen Phasen des betrieblichen Geschehens primär zwei Aufgaben zu erfüllen hat: sie soll einerseits zur Preisfindung bzw. Wertermittlung und andererseits zur Beurteilung der Wirtschaftlichkeit beitragen. Demzufolge sind die Auswirkungen der oben genannten vier Wertansätze auf diese beiden Zielsetzungen zu beurteilen, bevor man eine Entscheidung darüber trifft, welcher Wertansatz herangezogen werden sollte.

5.3.2 Wertansätze in Verbindung mit der Preisfindung

Wird die **Kostenrechnung** eingesetzt, um eine **Orientierungshilfe für die Preisfindung** zu erhalten, dient sie der Klärung der Frage, wie hoch der Preis für das Produkt wenigstens sein müsste, damit sich die Produktion überhaupt lohnt. Die Produktion lohnt sich offensichtlich nicht, wenn der erzielbare Produktpreis nicht ausreicht, um den zur Erstellung des Produkts erforderlichen Verbrauch an Produktionsfaktoren auszugleichen. Mit Hilfe des erzielten Produktpreises muss es also wenigstens möglich sein, die verbrauchten Produktionsfaktoren erneut zu beschaffen. Man spricht in diesem Zusammenhang auch von **Substanzerhaltung** (vgl. Hummel/Männel, S. 151). Andere Autoren wählen den Begriff „*Kapitalerhaltung*" und unterscheiden zwischen der *nominellen* und der *substanziellen* Kapitalerhaltung (vgl. Isemann/Müller/Müller, S. 93), wobei erstere dann gegeben ist, wenn durch den Rückfluss der gleiche Geldbetrag erzielt wird, den man eingesetzt hat. Substantielle Kapitalerhaltung bedeutet hingegen, dass der Rückfluss ausreicht, um die verbrauchten Güter auch tatsächlich wiederzubeschaffen, was im Falle von Preissteigerungen durch die nominelle Kapitalerhaltung nicht gewährleistet ist. Wenn wir von Substanzerhaltung sprechen, meinen wir ausschließlich die substanzielle Kapitalerhaltung.

Demzufolge scheint ein Ansatz der eingesetzten Produktionsfaktoren zum *Anschaffungswert unzureichend* zu sein, wenn man mit Preissteigerungen rechnen muss. Der *Festpreis würde ohnehin ausscheiden*, da er nicht einmal den unterschiedlichen Anschaffungskosten der betreffenden Produktionsfaktoren Rechnung trägt.

Der Wunsch nach Substanzerhaltung legt eine Bewertung des Güterverbrauchs mit Wiederbeschaffungswerten nahe. Besonders bei Produktionsfaktoren, die über einen langen Zeitraum genutzt werden, ist *es jedoch in vielen Fällen gar nicht oder nur mit erheblichen Unsicherheiten möglich*, die entsprechenden *Wiederbeschaffungswerte abzuschätzen*. Man denke beispielsweise an Abwasserkanäle mit einer geplanten Nutzungsdauer von 50 bis 80 Jahren, an Verwaltungsgebäude mit einer geplanten Nutzungsdauer von 40 bis 80 Jahren oder an Straßen mit einer geplanten Nutzungsdauer von 30 bis 60 Jahren. Um in diesen Fällen die jährlichen Abschreibungen auf der Basis von Wiederbeschaffungswerten ermitteln zu können, müsste man also wissen, zu welchem Preis die Bauwirtschaft ein solches Gebäude bzw. eine solche bauliche Anlage beispielsweise in 30 oder eventuell sogar in 80 Jahren anbieten würde. Damit wird deutlich, dass der Wiederbeschaffungswert in der Regel nicht mit einer vertretbaren Sicherheit ermittelt werden kann.

Ersatzweise kann man den *Wiederbeschaffungszeitwert* heranziehen, der wie bereits erwähnt, auch kurz *Zeitwert* genannt wird. Es handelt sich dabei um einen Wert, den ein vergleichbares neuwertiges Wirtschaftsgut in dem Zeitraum hat, für den die Kostenrechnung durchgeführt wird. Bei Preissteigerungen liegt der Wiederbeschaffungszeitwert über dem Anschaffungswert und unter dem zukünftigen Wiederbeschaffungswert. Auf den ersten Blick erscheint die Substanzerhaltung bei diesem Wertansatz nicht garantiert. Werden die so ermittelten Abschreibungen letztlich erzielt, reichen die Einzahlungen in Höhe der Abschreibungssumme nicht aus, um das Wirtschaftsgut zu ersetzen. Immerhin werden insgesamt höhere Einzahlungen erzielt, als wenn man lediglich vom Anschaffungswert ausgehen würde. Für den Wiederbeschaffungszeitwert spricht weiterhin, dass seine Bestimmung mit erheblich weniger Unsicherheiten verbunden ist, als die Prognose des eventuell in weiter Zukunft anfallenden Wiederbeschaffungswertes. Der Kostenrechner bzw. die Kostenrechnerin muss nicht mehr klären, was beispielsweise ein neues Gebäude, ein neuer Kanal oder eine neue Straße in 30 oder 80 Jahren kostet, sondern er bzw. sie hat lediglich abzuschätzen, welcher Preis heute oder im nächsten Jahr für einen entsprechenden Neubau zu entrichten ist.

Gewisse Unsicherheiten verbleiben allerdings auch beim Ansatz des Wiederbeschaffungszeitwertes; denn man kann ja nicht einfach eine Ausschreibung vornehmen, um den aktuellen Preis für einen vergleichbares Gebäude, einen vergleichbaren Kanal oder eine vergleichbare Straße zu ermitteln. *Sicher und eindeutig dokumentiert ist letztlich nur der Anschaffungswert.* Der Wiederbeschaffungszeitwert wird als Kompromiss angesehen, der sowohl dem Gedanken der Substanzerhaltung als auch dem Streben nach Prognosesicherheit in gewisser Weise Rechnung trägt, ohne beiden Zielsetzungen vollständig zu entsprechen. Eine solche Beurteilung vernachlässigt allerdings, dass die erzielten Einzahlungen in Höhe der Abschreibungen bis zum Ersatz des Wirtschaftsgutes angelegt werden können und dann eventuell zu *zusätzlichen Zinseinzahlungen* führen, so dass letztlich nicht nur ein Betrag in Höhe der Abschreibungssumme, sondern ein deutlich höherer Betrag zur Verfügung steht. **Folglich kann die Substanzerhaltung eventuell auch bei Abschreibungen auf Anschaffungswertbasis garantiert werden, wenn die Mittelanlage zu Zinssätzen gelingt, die über der Preissteigerungsrate für das betreffende Wirtschaftsgut liegen.**

Zu beachten ist, dass ein Teil der Preisbildung im Bereich der Kommunalverwaltung speziell geregelt ist. Betriebswirtschaftliche Überlegungen sind in diesen Rahmen einzuordnen. Besonders bei **Benutzungsgebühren** ist dies von großer Bedeutung, wobei noch zusätzlich die jeweils aktuelle Rechtsprechung zu berücksichtigen ist.

5.3.3 Wertansätze in Verbindung mit der Wirtschaftlichkeitsbeurteilung

Im Hinblick auf die **Wirtschaftlichkeitsbeurteilung** sind die einzelnen Wertansätze folgendermaßen zu beurteilen:

Durch den **Festwert** werden ähnliche Güter, beispielsweise ähnliche Maschinen, mit dem gleichen Wert angesetzt, unabhängig davon, welche Anschaffungsauszahlungen sie tatsächlich hervorgerufen haben. Dies kann für *Betriebs- bzw. Teilbetriebs- oder Bereichsvergleiche* zweckmäßig sein; denn andernfalls würde möglicherweise ein Bereich allein deshalb besser dastehen, weil er eine Maschine früher zu einem niedrigeren Anschaffungswert beschafft hat als ein anderer Bereich. Das gleiche gilt für die Personalkosten. Zur Beurteilung der Wirtschaftlichkeit kann es durchaus sinnvoll sein, Alterzuschläge und soziale Entlohnungsbestandteile herauszurechnen und mit normalisierten, d.h. vereinheitlichten, Personalkosten zu arbeiten, um zu verhindern, dass gesetzliche Vorschriften das Bild verwässern. Andernfalls könnte es passieren, dass ein Teilbetrieb, der hohe Beihilfezahlungen schultern muss, bei *Betriebsvergleichen* automatisch unwirtschaftlich erscheint. Auch im Hinblick auf *Zeitvergleiche* kann die Berücksichtigung von Festwerten sinnvoll sein. Denn wenn in den einzelnen Zeiträumen immer die gleichen Wertansätze gewählt werden, sind Kostenunterschiede allein auf Änderungen bei den Verbrauchsmengen zurückzuführen. Ressourcenvergeudungen könnten also unter bestimmten Bedingungen, z.B. bei gleicher Produktmenge und Produktqualität, durch eine Bewertung der Einsatzgüter mit Hilfe von Festwerten deutlich werden.

Im Hinblick auf *Betriebs-, Teilbetriebs- und Bereichsvergleiche* erfüllt der **Wiederbeschaffungszeitwert** die gleiche Funktion wie der Festwert. In einem Zeitraum gleicht er Wirtschaftsgüter, die vergleichbar sind, aber zu unterschiedlichen Zeitpunkten beschafft wurden, wertmäßig an; denn jetzt werden sämtliche Wirtschaftsgüter zu Werten berücksichtigt, die vergleichbare Wirtschaftsgüter in dem Zeitraum, für den die Kostenrechnung durchgeführt wird, haben. Im Hinblick auf *Zeitvergleiche* wirkt sich allerdings ein Ansatz der eingesetzten Wirtschaftsgüter auf Wiederbeschaffungszeitwertbasis störend aus, wenn sich die Preise verändern. Im Fall von Preissteigerungen würde beispielsweise die Berücksichtigung von Wiederbeschaffungszeitwerten dazu führen, dass die Kosten eines Bereichs bei konstantem Güterverzehr und bei konstanter Leistung zunehmen. Ein möglicherweise positiver Abstand zwischen Leistung und Kosten würde immer geringer, d.h. das Ausmaß der Wirtschaftlichkeit würde immer kleiner, obwohl sich in dem betreffenden Bereich eventuell gar nichts geändert hat.

Im Hinblick auf *Zeitvergleiche* ist der **Anschaffungswert** dem Wiederbeschaffungszeitwert vorzuziehen. Bei langlebigen Wirtschaftsgütern werden so beispielsweise gleich hohe Abschreibungen in den Kostenrechnungen für die einzelnen Zeiträume berücksichtigt. *Betriebs- sowie Teilbetriebs- bzw. Bereichsvergleiche* werden hingegen bei einem Ansatz der Güterverbräuche zu Anschaffungswerten eher gestört; denn bei unterschiedlichen Anschaffungspreisen für vergleichbare langlebige Wirtschaftsgüter fallen beispielsweise die Abschreibungen unterschiedlich aus, so dass selbst Bereiche mit gleichem Ressourceneinsatz unterschiedliche Kosten haben.

Der **Wiederbeschaffungswert** kommt auch für die Wirtschaftlichkeitsbeurteilung nicht in Betracht, da er in aller Regel nicht mit hinreichender Sicherheit ermittelbar ist.

Die Frage nach der Bewertung des Güterverbrauchs ist somit im Hinblick auf die Wirtschaftlichkeitsbeurteilung schwieriger zu beantworten als im Hinblick auf die Preisbildung. Für die Betrachtung der Wirtschaftlichkeit können, je nachdem welchen Vergleich man anstrebt, verschiedene Wertansätze relevant sein. *Dies kann dazu führen, dass bei der Preisfindung von anderen Kosten ausgegangen wird bzw. ausgegangen werden muss als bei der Analyse der Wirtschaftlichkeit.* So könnte man beispielsweise bei Wirtschaftlichkeitsbetrachtungen von Kosten auf Festwertbasis ausgehen, was für die Gebührenermittlung nicht zulässig wäre.

Auf jeden Fall reicht es, wenn man eine controllingorientierte Kosten- und Leistungsrechnung will, in der Regel nicht aus, einfach die für die Gebührenbedarfsberechnung bzw. für die Gebührenkontrollen ermittelten Kosten auch für die Wirtschaftlichkeitsbetrachtung heranzuziehen. Ergänzend sind zumindest bei einzelnen Vergleichen Kosten, die auf der Basis anderer Wertansätze ermittelt wurden, zu berücksichtigen. Bei aller Nähe zum Aufwand handelt es sich bei der Kostenermittlung eben nicht primär um eine Verfeinerung bzw. Aufspaltung der Aufwandsarten, sondern um eigenständige Berechnungen, die sich häufig vom vorgegebenen Aufwand lösen müssen.

5.4 Grundsätzliche Vorgehensweise bei der Kostenartenermittlung

5.4.1 Kostenartenermittlung bei kaufmännischer Buchführung

Bei kommunalen Teilbetrieben mit *doppelter kaufmännischer Buchführung* bestehen zwei Möglichkeiten, um die Kostenarten zu ermitteln. Man unterscheidet in diesem Zusammenhang zwischen dem **Einkreis-** und dem **Zweikreissystem** (vgl. Jost, S. 41–43).

Beim Einkreissystem werden Finanzbuchhaltung und Kosten- und Leistungsrechnung miteinander verschweißt. Da man die Erfassung der Kosten im System der doppelten Buchführung auch Betriebsbuchhaltung nennt, handelt es sich in anderen Worten beim **Einkreissystem um eine organisatorische Einheit von Finanz- und Betriebsbuchhaltung**. Dies geschieht dadurch, dass man einen Kontenrahmen wählt, der neben Kontenklassen, die für die Finanzbuchhaltung erforderlich sind, Kontenklassen vorsieht, die der Erfassung bzw. der Abgrenzung der Kosten und der Leistung dienen. Weiterhin kann man neben den Konten für die Kostenarten auch Konten für Kostenstellen (also für bestimmte Organisationsbereiche) und Konten für Kostenträger (also für die Produkte) berücksichtigen, so dass die komplette Kosten- und Leistungsrechnung im System der doppelten Buchführung abgewickelt werden kann.

Beim **Zweikreissystem erfolgt eine Trennung von Finanzbuchhaltung und Kosten- und Leistungsrechnung**, es handelt sich hierbei um zwei getrennte Abrechnungskreise (vgl. Schweitzer/Küpper/Hettich, S. 100). Als Ausgangspunkt für das Zweikreissystem wird in der Regel ein Kontenrahmen gewählt, der an sich nur für die Finanzbuchhaltung konzipiert worden ist und den man lediglich um eine Kontenklasse ergänzt hat, die die Konten für die Kosten- und Leistungsrechnung aufnimmt. So beinhaltet beispielsweise der Industriekontenrahmen die Kontenklassen 0–8, die ausschließlich der Finanzbuchhaltung dienen, und die Kontoklasse 9 für die Kostenerfassung und -verteilung (vgl. Jost, S. 43). Eine buchhalterische Verbindung zwischen den Buchungen in den Kontenklassen 0–8 und der Kontenklasse 9 besteht nicht. *Um Doppelarbeit einzuschränken, werden allerdings Aufwendungen, die auch Kosten darstellen, simultan mit der Erfassung in der Finanzbuchhaltung auch in der für die Kosten- und Leistungsrechnung ergänzten Kontenklasse gebucht.*

Letzteres trägt dazu bei, dass die Unterschiede zwischen den beiden Systemen mit zunehmender Weiterentwicklung auf dem Gebiet der Datenverarbeitung immer geringer werden. Unabhängig von dem gewählten System der Kostenartenermittlung ist allerdings letztlich darauf zu achten, dass die Kosten- und Leistungsrechnung losgelöst von der Finanzbuchhaltung praktiziert wird, damit sie nicht den strengen Grundsätzen der Finanzbuchhaltung unterworfen ist, sondern ihr die notwendigen Freiräume gewährt werden, um controllingrelevante Informationen liefern zu können. Hinzu kommt, dass die bereits erläuterten Bewertungsunterschiede zwischen pagatorischer und kalkulatorischer Rechnung sowie die Berücksichtigung von Zusatzkosten und Zusatzleistung ohnehin eine von der Finanzbuchhaltung losgelöste Betrachtung erforderlich machen. Für eine weitgehend eigenständige Kosten- und Leistungsrechnung sprechen auch die Weiterentwicklungen auf diesem Gebiet. So wird es kaum Sinn machen, Deckungsbeitrags-, Grenzplankosten- und Prozesskostenrechnungen in einem mit der Finanzbuchhaltung geschlossenen System zu praktizieren.

5.4.2 Kostenartenermittlung bei verwaltungskameralistischer Buchführung

Für kommunale Teilbetriebe mit kameralistischer Buchführung bietet es sich an, die **Verwaltungskameralistik** (vgl. Schuster/ Steffen, S. 42) so zu ergänzen, dass man relativ systematisch von den Auszahlungen die Kosten und von den Einzahlungen die Leistung ableiten kann. Diesen Ausbau der verwaltungskameralistischen Buchhaltung nennt man **Erweiterte Kameralistik** (vgl. Schuster/Steffen, S. 99).

Ansatzpunkt für diesen Ausbau der Verwaltungskameralistik ist das **Konto der Haushaltsüberwachungsliste**, auf dem unter anderem die *angeordneten Zahlungen*, d.h. die *Soll-Auszahlungen* bzw. die *Soll-Einzahlungen,* erfasst werden. Das ursprüngliche Konto der Haushaltsüberwachungsliste besteht aus neun Spalten (vgl. Abbildung 5), die im Hinblick auf die Ermittlung von Kosten und Leistung um drei weitere Spalten, d.h. um die Spalten 10, 11 u. 12 ergänzt werden, wobei die neue Spalte 12 noch weiter unterteilt wird, und zwar in die Spalten 12a, 12b und 12c.

Spalte 6 erfasst die angeordnete Zahlung. Der Betrag muss zusätzlich in einer der neuen Spalten erscheinen, und zwar gilt folgende Vorgehensweise: In der Spalte 10 (Betriebsrechnung) werden solche Beträge erfasst, die in der gleichen Periode zu Kosten in gleicher Höhe führen. In der Spalte 11 (neutrale Rechnung) verbucht man Beträge, die mit der Kostenrechnung der laufenden Periode nichts zu tun haben, weil es sich beispielsweise um völlig betriebsfremde Auszahlungen handelt oder weil sie mit Kosten in Verbindung stehen, die man versehentlich in den Vorperioden nicht erfasst hat. In der Spalte 12a (Lagerrechnung) werden Auszahlungen für Güter, die auf Lager gehen, gebucht, in der Spalte 12b (Anlagenrechnung) Auszahlungen für langlebige Wirtschaftsgüter und in der Spalte 12c Auszahlungen, die Vor- oder Nachzahlungen beinhalten.

Datum	Empfänger/ Zahlungsgrund	Anordnung	Betriebsrechnung	Neutrale Rechnung	Abgrenzungsrechnung		
					Lagerrechnung	Anlagenrechnung	Sonstige Abgrenzung
2	3	6	10	11	12a	12b	12c

Abbildung 5: Das erweiterte Konto der kameralistischen Haushaltsüberwachungsliste

Abbildung 6 verdeutlicht die Vorgehensweise bei der Auswertung der verwaltungskameralistischen Haushaltsüberwachungsliste.

- Die *Auszahlungen aus Spalte 10 (vgl. A 1)* können unmittelbar in die Kostenrechnung übernommen werden, wobei selbstverständlich eine Zusammenfassung bei den einzelnen Kostenarten erfolgt.
- Die *Auszahlungen aus Spalte 11 (vgl. A 2)* haben mit der Kostenrechnung nichts zu tun und sind daher nicht weiter von Bedeutung.
- Die *Auszahlungen aus Spalte 12a (vgl. A 3)* werden in eine **Nebenrechnung** weitergeleitet. Es handelt sich dabei um die **Lagerrechnung**. Hier wird geklärt, inwieweit es sich bei den Auszahlungen für Güter, die auf Lager gehen, um Kosten handelt. Aus Gründen der Übersichtlichkeit kann es sinnvoll sein, die Lagerrechnung zu untergliedern, so dass beispielsweise zwischen einer Materiallagerrechnung, einer Ersatzteillagerrechnung und einer Treibstofflagerrechnung zu unterscheiden ist. In der Regel werden diese Lagerrechnungen am Jahresende abgeschlossen und die ermittelten Kosten, beispielsweise die *Materialkosten (vgl. K 1),* in die Kostenrechnung übernommen, die auf dem **Betriebsabrechnungsbogen (BAB)** durchgeführt und daher **Betriebsabrechnung** genannt wird.
- Die *Auszahlungen aus Spalte 12b (vgl. A 4)* werden in die **Anlagenrechnung** weitergeleitet. Hier werden die *kalkulatorischen Abschreibungen und Zinsen (vgl. K 2)* berechnet, die dann in den Betriebsabrechnungsbogen einfließen.
- Die *Auszahlungen aus Spalte 12c (vgl. A 5)* werden in die **Nebenrechnung „sonstige Abgrenzung"** übernommen, die der Ermittlung der mit diesen Auszahlungen verbundenen Kosten dient. Auch diese *Kosten (vgl. K 3)* werden dann im Betriebsabrechnungsbogen eingetragen.

Zu beachten ist noch, dass in den Nebenrechnungen auch Auszahlungen aus früheren Perioden enthalten sind, die bisher noch nicht zu Kosten geführt haben und von denen im Zeitpunkt des Güterverzehrs ebenfalls Kosten abgeleitet werden. Auch diese Kostenbestandteile sind in den Größen K 1, K 2 und K 3 enthalten. Hinzu kommt, dass in den Nebenrechnungen auch Zusatzkosten erfasst werden, so dass auch diese Kosten von den Nebenrechnungen in den Betriebsabrechnungsbogen übernommen werden.

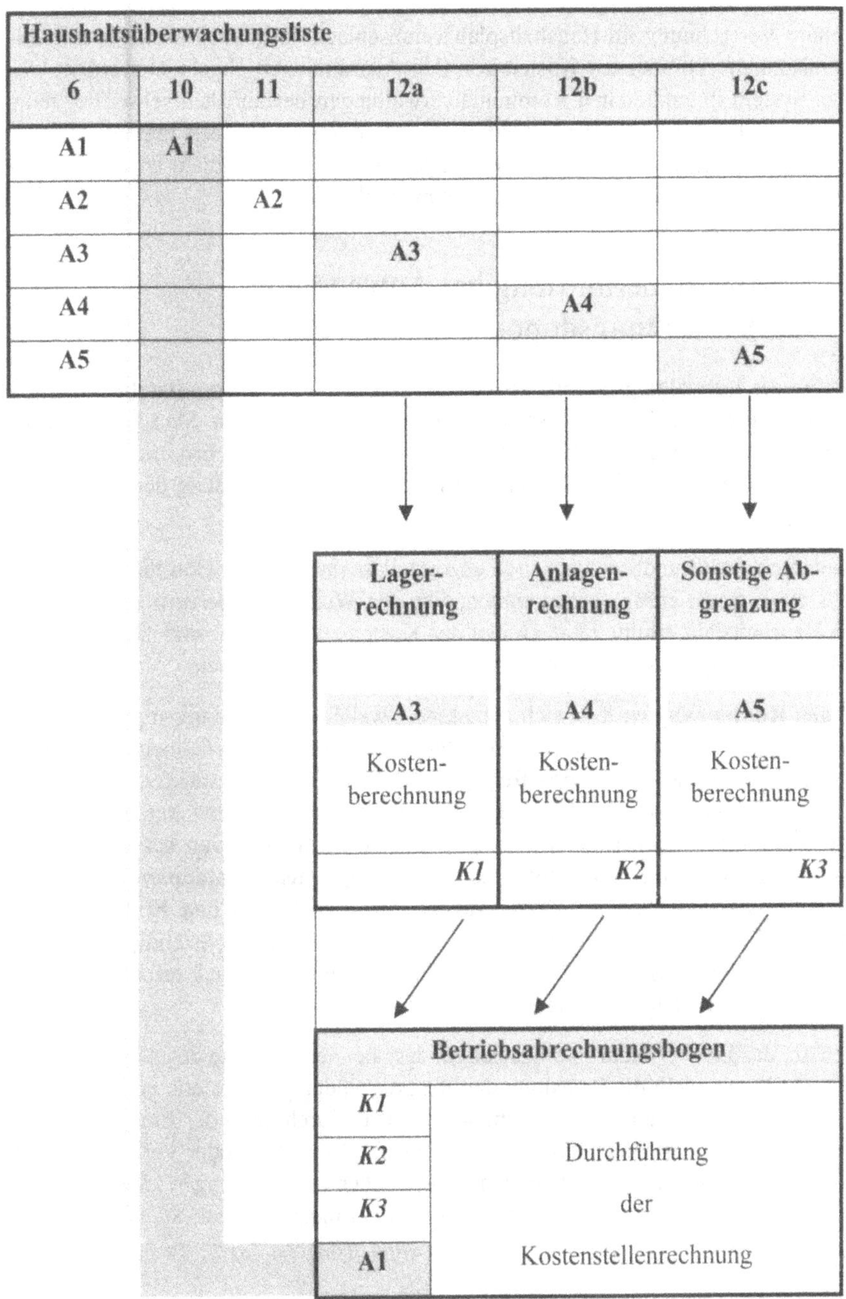

Abbildung 6: Das System der Erweiterten Kameralistik

Die Erweiterte Kameralistik ermöglicht eine relativ systematische Ableitung der Kosten von den Soll-Auszahlungen. Das System ist umso vollständiger, je sorgfältiger die Verwaltungskameralistik praktiziert wird. Werden also beispielsweise für den innerbetrieblichen Güteraustausch innere Verrechnung im Haushaltsplan veranschlagt, so können auch die mit solchen Dienstleistungen verbundenen Kosten von den Auszahlungen abgeleitet werden. Obwohl sich das System in zahlreichen Kommunalverwaltungen bewährt hat, schwindet seine Bedeutung. Nur in den wenigen Bundesländern, die es ihren Gemeinden überlassen, zwischen der Verwaltungsdoppik und der Verwaltungskameralistik zu wählen, ist die Anwendung der Erweiterten Kameralistik überhaupt noch möglich.

5.4.3 Kostenartenermittlung bei Anwendung der Verwaltungsdoppik

Bei Anwendung der Verwaltungsdoppik, also im NKF bzw. NKR, ist grundsätzlich die gleiche Vorgehensweise wie im kaufmännischen Rechnungswesen möglich. Man hat somit die Wahl zwischen dem Ein- oder Zweikreissystem. Ansatzpunkte für die Ermittlung der Kostenarten sind dabei stets die Aufwandsarten und nicht wie bei Anwendung der Erweiterten Kameralistik die Auszahlungsarten.

Bei der Erläuterung der Grundbegriffe wurde gezeigt, dass man mit der Ermittlung des Aufwands bereits die Periodisierung vorgenommen, also den Wert des Güterverbrauchs in dem betreffenden Haushaltsjahr ermittelt hat. Um zu den Kosten zu gelangen, sind „lediglich" der neutrale Aufwand abzuspalten und die Zusatzkosten ergänzend zu ermitteln.

Dem jeweiligen **Kontenrahmen** lässt sich entnehmen, welche Aufwendungen grundsätzlich zu unterscheiden sind. Das Land Nordrhein-Westfalen hat den einzelnen Gemeinden die weitere Einteilung dieser Aufwandsgruppen freigestellt. In anderen Bundesländern sind hingegen auch die Unterteilungen verbindlich vorgeschrieben. Wir haben bereits darauf hingewiesen, dass die detaillierte Übersicht über sämtliche Konten als **Kontenplan** bezeichnet wird. **Der Anhang** beinhaltet einen **Ausschnitt aus einem möglichen Kontenplan**. Es handelt sich dabei um die Aufwandskonten. **Diese Aufwandskonten bilden den Einstieg in die Kostenrechnung.** Für jedes Aufwandskonto ist, soweit es sich nicht vollständig um neutralen Aufwand handelt, ein Kostenartenkonto zu bilden. Hiervon ausgehend, erfolgt die weitere Zuordnung der Kostenarten auf Kostenstellen und Kostenträger.

Es bietet sich an, das EDV-System so einzustellen, dass bei der Buchung des Aufwandes auf dem Produkt-Sachkonto auch die Belastung der entsprechenden Kostenstelle erfolgt und die Zuordnung auf einen Kostenträger vorgenommen wird. Dadurch kann der Eindruck entstehen, dass es sich bei der Kostenrechnung lediglich um eine Vertiefung oder Verfeinerung der Buchhaltung handelt. Die für die Kostenrechnung typischen Bezeichnungen *„Kostenstellenrechnung"* und *„Kostenträgerrechnung"* erscheinen nicht mehr passend. Stattdessen bietet es sich an, von *Aufwandsstellenrechnung* und *Aufwandsträgerrechnung* zu sprechen (vgl. Budäus, Manifest, S. 41).

Der Verzicht auf die kostenrechnerischen Begriffe ist jedoch nicht zu empfehlen. **Genauso falsch wie eine Überbetonung ist die Verniedlichung der zwischen Aufwand und Kosten bestehenden Unterschiede**. Es sind nicht allein die kalkulatorischen Zinsen, die den Unterschied ausmachen. Bei *allen* Aufwandsarten ist der jeweilige Sachzielbezug zu überprüfen, wobei das Sachziel maßgeblich ist, das der betreffende Teilhaushalt bzw. Teilbetrieb in dem zu betrachtenden Haushaltsjahr verfolgt.

Betriebsfremde und periodenfremde Aufwendungen können in sämtlichen ordentlichen Aufwendungen enthalten sein. Lediglich die außerordentlichen Aufwendungen sind als neutrale Aufwendungen klar identifizierbar.

Weiterhin sind aus der Sicht des einzelnen Teilhaushaltes stets Zusatzkosten zu berücksichtigen, wenn Dienstleistungen von anderen Bereichen in Anspruch genommen werden, ohne dass hierfür in der Teilergebnisrechnung interne Aufwendungen ausgewiesen werden. Nimmt man beispielsweise Büroraum in Anspruch, der vom Bereich „Gebäudemanagement" bereitgestellt wird, und wird dies nicht durch interne Aufwendungen sichtbar gemacht, ist in der Kostenrechnung eine kalkulatorische Miete anzusetzen.

Alles in allem ist es also mit einem Aufbrechen der Aufwendungen in Richtung auf kleinere Organisationseinheiten und die Verteilung des Aufwands auf zu erstellenden Produkte nicht getan, um zu einer aussagekräftigen Kostenrechnung zu gelangen. **Der Weg von der pagatorischen Rechnung in die kalkulatorische Rechnung ist anspruchsvoller**.

Darüber hinaus benötigt man für das Kostenmanagement, also für die Gestaltung der Kosten, nicht nur Informationen über die Verbrauchswerte, sondern auch über die Verbrauchsmengen, insofern reicht es auch aus diesem Grunde nicht aus, wenn man für die Kostenrechnung lediglich den Aufwand übernimmt und weiter aufbereitet. Ergänzende Auswertungen sind erforderlich.

5.5 Bedeutsame Kostenarten im NKF bzw. NKR

5.5.1 Personalkosten

Im NKF-Kontenrahmen wird zwischen den *Aufwendungen für das aktuell beschäftigte Personal* und *Aufwendungen für das nicht mehr beschäftigte Personal* unterschieden. Aufwendungen für das *aktive Personal* werden als **Personalaufwendung** und Aufwendungen für das *passive Personal* werden als **Versorgungsaufwendungen** bezeichnet. Die betreffenden Aufwendungen lassen sich folgendermaßen unterteilen (vgl. auch den Anhang):

Personalaufwendungen
– **Dienstaufwendungen u. dgl.**
– Bezüge der Beamten
– Vergütungen der tariflich Beschäftigten
– Aufwendungen für sonstige Beschäftigte
– **Beiträge zu Versorgungskassen**
– Beiträge zu Versorgungskassen für Beamte
– Beiträge zu Versorgungskassen für tariflich Beschäftigte
– Beiträge zu Versorgungskassen für sonstige Beschäftigte
– **Beiträge zur gesetzlichen Sozialversicherung**
– Beiträge zur gesetzlichen Sozialversicherung für Beamte
– Beiträge zur gesetzlichen Sozialversicherung für tariflich Beschäftigte
– Beiträge zur gesetzlichen Sozialversicherung für sonstige Beschäftigte
– **Beihilfen und Unterstützungsleistungen und dgl. für Beschäftige**
– **Zuführungen zu Pensionsrückstellungen für Beschäftigte**
– **Zuführungen zu Pensionsrückstellungen für Altersteilzeit**
– **Aufwendungen für Rückstellungen für nicht genommenen Urlaub, Überstunden u .ä.**
– **Pauschalierte Lohnsteuer**
Versorgungsaufwendungen
– **Versorgungsaufwendungen**
– Versorgungsaufwendungen für Beamte
– Versorgungsaufwendungen für tariflich Beschäftigte
– Versorgungsaufwendungen für sonstige Beschäftigte
– **Beiträge zur gesetzlichen Sozialversicherung**
– Beiträge zur gesetzlichen Sozialversicherung für Beamte
– Beiträge zur gesetzlichen Sozialversicherung für tariflich Beschäftigte
– Beiträge zur gesetzlichen Sozialversicherung für sonstige Beschäftigte
– **Beihilfen und Unterstützungsleistungen und dgl. für Versorgungsempfänger**
– **Zuführungen zu Pensionsrückstellungen für Versorgungsempfänger**

Zunächst ist zu prüfen, welche der genannten Aufwendungen überhaupt als Kosten in Betracht kommen. Da die **Versorgungsaufwendungen** nicht das aktive Personal betreffen, haben sie auch nichts mit dem aktuellen Güterverbrauch zu tun. Es handelt sich dabei grundsätzlich um **periodenfremden Aufwand**, also um Aufwand, der nicht zu Kosten führt.

Bei den **Personalaufwendungen** ist zu klären, *inwieweit die betreffenden Personen auch tatsächlich in dem kommunalen Teilbetrieb, für den die Kostenrechnung durchgeführt wird, tätig und eventuell an der Erstellung von Vermögenswerten, die zu aktivieren sind, befasst sind bzw. waren.* **Gegebenenfalls ist eine Aufspaltung des Aufwands erforderlich.**

Im Hinblick auf die Beantwortung der Frage, wer wann in welchem Organisationsbereich mit welcher Aufgabe befasst war bzw. ist, fehlt es in den Gemeinden häufig an verlässlichen Angaben. Oft wird von denjenigen, die für die Kostenrechnung zuständig sind, nach kurzer Rücksprache mit den betreffenden Personen die Verteilung der Arbeitszeit auf die einzelnen Einsatzgebiete grob geschätzt. Das ist meistens eine nicht vertretbare Vorgehensweise. Die Personalkosten haben in vielen kommunalen Teilbetrieben den mit Abstand größten Anteil an den Gesamtkosten. Demzufolge ist eine möglichst genaue und differenzierte Erfassung kein Luxus, sondern geradezu geboten. Das scheinbar leidige Ausfüllen von Stundenzetteln, wie dies selbst in kleinsten Handwerksbetrieben üblich ist, ist kein unnötiger Ballast, sondern eine Grundvoraussetzung für das Personalkostencontrolling. Eine solche Erfassung ist besonders wichtig, wenn das Personal nur zeitweilig und häufig wechselnd in anderen kommunalen Teilbetrieben eingesetzt wird oder aber an der Erstellung zu aktivierender Vermögensgegenstände beteiligt ist.

> So ist es **zum Beispiel** durchaus nicht selten, dass Beschäftigte des **Bauhofs** im Garten- und Friedhofsamt aushelfen oder an einer Baumaßnahme, also an der Erstellung eines Schulhofs, einer Garage, eines Weges usw., beteiligt sind. Die mit solchen Tätigkeiten verbundenen Personalaufwendungen gehören nicht in die Kostenrechnung des Bauhofs. Aushilfstätigkeiten im Garten- und Friedhofsamt führen dort zu Kosten. Personalaufwendungen, die zur Schaffung von Vermögenswerten führen, die zu bilanzieren sind, zählen zu den Herstellungskosten.

Auf Dauer sollte eine moderne Personalverwaltung in Verbindung mit einer entsprechenden Nebenbuchhaltung in der Lage sein, die Kostenrechnung mit den notwendigen Informationen zu versorgen.

Im Hinblick auf sinnvolle Kostenvergleiche ist eine differenzierte Erfassung der Personalaufwendungen ebenfalls zu empfehlen, wobei eine weitere Unterteilung der oben genannten Positionen erforderlich ist. Es können dann die das Bild verzerrenden Entlohnungskomponenten herausgefiltert werden.

So wird beispielsweise kommunalen Teilbetrieben, die für die *Straßenreinigung* zuständig sind, empfohlen, die *Zusatzentgelte für Arbeiter, wie Überstundenentgelte, Schichtzulagen, Zuschläge für Nacht-, Sonntags- und Feiertagsarbeit usw.*, differenziert zu erfassen (vgl. Wünsche S. 56), damit sich im Rahmen der Wirtschaftlichkeitsbeurteilung der Grund für bestimmte Kostenanstiege, beispielsweise ein strenger Winter, besser erkennen lässt und falsche Schlussfolgerungen verhindert werde.

Ähnliches gilt für den getrennten Ausweis von *Entlohnungsbestandteilen, die durch das öffentliche Besoldungssystem hervorgerufen werden*, wie beispielsweise für *Dienstalterszuschläge*, und für *kinderabhängige Entlohnungskomponenten*. Ein getrennter Ausweis solcher Entlohnungsbestandteile ist bei Betriebsvergleichen von großer Bedeutung, andernfalls besteht die Gefahr, das Kostenunterschiede falsch interpretiert werden (vgl. Fiebig, S. 72). So könnte ein Betrieb, der weniger, aber älteres Personal beschäftigt, höhere Personalaufwendungen bzw. -kosten haben als ein Betrieb, der über erheblich mehr, aber jüngeres Personal verfügt. Im Rahmen des Controllings ist es wichtig, den Grund für diesen Unterschied aufzudecken.

Abschließend ist noch darauf hinzuweisen, dass bei der Ermittlung der Personalkosten spezielle Regelungen zu beachten sind, die besonders den Schutz der Persönlichkeitsrechte und die Mitwirkungsrechte der Personalvertretung betreffen.

Möglicherweise bietet es sich in diesen Fällen an, mit *normalisierten Personalkosten* zu arbeiten, um die Wirtschaftlichkeit zu beurteilen.

5.5.2 Kosten für Dienstleistungen und für Sachgüter bei sofortigem Verbrauch

Dienstleistungen werden von den einzelnen kommunalen Teilbetrieben in erheblichem Umfang beschafft. Man denke in diesem Zusammenhang beispielsweise an die Beauftragung von Reinigungsfirmen, Beratungsunternehmen, Versicherungsgesellschaften, Firmen, die Wartungen und Reparaturen ausführen, usw. In aller Regel wirken sich diese Dienstleistungen nicht auf eine Erhöhung des Vermögens aus. Man kann also einen sofortigen Güterverzehr unterstellen. Insofern sind die Aufwendungen für solche Dienstleistungen grundsätzlich als Kosten zu übernehmen. Auch hier ist der Aufwand allerdings auf periodenfremde Bestandteile zu durchleuchten, die eventuell auf Fehler in der Finanzbuchhaltung zurückzuführen sind. Denkbar ist auch, dass eine Dienstleistung gleichzeitig für mehrere kommunale Teilbetriebe von Bedeutung ist. Wenn dies bei der Zuordnung zu den Teilhaushalten nicht beachtet wurde, ist der Aufwand entsprechend für die Kostenrechnung zu bereinigen.

Ähnlich wie die Aufwendungen für Dienstleistungen werden auch die Aufwendungen für Güter, die sofort verbraucht werden, unmittelbar in die Kostenrechnung übernommen. Dabei gilt in der Regel aus Gründen der Vereinfachung die Auslieferung an die Verbrauchsstelle als Verbrauch. Auch hier ist jedoch eventuell eine Abgrenzung periodenfremder Aufwandsteile oder eine Bereinigung des Aufwands erforderlich, falls andere kommunale Teilbetriebe einen Teil der Güter verbraucht haben.

5.5.3 Kosten beim Verbrauch gelagerter Sachgüter

Überblick über die Vorgehensweise
Häufig werden Einsatzgüter, wie beispielsweise Roh-, Hilfs- und Betriebsstoffe, für die man auch den Oberbegriff „Material“ verwendet, nach der Beschaffung nicht sofort verbraucht, sondern zunächst gelagert und anschließend nach Bedarf vom Lager entnommen und im Produktionsprozess eingesetzt. In diesen Fällen sind sowohl für die Buchhaltung als auch für die Kostenrechnung **Nebenrechnungen** (**Lagerrechnungen** bzw. **Lagerbuchhaltungen**) erforderlich, um die Verbrauchsmenge, den Preis der einzelnen verbrauchten Einheit und letztlich den Verbrauchswert und damit die **Materialkosten** zu bestimmen.

Die Kostenermittlung bei Gütern, die auf Lager gehen, vollzieht sich in **drei Schritten:**

- Zunächst wird der mengenmäßige Güterverbrauch in der betreffenden Periode bestimmt (kurz: Bestimmung der **Verbrauchsmenge**).

- Anschließend wird der Preis für eine Gütereinheit festgesetzt (kurz: Bestimmung des **Verbrauchspreises**).
- Anschließend wird durch Multiplikation von Menge und Preis der Verbrauchswert errechnet (kurz: Bestimmung des **Verbrauchswertes**), bei dem es sich gleichzeitig um den Betrag handelt, der in die Kostenrechnung übernommen wird.

Der dritte Schritt bedarf keiner weiteren Erläuterung. Nachfolgend wird kurz auf die beiden ersten Schritte eingegangen.

Bestimmung der Verbrauchsmenge
Bei der Bestimmung der Verbrauchsmenge kann man auf *zwei Verfahren zurückgreifen*, und zwar auf die *Befundrechnung* und die *Entnahmescheinrechnung*.

Bei der **Befundrechnung**, die auch als **Inventurmethode** bekannt ist (vgl. Haberstock, S. 83), wird die Verbrauchsmenge mit Hilfe der *Lagerhaltungsformel* folgendermaßen ermittelt: Zunächst wird der Bestand am Jahresanfang (*Anfangsbestand*; kurz: **AB)** festgestellt. Anschließend werden die Zugänge während des betreffenden Jahres ständig aufgezeichnet (*laufend erfasste Zugänge*, kurz: **lfd. ZU**) und zum Anfangsbestand hinzugerechnet. Am Jahresende wird der *Endbestand* (**EB**) mit Hilfe einer Inventur ermittelt und von der Summe aus Anfangsbestand und Zugängen abgezogen. Die so bestimmte Differenz stellt die *Verbrauchsmenge* (**VM**) in der betreffenden Periode dar.

Es wird also nach der folgenden Gleichung vorgegangen:

AB + lfd. ZU – EB = VM

Die Anwendung der Befundrechnung ist mit folgenden *Nachteilen* verbunden (vgl. Haberstock, S. 83): Es wird zwar der Gesamtverbrauch ermittelt, aber der Verbrauchsgrund wird nicht deutlich. Insbesondere ist so nicht feststellbar, welche Kostenstelle wann welche Mengen entnommen hat. Auch ist nicht zu erkennen, welche Mengen durch Schwund, Diebstahl usw. verloren gegangen sind. Hinzu kommt, dass Informationen über einen Verbrauch eine Inventur erforderlich machen, so dass folgendes Problem entsteht: Führt man nur am Jahresende eine Inventur durch, ist der laufende Verbrauch nicht bekannt. Will man den Verbrauch laufend feststellen, benötigt man während eines Jahres zahlreiche Inventuren. Dies führt zu einem entsprechend hohen Inventuraufwand. Die *Vorteile der Befundrechnung* bestehen darin, dass zum einen der laufende Verwaltungsaufwand relativ niedrig gehalten und zum anderen am Jahresende der tatsächliche Endbestand ermittelt wird, was besonders im Hinblick auf die Beschaffungspolitik von Bedeutung ist.

Bei der **Entnahmescheinrechnung**, die auch **Skontrationsmethode** oder **Fortschreibungsmethode** genannt wird (vgl. Haberstock, S 84), wird bei jedem Lagerabgang genau vermerkt, wer was wann zu welchem Zweck entnommen hat. Es werden also entsprechende Entnahmescheine ausgefüllt. Mit dieser Methode sind folgende *Vorteile* verbunden: Der Gesamtverbrauch lässt sich durch Additionen der auf den Entnahmescheinen vermerkten Mengen ohne Schwierigkeiten ermitteln. Weiterhin ist aufgrund der Auswertung der Entnahmescheine auch eine Zuordnung zu Kostenstellen möglich, so dass die Verbrauchsmengen der einzelnen Kostenstellen feststellbar sind. *Nachteilig* ist, dass der nicht sachzielbezogene Verbrauch nur ausnahmsweise deutlich wird (Ein Dieb wird beispielsweise in der Regel keinen entsprechenden Entnahmeschein ausfüllen.) und dass mit dem Verfahren ein erheblicher laufender Verwaltungsaufwand verbundene ist.

Der Vergleich der Vor- bzw. Nachteile der beiden Methoden führt zu folgenden Überlegungen: Bei relativ kleinen Lagerbeständen ist der Aufwand, den die Entnahmescheinrechnung hervorruft, sicherlich nicht berechtigt und somit die Befundrechnung zu wählen. Je bedeutender die betreffende Güterart ist, um so eher wird man die Entnahmescheinrechnung wählen müssen; denn eine sorgfältige Zuordnung der Verbrauchsmengen auf die einzelnen Kostenstellen ist dann aus controllingorientierter Sicht unverzichtbar. Allerdings kommt man aus Gründen der Beschaffungspolitik nicht umhin, den tatsächlichen Verbrauch rechtzeitig zu ermitteln, damit erforderlichenfalls die notwendigen Nachbestellungen eingeleitet werden können, d.h. man muss auch bei der Anwendung der Entnahmescheinrechnung von Zeit zu Zeit eine Inventur und damit im Grunde eine Befundrechnung durchführen. Auf den Buchbestand darf man sich aus beschaffungspolitischen Gründen nicht verlassen.

Bestimmung des Verbrauchspreises

Im Hinblick auf die Beantwortung der Frage, mit welchem **Preis** die Bewertung der festgestellten Verbrauchsmengen vorgenommen werden soll, ist zunächst einmal auf die Preise zu verweisen, die bei der Anschaffung der verbrauchten Mengen gezahlt wurden, wobei der tatsächliche *Einstandspreis* relevant ist, d.h. der Einkaufspreis abzüglich eventueller Preisnachlässe und zuzüglich eventueller Nebenkosten, wie beispielsweise Fracht, Verpackung, Versicherung usw. (vgl. Kosiol, S. 103). *Probleme entstehen allerdings dann, wenn nicht mehr oder nicht mehr eindeutig nachvollziehbar ist, welche Lieferung wann verbraucht wurde.* Das gilt zum **Beispiel**, wenn Benzin in einem Tank gelagert wird. Folgende Zahlen machen das Problem deutlich:

> Zu Beginn eines Rechnungsjahres seien in einem Tank 1000 Liter Benzin vorhanden, und man habe hierfür im Vorjahr einen Preis von 1 Euro pro Liter gezahlt. In der ersten Jahreshälfte (am 1.3.) werden 1000 Liter zu einem Literpreis von 2 Euro gekauft und im Tank eingelagert. In der zweiten Jahreshälfte (1.10.) beschafft man noch einmal 1000 Liter. Der Literpreis beträgt 1,50 Euro und das Benzin wird ebenfalls eingelagert. Die Inventur am Jahresende ergibt einen Endbestand von 1900 Liter, so dass die Verbrauchsmenge in dem betreffenden Rechnungsjahr 1100 Liter betragen haben muss.

Es stellt sich nunmehr die Frage, welche Lieferungen bzw. welche Teile welcher Lieferung verbraucht wurden. Diese Frage ist jedoch nicht mehr zu klären. Die Beantwortung der Frage wäre nur möglich gewesen, wenn man jede Lieferung in einem eigenen Tank gelagert hätte.

Da man die **Verbrauchsfolge** nicht mehr feststellen kann, vermag man lediglich eine Verbrauchsfolge zu unterstellen. Dabei kann man nach folgenden Methoden, die **Verbrauchsfolgeverfahren** genannt werden, vorgehen (vgl. Kosiol, S. 104):

- Nach der **Fifo-Methode** (Fifo ist die Abkürzung für „first in, first out") wird unterstellt, dass das, was zuerst beschafft wird, auch zuerst verbraucht wird.
- Nach der **Lifo-Methode** (Lifo ist die Abkürzung für „last in, first out") wird unterstellt, dass das, was zuletzt beschafft wird, zuerst verbraucht wird.
- Nach der **Hifo-Methode** (Hifo ist die Abkürzung für „highest in, first out") wird unterstellt, dass die teuerste Lieferung zuerst verbraucht wird.
- Nach der **Lofo-Methode** (Lofo ist die Abkürzung für „lowest in, first out" wird unterstellt, dass die billigste Lieferung zuerst verbraucht wird.

Die Verfahren kann man in einer einfachen Variante praktizieren, indem man erst am Jahresende die Bewertung des gesamten Verbrauchs vornimmt, oder in einer verfeinerten Variante, indem man jeweils zum Zeitpunkt der Entnahme die jeweilige Verbrauchsmenge bewertet. Im letzten Fall sprechen wir von der gleitenden Fifo-Methode, der **gleitenden Lifo-Methode** usw. Je nach Wahl der Methode sind unterschiedliche Preise relevant und ergeben sich dementsprechend unterschiedliche Kosten. Dies lässt sich anhand des obigen **Beispiels** verdeutlichen:

Aus Gründen der Übersichtlichkeit stellen wir die Daten zunächst noch einmal zusammen:

	Menge in Liter	Preis in Euro	Wert in Euro
Anfangsbestand	1.000	1,00	1.000
1. Zugang am 1.3.	1.000	2,00	2.000
2. Zugang am 1.10.	1.000	1,50	1.500
Verbrauchsmenge	1.100		

- Nach der **Fifo-Methode** würden erst der Verbrauch des Anfangsbestandes (1000 Liter zu 1 Euro) und danach der Verbrauch eines Teils des ersten Zugangs (100 Liter zu 2 Euro) unterstellt. Die Kosten betragen somit **1200 Euro**.
- Nach der **Lifo-Methode** würde angenommen, der letzte Zugang (1000 Liter zu 1,50 Euro) sei zuerst verbraucht worden und anschließend ein Teil des zweiten Zugangs (100 Liter zu 2 Euro). Die Kosten betragen dann **1700 Euro**.
- Nach der **Hifo-Methode** sind zunächst die 1000 Liter mit einem Einstandspreis von 2 Euro und 100 Liter mit dem Einstandspreis von 1,50 Euro zu berücksichtigen. Die Kosten betragen in diesem Fall **2150 Euro**.
- Nach der **Lofo-Methode** sind zunächst die 1000 Liter mit einem Einstandspreis von 1 Euro und dann 100 Liter mit dem Einstandspreis von 1,50 Euro zu berücksichtigen. Die Kosten betragen folglich **1150 Euro**.

Um die gleitenden Methoden der Verbrauchsfolge dazustellen unterstellen wir, das von dem Gesamtverbrauch in Höhe von 1100 Liter 1000 Liter am 1.2. entnommen wurden und 100 Liter am 2.11.

- Nach der **gleitenden Fifo-Methode** ergibt sich folgende Aufstellung:

	Menge in Liter	Preis in Euro	Wert in Euro
Anfangsbestand	1.000	1,00	1.000
1. Entnahme am 1.2.	**1.000**	**1.00**	**1.000**
1. Zugang am 1.3.	1.000	2,00	2.000
2. Zugang am 1.10.	1.000	1,50	1.500
2. Entnahme am 2.11.	**100**	**2,00**	**200**
Verbrauchsmenge	1.100		
Kosten			**1.200**

- Nach der **gleitenden Lifo-Methode** ergibt sich folgende Aufstellung:

	Menge in Liter	Preis in Euro	Wert in Euro
Anfangsbestand	1.000	1,00	1.000
1. Entnahme am 1.2.	**1.000**	**1.00**	**1.000**
1. Zugang am 1.3.	1.000	2,00	2.000
2. Zugang am 1.10.	1.000	1,50	1.500
2. Entnahme am 2.11.	**100**	**1,50**	**150**
Verbrauchsmenge	1.100		
Kosten			**1.150**

- Nach der **gleitenden Hifo-Methode** ergibt sich folgende Aufstellung:

	Menge in Liter	Preis in Euro	Wert in Euro
Anfangsbestand	1.000	1,00	1.000
1. Entnahme am 1.2.	**1.000**	**1.00**	**1.000**
1. Zugang am 1.3.	1.000	2,00	2.000
2. Zugang am 1.10.	1.000	1,50	1.500
2. Entnahme am 2.11.	**100**	**2,00**	**200**
Verbrauchsmenge	1.100		
Kosten			**1.200**

- Nach der **gleitenden Lofo-Methode** ergibt sich folgende Aufstellung:

	Menge in Liter	Preis in Euro	Wert in Euro
Anfangsbestand	1.000	1,00	1.000
1. Entnahme am 1.2.	**1.000**	**1.00**	**1.000**
1. Zugang am 1.3.	1.000	2,00	2.000
2. Zugang am 1.10.	1.000	1,50	1.500
2. Entnahme am 2.11.	**100**	**1,50**	**150**
Verbrauchsmenge	1.100		
Kosten			**1.150**

Es wird deutlich, dass, je nachdem, welche Verbrauchsfolge man wählt, unterschiedliche Kosten entstehen. Die Methoden sind allerdings überwiegend im pagatorischen Rechnungswesen von Bedeutung. In der Kostenrechnung haben sie sich nicht durchgesetzt (vgl. Haberstock, S. 85). Dies ist vermutlich darauf zurückzuführen, dass sie einerseits in zeitlicher Hinsicht zu erheblichen Bewertungsschwankungen führen und andererseits Betriebe bzw. Teilbetriebe dann nicht mehr vergleichbar sind, wenn sie sich zur Anwendung unterschiedlicher Methoden entschließen.

In aller Regel wird daher in der Kostenrechnung eine **Bewertung zu durchschnittlichen Anschaffungspreisen** gewählt (vgl. Haberstock, S. 85), wobei man im Bereich des kommunalen Verwaltungsbetriebs nicht den einfachen, sondern den mit den jeweiligen Mengen gewogenen Anschaffungspreis wählt. Die Anschaffungspreise werden also mit den Beschaffungsmengen multipliziert, bevor man den Durchschnittspreis ermittelt und fließen somit nicht mit gleichem Gewicht, sondern ihrer relativen Bedeutung entsprechend in die Berechnung ein. Wenn man bei der Kostenermittlung am Jahresende vom Gesamtverbrauch ausgeht, und die einzelnen Entnahmezeitpunkte außer Acht lässt, spricht man von der **Methode des einfachen gewogenen Durchschnittspreises,** wobei man an sich noch die Formulierung „auf Basis der Anschaffungswerte" hinzufügen müsste, was allerdings in der Regel unterbleibt. Werden die Entnahmezeitpunkte beachtet, handelt es sich um die **Methode des gleitenden gewogenen Durchschnittspreises.** Auch in diesem Fall sind die Anschaffungspreise gemeint.

Für unser **Beispiel** sieht die Berechnung folgendermaßen aus.

a) **Methode des einfachen gewogenen Durchschnittspreises** (auf Basis der Anschaffungspreise)

	Menge in Liter	Preis in Euro	Wert in Euro
Anfangsbestand	1.000	1,00	1.000
1. Zugang am 1.3.	1.000	2,00	2.000
2. Zugang am 1.10.	1.000	1,50	1.500
Gesamtmenge	3.000		
Gesamtwert			4.500
Verbrauchsmenge	1.100		
Kosten			**1.650**

Nebenrechnung:
gewogener Durchschnittspreis = 4500 Euro : 3000 Liter = **1,50 Euro / Liter**
Kosten = 1100Liter · 1,50 Euro pro Liter = **1650 Euro**

b) **Methode des gleitenden gewogenen Durchschnittspreises** (auf Basis der Anschaffungspreise)

	Menge in Liter	Preis in Euro	Wert in Euro
Anfangsbestand	1.000	1,00	1.000
1. Entnahme am 1.2.	**1.000**	**1.00**	**1.000**
neuer Bestand	**0**	**0**	**0**
1. Zugang am 1.3.	1.000	2,00	2.000

2. Zugang am 1.10.	1.000	1,50	1.500
neuer Bestand	2.000	**1,75***	3.000
2. Entnahme am 2.11.	**100**	**1,75**	**175**
Verbrauchsmenge	1.100		
Kosten			**1.175**

*Nebenrechnung: 3.000 Euro : 2.000 Liter = 1,75 Euro pro Liter
Kosten = 1.000 Euro + 175 Euro = 1.175 Euro

Insgesamt wird deutlich, dass die Kosten je nach Wahl der Methode unterschiedlich ausfallen können. Darüber hinaus können unterschiedliche Kosten auch durch Bewertungsunterschiede entstehen. So ist auch eine Bewertung der Verbrauchsmengen zu aktuellen **Wiederbeschaffungspreisen** oder zu **Festpreisen** denkbar, so dass Kosten in Höhe der *Wiederbeschaffungszeitwerte* bzw. *Festwerte* entstehen.

Die Berücksichtigung des *Wiederbeschaffungszeitwert* hat, wenn man die Kostenrechnung als Hilfsmittel zur *Preisfindung* einsetzt, den *Vorteil,* dass man dem Gedanken der Substanzerhaltung stärker Rechnung tragen würde; denn wenn man einen kostendeckenden Verkaufspreis, der auf der Basis der Anschaffungspreise berechnet worden ist, durchsetzt, reicht der erzielte Erlös im Falle von Preissteigerungen nicht aus, um die verbrauchten Güter erneut beschaffen zu können. Eine Berücksichtigung des *Festwertes* hat den *Vorteil,* dass unterschiedliche Verbrauchsmengen beim *Zeitvergleich* oder beim *Betriebsvergleich* deutlich werden. *Er ist allerdings im Rahmen einer Gebührenbedarfsberechnung nicht zulässig.*

Angesichts der zahlreichen Möglichkeiten der Materialkostenermittlung besteht die Gefahr, dass in den einzelnen kommunalen Teilbetrieben unterschiedliche Verfahren gewählt werden. Im Hinblick auf aussagekräftige Kostenvergleiche ist es wichtig, dass erstens, was keineswegs selbstverständlich ist, eine sorgfältige Lagerbuchhaltung durchgeführt wird und zweitens eine Einigung auf *ein* Verfahren der Materialkostenermittlung erzielt wird. Uns erscheint die Methode des gewogenen Durchschnittspreises auf Basis der Anschaffungswerte besonders geeignet, weil sie relativ leicht zu praktizieren, bereits relativ weit verbreitet und auch für die Gebührenkalkulation geeignet ist. Auf der anderen Seite ist zu beachten, dass im Bereich der kommunalen Verwaltungsbetriebe die Kosten für Einsatzgüter, die zunächst auf Lager gehen, im Vergleich zu den Personalkosten, den kalkulatorischen Abschreibungen und den kalkulatorischen Zinsen von untergeordneter Bedeutung sind (vgl. auch Isemann/Müller/Müller, S.89) und sich insofern Verzerrungen, die durch unterschiedliche Berechnungen der Materialkosten entstehen, nicht allzu stark auswirken.

5.5.4 Kalkulatorische Abschreibungen

Begriffliche Erläuterungen
Bei den **Abschreibungen** handelt es sich primär um den Werteverzehr des **Anlagevermögens,** also langlebiger Wirtschaftsgüter. Nur ausnahmsweise werden Abschreibungen auch auf das **Umlaufvermögen** bezogen. Für die Kostenrechnung sind solche Abschreibungen, die beispielsweise die Vorräte oder die Forderungen betreffen, nicht von Bedeutung, weil sie

neutralen Aufwand darstellen und beispielsweise durch höhere Gewalt oder durch spezielle Risiken hervorgerufen werden. Nachfolgend betrachten wir lediglich, die *Abschreibungen, die das Anlagevermögen* und damit die Wirtschaftsgüter betreffen, die dazu bestimmt sind, der Aufgabenerfüllung der Gemeinde auf Dauer zu dienen. Abschreibungen in der pagatorischen Rechnung, **in der Buchhaltung**, werden **pagatorische Abschreibungen**, **Abschreibungsaufwand** oder **bilanzielle Abschreibungen** genannt. **In der Kostenrechnung** spricht man hingegen von **kalkulatorischen Abschreibungen** oder von **Abschreibungskosten**. Da es sich sowohl bei der pagatorischen als auch bei der kalkulatorischen Rechnung zunächst einmal um Rechenwerke handelt, die sich auf ein Jahr erstrecken, geht es bei der Berechung der Abschreibungen in der Regel um die **jährliche Abschreibung**, also um den Werteverzehr, den ein langlebiges Wirtschaftsgut in einem Jahr, d.h. innerhalb von 12 Monaten, erleidet. Wird das betreffende Wirtschaftsgut in dem Betrieb nicht während des ganzen Jahres eingesetzt, muss eine *monatsgenaue Abgrenzung* erfolgen, so dass die in einem Haushaltsjahr zu berücksichtigende Abschreibung entsprechend kleiner ausfällt als die jährliche Abschreibung. Da man diesen Werteverzehr häufig nicht genau feststellen kann – denn erkennbar ist meist nur der Wert des Gutes zu Beginn und zum Ende der Nutzung – muss man Annahmen bezüglich des Werteverzehrs treffen.

Denkbar sind folgende *vier Kombinationen* von Abschreibungsaufwand und Abschreibungskosten:

- *Dem Abschreibungsaufwand stehen überhaupt keine Abschreibungskosten* gegenüber. Dies wäre beispielsweise der Fall, wenn eine neu beschaffte Maschine schon am ersten Tag durch höhere Gewalt, z.B. durch einen Blitzeinschlag, einen Totalschaden erleiden würde. Man könnte und müsste die Maschine im wahrsten Sinne des Wortes vollständig abschreiben, allerdings nur in der Buchhaltung und nicht in der Kostenrechnung; denn es handelt sich um ein außergewöhnliches Ereignis. Eine solche Abschreibung zählt zum neutralen Aufwand. Kalkulatorische Abschreibungen liegen nicht vor.
- *Dem Abschreibungsaufwand stehen Abschreibungskosten gegenüber, aber der Abschreibungsaufwand ist größer, als es die Abschreibungskosten sind.* In anderen Worten, die kalkulatorischen Abschreibungen sind kleiner als die pagatorischen. Damit handelt es sich lediglich bei der Differenz um neutralen Aufwand. Dies wäre beispielsweise der Fall, wenn die oben genannte neue Maschine Anfang des Jahres beschafft wird und Ende des Jahres durch Blitzeinschlag einen Totalschaden erleidet. Es ist dann zunächst sowohl in der Buchhaltung als auch in der Kostenrechnung die normale Abschreibung zu berücksichtigen, die unter bestimmten Voraussetzungen, die noch erläutert werden, gleich hoch sein können. In der pagatorischen Rechnung ist darüber hinaus aber die Maschine mit dem restlichen Wert noch abzuschreiben. Es handelt sich in diesem Umfang um eine außerordentliche Abschreibung, die in der Kostenrechnung keine Berücksichtigung findet. Die kalkulatorischen Abschreibungen sind kleiner als die pagatorischen.
- *Dem Abschreibungsaufwand stehen höhere Abschreibungskosten gegenüber.* Dies ist beispielsweise der Fall, wenn man aufgrund unterschiedlicher rechtlicher Regelungen in der Kostenrechnung von einem höheren Ausgangswert ausgehen kann als in der Buchhaltung. Die kalkulatorischen Abschreibungen sind dann größer als die pagatorischen. Bei einem Teil der kalkulatorischen Kosten handelt es sich damit um Kosten, denen in der

betreffenden Periode kein Aufwand gegenübersteht. Die kalkulatorischen Kosten bestehen in dieser Periode teilweise aus Zusatzkosten.

- *Den Abschreibungskosten steht in der betreffenden Periode überhaupt kein Abschreibungsaufwand gegenüber*, d.h. den kalkulatorischen Abschreibungen stehen keine pagatorischen Abschreibungen gegenüber. Denkbar ist beispielsweise, dass im Hinblick auf Wirtschaftlichkeitsbeurteilungen für ein Wirtschaftsgut, das in der Buchhaltung vollständig abgeschrieben ist, in der Kostenrechnung weiterhin ein Abschreibungsbetrag angesetzt wird. Gerade Fahrzeuge können in der Regel noch mehrere Jahre genutzt werden, obwohl sie in der Buchhaltung vollständig abgeschrieben worden sind. Im Rahmen eines Zeitvergleichs würde ein Bereich, der das betreffende Fahrzeug weiterhin einsetzt, durch den Wegfall der jährlichen Abschreibung wirtschaftlicher als im Vorjahr erscheinen. Insofern macht es Sinn, bei solchen Vergleichen weiterhin die „alten" jährlichen Abschreibungen zu berücksichtigen. Es handelt sich in diesem Fall bei den kalkulatorischen Abschreibungen vollständig um Zusatzkosten.

Nachfolgend geht es uns nur um die Erläuterung der kalkulatorischen Abschreibungen.

Erforderlichen Informationen zur Berechnung der kalkulatorischen Abschreibungen
Zur Berechnung der kalkulatorischen Abschreibungen benötigt man Informationen über

1. den Ausgangswert,
2. die zu erwartende Nutzungsdauer,
3. den zu erwartenden Resterlös und
4. die Abschreibungsmethode (vgl. Schuster/Brinkmeier, S.2 ff.).

Zu 1. :
Welcher **Ausgangswert** zu wählen ist, hängt von dem jeweiligen Ziel der Kostenrechnung und von eventuellen rechtlichen Vorgaben ab. Wie wir bereits bei der grundsätzlichen Behandlung der Bewertung festgestellt haben, ist man im Hinblick auf die Wirtschaftlichkeitsbeurteilung bezüglich des Wertansatzes grundsätzlich frei.

Demzufolge kommt zunächst der *Anschaffungswert* in Betracht, wenn man das betreffende langlebige Gut von anderen Betrieben gekauft hat. Es handelt sich dabei um den Anschaffungspreis abzüglich eventueller Preisnachlässe und zuzüglich eventueller Auszahlungen, die beispielsweise durch den Transport, Versicherung usw. anfallen. Wir haben bereits darauf hingewiesen, dass man in diesem Zusammenhang auch von Anschaffungsnebenkosten spricht und für den Anschaffungswert auch die Bezeichnung „Anschaffungskosten" üblich ist. Hat man das Gut selbst erstellt, dann kann man dementsprechend den *Herstellungswert* in Ansatz bringen. Neben dem Anschaffungs- bzw. Herstellungswert ist ebenfalls die Berücksichtigung des *Wiederbeschaffungszeitwertes* möglich. Denkbar wäre auch ein *Festwert* für ähnliche Wirtschaftsgüter, unabhängig davon, wie hoch ihre tatsächlichen Anschaffungs- bzw. Herstellungswerte sind bzw. waren. Lediglich der Wiederbeschaffungswert scheidet aus den bereits erwähnten Gründen aus.

Damit hat man, wenn man die Kosten- und Leistungsrechnung zur *Wirtschaftlichkeitsbeurteilung* einsetzt, die *Wahl zwischen Anschaffungs- bzw. Herstellungswert, Wiederbeschaf-*

fungszeitwert und Festwert. Die mit den jeweiligen Wertansätzen verbundenen controllingrelevanten Auswirkungen wurden bereits erläutert. Auch dann, wenn die Kostenrechnung als *Hilfsmittel zur Preisfindung* eingesetzt wird, besteht *grundsätzlich eine Wahlmöglichkeit* zwischen diesen Wertansätzen, es sei denn, es geht um spezielle öffentliche Entgelte, also beispielsweise um die Berechnung von Benutzungsgebühren. In diesem Fall sind rechtliche Einschränkungen zu beachten, die von Bundesland zu Bundesland unterschiedlich ausfallen können. **Für die Gebührenkalkulation kommt in einigen Bundesländern ausschließlich der Anschaffungs- bzw. Herstellungswert in Betracht. In den anderen Bundesländern, so beispielsweise in Nordrhein-Westfalen, hat man die Wahl zwischen dem Anschaffungs- bzw. Herstellungswert und dem Wiederbeschaffungszeitwert** (vgl. Driehaus, Teil III, Benutzungsgebühren § 6, S. 80 u. S. 81). **Andere Wertansätze sind nicht zulässig.**

Zu 2.:
Die **erwartete oder geplante Nutzungsdauer** lässt sich zum einen in zeitlicher Hinsicht und zum anderen im Hinblick auf die Kapazität bemessen. Betrachtet man beispielsweise ein Müllentsorgungsfahrzeug, so kann man die Nutzungsdauer auf einen Zeitraum beziehen und beispielsweise von 6 Jahren ausgehen oder aber im Hinblick auf das Leistungsvermögen festlegen und zum Beispiel mit 100.000 km angeben. Im ersten Fall würde man den Ausgangswert für das Wirtschaftsgut auf 6 Jahre und im zweiten Fall auf 100.000 km verteilen. Chmielewicz spricht in diesem Zusammenhang von der **Zeit-** und der **Mengenabschreibung** (vgl. Betriebliches Rechnungswesen 2, Erfolgsrechnung, S. 81). Letztere wird auch Leistungsabschreibung genannt. Beide Varianten für die Definition der Nutzungsdauer kommen nicht nur für Wirtschaftlichkeitsbetrachtungen, sondern auch für die Gebührenkalkulation in Betracht. Nach *§ 6 des Kommunalabgabengesetzes für das Land Nordrhein-Westfalen* gilt beispielsweise, dass die Abschreibungen nach der *„mutmaßlichen Nutzungsdauer oder Leistungsmenge"* zu bemessen sind.

Die geplante Nutzungsdauer muss von der Kostenrechnerin bzw. Kostenrechner geschätzt werden. Im Hinblick auf die Wirtschaftlichkeitsbetrachtung ist man bezüglich der Schätzung grundsätzlich frei. Zweckmäßigkeitsüberlegungen legen es allerdings nahe, für jedes Wirtschaftsgut möglichst einheitliche Zeiträume zugrunde zu legen. Ansonsten wären Kostenvergleiche kaum möglich. Häufig geht man von Nutzungsdauerschätzungen aus, die nach steuerrechtlichen Gesichtspunkten akzeptiert werden und in so genannten **AfA-Tabellen** (*AfA = Absetzung für Abnutzung*) ihren Niederschlag gefunden haben. Mit Einführung des neuen kommunalen Haushalts- und Rechnungswesens haben die Gemeinden *spezielle Tabellen* zu beachten. Die betreffenden Vorgaben sind zunächst einmal lediglich für die kommunale Haushaltswirtschaft maßgeblich. Gleichwohl sollte man auch bei der kommunalen Kostenrechnung möglichst auf die **NKF- Nutzungsdauertabellen** zurückgreifen und nur in begründeten Fällen davon abweichen. Die Berücksichtigung spezieller örtlicher Gegebenheiten wird ohnehin dadurch erleichtert, dass in den Vorschriften lediglich Bandbreiten vorgegeben werden. So soll in Nordrhein-Westfalen beispielsweise für ein Müllentsorgungsfahrzeug eine geplante Nutzung von 6 bis 10 Jahren zugrunde gelegt werden.

Zu 3.:
Ist am Ende der Nutzungsdauer ein Resterlös zu erwarten, wird also möglicherweise ein Schrotterlös erzielt, so ist dies an sich bei der Berechnung der Abschreibungen zu berück-

sichtigen, denn der insgesamt zu verteilende Werteverzehr ist geringer als der Ausgangswert. Auf die Nutzungsdauer wäre also nur die Differenz zwischen Ausgangswert und geplantem Resterlös zu verteilen. Die Abschreibungen würden dadurch geringer (vgl. Chmielewicz, Betriebliches Rechnungswesen 2, Erfolgsrechnung, S. 82.). Gegen die Berücksichtigung des Resterlöses spricht in vielen Fällen die Prognoseunsicherheit. Eventuell muss ein Wert geschätzt werden, der relativ weit in der Zukunft anfällt. Hinzu kommt, dass ein Resterlös im Vergleich zum Anschaffungs- bzw. Herstellungswert häufig von untergeordneter Bedeutung ist und insofern seine Vernachlässigung nicht ins Gewicht fällt. Eventuell sind sogar statt eines Resterlöses Auszahlungen für Abbruch, Verschrottung und Entsorgung zu berücksichtigen. Es spricht daher einiges dafür, die Resterlöse bei der Berechnung der Abschreibungskosten nur ausnahmsweise einzubeziehen. In der Regel wird in den kommunalen Verwaltungsbetrieben auch so vorgegangen. Bei dieser Vorgehensweise ist allerdings zu beachten, dass für den Fall, dass tatsächlich ein Resterlös erzielt wird, die Kosten- und Leistungsrechnung nicht davon berührt wird. Es entstehen hierdurch neutrale Erträge, die sich nur in der Buchhaltung auswirken und nicht der Leistung zugeordnet werden dürfen, auch wenn sie möglicherweise als ordentliche Erträge verbucht werden, wie dies für Gemeinden in einzelnen Bundesländern vorgeschrieben ist.

Zu 4.:
Grundsätzlich stehen drei Abschreibungsmethoden zur Wahl:

- die progressive Methode,
- die degressive Methode und
- die lineare Methode.

Bei der **progressiven Methode** unterstellt man, dass ein Wirtschaftsgut mit zunehmender Nutzung überdurchschnittlich stark an Wert verliert. Demzufolge nehmen die Abschreibungen, wenn man von der Zeitabschreibung ausgeht, von Jahr zu Jahr zu, bis das betreffende Gut nicht mehr verwendbar ist. Bei der **degressiven Methode** unterstellt man hingegen, dass der zusätzliche Werteverzehr mit zunehmendem Einsatz des Wirtschaftsgutes immer kleiner wird. Wählt man die Zeitabschreibung, nehmen also die Abschreibungen von Jahr zu Jahr ab. Bei der **linearen Methode** unterstellt man, dass sich das betreffende Wirtschaftsgut stets gleichmäßig abnutzt. Im Falle der Zeitabschreibung sind folglich die Abschreibungen von Jahr zu Jahr stets gleich hoch (vgl. Chmielewicz, Betriebliches Rechnungswesen.2, Erfolgsrechnung, S. 83–89).

Im Hinblick auf die *Wirtschaftlichkeitsbetrachtung* sind alle drei Methoden zwar zulässig, aber nicht gleichermaßen zweckmäßig. Strebt man Zeitvergleiche an, will man also beispielsweise die Kostenentwicklung eines kommunalen Teilbetriebs in den letzten Jahren betrachten und analysieren, sind die progressive und degressive Methode abzulehnen. Sie belasten einzelne Perioden mit unterschiedlichen Abschreibungskosten, obwohl sich bezüglich des Einsatzes der betreffenden Güter gar nichts geändert hat. Auch Betriebsvergleiche können gestört werden, wenn man die progressive oder degressive Abschreibungsmethode wählt. Werden in den Betrieben, die in den Vergleich einbezogen werden, gleiche Wirtschaftsgüter zu unterschiedlichen Zeitpunkten beschafft, dann entstehen Verzerrungen, weil bei eventuell gleichem Gütereinsatz den in den Vergleich einbezogenen Betrieben bzw. Teilbetrieben unterschiedliche Kosten zugeordnet werden. **Es spricht somit einiges dafür, im Hinblick auf die Wirtschaftlichkeitsbeurteilung die lineare Abschreibungsmethode zu wählen.** Auch in der privatwirtschaftlichen Kostenrechnung wird in der Regel aus Vereinfachungsgründen die lineare Abschreibung berücksichtigt, wobei nach Auffassung von Haberstock der mit der Zeit möglicherweise steigende Reparatur- und Instandhaltungsaufwand ebenfalls gleichmäßig auf die Nutzungsdauer zu verteilen ist (vgl. Haberstock, S. 107). Wegen der großen Unsicherheit bei der Prognose des zukünftigen Reparatur- und Instandhaltungsaufwandes wird man allerdings der durchaus gerechtfertigten Forderung nach einer völligen Gleichverteilung des Aufwandes oft nicht entsprechen können.

Wird die Kostenrechnung als Hilfsmittel zur Preisfindung eingesetzt, empfiehlt es sich, ebenfalls aus Vereinfachungsgründen von einer linearen Abschreibung auszugehen. Bei der Kalkulation von Benutzungsgebühren ist die lineare Abschreibung sogar zwingend vorgeschrieben, wobei allerdings, wie bereits dargelegt, eine Wahlmöglichkeit zwischen Zeit- und Mengenabschreibung besteht (vgl. beispielsweise § 6 des Kommunalabgabengesetzes für das Land Nordrhein-Westfalen).

Beispiele für die Berechnung der kalkulatorischer Abschreibungen

Aus den obigen Ausführungen ergibt sich, dass generell die *lineare Abschreibung* bei der Kalkulation der Benutzungsgebühren zu wählen ist und als *Ausgangswert* für die Berechnung der Abschreibungen grundsätzlich der *Anschaffungswert bzw. der Herstellungswert* herangezogen wird. In einzelnen Bundesländern kommt zusätzlich (noch) *der Wiederbeschaffungszeitwert* in Betracht. Damit lässt sich bei einer *Zeitabschreibung* die jährliche Abschreibung folgendermaßen berechnen, wobei wir aus Gründen der Anschaulichkeit von einer streng mathematischen Formulierung etwas abweichen:

$$\textbf{Jährliche Abschreibung} = \frac{\textbf{Anschaffungs- bzw. Herstellungswert oder Wiederbeschaffungszeitwert minus Resterlös}}{\textbf{Nutzungsdauer in Jahren}}$$

Verwendet man Abkürzungen für die einzelnen Begriffe, ergibt sich die folgende **Formel für die Berechnung der jährlichen kalkulatorischen Abschreibungen auf Anschaffungswertbasis** (Vgl. auch Schuster/Brinkmeier, S. 7 ff.):

$$\textbf{jA} = \frac{\textbf{AW bzw. HW oder WZW minus RE}}{\textbf{NJ}}$$

mit

jA für jährliche Abschreibung
AW für Anschaffungswert
HW für Herstellungswert
WZW für Wiederbeschaffungszeitwert
RE für Resterlös
NJ für Nutzungsdauer in Jahren

Will man die *kalkulatorischen Abschreibungen pro Monat* berechnen, muss man im Nenner des Bruchs lediglich die Nutzungsdauer in Jahren durch die Nutzungsdauer in Monaten ersetzen. Die **Formel für die Berechnung der monatlichen kalkulatorischen Abschreibungen auf Anschaffungswertbasis** lautet somit:

$$\mathbf{mA} = \frac{\textbf{AW bzw. HW oder WZW minus RE}}{\textbf{NM}}$$

mit
mA für monatliche Abschreibung
AW für Anschaffungswert
HW für Herstellungswert
WZW für Wiederbeschaffungszeitwert
RE für Resterlös
NM für Nutzungsdauer in Monaten

Wird der Resterlös vernachlässigt, wie dies in der Regel aus den von uns oben genannten Gründen der Fall ist, gilt für die Berechnung der jährlichen Abschreibung:

$$\mathrm{jA} = \frac{\textbf{AW bzw. HW oder WZW}}{\textbf{NJ}}$$

Berechnungsbeispiel :
Ein kommunaler Verwaltungsbetrieb erwirbt Anfang 2006 ein Wirtschaftsgut (Anschaffungswert 4000 Euro; geplante Nutzungsdauer 4 Jahre; erwarteter Resterlös 0 Euro). Der Preisindex für die betreffenden Wirtschaftsgüter hat Anfang 2006 eine Höhe von 110, Anfang 2007 eine Höhe von 115, Anfang 2008 eine Höhe von 115, Anfang 2009 eine Höhe von 120 und Anfang 2010 ebenfalls eine Höhe von 120.

a) Jährliche Abschreibungen auf Basis des Anschaffungswertes (jA_{AW})

jA_{AW} = 4.000 Euro / 4 Jahre

jA_{AW} = 1.000 Euro / Jahr

b) Jährliche Abschreibungen auf Basis des Wiederbeschaffungszeitwertes (jA_{WZW})

Zunächst sind die Wiederbeschaffungszeitwerte zu ermitteln: Für den *Wiederbeschaffungszeitwert Ende 2007* gilt Folgendes: Der Preisindex liegt Anfang 2007 bei 110 und Anfang 2008 (= Ende 2007) bei 115. Es liegt also eine Preissteigerung vor, d.h. der Wiederbeschaffungszeitwert liegt am Ende des Jahres 2007 über dem Anschaffungswert.

Die *Veränderungsrate des Preisindexes für das Jahr 2007,* die **Preissteigerungsrate im Jahre 2007**, wird folgendermaßen berechnet:

$$\text{Preissteigerungsrate} = \frac{\text{neuer Index} - \text{alter Index}}{\text{alter Index}}$$

$$\text{Preissteigerungsrate 2007} = \frac{\text{Index Ende 07} - \text{Index Anfang 07}}{\text{Index Anfang 07}}$$

$$\text{Preissteigerungsrate 2007} = \frac{115 - 110}{110} = 5 : 110 = 0{,}04545 = 4{,}545\ \%$$

Damit liegt der Wiederbeschaffungszeitwert Ende 2007 um rund 4,55 % über dem Anschaffungswert. Demnach gilt:

Wiederbeschaffungszeitwert Ende 2007
= 4.000 Euro + 4,55 % · 4.000 Euro
= 4.000 Euro + 182 Euro
= **4.182 Euro**

Der Wiederbeschaffungszeitwert Ende 2008 wird entsprechend berechnet, indem zunächst die Preissteigerung im Jahre 2008 ermittelt wird:

$$\text{Preissteigerungsrate 2008} = \frac{\text{Index Ende 08} - \text{Index Anfang 08}}{\text{Index Anfang 08}}$$

$$\text{Preissteigerungsrate 2008} = \frac{115 - 115}{115} = 0\ \%$$

Es liegt also 2008 keine Preissteigerung vor. Der **Wiederbeschaffungszeitwert Ende 2008** ist genau so groß wie der Wiederbeschaffungszeitwert Ende 2007 und beträgt **4.182 Euro**.

Für den Wiederbeschaffungszeitwert Ende 2009 gilt folgende Berechnung:

$$\text{Preissteigerungsrate 2009} = \frac{120 - 115}{115} = 4{,}35\ \%$$

Der Wiederbeschaffungszeitwert Ende 2009 liegt also um rund 4,35% über dem Wiederbeschaffungszeitwert Ende 2008, und es gilt folgende Berechnung:

Wiederbeschaffungszeitwert Ende 2009

= 4.182 Euro + 4,35% · 4.182 Euro

= 4.182 Euro + 181,92 Euro

= 4.363,92 Euro

Der **Wiederbeschaffungszeitwert Ende 2009** beträgt also rund **4.364 Euro**.

2010 liegt keine Preissteigerung vor, so dass der **Wiederbeschaffungszeitwert Ende 2010** ebenfalls eine Höhe von **4.364 Euro** hat.

Die **jährlichen Abschreibungen auf Wiederbeschaffungszeitwertbasis** (**jA_{WZW}**) ergeben sich, indem man die ermittelten Wiederbeschaffungszeitwerte durch die Nutzungsdauer in Jahren teilt:

jA_{WZW} für 2007 = 4.182 Euro: 4 = 1.045,50 Euro rund 1.046 Euro

jA_{WZW} für 2008 = 4.182 Euro : 4 = 1045,50 Euro rund 1.046 Euro

jA_{WZW} für 2009 = 4.364 Euro : 4 = 1.091 Euro

jA_{WZW} für 2010 = 4.364 Euro : 4 = 1.091 Euro

c) Zusammenstellung und Interpretation der Berechnungsergebnisse

	Abschreibung auf Basis des Anschaffungswertes	**Abschreibung auf Basis des Wiederbeschaffungszeitwertes**
2007	1.000 Euro	1.046 Euro
2008	1.000 Euro	1.046 Euro
2009	1.000 Euro	1.091 Euro
2010	1.000 Euro	1.091 Euro
Abschreibungssumme	4.000 Euro	4.274 Euro

Unterstellt man, dass die auf Basis von Anschaffungswerten ermittelten kostendeckenden Gebühren auch tatsächlich erzielt werden, so reicht die erzielte Abschreibungssumme auf den ersten Blick nicht aus, um die Neuanschaffung des betreffenden Wirtschaftsgutes zu gewährleisten. Ende 2010 liegt der Wiederbeschaffungszeitwert bei 4.364 Euro und somit fehlen für die Finanzierung 364 Euro. Auch dann, wenn man die Gebühren auf Wiederbeschaffungszeitwertbasis berechnet und durchsetzen kann, reicht das in den vier Jahren erzielte Gebührenaufkommen auf den ersten Blick nicht aus, um die Ersatzbeschaffung Ende 2010 bzw. Anfang 2011 vornehmen zu können. Die Abschreibungssumme hat nur eine Höhe von 4.274 Euro. Der Ende 2010 erforderliche Wiederbeschaffungszeitwert beträgt aber 4.364 Euro. Somit fehlen für die Finanzierung 90 Euro.

Die Betrachtung vernachlässigt allerdings, dass Anteile der kostendeckenden Gebühren in Höhe der Abschreibungen bereits während der Nutzungsdauer anfallen und somit angelegt werden können. So kann ein Betrag in Höhe der ersten Abschreibung noch drei Jahre, in Höhe der zweiten Abschreibung noch zwei Jahre und in Höhe der dritten Abschreibung noch ein Jahr angelegt werden.

Neben der Abschreibungssumme lassen sich also noch Zinsen erzielen. Diese um Zinserträge erhöhte Abschreibungssumme lässt sich grob mit Hilfe der Zinseszinsrechnung nach folgender Gleichung ermitteln:

Abschreibung 2007 · Aufzinsungsfaktor für 3 Jahre

\+ Abschreibung 2008 · Aufzinsungsfaktor für 2 Jahre

\+ Abschreibung 2009 · Aufzinsungsfaktor für 1 Jahr

\+ Abschreibung 2010

= Ende 2010 bereitstehender Betrag

Die nachfolgende Übersicht zeigt, welche Höhe die **Aufzinsungsfaktoren** beispielsweise bei Anlagemöglichkeiten von 3%, 4%, 5% u. 6% haben.

Aufzinsungsfaktor für	3%	4%	5%	6 %
3 Jahre	1, 0927	1, 1249	1, 1576	1, 1910
2 Jahre	1, 0609	1, 0816	1, 1025	1, 1236
1 Jahr	1, 0300	1, 0400	1, 0500	1, 0600

Bei **Abschreibungen auf Basis des Anschaffungswertes** werden damit, je nachdem, zu welchem Zinssatz man die vor dem Ende der Nutzungsdauer erzielten Gebührenanteile anzulegen vermag, folgende gerundete Gesamtbeträge erzielt, und zwar ergibt sich bei einem **Zinssatz von 3%** ein Betrag in Höhe von **4.184 Euro** (Berechnung: 1.000 Euro · 1,0927+1.000 Euro · 1,0609 +1.000 Euro · 1,0300 +1.000 Euro), bei einem **Zinssatz von 4%** ein Betrag in Höhe von **4.247 Euro**, bei einem **Zinssatz von 5%** ein Betrag in Höhe von **4.310 Euro** und bei einem **Zinssatz von 6%** ein Betrag in Höhe von **4.375 Euro.** Bei einer Anlage der erwirtschafteten Abschreibungen zu 6% und mehr würde dem betreffenden kommunalen Teilbetrieb am Ende der Nutzungsdauer ein hinreichender Betrag zur Verfügung stehen, um das betreffende Gut zu ersetzen.

Berechnet man die **Abschreibungen auf Wiederbeschaffungszeitwertbasis**, stehen am Ende der Nutzungsdauer unter Berücksichtigung einer Anlage der zwischenzeitlich in Höhe der Abschreibungen erzielten Gebührenanteile zu **einem Zinssatz von 3% rund 4.468 Euro** bereit (Berechnung: 1.046 Euro · 1,0927 + 1.046 Euro · 1,0609 + 1.091 Euro · 1,0300 + 1.091 Euro = 1.143 Euro + 1.110 Euro + 1.124 Euro + 1.091 Euro = 4.468 Euro). Damit übersteigen bereits bei einem Zinssatz von 3% die im Ersatzzeitpunkt vorhandenen Mittel den für die Ersatzbeschaffung erforderlichen Betrag in Höhe von 4364 Euro um 104 Euro. Bei Zinssätzen über 3% würden noch größere Gewinne erzielt.

Insgesamt wird damit deutlich, dass auch bei Abschreibungen auf Anschaffungswertbasis die Substanzerhaltung erreicht werden kann, wenn es gelingt, die zwischenzeitlich zurückfließenden Mittel zu günstigen Zinssätzen anzulegen. In wieweit eine solche Anlage realistisch ist, hängt von der jeweiligen gesamtwirtschaftlichen Situation ab. Bei Abschreibungen auf

Wiederbeschaffungszeitwertbasis führt bereits eine Anlage der zwischenzeitlich zurückfließenden Mittel zu relativ niedrigen Zinsen zu Gewinnen. Können solche Zinsen erzielt werden trägt der Gebührenzahler bzw. die Gebührenzahlerin mit der Erstattung einer Abschreibung auf Wiederbeschaffungszeitbasis nicht nur zur Substanzerhaltung, sondern auch zu einer Gewinnentstehung bei, die nicht mehr mit dem Sinn des Kommunalabgabenrechts vereinbar ist.

Ergänzende Hinweise zur Berechnung der kalkulatorischen Abschreibungen bei der Gebührenkalkulation

Abschließend soll noch auf einige Punkte hingewiesen werden, die an sich selbstverständlich sind, aber gleichwohl bei Gebührenbedarfsberechnungen einzelner Gemeinden in der Vergangenheit zumindest teilweise nicht immer beachtet wurden. Da sich die Rechtslage und insbesondere die verwaltungsgerichtliche Rechtsprechung ändern können, erfolgen die Hinweise allerdings ohne Gewähr:

- **Grundstücke werden in der Regel nicht abgeschrieben**, da sie normalerweise keinem Werteverzehr unterliegen. Zu den wenigen Ausnahmen zählen beispielsweise Grundstücke, die als Deponien dienen (vgl. Dreyhaupt, S. 21), wobei auch hier nicht das Grundstück selbst, sondern die Nutzungsmöglichkeit abgeschrieben wird (vgl. auch Driehaus, Teil III, Benutzungsgebühren § 6, 78/14).
- **Haushaltsrechtlich zulässige Vereinfachungen bezüglich der Abschreibungen können in der Regel auch in der Kostenrechnung genutzt werden.** Das gilt insbesondere für **geringwertige Wirtschaftsgüter des Anlagevermögens** (*vgl. beispielsweise § 33 (4) der Gemeindehaushaltsverordnung des Landes Nordrhein-Westfalen*) die im laufenden Haushaltsjahr vollständig abgeschrieben werden können, wobei die Werte sich ändern können. Nach der oben genannten Vorschrift darf der Wert des betreffenden Gutes einen Betrag in Höhe von 410 Euro ohne Umsatzsteuer nicht überschreiten.
- Die jährliche Abschreibung darf nur berücksichtigt werden, wenn das Wirtschaftsgut auch während des gesamten Jahres zur Verfügung steht. Ansonsten sind entsprechende Kürzungen vorzunehmen. Auch hier ist der Bezug zum Haushaltsrecht sinnvoll. In *Nordrhein-Westfalen ist § 35 (2) GemHVO* maßgeblich. Demzufolge ist eine **monatsgenaue Abschreibung** vorzunehmen.
- **Ein Wirtschaftsgut darf nicht über die geplante Nutzungsdauer hinaus abgeschrieben werden** (vgl. auch Urteil des Oberverwaltungsgerichts Münster v. 5. 8.1994 – 9A 1248/92). Wird beispielsweise für ein Wirtschaftsgut (z. B. für einen Entsorgungskanal) eine Nutzungsdauer von 50 Jahren erwartet, dann werden pro Jahr 2% des Ausgangswertes abgeschrieben. Nach 50 Jahren addieren sich die jährlichen Abschreibungssätze in Höhe von 2% zu einem Gesamtabschreibungssatz von 100%. Sind diese 100% erreicht, ist die Abschreibung nach Kommunalabgabenrecht beendet, da der Gebührenzahler bzw. die Gebührenzahlerin das betreffende Wirtschaftsgut über die Gebührenzahlung inzwischen zu 100 % finanziert hat (Selbstverständlich gilt diese Einschränkung nur für die zum Zweck der Gebührenkalkulation durchzuführende Kostenrechnung. Im Rahmen der Wirtschaftlichkeitsbeurteilung kann man auch nach Ende der geplanten Nutzungsdauer noch weiter abschreiben, um sinnvolle Betriebs- oder Zeitvergleiche zu ermöglichen.) Ist ein Wirtschaftsgut, anders als ursprünglich erwartet wurde, weiterhin noch zu nutzen,

darf diese für den Betrieb günstige Situation nicht zu einem Nachteil für den Gebührenzahler bzw. die Gebührenzahlerin führen, sondern ist der Vorteil an denjenigen weiterzugeben, der inzwischen die Mittel für den Ersatz des Wirtschaftsgut bereitgestellt hat. Wie paradox eine andere Vorgehensweise wäre, wird deutlich, wenn man unterstellt, dass das oben genannte, zu 100% abgeschriebene Wirtschaftsgut noch weitere 50 Jahre genutzt werden könnte. Bei einer Kostenrechnung mit Abschreibungen auf Wiederbeschaffungszeitwertbasis würde der betreffende Entsorgungsbetrieb im Falle von Preissteigerungen weiterhin Jahr für Jahr Abschreibungen in die Gebühren einrechnen und somit für ein Wirtschaftsgut, dessen Ersatz die Gebührenzahler bereits ermöglicht haben, zusätzlich Einzahlungen erzielen. Gleichzeitig könnte er Zinserträge erwirtschaften, indem er die für den Ersatz des Kanals vorhandenen Mittel entsprechend anlegt. Gelingt ihm die Erzielung eines Zinssatzes, der über der Preissteigerungsrate für das betreffende Wirtschaftsgut liegt, fließen dem betreffende Betrieb aus zwei Quellen Gewinne und damit Beträge zu, die für die Substanzerhaltung nicht benötigt werden.

- **Es darf nicht mehr abgeschrieben werden als der Ausgangswert abzüglich eines eventuell geplanten Resterlöses.** Selbstverständlich kann die geplante Nutzungsdauer geändert werden, wenn man im Nutzungszeitraum erkennt, dass die ursprüngliche Einschätzung nicht zutrifft und das betreffende Wirtschaftsgut eventuell länger, als geplant, einsetzbar oder vermutlich eher, als geplant, zu ersetzten ist. Bei solchen **Fehleinschätzungen der Nutzungsdauer** sind in dem Augenblick, in dem man neue Informationen bezüglich der Nutzungsdauer erhält, entsprechende Korrekturen vorzunehmen. Dies darf aber nicht dazu führen, dass die Gebührenzahler Beträge entrichten, die den Ausgangswert übersteigen. **Die Vorgehensweise bei der Berechnung der Abschreibung ändert sich grundsätzlich nicht. Sie wird weiterhin nach den bereits erläuterten Formeln vorgenommen.**

1. Berechnungsbeispiel: Ein kommunaler Verwaltungsbetrieb erwirbt Anfang 2006 ein Wirtschaftsgut (Anschaffungswert 4000 Euro; geplante Nutzungsdauer 4 Jahre). Zu Beginn des 3. Nutzungsjahres wird erkannt, dass man durchaus mit einer Nutzungsdauer von 8 Jahren rechnen kann.

Lösung: In den ersten beiden Jahren, d.h. in 2006 und 2007, wird von einer vierjährigen Nutzungsdauer ausgegangen, also werden pro Jahr 1000 Euro abgeschrieben. Ab 2007 sind die neuen Informationen zu berücksichtigen. Nunmehr wird eine achtjährige Nutzungsdauer zugrunde gelegt. Die Abschreibung beträgt also 4000 Euro/8 Jahre = 500 Euro/Jahr. Demzufolge werden 2008, 2009, 2010, und 2011 jeweils 500 Euro abgeschrieben. Die Abschreibungssumme beträgt somit 4000 Euro und entspricht dem Ausgangswert. Dem Betrieb stehen Anfang 2012 die für den Ersatz erforderlichen Mittel zur Verfügung. Weitere Abschreibungen sind daher nicht zulässig, obwohl das Wirtschaftsgut auch voraussichtlich noch 2012 und 2013 eingesetzt wird.

2. Berechnungsbeispiel: Es gelten die gleichen Ausgangsdaten wie oben. Zu Beginn des 3. Nutzungsjahres wird jedoch deutlich, dass die Gesamtnutzungsdauer nur 3 Jahre betragen wird.

Lösung: In den ersten beiden Jahren muss man mangels anderer Informationen von der vierjährigen Nutzungsdauer ausgehen. Demzufolge werden 2006 und 2007 jeweils 1000 Euro abgeschrieben. Im dritten Jahr ist die neue Nutzungsdauer von drei Jahren bekannt. Die jährliche Abschreibung ergibt sich durch die Gleichung AW/N = 4000 Euro/3 Jahre = 1333,33 Euro. 2008 werden also Abschreibungen in Höhe von rund 1333 Euro in Ansatz gebracht. 2009 wird das Wirtschaftsgut nicht mehr genutzt, es fallen daher auch keine weiteren Abschreibungen mehr an.

Sicherlich ist das Ergebnis aus der Sicht des betreffenden kommunalen Teilbetriebs nicht unproblematisch. Die erzielte Abschreibungssumme reicht nicht aus, um die Substanz zu erhalten (vgl. Driehaus, Teil III, Benutzungsgebühren, § 6, S.88). Eine die Substanzerhaltung garantierende Lösung würde jedoch nicht mit dem Sinn des Kommunalabgabenrechts vereinbar sein. Die Benutzer der Einrichtung müssten dann im Jahre 2008 außergewöhnlich hohe Gebühren verkraften, nur weil sich die Entscheidungsträger in dem betreffenden kommunalen Teilbetrieb verschätzt haben. Andererseits ist ihnen im Jahre 2008 durchaus eine höhere Abschreibung als in den Vorjahren zuzumuten, und zwar in der Höhe, wie sie bei richtiger Einschätzung der Nutzungsdauer von Anfang an ermittelt worden wäre.

Die für Abschreibungen auf Anschaffungswertbasis formulierten Ergebnisse lassen sich ohne weiteres auch auf Abschreibungen übertragen, die man auf Wiederbeschaffungszeitwertbasis ermittelt hat. Wird erkannt, dass die Nutzungsdauer sich verlängert, ist der jeweilige Wiederbeschaffungszeitwert durch die neue Nutzungsdauer zu teilen. Hat die Abschreibungssumme die Höhe des aktuellen Wiederbeschaffungszeitwertes erreicht, sind keine weiteren Abschreibungen zulässig; denn mit den erwirtschafteten Mitteln könnte der Ersatz der Anlage ohne weiteres vorgenommen werden. Ist der Ersatz noch nicht erforderlich, können die Mittel angelegt werden, um eventuell zukünftige Preissteigerungen auszugleichen. Wird während der Nutzungsdauer erkannt, dass die Nutzungsdauer kürzer ausfallen wird, als man ursprünglich erwartet hat, ist im Jahre dieser Erkenntnis der Wiederbeschaffungszeitwert durch weniger Jahre zu teilen, dadurch erhöhen sich die Abschreibungen stärker als die Preissteigerungsrate. Ist das Wirtschaftsgut nicht mehr einsetzbar, fallen keine Abschreibungen mehr an, auch wenn die erzielte Abschreibungssumme dann nicht ausreicht, um das betreffende Gut zu ersetzen.

5.5.5 Kalkulatorische Zinsen

Begriffliche Erläuterungen

Entsprechend der von Chmielewicz vorgenommenen Einteilung der Abschreibungen in Abschreibungsaufwand und Abschreibungskosten, erscheint es auch sinnvoll, bezüglich der Zinsen zwischen **Zinskosten** und **Zinsaufwand (= Zinsaufwendungen)** zu unterscheiden, wobei wir die *Zinskosten* auch als **kalkulatorische Zinsen** und den *Zinsaufwand* auch als **pagatorische Zinsen** bezeichnen (vgl. auch Schuster / Brinkmeier, Kalkulatorische Zinsen, S. 123).

Den **Zinsaufwand,** d.h. die **pagatorischen Zinsen,** ermittelt man ausgehend von den angefallenen bzw. anfallenden Zinsauszahlungen. Der Zinsaufwand ist also auf einen Geldabfluss zurückzuführen. Dabei ist, wie bei jeder Gegenüberstellung von Auszahlung und Aufwand auch hier zu beachten, dass Zinsaufwand und Zinsauszahlungen letztlich zwar insgesamt einander entsprechen, aber in den einzelnen Geschäftsjahren in unterschiedlicher Höhe anfallen können.

Die **Zinskosten,** d.h. die **kalkulatorischen Zinsen**, werden entsprechend der von uns gewählten grundsätzlichen Kostendefinition erfasst. Demnach muss grundsätzlich ein sachzielbezogener bewerteter Güterverzehr vorliegen. Sie fallen in Verbindung mit dem Kapitaleinsatz an. Man spricht daher auch von Kapitalkosten. Das Problem besteht nun darin, bezüglich des Kapitaleinsatzes einen Güterverzehr zu erkennen; denn nur wenn ein Güterverzehr vorliegt, ist die Bezeichnung „Zins*kosten*" gerechtfertigt. Irritationen entstehen zusätzlich noch dadurch, dass Kapital in der Bilanz auf der Passivseite erfasst wird.

Es bedarf somit einer *speziellen Betrachtung,* um den Kostencharakter zu rechtfertigen. Wird Kapital in einen Betrieb eingebracht, dann wird dem betreffenden Betrieb von einem Außenstehenden ein Vermögenswert, in der Regel ein Geldbetrag, zur Verfügung gestellt, den der Kapitalgeber für den Zeitraum der Kapitalbereitstellung anderweitig nicht einsetzen kann. Beim *Fremdkapital* wird das betreffende Vermögen befristet zur Verfügung gestellt und in der Regel lässt sich der Außenstehende die befristete Bereitstellung auch bezahlen, indem er Zinsen verlangt. Aus der Sicht des Unternehmens führt der Fremdkapitaleinsatz somit üblicherweise zu Zinsauszahlungen und damit zu Zinsaufwand und, wenn die Finanzierung dem Sachziel dient, zu Zinskosten. Da wir die Begriffe Zinskosten und kalkulatorische Zinsen gleichsetzen, entstehen somit auch kalkulatorische Zinsen. Wird *Eigenkapital* eingesetzt erfolgt die Mittelbereitstellung unentgeltlich und in der Regel unbefristet. Dafür wird derjenige, der das Kapital bereitstellt, in der Regel am Erfolg des Betriebs beteiligt. In diesen Fällen muss der Betrieb das Recht, einen Vermögenswert, in der Regel einen Geldbetrag, einsetzen zu dürfen, nicht bezahlen. Zinsauszahlungen und Zinsaufwand entstehen nicht. Gleichwohl liegt ein Güterverbrauch vor, nämlich der *Verbrauch des Rechts*, das von einem Dritten bereitgestellte Vermögen zu nutzen. Während der Nutzungszeit kann keine andere Organisation bzw. Person dieses *Nutzungsrecht* in Anspruch nehmen. Güterverbrauch liegt damit vor. Wie ist dieser zu bewerten? Der Wert des Güterverbrauchs ist erkennbar, wenn man die entgangene Gelegenheit betrachtet. Man hätte den Geldbetrag anderweitig anlegen und damit Zinsen erwirtschaften können. Den Zinssatz, den man hätte erzielen können, zieht man zur Bewertung heran. Man spricht in diesem Zusammenhang auch von **Opportunitätskosten**, d.h. von den „Kosten" der entgangenen Gelegenheit (vgl. Haberstock, S. 108). Auch in diesem Fall muss das Kapital selbstverständlich sachzielbezogen eingesetzt werden. Ansonsten liegen keine Kosten vor. Anders als die Fremdkapitalkosten, sind die Eigenkapitalkosten nicht mit Auszahlungen und Aufwand verbunden. Diese Zinskosten sind also Zusatzkosten. Insofern bestehen die *kalkulatorischen Zinsen teilweise* aus *Grundkosten*, nämlich insoweit wie sie in Verbindung mit dem Fremdkapitaleinsatz anfallen, *und teilweise* aus *Zusatzkosten,* nämlich insoweit wie sie auf den Eigenkapitaleinsatz zurückzuführen sind (vgl. auch Haberstock, S. 108).

Die zur Berechnung der kalkulatorischen Zinsen erforderlichen Informationen
Um die kalkulatorischen Zinsen zu ermitteln, erscheint es auf den ersten Blick sinnvoll zu sein, zwischen den Kosten des Fremdkapitaleinsatzes und den Kosten des Eigenkapitaleinsatzes zu unterscheiden. Demzufolge könnte man dann die Zinsaufwendungen als Fremdkapitalkosten übernehmen und die Kosten für den Eigenkapitaleinsatz ergänzend berechnen, indem man das Eigenkapital mit einem angemessenen Zinssatz multipliziert. Naheliegend wäre ein Kalkulationszinssatz, der einem Zinssatz entspricht, den man bei einer langfristigen Anlage erzielen könnte. Ein solcher langfristiger Habenzinssatz erscheint deshalb gerechtfertigt, weil auch das Eigenkapital einer langfristigen Bindung unterliegt und man insofern auf eine alternative langfristige Anlage verzichtet. Die gesamten kalkulatorischen Zinsen, d.h. die gesamten Zinskosten, ließen sich durch Zusammenfassung der Fremdkapitalkosten, d.h. des Zinsaufwandes, und der kalkulatorischen Zinsen für das eingesetzte Eigenkapital ermitteln.

Diese Vorgehensweise ist jedoch nicht gerechtfertigt, wenn ein Betrieb über Vermögenswerte verfügt, deren Einsatz mit dem Sachziel des betreffenden Betriebs bzw. Teilbetriebs nichts oder zumindest direkt nichts zu tun hat. Haberstock nennt in diesem Zusammenhang „landwirtschaftlich genutzte Grundstücke, Mietshäuser, in denen keine Betriebsangehörigen wohnen, stillgelegte Betriebsabteilungen, Wertpapiere, mit denen keine unternehmenspolitischen Beteiligungsziele verfolgt werden, usw."(vgl. Haberstock, Kostenrechnung I, S. 109) aber auch die noch zu leistenden Zinsen für die Finanzierung eines Wirtschaftsgutes, das durch höhere Gewalt zerstört worden ist und nicht mehr eingesetzt werden kann, sind hier zu erwähnen. Verfügt ein kommunaler Teilbetrieb über solche *sachzielfremden Vermögenspositionen*, so dient auch das in der Bilanz erfasste Kapital nur teilweise der Finanzierung von Vermögenswerten, die für die Erreichung des Sachziels von Bedeutung sind. Welcher Teil des in der Bilanz aufgeführten Kapitals einen Sachzielbezug hat, d.h. wie hoch das **betriebsnotwendige Kapital** ist, lässt sich durch eine Analyse der Passivseite der Bilanz nicht feststellen.

Es bleibt einem unter diesen Bedingungen gar nichts anderes übrig, als das Vermögen des Betriebs darauf hin durchzusehen, ob es sachzielbezogen eingesetzt wird, und vom Wert dieses betriebsnotwendigen Vermögens auf den Wert des betriebsnotwendigen Kapitals zu schließen. Die flüchtige Betrachtung der Aktivseite der Bilanz reicht hierzu nicht aus. Es sind zusätzliche Informationen einzuholen, um im Einzelfall zu klären, welche Vermögensposition zum betriebsnotwendigen Vermögen zählt und welche nicht.

Im NKF bzw. NKR ist das Vermögen in einer Nebenbuchhaltung, der **Anlagenbuchhaltung**, sorgfältig zu erfassen. Allerdings wird hier nur mit Anschaffungswerten gearbeitet. Je nachdem welcher Wertansatz für die Kostenrechnung gewählt wird, *ist zusätzlich ein zweiter Anlagennachweis auf Wiederbeschaffungszeitwertbasis* zu erstellen. Die detaillierte Erfassung des Vermögens ermöglicht es, die betriebsfremden Vermögensteile herauszufiltern. Da die kommunale Kostenrechnung die einzelnen kommunalen Teilbetriebe bzw. Teilhaushalte betrifft, ist sicherzustellen, dass die Anlagenbuchhaltung die Zuordnung der Vermögensgegenstände zu den Produktbereichen, Produktgruppen und Produkten vornimmt. Falls einzelne Vermögensgegenstände von mehreren Teilbetrieben genutzt werden, wie beispielsweise eine Tankanlage vom Fuhrpark und der Feuerwehr, ist eine Zuordnung bzw. Aufteilung sicherzustellen.

Steht das einem kommunalen Teilbetrieb bzw. Teilhaushalt **betriebsnotwendige Anlagevermögen** fest, kann man auf das darin gebundene **betriebsnotwendige Kapital** schließen. Dabei ist es nahe liegend, auf den **Restbuchwert**, kurz **Restwert** genannt, zurückzugreifen, da dieser in der Anlagenbuchhaltung ausgewiesen wird. Es handelt sich dabei um den **Anschaffungswert abzüglich der zwischenzeitlich aufgelaufenen Abschreibungen**. Die Berechnung der kalkulatorischen Zinsen auf der Basis der Restbuchwerte bzw. Restwerte bezeichnet man als **Restbuchwertmethode** bzw. **Restwertmethode.**

Denkbar, aber angesichts der im NKF bzw. NKR vorgeschriebenen Anlagebuchführung unpraktisch ist die Berücksichtigung einer durchschnittlichen Kapitalbindung. Man spricht in diesem Fall von der **Durchschnittsmethode**. Diese für die Gebührenkalkulation nicht geeignete, sondern primär bei einfachen einzelfallbezogenen Rechnungen übliche Verfahrensweise wird an späterer Stelle noch kurz besprochen. Zur **Bestimmung des durch das betriebsnotwendige Umlaufvermögen in Anspruch genommene betriebsnotwendige Kapital** kann man nicht einfach die Bilanzwerte am Jahresende heranziehen. Hier ist aus Gründen der Vereinfachung die Durchschnittsbetrachtung, also beispielsweise die Berücksichtigung der durchschnittlichen Lagerhaltung, zweckmäßig.

Hat man von der Höhe des betriebsnotwendigen Vermögens auf die Höhe des betriebsnotwendigen Kapitals geschlossen, ist nun noch zu klären, welcher **Kalkulationszinssatz** anzulegen ist. Da bei dieser Vorgehensweise zwar die Höhe des betriebsnotwendigen Kapitals, nicht aber die Kapitalstruktur ermittelt wird, ist es in der Regel angebracht, eine **Mischung aus Eigen- und Fremdkapital** zu unterstellen, **es sei denn aus der Bilanz ginge eine eindeutig Dominanz einer der beiden Kapitalarten hervor**. Wenn man von einer Mischung von Eigen- und Fremdkapital ausgeht, dann darf man als Kalkulationszinssatz nicht einfach einen Zinssatz anlegen, den man im Falle einer langfristigen Anlage erzielt hätte; denn nur einen Teil des betriebsnotwendigen Kapitals hätte man anlegen können. Bei dem anderen Teil des betriebsnotwendigen Kapitals handelt es sich um Fremdkapital, in diesen Fällen ist ein Sollzinssatz maßgeblich. Unterstellt man, dass bei Kommunen das Anlagevermögen in der Regel weit bedeutsamer ist als das Umlaufvermögen und in der Regel langfristig finanziert wird, wäre ein Sollzinssatz für eine langfristige Kreditaufnahme zutreffend. In der Regel wird man also das betriebsnotwendige Kapital mit einem **Mischzinssatz aus Soll- und Habenzinsen** multiplizieren müssen, um die kalkulatorischen Zinsen, d.h. die Zinskosten, einigermaßen zutreffend zu ermitteln.

In der Literatur wird weiterhin noch diskutiert, ob das von Dritten unentgeltlich bereitgestellte Kapital, also beispielsweise das in Kundenanzahlungen gebundene Kapital, zu dem Kapital, auf dessen Basis die Zinsberechnung erfolgt, gezählt werden darf. Teilweise wird die Auffassung vertreten, dass dieses Kapital vom betriebsnotwendigen Kapital abzuziehen sei. Man spricht daher auch von **Abzugskapital** (vgl. Haberstock, Kostenrechnung I, S. 111). Ob es sinnvoll ist, dieses Kapital vom betriebsnotwendigen Kapital abzuziehen, was zu einer Absenkung der Zinskosten führen würde, lässt sich nicht generell sagen. *Es kommt auf den Zweck der Kostenrechnung an. Im Hinblick auf die Wirtschaftlichkeitsbeurteilung kann es sinnvoll sein, das betriebsnotwendige Kapital nicht um das Abzugskapital zu vermindern.* So können beispielsweise Betriebe verglichen werden, ohne dass die Kapitalstruktur das Bild verwässert. Andererseits ist **das Abzugskapital bei der Kalkulation von Benutzungsgebühren vor der Berechnung der kalkulatorischen Zinsen auf jeden Fall herauszurechnen**, Es handelt sich dabei um den aus Beiträgen und Zuschüssen Dritter aufgebrachten Eigenkapitalanteil (vgl. beispielsweise § 6 KAG NRW).

Abschließend ist noch darauf hinzuweisen, dass selbstverständlich bei der Berechnung der kalkulatorischen Zinsen berücksichtigt werden muss, ob das Wirtschaftsgut dem Betrieb während des ganzen Jahres oder nur für einen Teil des Jahres zur Verfügung steht. *Wird beispielsweise ein Wirtschaftsgut erst im Dezember des betreffenden Jahres angeschafft, dann darf auch nur die Kapitalbindung für einen Monat berücksichtigt werden.*

Berechnung der kalkulatorischen Zinsen nach der Restbuchwertmethode

Für die Berechnung der kalkulatorischen Zinsen nach der Restbuchwertmethode gibt es grundsätzlich folgenden Gestaltungsspielraum:

1. **Der Restbuchwert kann auf Anschaffungswertbasis (RW_{AW}) oder auf Wiederbeschaffungszeitwert (RW_{WZW}) ermittelt werden.** Im ersten Fall werden *vom Anschaffungswert (AW) die bisher erzielten jährlichen Abschreibungen auf Anschaffungswertbasis* jA_{AW} abgezogen bzw. beim Herstellungswert die entsprechend ermittelten Abschreibungen. Die Abschreibungen auf Anschaffungswertbasis bezeichnet man auch als **„nicht indexierte Abschreibungen"**. Es gilt also $RW_{AW} = AW - \Sigma\, jA_{AW}$. Im zweiten Fall werden *vom aktuellen Wiederbeschaffungszeitwert(WZW) die bisher erzielten jährlichen Abschreibungen auf Wiederbeschaffungszeitwertbasis* jA_{WZW} abgezogen. Es gilt also dann $RW_{WZW} = WZW - \Sigma\, jA_{WZW}$.
2. **Als Basis für die Zinsberechnung kommt alternativ der Restbuchwert zum Jahresanfang, der Restbuchwert zur Jahresmitte und der Restbuchwert zum Jahresende in Betracht.**
3. **Beiträge und Zuschüsse Dritter können absolut oder prozentual berücksichtigt werden.** Im ersten Fall wird stets der Betrag in Abzug gebracht werden, den man ursprünglich als Beitrag oder Zuschuss erhalten hat. Im zweiten Fall wird vom Restwert stets der gleiche prozentuale Anteil abgezogen. Wenn man also zu einem Anschaffungswert von 4.000 Euro 1.000 Euro als Landeszuschuss bekommen hat, würde man bei der 1. Variante stets 1.000 Euro vom Restwert abziehen und bei der 2. Variante stets 25% vom Restwert. Da der Restwert, wenn man von Grundstücken absieht, abnimmt, wird bei der 2. Variante auch das Abzugskapital von Jahr zu Jahr kleiner.

Damit sind folgende **Berechnungsmöglichkeiten für das betriebsnotwendige Kapital**, das auch als das **aufgewandte Kapital** bezeichnet wird, **nach der Restbuchwertmethode** gegeben:

- Restbuchwert am Jahresanfang auf WZW-Basis unter anteiligem Abzug der Beiträge und Zuschüsse
- Restbuchwert am Jahresanfang auf WZW-Basis unter vollständigem Abzug der Beiträge und Zuschüsse

- Restbuchwert zur Jahresmitte auf WZW-Basis unter anteiligem Abzug der Beiträge und Zuschüsse
- Restbuchwert zur Jahresmitte auf WZW-Basis unter vollständigem Abzug der Beiträge und Zuschüsse
- Restbuchwert am Jahresende auf WZW-Basis unter anteiligem Abzug der Beiträge und Zuschüsse
- Restbuchwert am Jahresende auf WZW-Basis unter vollständigem Abzug der Beiträge und Zuschüsse
- Restbuchwert am Jahresanfang auf AW-Basis unter anteiligem Abzug der Beiträge und Zuschüsse
- Restbuchwert am Jahresanfang auf AW-Basis unter vollständigem Abzug der Beiträge und Zuschüsse
- Restbuchwert zur Jahresmitte auf AW-Basis unter anteiligem Abzug der Beiträge und Zuschüsse
- Restbuchwert zur Jahresmitte auf AW-Basis unter vollständigem Abzug der Beiträge und Zuschüsse
- Restbuchwert am Jahresende auf AW-Basis unter anteiligem Abzug der Beiträge und Zuschüsse
- Restbuchwert am Jahresende auf AW-Basis unter vollständigem Abzug der Beiträge und Zuschüsse

Durch Multiplikation des jeweiligen Restbuchwertes mit dem Kalkulationszinssatz ergeben sich die kalkulatorischen Zinsen.

Für die *Wirtschaftlichkeitsbeurteilung* sind grundsätzlich sämtliche Berechnungen zulässig. Welche Berechnung gewählt werden sollte, ist unserer Auffassung von Fall zu Fall zu entscheiden. Sicherlich spricht einiges dafür, „immer die Marktwerte des Eigen- und Fremdkapitals, reduziert um den Anteil des nicht betriebsnotwendigen Vermögens am Gesamtkapital" (vgl. Isemann/Müller/Müller) heranzuziehen, um das in den stillen Reserven gebundene Kapital auch zu berücksichtigen. Gleichwohl schließen wir uns dieser generellen Empfehlung nicht an. Wichtiger erscheint es uns darauf zu achten, dass bei Vergleichen die Berechnungen nach den gleichen Verfahren erfolgen. Damit es ist nicht allein durch die unterschiedlichen Berechungsarten zu Kostenunterschieden und damit möglicherweise zu einer fehlerhaften Beurteilung kommt. Weiterhin ist auch der Aufwand zu berücksichtigen, der durch die einzelnen Varianten hervorgerufen wird. Für die Gebührenkalkulation sind ohnehin die landesspezifischen Vorschriften und der jeweilige aktuelle Stand der Rechtsprechung maßgeblich. Nachfolgend erläutern wir die Berechnungswege, die unserer Auffassung nach gegenwärtig für die Gebührenkalkulation in Nordrhein-Westfalen in Betracht kommen. Eine Gewähr, dass bei diesen Vorgehen Beanstandungen und Prozessrisiken ausgeschlossen sind, wird allerdings nicht übernommen, da sich die gesetzliche Lage und die Auffassungen der Verwaltungsgerichte jederzeit ändern können.

Berechnung der kalkulatorischen Zinsen für die Ermittlung von Benutzungsgebühren
Mit Beschluss vom 20.07.2009 (Az. 9A 1965/08) hat das OVG NRW bestätigt, dass bei der kalkulatorischen Abschreibung der Ansatz des Wiederbeschaffungszeitwertes anstelle des Anschaffungs- bzw. Herstellungswertes auf der Grundlage des § 6 KAG NRW zulässig ist. Damit gilt weiterhin die Rechtsprechung des OVG NRW vom 5.8.1994 (Az. 1248/92). Die kalkulatorische Verzinsung ist nach wie vor nur nach dem Anschaffungs-/Herstellungswert zulässig, wobei das OVG NRW mit seinem Urteil vom 13.4.2005 (Az. 9A 3120/03) den maximal ansetzbaren Zinssatz mit 7% vorgegeben hat.

Insofern kommen von den oben zusammengestellten Berechnungswegen nur die letzten sechs in Betracht. *Wenn man die Frage, ob der Restbuchwert zum Jahresanfang, zur Jahresmitte oder zum Jahresende einbezogen werden soll, zunächst zurückstellt*, lassen sich die Berechnungen auf die folgenden **zwei Varianten** reduzieren:

1. Berechnung der kalkulatorischen Zinsen nach der **Restwertmethode bei vollständigem Abzug der Beiträge und Zuschüsse Dritter** und bei einer Restwertermittlung mit Abschreibungen auf Anschaffungswertbasis.
2. Berechnung der kalkulatorischen Zinsen nach der **Restwertmethode bei anteiliger Berücksichtigung der Beiträge und Zuschüsse Dritter** und bei einer Restwertermittlung mit Abschreibungen auf Anschaffungswertbasis.

Die zwei Berechnungen werden nachfolgend behandelt, wobei wir aus Gründen der Vereinfachung die einzelnen Gleichungen zunächst verbal aufstellen:

Zu 1.:
Für die erste Berechnung gilt folgende Gleichung:

kalk. Zinsen = ((Anschaffungswert bzw. Herstellungswert minus Summe der bisher erzielten Abschreibungen auf Anschaffungswertbasis bzw. Herstellungswertbasis) minus Beiträge und Zuschüsse) mal Mischzinssatz

Aus Gründen der Vereinfachung betrachten wir nur den Anschaffungswert. Die Betrachtung für den Herstellungswert ergibt sich entsprechend. Es ist dann lediglich der Begriff „Anschaffungswert" durch den Begriff „Herstellungswert" auszutauschen. Weiterhin ersetzen wir die verbalen Formulierungen durch die folgenden Abkürzungen bzw. Zeichen, und zwar gilt

Z für kalkulatorische Zinsen
AW für Anschaffungswert
$\sum jA_{AW}$ für Summe der bisherigen Abschreibungen auf Anschaffungswertbasis
BZ für Beiträge und Zuschüsse (= Abzugskapital)
i für Mischzinssatz (=Kalkulationszinssatz)

Die Gleichung lässt sich in diesem Fall folgendermaßen schreiben:

$$\mathbf{Z = [\,(AW - \sum jA_{AW}) - BZ] \cdot i}$$

Bei dem Klammerausdruck **($AW - \sum jA_{AW}$)** handelt es sich, wie bereits erläutert, um den Restbuchwert auf Anschaffungswertbasis **RW_{AW}** und somit können wir die Gleichung noch kürzer schreiben. Es gilt folglich für die obige Gleichung:

$$\mathbf{Z = [\, RW_{AW} - BZ] \cdot i}$$

Zu 2.:
Für die zweite Berechnung gilt folgende Gleichung:

kalk. Zinsen = ((Anschaffungswert bzw. Herstellungswert minus Summe der bisher erzielten Abschreibungen auf Anschaffungswertbasis bzw. Herstellungswertbasis) minus Beitrags- und Zuschussprozentsatz mal (Anschaffungswert bzw. Herstellungswert minus Summe der bisher erzielten Abschreibungen auf Anschaffungswertbasis bzw. Herstellungswertbasis)) mal Mischzinssatz

Aus Gründen der Vereinfachung betrachten wir auch jetzt nur den Anschaffungswert. Die Betrachtung für den Herstellungswert ergibt sich wieder entsprechend. Weiterhin ersetzen wir die verbalen Formulierungen durch die folgenden Abkürzungen bzw. Zeichen, und zwar gilt

Z für kalkulatorische Zinsen
AW für Anschaffungswert
$\sum jA_{AW}$ für Summe der bisherigen Abschreibungen auf Anschaffungswertbasis
bz für Beitrags- und Zuschussprozentsatz
i für Mischzinssatz (=Kalkulationszinssatz)

Die Gleichung lässt sich dann folgendermaßen schreiben:

$$\mathbf{Z = [\, (AW - \sum jA_{AW}) - bz \cdot (AW - \sum jA_{AW})\,] \cdot i}$$

Wir ersetzen wieder den Klammerausdruck **($AW - \sum jA_{AW}$)** durch **RW_{AW}** und können die Gleichung somit folgendermaßen aufstellen:

$$\mathbf{Z = [\, RW_{AW} - bz \cdot RW_{AW}\,] \cdot i}$$

Anders als bei den beiden vorherigen Berechnungen wird also nicht das Abzugskapital in Höhe des ursprünglich bereitgestellten Betrages abgezogen, sondern es wird unterstellt, dass das abgenutzte Wirtschaftsgut, d.h. der Restwert, die gleiche Kapitalstruktur „beinhaltet" wie das ursprüngliche. Wurde beispielsweise bei der Anschaffung des Wirtschaftsgutes ein Zuschuss von Dritten in Höhe von 50% geleistet, dann wird unterstellt, dass das Wirtschaftsgut immer, d.h. egal wie weit es abgenutzt ist, mit 50% zuschussfinanziert ist. Da der Restwert von Jahr zu Jahr kleiner wird, nimmt auch das Abzugskapital von Jahr zu Jahr ab.

Die Anwendung der Berechnungsformeln wird nachfolgend anhand des bereits bei der Berechnung der Abschreibungen herangezogenen **Beispiels** verdeutlicht:

Ein kommunaler Verwaltungsbetrieb erwirbt Anfang 2006 ein Wirtschaftsgut (Anschaffungswert 4000 Euro; geplante Nutzungsdauer 4 Jahre; erwarteter Resterlös 0 Euro). Der Preisindex für die betreffenden Wirtschaftsgüter hat Anfang 2006 eine Höhe von 110, Anfang 2007 eine Höhe von 115, Anfang 2008 eine Höhe von 115, Anfang 2009 eine Höhe von 120 und Anfang 2010 ebenfalls eine Höhe von 120. Zusätzlich zu diesen Angaben sei noch zu berücksichtigen, dass das Land die Anschaffung mit 2000 Euro bezuschusst habe. Der Kalkulationszinssatz (hier der Mischzinssatz) betrage 7%.

Die Abschreibungen haben wir bereits ermittelt, und zwar sind wir zu folgendem Ergebnis gekommen:

	Abschreibung auf Basis des Anschaffungswertes	**Abschreibung auf Basis des Wiederbeschaffungszeitwertes**
2007	1.000 Euro	1.046 Euro
2008	1.000 Euro	1.046 Euro
2009	1.000 Euro	1.091 Euro
2010	1.000 Euro	1.091 Euro
Abschreibungssumme*	4.000 Euro	4.274 Euro

*ohne Aufzinsung der zwischenzeitlich erzielten Beträge

Damit können wir die Berechnung der kalkulatorischen Zinsen vornehmen. Im Einzelnen sind bei einem **Kalkulationszinssatz von 7%**, der gegenwärtig in Nordrhein-Westfalen noch für zulässig erachtet wird, folgende Berechnungen und Ergebnisse möglich:

1. Berechnung der kalkulatorischen Zinsen nach der **Restwertmethode bei vollständigem Abzug der Beiträge und Zuschüsse Dritter** sowie bei Abschreibungen auf Anschaffungswertbasis:

Wir gehen von der oben abgeleiteten Formel

$$Z = [\,(AW - \sum jA_{AW}) - BZ] \cdot i$$

aus und setzen die betreffenden Beträge ein.

(a) Es gilt, wenn wir **vom Restbuchwert zu Beginn des Jahres** ausgehen, was gegenwärtig in Nordrhein-Westfalen noch gestattet ist, folgende Berechnung:
Kalkulatorische Zinsen für 2007 = (4.000 Euro – 2.000 Euro) · 7% = 140 Euro
Kalkulatorische Zinsen für 2008 = (3.000 Euro – 2.000 Euro) · 7% = 70 Euro
Kalkulatorische Zinsen für 2009 = (2.000 Euro – 2.000 Euro) · 7% = 0 Euro
Auch 2010 dürfen keine kalkulatorischen Zinsen mehr in Ansatz gebracht werden.

(b) Es gilt, wenn wir **vom Restbuchwert zur Mitte des Jahres** ausgehen, folgende Berechnung:
Kalkulatorische Zinsen für 2007 = (3.500 Euro – 2.000 Euro) · 7% = 105 Euro
Kalkulatorische Zinsen für 2008 = (2.500 Euro – 2000 Euro) · 7% = 35 Euro
2009 u. 2010 dürfen keine kalkulatorischen Zinsen mehr in Ansatz gebracht werden.

(c) Es gilt, wenn wir **vom Restbuchwert zum Ende des Jahres** ausgehen, folgende Berechnung:
Kalkulatorische Zinsen für 2007 = (3.000 Euro – 2.000 Euro) · 7% = 70 Euro
Kalkulatorische Zinsen für 2008 = (2.000 Euro – 2.000 Euro) · 7% = 0 Euro
2009 u. 2010 dürfen keine kalkulatorischen Zinsen mehr in Ansatz gebracht werden.

2. Berechnung der kalkulatorischen Zinsen nach der **Restwertmethode bei anteiligem Abzug der Beiträge und Zuschüsse Dritter** sowie bei Abschreibungen auf Anschaffungswertbasis:

Wir gehen von der oben abgeleiteten Formel

$$Z = [\, (AW - \Sigma\, jA_{AW}) - bz \cdot (AW - \Sigma\, jA_{AW})\,] \cdot i$$

aus und setzen die betreffenden Beträge ein.

(a) Es gilt, wenn wir **vom Restbuchwert zu Beginn des Jahres** ausgehen, was gegenwärtig in Nordrhein-Westfalen noch gestattet ist, folgende Berechnung:
Kalkulatorische Zinsen für 2007 = (4.000 Euro – 50% · 4.000 Euro) · 7% = 140 Euro
Kalkulatorische Zinsen für 2008 = (3.000 Euro – 50% · 3.000 Euro) · 7% = 105 Euro
Kalkulatorische Zinsen für 2009 = (2.000 Euro – 50% · 2.000 Euro) · 7% = 70 Euro
Kalkulatorische Zinsen für 2010 = (1.000 Euro – 50% · 1.000 Euro) · 7% = 35 Euro

(b) Es gilt, wenn wir **vom Restbuchwert zur Mitte des Jahres** ausgehen, folgende Berechnung:
Kalk. Zinsen für 2007 = (3.500 Euro – 50% · 3.500 Euro) · 7% = 122,50 Euro
Kalk. Zinsen für 2008 = (2.500 Euro – 50% · 2.500 Euro) · 7% = 87,50 Euro
Kalk. Zinsen für 2009 = (1.500 Euro – 50% · 1.500 Euro) · 7% = 52.50 Euro
Kalk. Zinsen für 2010 = (500 Euro – 50% · 500 Euro) · 7% = 17,50 Euro

(c) Es gilt, wenn wir **vom Restbuchwert zum Ende des Jahres** ausgehen, folgende Berechnung:
Kalkulatorische Zinsen für 2007 = (3.000 Euro – 50% · 3.000 Euro) · 7% =105 Euro
Kalkulatorische Zinsen für 2008 = (2.000 Euro – 50% · 2.000 Euro) · 7% = 70 Euro
Kalkulatorische Zinsen für 2009 = (1.000 Euro – 50% · 1.000 Euro) · 7% = 35 Euro
2010 dürfen keine kalkulatorischen Zinsen mehr in Ansatz gebracht werden.

Die nachfolgende Tabelle vermittelt einen Überblick über die unterschiedlichen Ergebnisse:

Jahr	Kalkulatorische Zinsen in Euro					
	Restwert auf Anschaffungswertbasis und bei vollständigem Abzug der Beiträge und Zuschüsse Dritter zum bzw. zur			**Restwert auf Anschaffungswertbasis und bei anteiligem Abzug** der Beiträge und Zuschüsse Dritter zum bzw. zur		
	Jahres-anfang	Jahres-mitte	Jahres-ende	Jahres-anfang	Jahres-mitte	Jahres-ende
2007	140	105	70	140	122,50	105
2008	70	35	0	105	87,50	70
2009	0	0	0	70	52,50	35
2010	0	0	0	35	17,50	0
Insge-samt	210	140	70	350	280	210

* ohne Aufzinsung der zwischenzeitlich erzielten Beträge

Nach dem aktuellen Stand der Rechtsprechung in Nordrhein-Westfalen sind für die Gebührenkalkulation die Restwerte zum Jahresanfang anzusetzen (vgl. Driehaus, Teil III, Benutzungsgebühren § 6, S. 93). Bezüglich der anteiligen Berücksichtigung der Beiträge und Zuschüsse Dritter fehlt es an letzter Klarheit. Das Urteil des OVG Münster v. 20.3.1997 – 9a 1921/95) wird jedoch so gedeutet, dass diese als **Prozentmethode** bezeichnete Vorgehensweise zulässig ist (vgl. Driehaus, Teil III, Benutzungsgebühren § 6, S.109). Damit dürften gegenwärtig die in der Tabelle erfassten 6 Varianten zulässig sein.

Ergänzende Darstellung der Durchschnittsmethode

Bei der **Durchschnittsmethode** legt man das in einem Wirtschaftsgut während der Nutzungsdauer **durchschnittlich gebundene Kapital** zu Grunde. *Dabei ist zwischen Gütern, die einem Werteverzehr unterliegen* und daher abgeschrieben werden, *und Gütern, die keinem Werteverzehr unterliegen* und somit nicht abgeschrieben werden, *zu unterscheiden.*

Betrachten wir zunächst die zuletzt genannte Gruppe von Wirtschaftsgütern. Es handelt sich dabei um **Grundstücke**. Da diese Güter in der Regel nicht abgeschrieben werden, nimmt auch das in ihnen gebundene Kapital im Laufe der Zeit nicht ab. Damit ist im Durchschnitt immer das gleiche Kapital gebunden. Die Zinsberechnung erfolgt also, wenn man vom Anschaffungswert ausgeht, nach folgender Gleichung:

kalkulatorische Zinsen pro Jahr = (Anschaffungswert minus Beiträge und Zuschüsse) mal Kalkulationszinssatz

mit

Z für kalkulatorische Zinsen pro Jahr,
AW für Anschaffungswert,
BZ für Beiträge und Zuschüsse sowie
i für Kalkulationszinssatz (=Mischzinssatz)

ergibt sich folgende Gleichung:

$$Z = (AW - BZ) \cdot i$$

Für **Wirtschaftsgüter, die abgeschrieben werden**, sind folgende Vorüberlegungen notwendig, um die durchschnittliche Kapitalbindung zu ermitteln: Im Kauf- bzw. Herstellungszeitpunkt sind die gesamten Anschaffungs- bzw. Herstellungsauszahlungen gebunden. Wird das betreffende Wirtschaftsgut vollständig abgeschrieben, ist am Ende der geplanten Nutzungsdauer kein Kapital gebunden. Die durchschnittliche Kapitalbindung ergibt sich als arithmetisches Mittel der Kapitalbindung zu Beginn der Nutzungsdauer in Höhe des Anschaffungs- bzw. Herstellungswertes und der Kapitalbindung am Ende der Nutzungsdauer in Höhe von 0 Euro. Damit gilt für *Wirtschaftsgüter, die bis auf 0 Euro abgeschrieben werden*, folgende Gleichung:

durchschnittliche Kapitalbildung = (Anschaffungs- bzw. Herstellungswert minus 0 Euro) geteilt durch 2

Wir beschränken uns auf die erworbenen Güter und damit auf die Betrachtung des **Anschaffungswertes**. Für den Herstellungswert gilt eine entsprechende Betrachtung. Damit ergibt sich mit

AW für Anschaffungswert und
dKB für durchschnittliche Kapitalbindung

folgende Gleichung:

$$dKB = \frac{AW + O\ Euro}{2} \quad \text{oder kurz} \quad \frac{AW}{2}$$

Diese Ermittlung der durchschnittlichen Kapitalbildung lässt sich folgendermaßen erläutern (vgl. Abbildung 7): Zu Beginn der Nutzungsdauer liegt eine tatsächliche Kapitalbindung in Höhe des Anschaffungswertes vor. Am Ende der geplanten Nutzungsdauer beträgt die tatsächliche Kapitalbindung 0 Euro. Im Durchschnitt ist damit die Hälfte des Anschaffungswertes gebunden (AW/2).

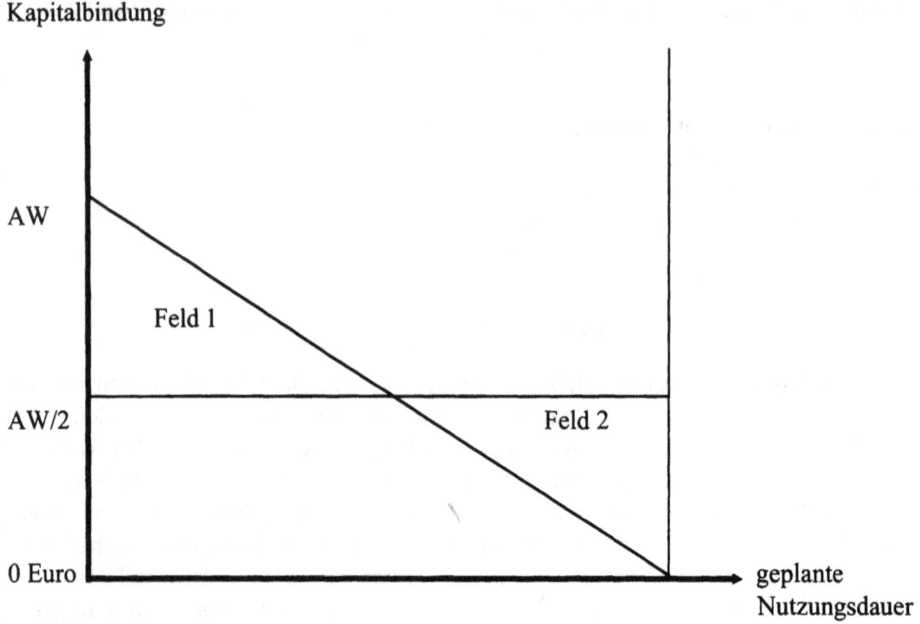

Abbildung 7: Darstellung der Kapitalbindung

Wählt man diese durchschnittliche Kapitalbindung für die Zinsberechnung, dann berücksichtigt man anfänglich eine zu niedrige Kapitalbindung. Die tatsächliche Kapitalbindung ist in der ersten Hälfte der geplanten Nutzungsdauer höher (vgl. Feld 1). In der zweiten Hälfte der Nutzungsdauer berücksichtigt man, wenn man von der durchschnittlichen Kapitalbindung ausgeht, eine zu hohe Kapitalbindung, die tatsächliche Kapitalbindung ist kleiner (vgl. Feld 2). **Damit wird bei der Durchschnittsmethode zunächst eine zu hohe und später eine zu niedrige** Kapitalbindung **unterstellt**. Allerdings sind die gegenläufigen Abweichungen gleich groß (Fläche Feld 1 = Fläche Feld 2), so dass sich, wenn man die gesamte Nutzungsdauer betrachtet, die Fehler ausgleichen.

Legt man die **Durchschnittsmethode** zu Grunde, gilt für die **Berechnung der kalkulatorischen Zinsen bei Wirtschaftsgütern, die vollständig abgeschrieben werden**, folgende Gleichung:

kalkulatorische Zinsen pro Jahr = (Anschaffungs- bzw. Herstellungswert minus Beiträge und Zuschüsse) geteilt durch 2 mal Kalkulationszinssatz

Wir beschränken uns wieder auf den Anschaffungswert und verwenden die bekannten Abkürzungen, also
Z für kalkulatorische Zinsen pro Jahr,
AW für Anschaffungswert,
BZ für Beiträge und Zuschüsse sowie

i für Kalkulationszinssatz (=Mischzinssatz).
Es ergibt sich folgende Gleichung:

$$\mathbf{Z} = \frac{\mathbf{AW - BZ}}{\mathbf{2}} \cdot \mathbf{i}$$

Wird für das Wirtschaftsgut noch ein **Resterlös, also beispielsweise ein Schrotterlös,** erzielt, wird das Wirtschaftsgut also nicht vollständig abgeschrieben, so sind noch folgende Überlegungen zu berücksichtigen: Kapital in Höhe des Resterlöses ist in voller Höhe in jedem Jahr gebunden. Die Differenz zwischen Anschaffungswert bzw. Herstellungswert und Resterlös wird hingegen abgeschrieben. Durchschnittlich ist somit nur die Hälfte dieser Differenz gebunden.

Wird ein **Resterlös** erzielt und liegt **kein Abzugskapital** vor, gilt folgende Gleichung:

kalkulatorische Zinsen pro Jahr = (Anschaffungs- bzw. Herstellungswert abzüglich Resterlös) geteilt durch 2 mal Kalkulationszinssatz plus Resterlös mal Kalkulationszinssatz

Verwenden wir wieder
Z für kalkulatorische Zinsen pro Jahr, **AW** für Anschaffungswert, **RE** für Resterlös sowie
i für Kalkulationszinssatz (=Mischzinssatz)
gilt die Gleichung

$$\mathbf{Z} = \frac{\mathbf{AW - RE}}{\mathbf{2}} \cdot \mathbf{i} + \mathbf{RE} \cdot \mathbf{i}$$

Sind neben dem Resterlös zusätzlich noch von Dritten geleistete Beiträge und Zuschüsse zu berücksichtigen, dann ist das Abzugskapital anteilig in beiden Gleichungsbestandteilen in Abzug zu bringen.

Demzufolge ist

- *einmal* der Anteil des Abzugskapitals am abschreibbaren Teil des Wirtschaftsgutes und
- *zweitens* der Anteil des Abzugskapitals am nicht abschreibbaren Teil, d.h. am Resterlös,

zu bemessen.

Der **Anteil des Abzugskapitals am abschreibbaren Teil des Anschaffungswertes** ergibt sich, indem man den um den Resterlös verminderten Anschaffungswert durch den Anschaffungswert teilt. Er beträgt somit

$$\frac{\mathbf{AW - RE}}{\mathbf{AW}}$$

Der **Anteil des Abzugskapitals, der auf den nicht abschreibbaren Teil des Anschaffungswertes, also auf den Resterlös, entfällt,** ergibt sich indem man den Resterlös durch den Anschaffungswert teilt. Er beträgt

$$\frac{\mathbf{RE}}{\mathbf{AW}}$$

Beide Anteile zusammen ergeben 100%. Dies wird deutlich, wenn man die beiden Brüche addiert. Beispiel: Unterstellt der Anschaffungswert hat eine Höhe von 4.000 Euro und der zu erwartende Resterlös beträgt 1.000 Euro, dann ergibt sich ein **Anteil des Abzugskapitals am abschreibbaren Teils des Anschaffungswertes in Höhe von** (4.000 Euro – 1.000 Euro): 4.000 Euro und somit **in Höhe von 75%. Der Anteil des Abzugskapitals, der auf den nicht abschreibbaren Teil des Anschaffungswertes, also auf den Resterlös, entfällt,** beträgt 1.000 Euro: 4.000 Euro = **25%.**

Somit kann man die **kalkulatorischen Zinsen** pro Jahr **für Wirtschaftsgüter,**

welche einer Abnutzung unterliegen,
für die am Ende der Nutzungsdauer ein Resterlös erzielt wird und
bei denen drittens Beiträgen und Zuschüssen Dritter berücksichtigt werden müssen

nach der Durchschnittsmethode folgendermaßen berechnen:

$$Z = \frac{(AW - RE) - \frac{AW - RE}{AW} \cdot BZ}{2} \cdot i + \left(RE - \frac{RE}{AW} \cdot BZ\right) \cdot i$$

mit
Z die kalkulatorische Zinsen pro Jahr,
AW für Anschaffungswert,
BZ für Beiträge und Zuschüsse,
RE für Resterlös sowie
i für Kalkulationszinssatz (=Mischzinssatz)

Die Gleichung ist mit unserer Ausgangsgleichung für die Berechnung der kalkulatorischen Zinsen bei Wirtschaftsgütern, die abgeschrieben werden, durchaus vereinbar. Dies wird deutlich, wenn man unterstellt, dass kein Resterlös anfällt.

Dann gilt:

$$Z = \frac{(AW - 0) - \frac{AW - 0}{AW} \cdot BZ}{2} \cdot i + \left(0 - \frac{0}{AW} \cdot BZ\right) \cdot i$$

und man erhält somit die bekannt einfache Gleichung

$$\mathbf{Z = \frac{AW - BZ}{2} \cdot i}$$

Nachfolgend werden die Berechnungen anhand zweier **Beispiele** erläutert.

1. Beispiel: Zunächst greifen wir noch einmal das bereits behandelte Beispiel auf und stellen die Daten noch einmal zusammen: Ein kommunaler Verwaltungsbetrieb erwirbt Anfang 2006 ein Wirtschaftsgut (Anschaffungswert 4000 Euro; geplante Nutzungsdauer 4 Jahre; erwarteter Resterlös 0 Euro). Der Preisindex für die betreffenden Wirtschaftsgüter hat Anfang 2006 eine Höhe von 110, Anfang 2007 eine Höhe von 115, Anfang 2008 eine Höhe von 115, Anfang 2009 eine Höhe von 120 und Anfang 2010 ebenfalls eine Höhe von 120. Zusätzlich zu diesen Angaben, sei noch zu berücksichtigen, dass das Land die Anschaffung mit 2000 Euro bezuschusst habe. Der Kalkulationszinssatz (hier der Mischzinssatz) betrage 7%.

Wir können mit der Formel

$$\mathbf{Z = \frac{AW - BZ}{2} \cdot i}$$

arbeiten und setzten die betreffenden Beträge ein:

Z = (4.000 Euro – 2.000 Euro) : 2 · 7% = 70 Euro

Damit würde man in 4 Jahren insgesamt kalkulatorische Zinsen in Höhe von 280 Euro berücksichtigen.

2. Beispiel: Wir belassen es bei den oben zusammengestellten Daten, unterstellen aber zusätzlich, dass wir am Ende der geplanten Nutzungsdauer mit einem Resterlös in Höhe von 1.000 Euro rechnen können. Nunmehr müssen wir die folgende Formel heranziehen, wobei aus Gründen der Datenaufbereitung mit der Formulierung **TE für 1.000 Euro** arbeiten:

$$\mathbf{Z = \frac{(4TE - 1TE) - \frac{4TE - 1TE}{4TE} \cdot 2TE}{2} \cdot 7\% + \left(1TE - \frac{1TE}{4TE} \cdot 2TE\right) \cdot 7\%}$$

$$\mathbf{Z = \frac{3TE - \frac{3TE}{4TE} \cdot 2TE}{2} \cdot 7\% + \left(1TE - \frac{1TE}{4TE} \cdot 2TE\right) \cdot 7\%}$$

$$Z = \frac{3TE - 75\% \cdot 2\,TE}{2} \cdot 7\% + (1TE - 25\% \cdot 2TE) \cdot 7\%$$

$$Z = \frac{3TE - 1{,}5TE}{2} \cdot 7\% + (1TE - 0{,}5TE) \cdot 7\%$$

$$Z = 0{,}75TE \cdot 7\% + 0{,}5TE \cdot 7\% = 1{,}25TE \cdot 7\% = 87{,}50 \text{ Euro}$$

Vergleicht man die Durchschnittsmethode mit der Restwertmethode, so fällt zunächst auf, dass die Nutzungsdauer des einzelnen Wirtschaftsgutes keine Rolle spielt. Insofern kann man die Anschaffungswerte der relevanten Anlagegüter „in einen Topf" werfen, was die Berechnung erleichtert. Für *Wirtschaftlichkeitsbeurteilungen* kann die Durchschnittsmethode daher durchaus zweckmäßig sein. Allerdings gilt auch hier: Bei Vergleichen muss die Methode von sämtlichen einbezogenen Teilbetrieben und für sämtlichen Betrachtungszeiträume eingesetzt werden. Für die *Gebührenkalkulation* ist die Durchschnittsmethode hingegen abzulehnen (vgl. z.B. OVG Münster Urteil v. 18.3.1996 – 9a 274/93). Im kommunalen Bereich haben zahlreiche Anlagegüter eine lange Nutzungsdauer, man denke beispielsweise an den Abwasserbereich. Besonders in diesen Fällen besteht die Gefahr, dass einzelne Benutzer überdurchschnittlich be- bzw. entlastet werden. So ist beispielsweise denkbar, dass einzelne Benutzer, das betreffende Wirtschaftsgut lediglich in der ersten Hälfte der Nutzungsdauer in Anspruch nehmen. Ihnen werden dann bei Anwendung der Durchschnittsmethode zu niedrige kalkulatorische Zinsen in Rechnung gestellt. Andere Benutzer nehmen die Einrichtung eventuell erst in der zweiten Hälfte der geplanten Nutzungsdauer in Anspruch und müssen dann mit ihren Gebührenzahlungen mehr Zinsen als bei Anwendung der Restwertmethode entrichten. Sicherlich nimmt die Bedeutung des Problems ab, wenn langlebigen Wirtschaftsgüter mehr oder weniger kontinuierlich von Jahr zu Jahr beschafft bzw. erneuert werden. Völlig unproblematisch ist die Anwendung der Durchschnittsmethode jedoch auch in einem solchen Fall nicht. Hinzu kommt, dass, wie bereits erwähnt, im NKF bzw. NKR eine sorgfältige Anlagenbuchhaltung vorgeschrieben ist, so dass die Bereitstellung der Restwerte für die Gebührenkalkulation zumindest keinen erheblichen zusätzlichen Aufwand hervorruft.

Anmerkungen zur aktuellen Ermittlung der kalkulatorischen Zinsen für die Gebührenkalkulation

Unserer Ansicht nach sollte man die Ermittlung der kalkulatorischen Abschreibungen und die Ermittlung der kalkulatorischen Zinsen nicht völlig unabhängig voneinander betrachten. Diese Auffassung wird auch von einem Teil der Literatur vertreten (vgl. beispielsweise Driehaus, Teil III, Benutzungsgebühren § 6, S.95). Werden die Abschreibungen auf Anschaffungswertbasis ermittelt, ist es völlig korrekt, bei der Zinsberechnung von dem auf Anschaffungswertbasis ermittelten Restbuch auszugehen, also vom Anschaffungswert die erzielten Abschreibungen auf Anschaffungswertbasis abzuziehen. Geht man bei der Berechnung der kalkulatorischen Abschreibungen vom Wiederbeschaffungszeitwert aus, erfolgt entsprechend ein schnellerer Kapitalrückfluss. Bei der Berechnung der kalkulatorischen Zinsen ist dies unserer Ansicht nach zu berücksichtigen. Der Ausgangswert für die Berechnung der kalkulatorischen Zinsen ist somit um den erzielten Kapitalrückfluss zu vermindern, also um die erzielten Abschreibungen auf Wiederbeschaffungszeitwertbasis (vgl. Schuster/Brinkmeier, Kalkulatorische Zinsen, S. 127). Ansonsten müsste der Gebührenzahler für ein Kapital Zinsen bezahlen, dass er bereits über die Gebühr zurückgezahlt hat. Wenn man Abschreibungen auf Wiederbeschaffungszeitwertbasis zulässt, sollte man daher eine der *beiden folgenden Berechnungsvarianten* wählen:

1. Berechnungsvariante:

Kalkulatorische Zinsen pro Jahr = ((Anschaffungswert bzw. Herstellungswert minus Summe der bisher erzielten Abschreibungen auf Wiederbeschaffungszeitwertbasis) minus Beiträge und Zuschüsse) • Mischzinssatz

Verwendet man die folgenden, bereits bekannten Abkürzungen wie
Z für kalkulatorische Zinsen pro Jahr,
AW für Anschaffungswert,
Σ jA$_{WZW}$) für Summe der jährlichen Abschreibungen auf WZW-Basis,
BZ für Beiträge und Zuschüsse sowie
i für Kalkulationszinssatz (=Mischzinssatz),
lässt sich die Gleichung auch folgendermaßen schreiben:

$$\mathbf{Z = [\,(AW - \Sigma\, jA_{WZW}) - BZ] \cdot i}$$

2. Berechnungsvariante:

Kalkulatorische Zinsen pro Jahr = ((Anschaffungswert bzw. Herstellungswert minus Summe der bisher erzielten Abschreibungen auf Wiederbeschaffungszeitwertbasis) minus Beitrags- und Zuschussprozentsatz • (Anschaffungswert bzw. Herstellungswert minus Summe der bisher erzielten Abschreibungen auf Wiederbeschaffungszeitwertbasis)) •Mischzinssatz

Verwendet man wieder
Z für kalkulatorische Zinsen pro Jahr,
AW für Anschaffungswert,
Σ jA$_{WZW}$) für Summe der jährlichen Abschreibungen auf WZW-Basis,
bz für Beitrags- und Zuschussprozentsatz sowie
i für Kalkulationszinssatz (=Mischzinssatz),
so lässt sich die Gleichung folgendermaßen aufstellen:

$$\mathbf{Z = [\,(AW - \Sigma\, jA_{WZW}) - bz \cdot (AW - \Sigma\, jA_{WZW})] \cdot i}$$

Auch hier wollen wir die Auswirkungen noch einmal kurz unter Rückgriff auf das bereits herangezogene **Beispiel** erläutern:

> Ein kommunaler Verwaltungsbetrieb erwirbt Anfang 2006 ein Wirtschaftsgut (Anschaffungswert 4000 Euro; geplante Nutzungsdauer 4 Jahre; erwarteter Resterlös 0

Euro). Der Preisindex für die betreffenden Wirtschaftsgüter hat Anfang 2006 eine Höhe von 110, Anfang 2007 eine Höhe von 115, Anfang 2008 eine Höhe von 115, Anfang 2009 eine Höhe von 120 und Anfang 2010 ebenfalls eine Höhe von 120. Zusätzlich zu diesen Angaben, sei noch zu berücksichtigen, dass das Land die Anschaffung mit 2000 Euro bezuschusst habe. Der Kalkulationszinssatz (hier der Mischzinssatz) betrage 7%.

Die kalkulatorischen Abschreibungen haben wir bereits ermittelt. Sie werden nachfolgend noch einmal zusammengestellt. Weiterhin werden die nach der Formel **($AW - \sum jA_{WZW}$)** ermittelten **Restwert am Jahresanfang** aufgeführt.

	Abschreibung auf Basis des Wiederbeschaffungszeitwertes	**Restwert am Jahresanfang nach der Formel** ($AW - \sum jA_{WZW}$)
2007	1.046 Euro	4.000 Euro
2008	1.046 Euro	2.954 Euro
2009	1.091 Euro	1.908 Euro
2010	1.091 Euro	817 Euro
Abschreibungssumme	4.274 Euro	

Nach der ersten Berechnungsvariante ergeben sich damit für die einzelnen Jahre folgende kalkulatorische Zinsen:

Kalkulatorische Zinsen für 2007= (4000 Euro – 2.000 Euro) · 7% = 140 Euro
Kalkulatorische Zinsen für 2008= (2.954 Euro – 2.000 Euro) · 7% = 66,78 Euro
Für 2009 und 2010 können keine kalkulatorischen Zinsen mehr angesetzt werden.

Nach der zweiten Berechnungsvariante ergeben sich damit für die einzelnen Jahre folgende kalkulatorische Zinsen:

Kalk. Zinsen für 2007 = (4000 Euro – 50% · 4.000 Euro) · 7% = 140 Euro
Kalk. Zinsen für 2008 = (2.954 Euro – 50% · 2.954 Euro) · 7% = 103,39 Euro
Kalk. Zinsen für 2009 = (1.908 Euro – 50% · 1.908 Euro) · 7% = 66,78 Euro
Kalk. Zinsen für 2010 = (817 Euro – 50% · 817 Euro) · 7% = 28,60 Euro

Sobald Abschreibungen auf Anschaffungswertbasis gewählt werden, sind diese Berechnungen nicht erforderlich.

Insgesamt wird deutlich, dass sich je nach Wahl der Methode beträchtliche Unterschiede bezüglich der Höhe der kalkulatorischen Zinsen ergeben können. Die Gefahr, dass die Gebührenzahlerinnen und Gebührenzahler mit ihrer Gebühr ungewollt eine Quersubventionierung für andere Bereiche leisten, ist nicht von der Hand zu weisen. Besonders problematisch erscheint es, wenn Abschreibungen auf Wiederbeschaffungszeitwertbasis mit hohen kalkulatorischen Zinssätzen kombiniert werden. Der negative Effekt wird dann noch verstärkt, wenn die tatsächlichen Kapitalrückflüsse nicht zu einer Verringerung des für die Verzinsung maßgeblichen Kapitals beitragen oder wenn der Kalkulationszinssatz den Fremdkapitalzinssatz

deutlich übersteigt. Ist letzteres der Fall, erfolgt mit dem Ansatz von kalkulatorischen Zinsen nicht nur eine Entschädigung für die Kapitalbereitstellung, sondern entstehen zusätzliche Gewinne. Auch wenn möglicherweise formell keine Kostenüberschreitung vorliegt, so ist sie in solchen Fällen jedoch materiell gegeben. Die Aufgabe des Controllings besteht darin, die Gebührenkalkulation zu begleiten und den politischen Entscheidungsträgern die besondere kostenrechnerische Problematik bei der Berechnung der kalkulatorischen Abschreibungen und Zinsen deutlich zu machen.

5.5.6 Weitere Kostenarten

Neben den bisher besprochenen Kostenarten sind ergänzend noch einige andere Kostenarten zu nennen, die in einzelnen kommunalen Teilbetrieben vorkommen können. Sie sollen nur kurz besprochen werden, weil ihr Anteil an den Gesamtkosten eines Teilbetriebs in der Regel gering ist.

Wie im Bereich der Privatwirtschaft so kommt auch in der kommunalen Kosten- und Leistungsrechnung der Ansatz **kalkulatorischer Wagnisse** grundsätzlich in Betracht. Weshalb man den Ansatz einer solchen Kostenart in Erwägung ziehen kann, verdeutlichen die folgenden Überlegungen:

Unterstellt ein kommunaler Teilbetrieb müsste mit eventuellen Sturmschäden rechnen, so wäre es eventuell sinnvoll, das Risiko bei einem Versicherungsunternehmen abzusichern. Würde eine Versicherungsunternehmung diese Absicherung übernehmen, würde ein entsprechender Versicherungsvertrag geschlossen und der betreffende kommunale Teilbetrieb hätte dann in jedem Jahr den vereinbarten Betrag an die Versicherungsunternehmung zu zahlen. In anderen Worten es würden Jahr für Jahr Versicherungsauszahlungen anfallen. Diese **Versicherungsauszahlungen** wären zu periodisieren und würden zu **Versicherungsaufwendungen** führen, die auch im NKF bzw. NKR in den betreffenden Teilergebnisplänen bzw. Teilergebnisrechnungen ausgewiesen würden. Steht der Versicherungsgrund mit dem Sachziel des betreffenden kommunalen Teilbetriebs in Verbindung, würde es sich nicht nur um Versicherungsaufwendungen, sondern auch um **Versicherungskosten** handeln, was in der Regel der Fall sein dürfte.

Die Berücksichtigung solcher Versicherungskosten ist nicht nur für die *Wirtschaftlichkeitsbeurteilung* relevant, sondern auch aus dem *Blickwinkel der Gebührenkalkulation* durchaus sinnvoll. Die Gebührenzahler bzw. die Gebührenzahlerinnen werden zwar dadurch, dass sich der kommunale Teilbetrieb bei einem Versicherungsunternehmen versichert hat, stärker als zuvor belastet, haben aber auch den *Vorteil, dass der Betrieb nicht in seiner Existenz bedroht ist*, falls der betreffende Schadensfall auftritt. In diesem Fall würde das Versicherungsunternehmen die mit dem Schaden verbundenen finanziellen Belastungen übernehmen. Die dem kommunalen Teilbetrieb entstehenden Auszahlungen würden also durch entsprechende Einzahlungen ausgeglichen.

Würde der kommunale Teilbetrieb auf den Abschluss einer Versicherung verzichten und das Risiko des Schadenfalls selbst tragen, würde im Schadensfall Folgendes passieren: Für die Beseitigung des Sturmschadens würden Auszahlungen anfallen und nach entsprechender Periodisierung würde Aufwand entstehen. Da der Entstehungsgrund nicht dem normalen betrieblichen Geschehen zuzuordnen, sondern auf „Höhere Gewalt" zurückzuführen wäre, würde es sich um außerordentlichen Aufwand und somit um *keine Kosten* handeln. *Die auf der Basis der Kosten ermittelten Gebühren, würden nicht ausreichen, um den kommunalen Teilbetrieb in seiner Existenz zu sichern.*

Will man dies verhindern und kommt für die Absicherung eines speziellen Risikos keine Versicherung in Betracht, weil sich beispielsweise keine Versicherungsunternehmung findet, die das Risiko tragen würde, oder weil einem die geforderten Versicherungsprämien zu hoch erscheinen, kann sich der betreffende kommunale Teilbetrieb ersatzweise quasi bei sich selbst versichern. Dies geschieht durch den Ansatz des **kalkulatorischen Wagnisses** in der Kostenrechnung. Dabei handelt es sich um *eine Zusatzkostenposition.* Auszahlungen und Aufwendungen fallen nicht an. Die Höhe dieser Zusatzkosten könnte man ermitteln, indem man klärt, wie oft in der Vergangenheit beispielsweise Sturmschäden entstanden sind und wie hoch die Sturmschäden insgesamt waren und mit welchem Sturmschaden man pro Jahr im Durchschnitt rechnen muss. Dabei wird man um aussagekräftige Daten zu erhalten, einen längeren Zeitraum, beispielsweise einen Zeitraum von 10 Jahren betrachten müssen (vgl. beispielsweise Dreyhaupt, S. 32). Unterstellt in diesem Zeitraum von 10 Jahren seien Sturmschäden in einer Gesamthöhe von rund 100.000 Euro entstanden, dann müsste man im Durchschnitt mit einem Schaden in Höhe von 10.000 Euro pro Jahr rechnen. In dieser Höhe würde man folglich das kalkulatorische Wagnis pro Jahr ansetzen. Durch die Berücksichtigung des kalkulatorischen Wagnisses in Höhe von 10.000 Euro würde, wenn man die betreffende Gebühr durchsetzen kann, das kostendeckende Gebührenaufkommen ansteigen. Die zusätzlich erzielten Gebühreneinzahlungen in Höhe von 10.000 Euro müsste man so anlegen, dass sie im Schadensfall kurzfristig zur Verfügung stehen. Tritt ein Sturmschaden auf, kann dieser mit den vorhandenen Mitteln beseitigt werden. Außenstehende müssten nicht belastet werden.

Das Beispiel deuten an, wie selten für eine Kommunalverwaltung im NKF bzw. NKR der Ansatz kalkulatorischer Wagnisse berechtigt sein dürfte:

1. ergibt sich in vielen Fällen aufgrund gesetzlicher Vorschriften eine *Versicherungspflicht.*

2. ist häufig aufgrund eines *Vertrages,* beispielsweise in Verbindung mit einer Kreditaufnahme, eine Versicherung nicht zu vermeiden.

3. sind für zahlreiche Sachverhalte *in der kommunalen Bilanz* bzw. in der Bilanz des selbst bilanzierenden kommunalen Teilbetriebs *Rückstellungen* zu bilden. Dadurch entstehen Aufwendungen, und zwar Zweckaufwand und somit Grundkosten, so dass sich der Ansatz kalkulatorischer Wagnisse verbietet.

4. wird, wenn beispielsweise eine Rückstellung nicht gebildet werden kann, weil man den Schaden nicht hinreichend genau einzuschätzen vermag, auch eine „Normalisierung" der außergewöhnlichen Ereignisse für die Kostenrechnung nicht zu rechtfertigen sein.

Im Bereich der Privatwirtschaft unterscheidet man zwischen dem **allgemeine Unternehmenswagnis**, für das sich auf jeden Fall keine kalkulatorischen Zinsen in Ansatz bringen lassen, weil man es nicht hinreichend quantifizieren kann, und **speziellen Einzelwagnissen** (vgl. Hummel/Männel, S. 179). Solche Einzelwagnisse können beispielsweise das Anlagevermögen, die Vorräte und ein geliefertes Produkt betreffen. Insofern unterscheidet man zwischen dem **Anlage-, Bestände- und Gewährleistungswagnis.** Für diese Wagnisse kommt im Bereich der Kommunalverwaltung eine Zusatzkostenposition „kalkulatorische Wagnisse" nur in Betracht, wenn keine Rückstellungen gebildet werden können und gleichwohl eine „Normalisierung" möglich ist, was, wenn überhaupt, nur ausnahmsweise der Fall sein dürfte und dann noch schlecht nachzuweisen wäre. Die gleichen Überlegungen gelten für ein Gebührenausfallwagnis. Auch hierfür lässt sich der Ansatz einer Zusatzkostenposition „kalkulatorische Wagnisse" kaum rechtfertigen. Das gilt für die Wirtschaftlichkeitsbeurteilung und Gebührenkalkulation gleichermaßen.

Eine weitere Kostenart, die in der kommunalen Kostenrechnung eine Rolle spielen könnte, ist die **kalkulatorischen Miete**. So erscheint der Ansatz einer kalkulatorischen Miete angebracht, wenn ein kommunaler Teilbetrieb die Gebäude eines anderen kommunalen Teilbetriebs nutzt, ohne dass ihm ein Teil der Abschreibungen zugeordnet wird. Das NKF bzw. NKR sieht für diese Fälle jedoch eine andere Lösung vor. Der kommunale Teilbetrieb, dem das Gebäude zugeordnet wird und der demzufolge auch die bilanziellen Abschreibungen tragen muss, erzielt einen **internen Ertrag.** Der Teilbetrieb, der die Gebäude des anderen Teilbetriebs nutzt, wird mit einem entsprechenden **internen Aufwand** belastet. Beides wird in den betreffenden Teilergebnisplänen bzw. Teilergebnisrechnungen sichtbar. Der interne Aufwand wird vergleichsweise wie ein Mietaufwand herangezogen, um die Mietkosten abzuleiten. Eine Zusatzkostenposition „kalkulatorische Miete" ist also nur solange zulässig, wie das Neue Kommunale Finanzmanagement noch nicht vollständig umgesetzt ist. Ähnliche Überlegungen ergeben sich für den Ansatz eines **kalkulatorischen Unternehmerlohns**, wobei man im Bereich der Kommunalverwaltung besser von einem **kalkulatorischen Geschäftsführerlohn** (vgl. Dreyhaupt, S. 33) sprechen sollte. Eine solche Zusatzkostenposition könnte beispielsweise in Ansatz gebracht werden, wenn der Leiter eines anderen kommunalen Teilbetriebs zusätzlich den kommunalen Teilbetrieb leitet, für den die Kostenrechnung durchgeführt wird, ohne dafür ein Entgelt zu erhalten. Denkbar wäre beispielsweise, dass der Leiter des Stadtreinigungsamtes nebenher auch die städtischen Badeanstalten leitet (vgl. Dreyhaupt, S. 33). Auch diese interne Dienstleistung zwischen zwei kommunalen Teilbetrieben bzw. Teilhaushalten kann man mit Hilfe interner Erträge und interner Aufwendungen abbilden, so dass man bei der Kostenrechnung auf eine Aufwandsposition zurückgreifen kann und keine Zusatzkostenposition benötigt.

Insgesamt können wir daher festhalten, dass je korrekter und vollständiger das NKF bzw. NKR praktiziert wird, sei es bezüglich der Bildung von Rückstellungen, sei es bezüglich der internen Erträge und Aufwendungen, die Notwendigkeit bzw. die Möglichkeit, kalkulatorische Wagnisse, kalkulatorische Mieten, kalkulatorische Leitungsentgelte und ähnliche Kostenarten anzusetzen, abnimmt und letztlich entfällt.

Abschließend ist noch eine Kostenart zu erwähnen, die bisher in der Kostenrechnung noch keine hinreichende Beachtung gefunden hat, aber für die Kostenrechnung einzelner kommunaler Teilbetriebe nicht ohne Bedeutung ist.

Wir nennen diese Kostenart „**Transferkosten**". Um sie zu erläutern, beziehen wir uns auf die für das NKF und NKR typische Grobeinteilung der Aufwendungen. Demnach werden

- Personalaufwendungen,
- Versorgungsaufwendungen,
- Aufwendungen für Sach- und Dienstleistungen,
- Transferaufwendungen,
- Sonstige Aufwendungen,
- Zins- und sonstige Finanzaufwendungen,
- Bilanzielle Abschreibungen,
- Aufwendungen aus internen Leistungsbeziehungen und
- Außerordentliche Aufwendungen unterschieden.

Uns geht es jetzt um die *Transferaufwendungen.* In der Literatur wird hierzu folgende Auffassung vertreten: „Wie die Spenden in Privatunternehmen stellen die Transfers **keine Kosten** dar. Da es sich hierbei um einen bedeutenden Anteil am Gesamtaufwand handelt, liegt hier einer der größten Abweichungsgründe bezüglich Aufwand und Kosten vor" (Dreyhaupt/Placke, S.26). Wir teilen diese Auffassung nicht. Transferaufwendungen sind nur im Hinblick auf die Erfüllung kommunaler Aufgaben zulässig. Sie haben eindeutig einen Sachzielbezug und damit Kostencharakter. Selbstverständlich ist auch hier auf periodenfremden Aufwand und auf die zutreffende Zuordnung zum Sachziel des jeweiligen kommunalen Teilbetriebs bzw. Teilhaushalts zu achten. Das ändert jedoch nichts daran, dass Transferaufwendungen und Kosten einander in der Regel entsprechen. So handelt es sich beispielsweise bei einem Transferaufwand „Zuschuss zu einer Altenfahrt", der in einem für das Produkt „Unterstützung von Senioren" gebildeten Teilhaushalt erfasst wird, selbstverständlich auch um Kosten, denn das für diesen Teilhaushalt gültige Sachziel besteht unter anderem auch darin, den Seniorinnen und Senioren eine gemeinsame Freizeitgestaltung zu ermöglichen. Interessanterweise werden in der oben zitierten Schrift, abweichend von der oben wiedergegebenen These, die Transferaufwendungen im Rahmen einer Fallstudie vollständig in die Kostenrechnung übernommen (vgl. Dreyhaupt/Placke S.117), was unseren Feststellungen entspricht.

5.5.7 Controllingorientierte Betrachtung der Kostenartenrechnung

Die Betrachtung hat gezeigt, dass in Abhängigkeit von den verschiedenen Wertansätzen sowie Erfassungs- bzw. Berechnungsmethoden erhebliche Kostenunterschiede auftreten können. Insofern ist aus controllingorientierter Sicht Folgendes zu bedenken:

- *Erstens* können die für die Preisfindung, d.h. die Gebührenkalkulation, gewählten Wertansätze nicht einfach zur Wirtschaftlichkeitsbeurteilung herangezogen werden. Es ist in jedem Einzelfall zu prüfen, welche Wertansätze bzw. Verfahren sich für den angestrebten Vergleich eignen.

- *Zweitens* ist die Entscheidung über die zu wählenden Wertansätze und Berechnungsverfahren betriebsübergreifend einheitlich zu treffen. Ansonsten ist kein Betriebs- bzw. Teilbetriebsvergleich aussagekräftig.
- *Drittens* muss der erzielte Steuerungseffekt in einem sinnvollen Verhältnis zum Erfassungs- bzw. Verrechnungsaufwand stehen. Gerade auch bei der Kostenartenrechnung ist darauf zu achten, dass ein Instrument, das der Wirtschaftlichkeit dient, selbst wirtschaftlich gestaltet und eingesetzt werden muss.
- *Viertens* hat das Neue Kommunale Finanzmanagement und Rechnungswesen Auswirkungen auf die Ermittlung und die Bedeutung einzelner Kostenarten. Die im NKF und NKR ohnehin vorgeschriebene Anlagenbuchhaltung erlaubt den Einsatz der Restwertmethode ohne einen erheblichen zusätzlichen Aufwand. Wird das NKF bzw. NKR vollständig umgesetzt, werden also beispielsweise Rückstellungen, interne Erträge und Aufwendungen ermittelt, kann auf die Ermittlung kalkulatorischer Wagnisse, kalkulatorischer Mieten und kalkulatorischer Leitungsentgelte völlig verzichtet werden.
- *Fünftens* sollte man im Rahmen der Gebührenkalkulation möglichst einfache Verfahren wählen, damit auch die Kalkulation selbst dem Wirtschaftlichkeitsgrundsatz genügt und die Nachvollziehbarkeit gewährleistet wird. Die Beachtung der Wirtschaftlichkeit und der Kostentransparenz legen es nahe, bei der Ermittlung der kalkulatorischen Abschreibungen vom Anschaffungswert auszugehen. Es kann dann auf die Anlagenbuchhaltung des NKF bzw. NKR zurückgegriffen werden. Zusätzlich entsteht zumindest in Nordrhein-Westfalen ein weiterer Vorteil. Man kann die bisher praktizierte Berechnung der kalkulatorischen Zinsen ohne eine ungerechtfertigte Belastung der Gebührenzahler und Gebührenzahlerinnen beibehalten, weil bei dieser Kombination von kalkulatorischen Abschreibungen und kalkulatorischen Zinsen dem tatsächlichen Kapitalrückfluss Rechnung getragen wird.

6 Die Kostenstellenrechnung

6.1 Begriff und Aufgaben der Kostenstellenrechnung

Bei der **Kostenstellenrechnung** geht es darum, die mit Hilfe der Kostenartenrechnung vollständig erfassten Kosten eines kommunalen Teilbetriebs bestimmten Bereichen zuzuordnen, die man speziell zum Zweck der Kostenrechnung gebildet hat. Diese für kostenrechnerische Zwecke abgegrenzten Organisationsbereiche werden **Kostenstellen** genannt.

Wie die Kostenrechnung insgesamt so dient auch die Kostenstellenrechnung als Teil der Kostenrechnung besonders der Erreichung zweier, bereits mehrfach erläuterter **Zielsetzungen**, und zwar soll sie einerseits einen **Beitrag zur Preisfindung** leisten und zum anderen Möglichkeiten zur **Wirtschaftlichkeitsbetrachtung** eröffnen.

Im Hinblick auf die erste Zielsetzung, d.h. im Hinblick auf die **Preisfindung**, ist der Beitrag der Kostenstellenrechnung nicht unmittelbar ersichtlich. Auf den ersten Blick erscheint die Kostenstellenrechnung sogar ein Umweg zu sein, wenn man den Preis eines Produkts kalkulieren will; denn es liegt nahe, die im Rahmen der Kostenartenrechnung vollständig erfassten Kosten unmittelbar auf die erstellten Sachgüter und Dienstleistungen zu verteilen. Diese Vorgehensweise wäre auch durchaus gerechtfertigt, wenn es sich bei den Kosten um Einzelkosten der Produkte handeln würde. In diesem Fall wäre ersichtlich, welche Kosten welches Produkt verursacht hat und demzufolge wäre eine direkte Zuordnung der einzelnen Kosten auf die erstellten Sachgüter und Dienstleistungen möglich. Nur bei einem geringen Teil der im Bereich der Kommunalverwaltung anfallenden Kosten handelt es sich jedoch um solche Einzelkosten. Man denke beispielsweise an einen kommunalen Bäderbetrieb. Hier sind die kalkulatorischen Abschreibungen für die Gebäude nicht einem einzelnen Badebesuch verursachungsgerecht zuzuordnen. Der *Entstehungsgrund für diese Kosten liegt in der grundsätzlichen Betriebsbereitschaft.* Demzufolge sind Schlüsselungen, d.h. rechnerische Verteilungen aufgrund bestimmter Annahmen, unumgänglich. Mit Hilfe der Kostenstellenrechnung wird nun versucht, Informationen über innerbetriebliche Leistungsbeziehungen zu nutzen, um eine bessere Basis für die Verteilung solcher Gemeinkosten zu erlangen. **Damit wird deutlich, dass die Kostenstellenrechnung lediglich zur Reduzierung, nicht aber zur völligen Vermeidung der Schlüsselungsprobleme beizutragen vermag.**

Im Hinblick auf die zweite Zielsetzung der Kostenrechnung, d.h. im Hinblick auf die **Wirtschaftlichkeitskontrolle**, ist der Beitrag der Kostenstellenrechnung unmittelbar ersichtlich. Durch die Kostenstellenrechnung ist es möglich, kleine Bereiche einer Organisation zu durchleuchten. Man kann also durch Berücksichtigung einer Kostenstellenrechnung nicht nur erkennen, ob der Betrieb bzw. Teilbetrieb insgesamt wirtschaftlich oder unwirtschaftlich gearbeitet hat, sondern auch, wie in einzelnen Bereichen gewirtschaftet wurde. **Dies ist besonders im Hinblick auf das kommunale Controlling von Bedeutung. So kann man beispielsweise die Kostenstellen als Verantwortungsbereiche definieren und somit die Tätigkeit der für eine Kostenstelle verantwortlichen Mitarbeiter bzw. Mitarbeiterinnen anhand der Ergebnisse der Kostenstellenrechnung beurteilen.** Zu beachten ist jedoch auch hier, dass eine Wirtschaftlichkeitsbeurteilung die **Gegenüberstellung von Kosten und Leistung** verlangt. In vielen Fällen gelingt eine kostenstellenbezogene Kostenzuordnung, aber keine kostenstellenbezogene Erfassung der Leistung. Dann ist die Aussagekraft der Kostenstellenrechnung eingeschränkt, allerdings gleichwohl nicht ohne Wert; denn jetzt besteht immer noch die Möglichkeit, **kostenstellenbezogene Kostenvergleiche** durchzuführen. So kann man beispielsweise

- die Entwicklung der Kosten einer Kostenstelle in den letzten Jahren betrachten, also einen **kostenstellenbezogenen Zeitvergleich** vornehmen, oder
- die Kosten der Kostenstelle eines kommunalen Teilbetriebs mit den Kosten einer ähnlichen Kostenstelle des gleichen kommunalen Teilbetriebs einer anderen Gemeinde vergleichen, d. h einen **kostenstellenbezogenen Betriebsvergleich** anstreben, oder
- einen **kostenstellenbezogenen Soll-Ist-Vergleiche** durchführen und somit die für die Kostenstelle geplanten Kosten mit den tatsächlich entstandenen Kosten der Kostenstelle vergleichen.

Auch bei solchen kostenstellenbezogenen reinen Kostenvergleichen ist selbstverständlich wieder das zu beachten, was für sämtliche reine Kostenvergleiche gilt: Sie vermögen keine Beweise für wirtschaftliches oder unwirtschaftliches Verhalten zu liefern, sondern *nur erste Anhaltspunkte für weitere Nachforschungen.*

> Betrachten wir zum **Beispiel** die Kostenstelle „Hallenbad“ eines bestimmten kommunalen Bäderbetriebs und nehmen wir an, dass die Personalkosten dieser Kostenstelle weit über denen vergleichbarer kommunaler Bäderbetriebe liegen, so sind weitere Nachforschungen offensichtlich angebracht. Diese könnten ergeben, dass in großem Umfang unnötig Personal beschäftigt wird. Es könnte aber auch deutlich werden, dass die höheren Kosten durchaus begründet sind. Dies lässt sich eventuell erkennen, wenn man *Daten in die Betrachtung einbezieht, welche die Leistungsseite betreffen.* So könnte beispielsweise die Unfallhäufigkeit in dem betreffenden Bereich deutlich geringer sein als in vergleichbaren Bereichen der anderen Gemeinden. Auch könnten größere Besucherzahlen, ein anderes Dienstleistungsangebot, andere Öffnungszeiten usw. für solche kostenstellenbezogenen Kostenunterschiede ausschlaggebend sein.

6.2 Bildung und Einteilung von Kostenstellen

Die Bildung der Kostenstellen kann nach verschiedenen Kriterien vorgenommen werden, so beispielsweise *nach betrieblichen Funktionen, nach räumlichen Gesichtspunkten oder im*

Hinblick auf die vorhandene Aufbauorganisation. Im ersten Fall würde man beispielsweise die Kostenstellen „Beschaffung“, „Fertigung“ und „Absatz“ unterscheiden. Räumliche Gesichtspunkte könnten dazu führen, dass man Außenstellen oder Filialen zu Kostenstellen erklärt. Legt man für die Kostenstellenbildung die vorhandene Aufbauorganisation zu Grunde, kommen Abteilungen oder Sachgebiete als Kostenstellen in Betracht.

Wir haben bereits darauf hingewiesen, dass wegen des breiten Sortiments keine in sich geschlossene Kostenrechnung für den kommunalen Verwaltungsbetrieb als Ganzes erfolgen sollte. Der flächendeckende Einsatz der Kostenrechnung ist dadurch zu gewährleisten, dass die Kommunalverwaltung in Teilbetriebe bzw. Teilhaushalte zerlegt wird, wie dies nach dem neuen Haushaltsrecht auch vorgeschrieben ist, und für jeden dieser kommunalen Teilbetriebe, die in der Verwaltungssprache auch Produkte genannt werden, eine eigenständige Kostenrechnung durchgeführt wird. Demzufolge muss auch jeder kommunale Teilbetrieb seine Kostenstellen selbst abgrenzen. Bei der Bildung der Kostenstellen ist besonders auf die Folgen für die Kostenträgerrechnung zu achten. Weiterhin sind für gleiche kommunale Teilbetriebe auch gleiche Kostenstellenpläne zu entwickeln, um Betriebsvergleiche zu ermöglichen. Aus Gründen der Übersichtlichkeit ist weiterhin die Anzahl der Kostenstellen zu begrenzen. Ansonsten ist man im Hinblick auf die Abgrenzung der Kostenstellen relativ frei.

Unabhängig vom konkreten Ergebnis der Kostenstellenbildung lassen sich die Kostenstellen grundsätzlich nach zwei Gesichtspunkten gruppieren, und zwar zum einen danach, welche Güter die betreffende Kostenstellen für wen bereitstellen, und zum anderen danach, wie die Kosten der Kostenstellen weiterverteilt werden. Demzufolge gibt es **zwei grundsätzliche Einteilungskriterien, zum einen** wird **die Art der Produkte in Verbindung mit dem Abnehmerkreis** und **zum anderen** wird **die Art der Kostenverrechnung** für die Zuordnung der einzelnen Kostenstellen herangezogen.

Nach dem ersten Kriterium unterscheidet man im Bereich der Kommunalverwaltung vier Kostenstellenkategorien (vgl. beispielsweise Wünsche, S. 117), und zwar **die Allgemeinen Kostenstellen, die Hilfskostenstellen, die Hauptkostenstellen** und **die Nebenkostenstellen.**

Bei den **Allgemeinen Kostenstellen** handelt es sich um Kostenstellen, die andere Kostenstellen mit Sachgütern oder Dienstleistungen beliefern, und zwar zahlreiche andere, eventuell sogar sämtliche Kostenstellen. Auch die **Hilfskostenstellen** werden im Innenverhältnis eines kommunalen Teilbetriebes tätig, allerdings beliefern diese Kostenstellen nur einige wenige Kostenstellen, eventuell sogar nur eine Kostenstelle. Es wird deutlich, dass die Abgrenzung der beiden Kostenstellenkategorien nur dann eindeutig ist, wenn entweder nur eine oder wenn sämtliche Kostenstellen beliefert werden. Bei den **Hauptkostenstellen** handelt es sich um Kostenstellen, die Sachgüter oder Dienstleistungen nach außen, d.h. an den „Markt“, also in der Regel an den Bürger bzw. die Bürgerin, abgeben. Die von diesen Kostenstellen erstellten und abgegebenen Produkte stehen im Mittelpunkt der teilbetrieblichen Tätigkeit. Man könnte in diesem Zusammenhang auch von Gütern des Kernsortiments sprechen. **Nebenkostenstellen** beliefern ebenfalls in der Regel Außenstehende, die von ihnen bereitgestellten Güter gehören jedoch nicht zur eigentlichen teilbetrieblichen Tätigkeit, d.h. es handelt sich um Güter des Randsortiments.

In einem kommunalen Bäderbetrieb könnten **zum Beispiel** unter anderem die folgenden Kostenstellen gebildet werden: die Kostenstelle „Allgemeine Bäderverwaltung", die Kostenstelle „Umwälzanlage Hallenbad", die Kostenstelle „Badebetrieb Hallenbad" und die Kostenstelle „Cafeteria". Die Kostenstelle „Allgemeine Bäderverwaltung" wäre den Allgemeinen Kostenstellen zuzuordnen. Diese Kostenstelle wird für alle anderen Kostenstellen tätig, indem sie für jede Kostenstelle die Verwaltungsarbeiten, beispielsweise die Personalverwaltung, übernimmt. Die Kostenstelle „Umwälzanlage Hallenbad" ist hingegen als Hilfskostenstelle einzuordnen. Auch sie gibt keine Produkte nach außen ab, wird jedoch nur für eine andere Kostenstelle tätig, und zwar für die Kostenstelle „Badebetrieb Hallenbad". Die Kostenstelle „Badebetrieb Hallenbad" ist eine Hauptkostenstelle, hier werden Dienstleistungen für Außenstehende bereitgestellt, d.h. den Bürgern und Bürgerinnen wird die Möglichkeit geboten, das Hallenbad zu besuchen. Es handelt sich dabei um eine typische Aufgabe eines kommunalen Bäderbetriebs. Auch die Kostenstelle „Cafeteria" wird für Außenstehende tätig, allerdings ist es nicht das eigentliche Ziel eines typischen kommunalen Bäderbetriebs, solche Dienstleistungen bereitzustellen. Insofern handelt es sich um eine Nebenkostenstelle. Das Beispiel macht deutlich, dass die Einteilung von Haupt- und Nebenkostenstellen von der Definition des Sachziels abhängt. So würde man beispielsweise die Kostenstelle „Sauna" bei einer sehr engen Abgrenzung des Sachziels den Nebenkostenstellen zuordnen. Bei einer weiteren Definition des Sachziels würde diese Kostenstelle möglicherweise als Hauptkostenstelle aufzufassen sein.

Nach dem zweiten Kriterium unterscheidet man zwischen **Vorkostenstellen und Endkostenstellen.**

Vorkostenstellen sind Kostenstellen, deren Kosten vollständig auf andere Kostenstellen verteilt werden. Endkostenstellen sind Kostenstellen, deren Kosten auf die erstellten Produkte verteilt und damit letztlich den Abnehmern der betreffenden Produkte in Rechnung gestellt werden. Die Kosten der Vorkostenstellen werden deshalb auf andere Kostenstellen verteilt, weil sie andere Kostenstellen beliefern. **Insofern sind Allgemeine und Hilfskostenstellen immer Vorkostenstellen.** Die Kosten der Endkostenstellen werden deshalb an Außenstehende weitergegeben, weil Außenstehende die Sachgüter und Dienstleistungen dieser Kostenstellen in Anspruch nehmen. **Insofern sind Haupt- und Nebenkostenstellen immer Endkostenstellen** (vgl. beispielsweise Wünsche, S. 117).

Die übersichtliche Zusammenstellung der Kostenstellen bezeichnet man als Kostenstellenplan. Da die einzelnen kommunalen Teilbetriebe unterschiedliche Aufgabenstellungen erfüllen, sind auch unterschiedliche Kostenstellenpläne zu berücksichtigen. Wie ein solcher Kostenstellenplan zum **Beispiel** aussehen kann, verdeutlicht der nachfolgend wiedergegebene mögliche Kostenstellenplan für einen kommunalen Teilbetrieb, der für die Abfallentsorgung zuständig ist (vgl. Wünsche, S. 138).

Kostenstellenplan für das Produkt „Abfallentsorgung“

ALLGEMEINE KOSTENSTELLEN
- Betriebsleitung und Verwaltung
- Gebäude und Grundstücke
- Soziale Einrichtungen

HILFSKOSTENSTELLEN
- Fahrmeisterei/Garagen
- Tankstätten
- Werkstätten
- Lagerhaltung, Material und Einkauf
- Sammelfahrzeuge für universellen Einsatz

HAUPTKOSTENSTELLEN
- Müllsammlung
  - Sammelfahrzeuge Tonnen
  - Sammelfahrzeuge Behälter
  - Sammelfahrzeuge Sperrgut
  - Sammelfahrzeuge Container
  - Sammelfahrzeuge Problemmüll
- Sortieranlage 1
- Sortieranlage 2
- Müllverbrennungsanlage 1
- Müllverbrennungsanlage 2
- Kompostplatz 1
- Kompostplatz 2
- Deponie 1
- Deponie 2
- Vertrieb

NEBENKOSTENSTELLEN
- Altglassammlung
- Leistung für Dritte
- Mietwohnung
- Aktenvernichtung
- Sperrmüll
- Problemmüll
- Beseitigung wilder Müllkippen
- Sondereinsätze

6.3 Einordnung und Grundaufbau der Kostenstellenrechnung

Wir haben bereits darauf hingewiesen, dass die **Kostenstellenrechnung** die vollständige Erfassung der Kosten voraussetzt und sich insofern an die **Kostenartenrechnung** anschließt. Auf der anderen Seite ist sie ihrerseits einem anderen Teil der Vollkostenrechnung vorgeschaltet. Die Kostenstellenrechnung dient unter anderem auch der Preisfindung und damit der Kalkulation der von einem Betrieb oder Teilbetrieb erzeugten Güter. Da man die einzelnen Produktarten auch als **Kostenträger** bezeichnet, nennt man diesen Teil der Vollkostenrechnung auch Kostenträgerrechnung. Die Kostenstellenrechnung geht also der **Kostenträgerrechnung** voraus und steht somit zwischen der Kostenartenrechnung und der Kostenträgerrechnung.

Im kommunalen Bereich wird die Kostenstellenrechnung in tabellarischer Form für den gesamten Betrieb bzw. Teilbetrieb durchgeführt. Man spricht in diesem Zusammenhang auch von der **Betriebsabrechnung**. Diese Betriebsabrechnung wird auf einem bestimmten Vordruck, den man für den betreffenden Bereich unter Berücksichtigung des Kostenartenplanes und des Kostenstellenplanes grundsätzlich konzipiert, vorgenommen. Den Vordruck, d.h. das Blatt, auf dem die Betriebsabrechnung durchgeführt wird, nennt man **Betriebsabrechnungsbogen** oder kurz **BAB** (vgl. Hummel/Männel, S. 202).

Im Bereich der Privatwirtschaft wird häufig nur ein Teil der Gesamtkosten mit Hilfe der Betriebsabrechnung auf die Kostenträger verteilt. Die Kosten, die einem bestimmten Kostenträger eindeutig zuzuordnen sind, weil sie ausschließlich von diesem verursacht werden, d.h. die **Kostenträgereinzelkosten**, werden am Betriebsabrechnungsbogen vorbeigeleitet und dem jeweiligen Kostenträger direkt zugeordnet (vgl. Haberstock, S. 132). Eine solche Vorgehensweise ist auch durchaus sinnvoll, wenn die Kostenträgereinzelkosten bedeutsam und relativ einfach zu ermitteln sind. Dies ist beispielsweise der Fall, wenn eine Bauunternehmung mehrere Baumaßnahmen durchführt. Dann sind zahlreiche Materialkosten als Kostenträgereinzelkosten des einzelnen Bauprojekts leicht zu identifizieren. Es würde ein unnötiger Aufwand hervorgerufen, wenn man diese Einzelkosten über den BAB „laufen ließe". Hinzu käme noch, dass die Genauigkeit der Zuordnung durch die auf dem Betriebsabrechnungsbogen stattfindenden Verrechnungen geringer würde. Auch im Bereich der Kommunalverwaltung kann es durchaus sinnvoll sein, bedeutsame Kostenträgereinzelkosten dem jeweiligen Kostenträger direkt zuzuordnen. Dies wäre beispielsweise der Fall, wenn ein kommunaler Teilbetrieb eine Baumaßnahme durchführt. In der Regel ist es jedoch im Bereich der Kommunalverwaltung üblich, sämtliche Kosten mit Hilfe des Betriebsabrechnungsbogens zu verteilen.

Diese Vorgehensweise erscheint auch aus zwei Gründen durchaus zweckmäßig: *Erstens* sind die Kostenträgereinzelkosten im Vergleich zu den Kostenträgergemeinkosten im kommunalen Bereich häufig von untergeordneter Bedeutung. *Zweitens* ist die Kostenstellenrechnung aus controllingorientierter Sicht interessant, so dass man möglichst sämtliche Kosten den Kostenstellen zuordnen sollte.

Wenn man sich für diesen Weg entscheidet, werden nach der Durchführung der Kostenartenrechnung die ermittelten Kostenarten in den Betriebsabrechnungsbogen übernommen und anschließend den Kostenstellen zugeordnet. Bei dieser in zwei Schritten erfolgenden Zuordnung handelt es sich um die Kostenstellenrechnung. Die Kostenstellenrechnung stellt anschließend ihrerseits die Informationen zur Verfügung, die für die Kostenträgerrechnung benötigt werden.

Wie der Betriebsabrechnungsbogen grundsätzlich aufgebaut ist und wie die Kostenverteilung auf dem Betriebsabrechnungsbogen aussieht, verdeutlicht Abbildung 8, die nachfolgend erläutert wird (vgl. auch Haberstock, S. 133).

In der Kopfzeile erfolgt eine Berücksichtigung der im jeweiligen Kostenstellenplan erfassten **Kostenstellen**, wobei üblicherweise zunächst die Vorkostenstellen und dann die Endkostenstellen aufgeführt werden. Bei den Vorkostenstellen unterscheidet man zwischen Allgemeinen Kostenstellen und Hilfskostenstellen und bei den Endkostenstellen zwischen Haupt- und Nebenkostenstellen. Die in der Darstellung gewählte grundsätzliche Anordnung der Vor- und Endkostenstellen ist unproblematisch. Zu beachten ist allerdings, dass die Reihenfolge der Vorkostenstellen untereinander vom gewählten Verrechnungsverfahren abhängen kann. Auf diesen Punkt wird an späterer Stelle noch eingegangen.

Die erste Spalte des Betriebsabrechnungsbogens nimmt die einzelnen Kostenarten auf. Es handelt sich dabei um die im Rahmen der Kostenartenrechnung erstmalig ermittelten Kosten. Man spricht daher auch von den **primären Kostenarten**.

Nach der **Eintragung der primären Kostenarten (vgl. Schritt 1)** erfolgt die Verteilung der primären Kostenarten auf die für die Kostenrechnung gebildeten Organisationsbereiche, d.h. es werden die primären Kostenarten den Kostenstellen zugeordnet, die sie hervorgerufen haben. Diesen Teil der Kostenstellenrechnung nennt man **primäre Kostenverrechnung (vgl. Schritt 2)**. Dabei ist zwischen **Kostenstelleneinzelkosten**, d.h. zwischen Kostenarten, die einzelnen Kostenstellen direkt zugeordnet werden können, weil sie nur von diesen verursacht werden, und **Kostenstellengemeinkosten**, d.h. Kostenarten, die gleichzeitig von mehreren Kostenstellen hervorgerufen werden, zu unterscheiden. Bei den Kostenstellengemeinkosten ist nicht erkennbar, in welchem Umfang die einzelnen Kostenstellen an ihrer Entstehung beteiligt sind. Man muss sich daher auf Vermutungen bzw. Plausibilitätsüberlegungen bezüglich der Kostenverursachung beschränken. Eine Kostenverteilung, die von solchen Plausibilitätsüberlegungen ausgeht, nennt man **Schlüsselung**. Die Größe, die man als Basis für die Verteilung von Gemeinkosten heranzieht, wird **Schlüssel** genannt (vgl. Haberstock, S. 138).

Will man beispielsweise die Kosten für Reinigungsmittel auf die gebildeten Kostenstellen verteilen und hat man versäumt, den Verbrauch in den einzelnen Organisationseinheiten genau festzustellen, bleibt einem nichts anderes übrig, als eine Verteilung unter Berücksichtigung von Plausibilitätsüberlegungen vorzunehmen..

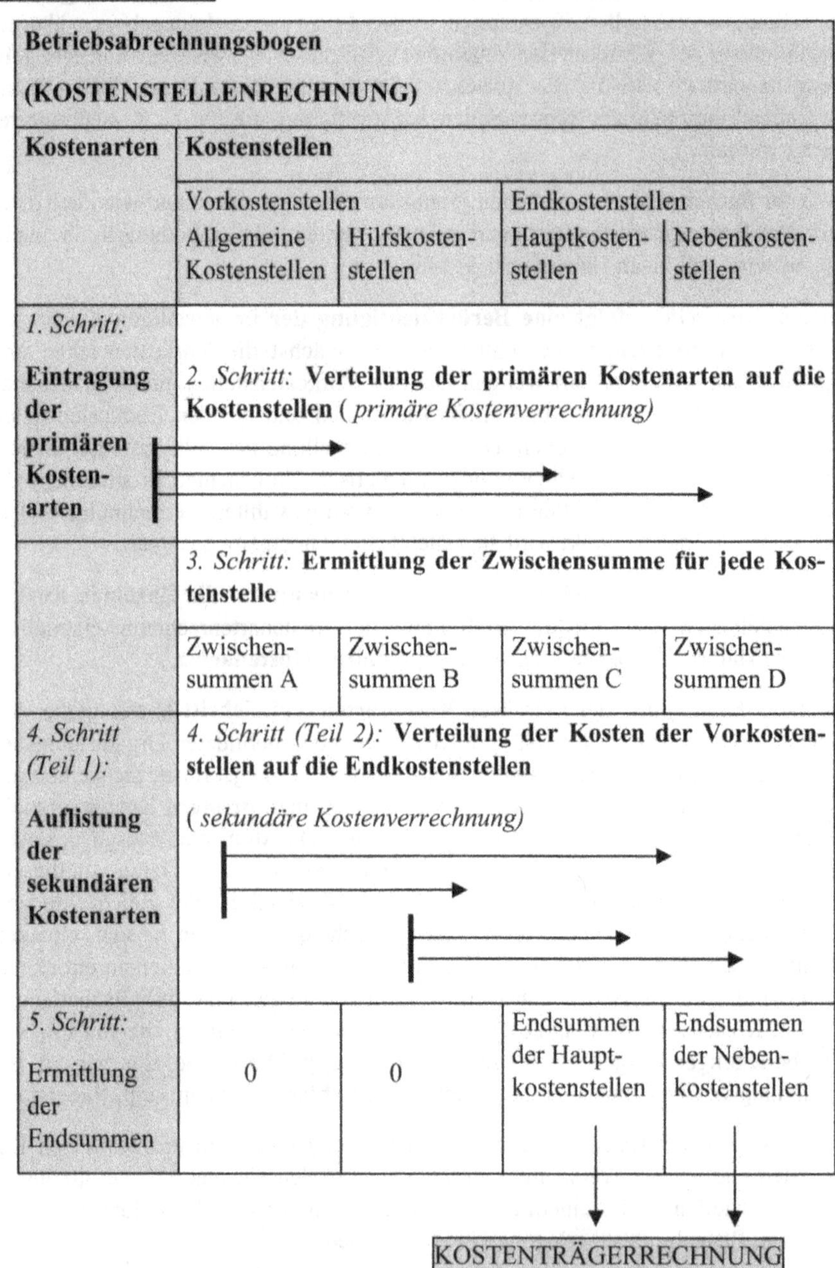

KOSTENARTENRECHNUNG
Betriebsabrechnungsbogen
(KOSTENSTELLENRECHNUNG)
Kostenarten
Kostenstellen
Vorkostenstellen
Endkostenstellen
Allgemeine Kostenstellen
Hilfskosten-stellen
Hauptkosten-stellen
Nebenkosten-stellen
1. Schritt:
Eintragung der primären Kosten-arten
2. Schritt: Verteilung der primären Kostenarten auf die Kostenstellen (primäre Kostenverrechnung)
3. Schritt: Ermittlung der Zwischensumme für jede Kos-tenstelle
Zwischen-summen A
Zwischen-summen B
Zwischen-summen C
Zwischen-summen D
4. Schritt (Teil 1):
Auflistung der sekundären Kostenarten
4. Schritt (Teil 2): Verteilung der Kosten der Vorkosten-stellen auf die Endkostenstellen
(sekundäre Kostenverrechnung)
5. Schritt:
Ermittlung der Endsummen
0
0
Endsummen der Haupt-kostenstellen
Endsummen der Neben-kostenstellen
KOSTENTRÄGERRECHNUNG

Abbildung 8: Betriebsabrechnungsbogen sowie Schritte der Betriebsabrechnung

Naheliegend ist beispielsweise die Annahme, dass der Verbrauch der Reinigungsmittel von der zu reinigenden Fläche abhängt. Insofern könnte man einen Quadratmeterschlüssel heranziehen. Eine verursachungsgerechte Verteilung wird damit nicht automatisch vorgenommen; denn es könnte in einzelnen Organisationsbereichen ein überdurchschnittlicher Verbrauch aufgrund einer außergewöhnlich starken Verschmutzung vorgelegen haben. Auf die im Bereich der Kommunalverwaltung verwendeten Schlüssel wird im nächsten Kapitel eingegangen.

An dieser Stelle kann jedoch bereits die aus controllingorientierter Sicht bedeutsame Feststellung getroffen werden, dass das Problem der Verteilung von Gemeinkosten bereits in einer frühen Phase der Betriebsabrechnung, d.h. bei der primären Kostenverrechnung, auftritt und insofern die Aussagekraft der Kostenstellenrechnung dadurch belastet wird, dass man einen Teil der Kosten nicht nach dem Verursachungsprinzip, sondern auf der Basis von Plausibilitätsüberlegungen und damit mehr oder weniger willkürlich verteilt.

Die im Rahmen der primären Kostenverrechnung auftretende Schlüsselungsproblematik lässt sich reduzieren, wenn man zahlreiche Kostenstellen bildet. Damit steigt die Wahrscheinlichkeit, dass man einzelne Kosten einer Kostenstelle eindeutig zuordnen kann. Würde man beispielsweise eine Kostenstelle „Gebäudereinigung" bilden, ließen sich die durch den Verbrauch der Reinigungsmittel entstehenden Kosten eindeutig einer Kostenstellen zuordnen. Beseitigt wird die Schlüsselungsproblematik dadurch allerdings nicht; denn in einer späteren Phase sind die Kosten dieser Vorkostenstelle „Reinigung" auf andere Kostenstellen zu verteilen, was in der Regel auch wiederum nur unter Berücksichtigung von Plausibilitätsüberlegungen, d.h. mit Hilfe von Schlüsseln, möglich ist.

Nach der primären Kostenverrechnung werden für jede Kostenstelle die ihr bisher zugeordneten Kosten zusammengefasst. Es werden also Zwischensummen gebildet (**vgl. Schritt 3**). Die für die Vorkostenstellen ermittelten Beträge werden vollständig (eventuell nach einem mehrstufigen Verfahren) auf die Endkostenstellen verteilt (**vgl. Schritt 4 Teil 2**). Man spricht in diesem Zusammenhang von der **sekundären Kostenverrechnung**. Die Verteilung der Kosten der Vorkostenstellen auf die anderen Kostenstellen orientiert sich daran, in welchem Umfang die anderen Kostenstellen von der betreffenden Vorkostenstelle Sachgüter und Dienstleistungen in Anspruch nehmen. Insofern wird die sekundäre Kostenverrechnung auch **innerbetriebliche Leistungsverrechnung** genannt (vgl. Haberstock, S. 133). Wie bereits erwähnt, sind auch bei der sekundären Kostenverrechnung Schlüsselungen üblich, durch welche die Aussagekraft der Kostenstellenrechnung weiter eingeschränkt wird.

Die Kosten der Vorkostenstellen werden in der 1. Spalte des Betriebsabrechnungsbogens als Kostenarten aufgeführt (vgl. **Schritt 4 Teil 1**). Da sie sich aus den primären Kostenarten zusammensetzen, werden sie **sekundäre Kostenarten** genannt.

Nach der sekundären Kostenverrechnung werden die endgültigen Beträge der einzelnen Kostenstellen ermittelt (**vgl. Schritt 5**). Da die Kosten der Vorkostenstellen auf die Endkostenstellen verrechnet, die Vorkostenstellen also vollständig „entlastet" werden, ergibt sich bei den Vorkostenstellen ein Betrag von Null. Sämtliche Kosten „liegen" auf den Endkostenstellen. Diese Endsummen bilden den **Ausgangspunkt für die Kostenträgerrechnung**.

Der typische Ablauf der Betriebsabrechnung und die mit der Kostenstellenrechnung verbundenen Probleme werden nachfolgend noch einmal anhand eines stark vereinfachten **Beispiels** aus dem Bereich der Kommunalverwaltung veranschaulicht:

Betrachtet wird ein kommunaler Bäderbetrieb. Es werden nur drei Kostenstellen gebildet: die Vorkostenstelle „Allgemeine Bäderverwaltung", die Endkostenstelle „Hallenbad" und die Endkostenstelle „Freibad". Das Ergebnis der Kostenartenrechnung sieht folgendermaßen aus:

Kostenart	Betrag in 1000 Euro
kalkulatorische Abschreibungen Hallenbad	150
kalkulatorische Abschreibungen Freibad	100
kalkulatorische Zinsen Hallenbad	30
kalkulatorische Zinsen Freibad	50
Löhne und Gehälter für das Hallenbadpersonal	520
Löhne und Gehälter für das Freibadpersonal	480
Löhne und Gehälter für Aushilfsbademeister, die in beiden Bädern eingesetzt werden	80
Wasserkosten	120
Löhne und Gehälter des Verwaltungspersonals im Bäderbereich	950
Kosten für Büromaterial	50

Der Wasserverbrauch wird in den Bädern nicht getrennt ermittelt. Die Wasserkosten sollen nach der Beckengröße verteilt werden. Das Freibadbecken hat ein doppelt so großes Fassungsvermögen wie das Hallenbadbecken. Im Verwaltungsbereich werden keine Arbeitszeitaufzeichnungen vorgenommen. Es wird aber vermutet, dass die Bäderverwaltung etwa je zur Hälfte für beide Bäder tätig ist. Auch für das Aushilfspersonal im Bäderbereich werden keine Stundenzettel geführt. Da die Öffnungszeiten beider Bäder einander weitgehend entsprechen, sollen diese Kosten je zur Hälfte auf die beiden Bäder verteilt werden.

Nachfolgend wird der betreffende Betriebsabrechnungsbogen wiedergegeben und erläutert:

Zunächst wird das Ergebnis der Kostenartenrechnung in den Betriebsabrechnungsbogen eingetragen. Anschließend werden die primären Kostenarten auf die Kostenstellen verteilt. Die meisten der aufgeführten primären Kostenarten sind einzelnen Kostenstellen unmittelbar zuzuordnen. Lediglich bei den Kosten für das Aushilfspersonal und bei den Wasserkosten handelt es sich um Kostenstellengemeinkosten. Eine Schlüsselung ist erforderlich. Die entsprechenden Schlüssel sind in der Aufgabenstellung vorgegeben: von den Kosten für das Aushilfspersonal entfallen je 40.000 Euro auf die beiden Bäder; von den Wasserkosten in Höhe von insgesamt 120.000 Euro sind 80.000 Euro dem Freibad und 40.000 Euro dem Hallenbad zuzuordnen.

		Beträge in Euro		
		Kostenstellen		
Kostenart		Verwaltung	Hallenbad	Freibad
Kalkulatorische Abschreibungen:				
Hallenbad	150.000		150.000	
Freibad	100.000			100.000
Kalk. Zinsen: Hallenbad	30.000		30.000	
Freibad	50.000			50.000
Löhne, Gehälter usw.:				
Hallenbadpersonal	520.000		520.000	
Freibadpersonal	480.000			480.000
Aushilfsbademeister	80.000		40.000	40.000
Verwaltungspersonal	950.000	950.000		
Wasserkosten	120.000		40.000	80.000
Büromaterial	50.000	50.000		
Zwischensumme	2.530.000	1.000.000	780.000	750.000
Umlage Verwaltungskosten		– 1.000.000	500.000	500.000
Endsumme	2.530.000	0	1.280.000	1.250.000

Die ermittelten Endsummen bilden die Basis für die Kostenträgerrechnung. Haben beispielsweise im Abrechnungszeitraum je 100.000 Besucher das Hallenbad und das Freibad besucht, ergeben sich Kosten pro Besucher in Höhe von 12,80 Euro im Hallenbadbereich und Kosten pro Besucher in Höhe von 12,50 Euro im Freibadbereich. Wie bereits erwähnt, wird die Aussagekraft dieser Vollkostenrechnung dadurch stark belastet, dass sowohl im Rahmen der primären als auch im Rahmen der sekundären Kostenverrechnung geschlüsselt werden muss. Demzufolge ist es falsch, wenn man die oben durchgeführte Kostenrechnung mit der Feststellung abschließt, dass der einzelne Hallenbadbesuch Kosten in Höhe von 12,80 Euro bzw. der einzelne Freibadbesuch Kosten in Höhe von 12,50 Euro verursacht habe.

6.4 Die primäre Kostenverrechnung

Wie bereits erwähnt, geht es bei der primären Kostenverrechnung darum, die primären Kostenarten auf die Kostenstellen zu verteilen, die sie verursacht haben. Dabei können die Kostenstelleneinzelkosten den betreffenden Kostenstellen direkt zugeordnet werden und müssen die Kostenstellengemeinkosten mit Hilfe von **Verrechnungsschlüsseln** auf die Kostenstellen verteilt werden.

Weiterhin wurde darauf hingewiesen, dass der Anteil der Kostenstellengemeinkosten umso geringer ausfällt, je mehr Kostenstellen man bildet. Die Ausweitung der Kostenstellenzahl stößt allerdings an zwei Grenzen: Einerseits muss die Betriebsabrechnung übersichtlich sein bzw. bleiben; denn die betrieblichen Entscheidungsträger müssen einen möglichst einfachen und raschen Zugang zu den steuerungsrelevanten Daten haben. Dies legt besonders im kommunalen Bereich die Forderung nahe, die Anzahl der Kostenstellen soweit zu begrenzen, dass noch eine Darstellung mit Hilfe eines Betriebsabrechnungsbogens möglich ist. Andererseits soll die Betriebsabrechnung kostenstellenbezogene Betriebsvergleiche ermöglichen. Insofern sollte man sich im kommunalen Bereich auf einheitliche Kostenstellenpläne einigen.

Zusätzlich ist allerdings zu beachten, dass zahlreiche Kostenstellengemeinkosten dadurch entstehen, dass man auf eine sorgfältige Erfassung der Kosten verzichtet. Man spricht in diesem Zusammenhang von **unechten Gemeinkosten** (vgl. Haberstock, S. 75). In dem obigen Bäderbeispiel handelt es sich bei den Wasserkosten und den Kosten für die Aushilfsbademeister, um unechte Gemeinkosten. Würde man an jedem Becken einen Zähler anbringen, könnte man die von den einzelnen Kostenstellen hervorgerufenen Wasserkosten erkennen. Es lägen Kostenstelleneinzelkosten vor. Das gleiche gilt, wenn man die Einsatzzeiten und Einsatzorte für die Aushilfskräfte genau erfasst.

Inwieweit unechte Kostenstellengemeinkosten im kommunalen Bereich in Kostenstelleneinzelkosten umgewandelt werden sollen, kann nur im Einzelfall unter Berücksichtigung des Wirtschaftlichkeitsgrundsatzes entschieden werden. Je bedeutsamer die betreffenden Kosten sind und je geringer der Erfassungsaufwand ist, um so eher ist eine sorgfältige Ermittlung des kostenstellenbezogenen Güterverzehrs gerechtfertigt.

Insgesamt wird deutlich, dass sich eine Schlüsselung im Rahmen der primären Kostenverrechnung nicht völlig vermeiden lässt. Damit stellt sich das Problem, geeignete Schlüssel auszuwählen.

Grundsätzlich soll die Kostenverteilung mit Hilfe des Schlüssels möglichst nahe an eine verursachungsgerechte Verteilung der Kosten herankommen. Letztere ist jedoch nicht bekannt; denn ansonsten würde man keinen Schlüssel benötigen. Insofern ist die Auswahlentscheidung bezüglich eines Schlüssels immer problematisch. In der Literatur wird unter anderem empfohlen, eine Bezugsgröße heranzuziehen, die sich proportional zum Kostenverlauf entwickelt (vgl. beispielsweise Wöhe, S. 1098). Oftmals sind allerdings mehrere Kosteneinflussgrößen von Bedeutung, so dass keine eindeutigen *proportionalen Beziehungen* erkennbar sind. So liegt es beispielsweise auf den ersten Blick nahe, die Kosten für Reinigungsmittel proportional zur Fläche zu verteilen, die gereinigt wird. Andererseits haben aber auch der Verschmutzungsgrad und das Material, das zu reinigen ist, Einfluss auf die Höhe der Reinigungskosten, so dass es, wenn man eine verursachungsgerechte Verteilung der Kosten anstrebt, letztlich doch nicht gerechtfertigt ist, lediglich die Fläche als Bezugsgröße zu wählen. Da es keinen wirklich überzeugenden Weg zur Bestimmung von Bezugsgrößen bzw. von Verrechnungsschlüsseln gibt, werden meistens Schlüssel herangezogen, die, aus welchem Grund auch immer, sich einer gewissen Akzeptanz „erfreuen".

Je nach Art der Bezugsgröße wird zwischen **Mengen- und Wertschlüsseln** unterschieden (vgl. Kosiol, S. 123). Mengenschlüssel können beispielsweise folgende Bezugsgrößen beinhalten: Maschinenstunden, Arbeitsstunden, die Anzahl bestimmter Verrichtungen, die Anzahl der verbrauchten, produzierten oder abgesetzten Einheiten, Gewicht, Fläche und Rauminhalt. Für Wertschlüssel kommen folgende Bezugsgrößen in Betracht: Kosten, beispielsweise Lohn-, Material- und Herstellkosten, Positionen des Anlage- oder Umlaufvermögens sowie Umsätze.

Die nachfolgende Liste vermittelt einen Überblick über Bezugsgrößen, die im Bereich der Kommunalverwaltung gebräuchlich sind (vgl. Giesen, S. 161-163).

Ausgewählte Verrechnungsschüssel	
Kostenart	Bezugsgröße für die Schlüsselung
gesetzliche Sozialkosten	Lohn- und Gehaltssumme
Fernsprechgebühren	Anzahl der Anschlüsse
Reinigungskosten	Reinigungsfläche
Kosten einer sozialen Einrichtung	Anzahl der Bediensteten
Kosten der Lagerhaltung	Wert des abgegebenen Materials
Kosten der Beheizung	Raumgröße oder Anzahl der Heizkörper
Kosten einer Unfallversicherung	Kopfzahl der Belegschaft
Benzinkosten	gefahrene Kilometer oder Einsatzstunden der Fahrzeuge

In einzelnen Fällen werden Schlüssel herangezogen, die Gewichtungen beinhalten. So kann man *beispielsweise* bei der Verteilung von Reinigungskosten neben der Fläche auch Gewichtungsfaktoren für den Verschmutzungsgrad und die Bodenbeschaffenheit heranziehen. Solche Schlüssel die Gewichtungsfaktoren beinhalten, werden **Äquivalenzziffern** genannt (vgl. Kosiol, S. 217). Da Äquivalenzziffern im Rahmen der Kostenträgerrechnung eine größere Rolle spielen als in Verbindung mit der Kostenstellenrechnung, werden sie erst an späterer Stelle, d.h. dann, wenn die Kostenträgerrechnung behandelt wird, besprochen.

6.5 Die sekundäre Kostenverrechnung

6.5.1 Überblick über die Verfahren

Wie bereits erläutert, geht es bei der sekundären Kostenverrechnung darum, die Kosten der Vorkostenstellen auf die Endkostenstellen zu verteilen. Dabei sollen die Vorkostenstellen völlig „entlastet" werden. Die Verteilung soll nach dem Verursachungsprinzip vorgenommen werden, d.h. die Endkostenstellen sollen in dem Umfang mit Kosten der Vorkostenstellen belastet werden, wie sie Sachgüter und Dienstleistungen der Vorkostenstellen in Anspruch nehmen bzw. genommen haben. Die Liefer- oder Dienstleistungsbeziehungen zwischen den Kostenstellen geben damit die Basis für die Kostenverteilung ab. Dabei entstehen offensichtlich besondere Verrechnungsprobleme, wenn sich einzelne Kostenstellen wechselseitig beliefern.

Für die Durchführung der sekundären Kostenverrechnung sind mehrere Verfahren entwickelt worden, wobei drei Verfahren besonders bekannt sind (vgl. Haberstock, S. 143). Es handelt sich dabei um

- **das Anbauverfahren,**
- **das Stufenleiterverfahren und**
- **das Gleichungsverfahren,** das auch als *mathematisches Verfahren* bezeichnet wird.

Daneben kommt vereinzelt noch das **Iterationsverfahren** zur Anwendung (vgl. Klümper/Möllers/Zimmermann, S. 241).

Beim **Anbauverfahren** werden wechselseitige Liefer- bzw. Dienstleistungsbeziehungen zwischen Vorkostenstellen bei der Kostenverrechnung nicht berücksichtigt. Es werden also aus Gründen der Vereinfachung bewusst bekannte Informationen vernachlässigt. Die Kosten einer Vorkostenstelle werden folglich in voller Höhe direkt auf die Endkostenstellen verteilt, auch wenn die betreffende Vorkostenstelle neben den Endkostenstellen Vorkostenstellen beliefert.

Beim **Stufenleiterverfahren** werden wechselseitige Liefer- und Dienstleistungsbeziehungen zwischen Vorkostenstellen teilweise berücksichtigt, und zwar versucht man, von einer wechselseitigen Lieferbeziehung zwischen zwei Vorkostenstellen die jeweils wichtigere als Basis für die Kostenverteilung heranzuziehen und die jeweils unwichtigere zu vernachlässigen. Wenn man eine Kostenverteilung von links nach rechts will, muss man die jeweils bedeutsameren Vorkostenstellen möglichst weit links anordnen. Bei der sekundären Kostenverrechnung beginnt man mit der Verteilung der Kosten der Vorkostenstelle, die ganz links angeordnet ist. Ihre Kosten werden nach rechts auf die nachgelagerten Kostenstellen, also auch auf Vorkostenstellen verteilt. Anschließend werden die Kosten der zweiten Vorkostenstelle ebenfalls nach rechts verteilt. Der ersten Vorkostenstelle werden keine Kosten angelastet, auch wenn diese Dienstleistungen der zweiten Vorkostenstelle in Anspruch nimmt; *denn bei diesem Verfahren ist eine Rückwärtsverteilung der Kosten, d.h. eine Kostenverteilung nach links, nicht zulässig.* Nach dem gleichen Grundmuster werden die Kosten der anderen Vorkostenstellen verteilt. Im Verlauf der Kostenrechnung bekommen also die Vorkostenstellen, die rechts von der jeweiligen Vorkostenstelle, deren Kosten verteilt werden, angesiedelt sind, weitere Kosten angelastet. Diese werden später mit den ursprünglichen Kosten der betreffenden Vorkostenstellen weiterverteilt. Durch die Verteilung in eine Richtung, wird im Betriebsabrechnungsbogen eine *mehrstufige Struktur* deutlich (vgl. Haberstock, S. 149), von der sich die Bezeichnung des Verfahrens ableitet. Auch beim Stufenleiterverfahren werden aus Gründen der Vereinfachung bekannte Informationen vernachlässigt, allerdings in geringerem Umfang als beim Anbauverfahren. Probleme entstehen, wenn zahlreiche Vorkostenstellen zu berücksichtigen sind, die sich wechselseitig beliefern. In diesen Fällen gelingt es in der Regel nicht, eine völlig überzeugende Anordnung der Vorkostenstellen vorzunehmen. Dies ist beispielsweise dann der Fall, wenn drei Vorkostenstellen zu berücksichtigen sind, die sich alle wechselseitig beliefern, und die erste Vorkostenstelle im Vergleich zur zweiten wichtiger ist, die zweite im Vergleich zur dritten wichtiger ist, und die dritte im Vergleich zur ersten wichtiger ist.

Beim **Gleichungsverfahren** werden sämtliche Dienstleistungsbeziehungen zwischen den Vorkostenstellen bei der Kostenverteilung berücksichtigt. Dies geschieht, indem die betreffenden Informationen in ein System linearer Gleichungen übernommen werden, wobei im Hinblick auf die Auflösung des Gleichungssystems mehrere Berechnungsmethoden zur Wahl stehen.

Auch beim **Iterationsverfahren** werden sämtliche Leistungsbeziehungen berücksichtigt, allerdings nicht simultan, sondern durch eine mehrstufige Vorgehensweise, durch die der anfängliche Verteilungsfehler immer mehr reduziert wird, so dass ein Ergebnis erzielt wird, das dem Resultat des mathematischen Verfahrens entspricht.

6.5.2 Berechnungsbeispiele

Nachfolgend werden die einzelnen Verfahren der sekundären Kostenverrechnung anhand eines einfachen **Beispiels** aus dem Bereich der Kommunalverwaltung erläutert:

Ausgangsdaten

Betrachtet wird ein kommunaler Teilbetrieb, der für die Abfallbeseitigung zuständig ist. Im Betriebsabrechnungsbogen werden fünf Kostenstellen unterschieden. Die primäre Kostenverrechnung ist abgeschlossen, so dass die Zwischensummen für die einzelnen Kostenstellen bekannt sind. Im Einzelnen sind bei den fünf Kostenstellen folgende Zwischensummen zu berücksichtigen:

Kostenstelle	**Zwischensumme**
Vorkostenstellen	
VK1 (Allgemeine Verwaltung)	300.000 Euro
VK2 (Grundstück und Gebäude)	500.000 Euro
VK3 (Fahrzeuge)	700.000 Euro
Endkostenstellen	
HK1(Entsorgung Haus-/Sperrmüll)	1.500.000 Euro
HK2(Entsorgung Problemabfall)	1.000.000 Euro

Die Kosten der Kostenstelle VK1 (Allgemeine Verwaltung) werden nach Verwaltungsstunden geschlüsselt. Insgesamt hat VK1 1.000 Stunden gearbeitet, und zwar 100 Stunden für VK2, 100 Stunden für VK 3, 400 Stunden für HK1 und 400 Stunden für HK2. Die Kosten der Vorkostenstelle VK2 (Grundstück und Gebäude) werden nach Quadratmetern verteilt, und zwar sind insgesamt 2000 m^2 zu berücksichtigen. Davon entfallen 100 m^2 auf VK1, 300 m^2 auf VK3, 700 m^2 auf HK1 und 900 m^2 auf HK2. Die Kosten der Vorkostenstelle VK3 (Fahrzeuge) werden nach Einsatzstunden verteilt. Insgesamt sind 2000 Einsatzstunden zu berücksichtigen. Davon entfallen 1500 Einsatzstunden auf HK1 und 500 Einsatzstunden auf HK2.

Anbauverfahren

Wählt man das **Anbauverfahren** für die sekundäre Kostenverrechnung, bleiben die Liefer- und Dienstleistungsbeziehungen zwischen den Vorkostenstellen unberücksichtigt. Demzufolge spielt auch die Reihenfolge der Vorkostenstellen keine Rolle. Wir können also im Betriebsabrechnungsbogen VK1, VK2, VK3, HK1 und HK2 einfach nacheinander anordnen. Anschließend werden dann die Kosten der Vorkostenstellen auf die Endkostenstellen verteilt. Die nachfolgende Übersicht verdeutlicht die Vorgehensweise beim Anbauverfahren (Beträge in Euro).

Anbauverfahren					
	VK1	VK2	VK3	HK1	HK2
	-----------	-----------	-----------	------------	------------
Zwischensummen	300.000	500.000	700.000	1.500.000	1.000.000
Umlage der Kosten Von VK1	– 300.000			150.000	150.000
Umlage der Kosten von VK2		– 500.000		218.750	281.250
Umlage der Kosten von VK3			–700.000	525.000	175.000
Endsummen	0	0	0	2.393.750	1.606.250

Die primäre Kostenverrechnung ist nach der Aufgabenstellung abgeschlossen. Insofern kann von den Zwischensummen ausgegangen werden. Zunächst werden die Kosten von VK1 verteilt. Da beim Anbauverfahren die Dienstleistungsbeziehungen gegenüber anderen Vorkostenstellen, obwohl sie bekannt sind, vernachlässigt werden, wird unterstellt, dass VK1 lediglich für die Endkostenstellen gearbeitet hat. Für die Endkostenstellen sind 800 Verwaltungsstunden angefallen, und zwar je 400 für HK1 und HK2. Demzufolge sind die Kosten von VK1 in Höhe von 300.000 Euro auf 800 Stunden zu verteilen. Dies ergibt einen Verrechnungssatz von 375 Euro pro Stunde. Die auf HK1 entfallenden Kosten ergeben sich, indem man diesen Verrechnungssatz mit der Anzahl der für HK1 erbrachten Verwaltungsstunden multipliziert. Damit entfallen auf HK1 375 Euro/Std. · 400 Std. = 150.000 Euro. Für HK2 ergibt sich die gleiche Rechnung.

Die Kosten der Vorkostenstelle VK2 sind auf die Quadratmeter zu verteilen, die den Hauptkostenstellen zur Verfügung gestellt werden. Damit ergibt sich als Verrechnungssatz 500.000 Euro : 1600 m^2 = 312,50 Euro/m^2. Der Endkostenstelle HK1 werden somit 700 m^2 · 312,50 Euro/m^2 = 218.750 Euro angelastet. Die Endkostenstelle HK2 erhält Kosten in Höhe von 900 m^2 · 312,50 Euro/m^2 = 281.250 Euro.

Es sind nunmehr noch die Kosten der Vorkostenstelle VK3 zu verteilen. Diese Vorkostenstelle hat für die Endkostenstellen insgesamt 2000 Einsatzstunden erbracht, und zwar für HK1 1500 und für HK2 500 Einsatzstunden. Der Verrechnungssatz pro Stunde beträgt 700.000 Euro : 2000 Std. = 350 Euro/Std. Damit erhält HK1 Kosten in Höhe von 1500 Std. · 350 Euro/Std. = 525.000 Euro und entfallen auf HK2 Kosten in Höhe von 500 Std. · 350 Euro/Std. = 175.000 Euro. Die Vorkostenstellen sind damit vollständig „entlastet" und haben jeweils eine Endsumme in Höhe von 0 Euro. Bei den Endkostenstellen betragen die Endsummen 2.393.750 Euro bzw. 1.606.250 Euro. Die Probe bestätigt, dass sämtliche Kosten auf die Endkostenstellen verteilt worden sind; denn die Zwischensummen haben insgesamt eine Höhe von 4.000.000 Euro und die Endsummen ergeben zusammen den gleichen Betrag.

Stufenleiterverfahren

Wählt man das **Stufenleiterverfahren** für die sekundäre Kostenverrechnung, ist von einer wechselseitigen Lieferbeziehung zwischen zwei Vorkostenstellen nur die wichtigere für die Verteilung der Kosten maßgeblich. Im vorliegenden Beispiel bestehen nur wechselseitige Lieferbeziehungen zwischen den Vorkostenstellen VK1 und VK2. VK3 beliefert ausschließlich Endkostenstellen. Damit ist die Anordnung von VK3 im Betriebsabrechnungsbogen unproblematisch. Sie ist direkt vor den Endkostenstellen anzuordnen. Nunmehr ist noch zu prüfen, welche Richtung der Lieferbeziehungen zwischen VK1 und VK2 wichtiger ist. Bei der Klärung dieser Frage helfen folgende Überlegungen: VK1 stellt 1000 Verwaltungsstunden zur Verfügung, davon für VK2 100 Stunden. Also müsste, wenn man diese Lieferbeziehung beachtet, 1/10 der Kosten von VK1 auf VK2 verrechnet werden. Das wären 30.000 Euro. Würde man die Lieferung von VK2 an VK1 zur Kostenverteilung heranziehen, wäre zu beachten, dass VK1 von den gesamten 2000 m^2 100 m^2 und damit 1/20 in Anspruch nimmt. Also wäre auch 1/20 der Kosten von VK2 auf VK1 zu verrechnen; das wären 25.000 Euro. Demzufolge ist die Lieferung von VK1 an VK2 wichtiger als die Lieferung von VK2 an VK1. Damit ist VK1 im Betriebsabrechnungsbogen ganz links anzuordnen. Wie die Berechnung nach dem Stufenleiterverfahren vorgenommen wird, verdeutlicht die nachfolgende Übersicht (Beträge in Euro).

Stufenleiterverfahren					
	VK1	VK2	VK3	HK1	HK2
	-----------	-----------	-----------	------------	------------
Zwischensummen	300.000	500.000	700.000	1.500.000	1.000.000
Umlage der Kosten von VK1	– 300.000	30.000	30.000	120.000	120.000
Umlage der Kosten von VK2		– 530.000	83.684	195.263	251.053
Umlage der Kosten von VK3			–813.684	610.263	203.421
Endsummen	0	0	0	2.425.526	1.574.474

Zunächst werden die Kosten der Vorkostenstelle VK1 in Höhe von 300.000 Euro verteilt. Insgesamt hat VK1 1000 Stunden gearbeitet. Damit ergibt sich ein Verrechnungssatz von 300.000 Euro : 1000 Std. = 300 Euro/Std. Da man für VK2 100 Std. gearbeitet hat, entfällt ein Betrag von 100 Std. · 300 Euro/Std. = 30.000 Euro auf VK2. Der gleiche Betrag entfällt auf VK3. Für HK1 ergibt sich ein Betrag von

400 Std. · 300 Euro/Std. = 120.000 Euro. Die gleiche Berechnung ergibt sich für HK2.

Nunmehr sind die Kosten der Vorkostenstelle VK2 zu verteilen. Der zu verteilende Betrag hat eine Höhe von 530.000 Euro. Die Lieferung gegenüber VK1 bleibt unberücksichtigt; denn eine Rückwärtsverteilung ist unzulässig. Demzufolge sind nur die Lieferbeziehungen gegenüber VK3, HK1 und HK2 relevant. Insgesamt entfallen auf diese Kostenstellen 1900 m^2. Damit sind pro Quadratmeter 530.000 Euro : 1900 m^2 und damit rund 278,95 Euro zu verrechnen. Multipliziert man diesen Verrechnungssatz pro Quadratmeter mit den 300 m^2, die VK3 zur Verfügung gestellt werden, ergibt sich ein Betrag in Höhe von rund 83.684 Euro, der auf VK3 entfällt. Die anteiligen Kosten von HK1 haben eine Höhe von 278,95Euro/m^2 · 700 m^2 und damit von rund 195.263 Euro. Entsprechend ergibt sich für HK2 ein Betrag in Höhe von rund 251.053 Euro.

Nunmehr sind noch die Kosten von VK3 in Höhe von 813.684 Euro auf die rechts von VK3 angesiedelten Kostenstellen zu verteilen. Pro Stunde ist ein Betrag von 813.684 Euro : 2000 = rund 406,84 Euro zu verrechnen. Dieser Betrag ist mit den Stunden zu multiplizieren, die den Endkostenstellen zur Verfügung gestellt werden. Für HK1 ergibt sich damit ein Betrag in Höhe von 406,84 Euro/Std. · 1500 Std., also rund 610.263 Euro. Die anteiligen Kosten für HK2 liegen bei 203.421 Euro.

Somit haben bei Anwendung des Stufenleiterverfahrens die Endsummen der Endkostenstellen eine Höhe von 2.425.526 Euro und 1.574.474 Euro. Die Probe bestätigt, dass auch jetzt sämtliche Kosten auf die Endkostenstellen verteilt worden sind. Die Kosten der Endkostenstellen betragen zusammen rund 4.000.000 Euro.

Gleichungsverfahren

Bei Anwendung des **Gleichungsverfahrens** ist es zweckmäßig, den Zusammenhang zunächst verbal zu formulieren und erst in einem zweiten Schritt mathematische Zeichen zu verwenden. Weiterhin wird die Betrachtung erleichtert, wenn man **von zwei Hilfsfragen** ausgeht.

Die erste Hilfsfrage lautet: *„Aus welchen Kosten setzen sich die Gesamtkosten einer Kostenstelle zusammen?“*. Auf diese Frage ergibt sich die **Antwort**: „Die Kosten einer Kostenstelle bestehen aus den primären Kosten der Kostenstelle und den Kosten, die sie von anderen Kostenstellen erhält, weil sie Dienstleistungen dieser anderen Kostenstellen in Anspruch nimmt.“

Auf unser Beispiel bezogen erhalten wir auf die Frage „Wie setzen sich die Kosten von VK1 zusammen?“ die Antwort „Die gesamten Kosten von VK1 (GKVK1) bestehen aus den primären Kosten von VK1 in Höhe von 300.000 Euro und anteiligen Kosten von VK2, da VK1 von VK2 Dienstleistungen in Anspruch nimmt. Diese anteiligen Kosten setzen sich aus der Liefermenge und dem Lieferpreis zusammen. Die Liefermenge ist bekannt. VK2 stellt VK1 100 m^2 zur Verfügung. Der Lieferpreis, d.h. der Verrechnungspreis, den VK2 verlangen muss, um alle Kosten zu verrechnen, ist unbekannt. Er wird nachfolgend P_{VK2} genannt. Damit gilt: Die Gesamtkosten von VK1 (GKVK1) sind gleich den primären Kosten in Höhe von 300.000 Euro und anteiligen Kosten von VK2 ($100 \cdot P_{VK2}$). Aus diesen Überlegungen resultiert die erste Gleichung. Es gilt:

(1)GKVK1 = 300.000 Euro + $100 \cdot P_{VK2}$

Für die anderen Kostenstellen lassen sich die Gleichungen entsprechend aufstellen. Es gilt:

(2) GKVK2 = 500.000 Euro + $100 \cdot P_{VK1}$

(3) GKVK3 = 700.000 Euro + $100 \cdot P_{VK1} + 300 \cdot P_{VK2}$

(4) GKHK1 = 1.500.000 Euro + $400 \cdot P_{VK1} + 700 \cdot P_{VK2} + 1500 \cdot P_{VK3}$

(5) GKHK2 = 1.000.000 Euro + $400 \cdot P_{VK1} + 900 \cdot P_{VK2} + 500 \cdot P_{VK3}$

Die zweite Hilfsfrage lautet: *„Welche Kosten gibt eine Vorkostenstellen weiter?"*. Wir erhalten die allgemeine **Antwort**: „Eine Vorkostenstelle gibt sämtliche Kosten weiter. Es handelt sich um das Produkt aus Gesamtliefermenge und Lieferpreis."

Bezogen auf VK1 ergibt sich damit die Antwort „VK1 gibt die Gesamtkosten (GKVK1) weiter und diese sind gleich dem Produkt aus der Gesamtliefermenge (1000 Stunden) und dem unbekannten Preis für eine von VK1 zur Verfügung gestellte Stunde (P_{VK1})". Damit gilt:

(6) GKVK1 = $1000 \cdot P_{VK1}$

Für die beiden anderen Vorkostenstellen ergeben sich entsprechende Gleichungen. Es gilt:

(7) GKVK2 = $2000 \cdot P_{VK2}$

(8) GKVK3 = $2000 \cdot P_{VK3}$

Das Gleichungssystem besteht aus **8 Gleichungen** und beinhaltet **8 Unbekannte**, wobei es sich um die folgenden Unbekannten handelt:

GKVK1 = Gesamtkosten der Vorkostenstelle 1
GKVK2 = Gesamtkosten der Vorkostenstelle 2
GKVK3 = Gesamtkosten der Vorkostenstelle 3
GKHK1 = Gesamtkosten der Hauptkostenstelle 1
GKHK2 = Gesamtkosten der Hauptkostenstelle 2
P_{VK1} = Preis für eine von VK1 gelieferte Einheit
P_{VK2} = Preis für eine von VK2 gelieferte Einheit
P_{VK3} = Preis für eine von VK3 gelieferte Einheit

Das Gleichungssystem ist somit lösbar. Ziel ist es, die Gesamtkosten der beiden Endkostenstellen, d.h. GKHK1 und GKHK2, zu ermitteln. Es stehen mehrere Lösungswege zur Wahl. Ein Lösungsweg wird nachfolgend vorgestellt:

Gleichungen (1) und (6) werden gleichgesetzt, und man erhält:

(9) 300.000 Euro + 100 · P_{VK2} = 1000 · P_{VK1}

Nach Division durch 1000 gilt:

(9a) 300 Euro + 0,1 · P_{VK2} = P_{VK1}

Weiterhin werden die Gleichungen (2) und (7) gleichgesetzt, und man erhält:

(10) 500.000 Euro + 100 · P_{VK1} = 2000 · P_{VK2}

Anschließend wird Gleichung (9a) in (10) eingesetzt, und man erhält:

(11) 500.000 Euro + 100 · (300 Euro + 0,1· P_{VK2}) = 2.000 · P_{VK2}

Die Auflösung nach P_{VK2} ergibt:

(11a) P_{VK2} = 53.000 Euro : 199

Gleichung (11a) wird in Gleichung (9a) eingesetzt, und man erhält:

(12) 300 Euro + 0,1 · 53000 Euro : 199 = P_{VK1}

bzw.

(12a) 65.000 Euro : 199 = P_{VK1}

Nunmehr werden die Gleichungen (11a) und (12a) in Gleichung (3) eingesetzt, und man erhält:

(13) GKVK3 = 700.000 Euro + 100 · 65.000 Euro : 199 + 300 · 53.000 Euro : 199

bzw.

(13a) GKVK3 = 161.700.000 Euro : 199

Jetzt werden die Gleichungen (13a) und (8) gleichgesetzt, und es gilt:

(14) 161.700.000 Euro : 199 = 2000 · P_{VK3}

bzw.

(14a) P_{VK3} = 80.850 Euro : 199

Damit sind sämtliche Verrechnungspreise bekannt, wobei aus Gründen der Genauigkeit mit den Quotienten bzw. natürlichen Brüchen weitergerechnet wird. Die Gleichungen (11a), (12a) und (14a) werden zunächst in Gleichung (4) eingesetzt, und man erhält die Gesamtkosten der Endkostenstelle HK1.

Es gilt:

(15) GKHK1 = 1.500.000 Euro + 400 · 65.000 Euro : 199 + 700 · 53.000 Euro : 199 + 1500 · 80.850 Euro : 199 = 2.426.507,54 Euro

und

(16) GKHK2 = 1.000.000 Euro + 400 · 65.000 Euro : 199 + 900 · 53.000 Euro : 199 + 500 · 80.850 Euro : 199 = 1.573.492,46 Euro

Iterationsverfahren

Beim Iterationsverfahren ist die Anordnung der Vorkostenstellen beliebig. Wir ordnen die Kostenstellen in der nachfolgenden Reihenfolge an und verteilen zunächst die Zwischensumme von VK1, also die primären Kosten von VK1, in Höhe von 300.000 Euro auf alle Kostenstellen, die beliefert werden. Demnach erhält beispielsweise VK2 100 Std. zum Preis von 300 Euro/Std. Anschließend werden die primären Kosten von VK2 in Höhe von 500.000 Euro auf alle Kostenstellen verteilt, die beliefert werden. Demnach entfallen beispielsweise auf VK1 100 m^2 zum Preis von 250 Euro/m^2. Die gleiche Vorgehensweise wird für VK 3 gewählt. Hier werden die primären Kosten in Höhe von 700.000 Euro allerdings ausschließlich auf die beiden Hauptkostenstellen verteilt.

					Beträge in Euro
			Iterationsverfahren		
			1. Iteration		
	VK1	VK2	VK3	HK1	HK2
	-----------	-----------	-----------	------------	------------
Zwischensummen	300.000	500.000	700.000	1.500.000	1.000.000
Umlage der Kosten von VK1 300.000 Euro : 1.000 Std. = 300 Euro/Std.	**–300.000**	30.000	30.000	120.000	120.000
Umlage der Kosten von VK2 500.000 Euro : 2.000 m^2 = 250 Euro/m^2	25.000	**– 500.000**	75.000	175.000	225.000
Umlage der Kosten von VK3 700.000 Euro : 2.000 Std.= 350 Euro/Std.			**– 700.000**	525.000	175.000
nicht verteilte Kosten bei den Vorkostenstellen	25.000	30.000	105.000		
Kosten der Endkostenstellen				2.320.000	1.520.000

Das Zwischenergebnis macht deutlich, dass die Vorkostenstellen so nicht entlastet werden. Besser wäre es offensichtlich, bei VK1 von 325.000 Euro und bei VK2 von 530.000 Euro sowie bei VK3 von 805.000 Euro auszugehen.

Die Verteilung wird daher mit den neuen Daten wiederholt (2. Iteration).

					Beträge in Euro
Iterationsverfahren					
2. Iteration					
	VK1	VK2	VK3	HK1	HK2
	-----------	-----------	-----------	------------	------------
Zwischensummen	300.000	500.000	700.000	1.500.000	1.000.000
Umlage der Kosten von VK1 325.000 Euro : 1.000 Std. = 325 Euro/Std.	**–325.000**	32.500	32.500	130.000	130.000
Umlage der Kosten von VK2 530.000 Euro : 2.000 m^2 = 265 Euro/m^2	26.500	– **530.000**	79.500	185.500	238.500
Umlage der Kosten von VK3 805.000 Euro : 2.000 Std.= 402,50 Euro/Std.			– **805.000**	603.750	201.250
nicht verteilte Kosten bei den Vorkostenstellen	1.500	2.500	7.000		
Kosten der Endkostenstellen				2.419.250	1.569.750

Das Zwischenergebnis macht deutlich, dass die Vorkostenstellen immer noch nicht entlastet werden.

Der Verrechnungsfehler ist allerdings deutlich geringer. Besser wäre es offensichtlich, bei VK1 von 326.500 Euro und bei VK2 von 532.500 Euro sowie bei VK3 von 812.000 Euro auszugehen.

Die Verteilung wird daher mit den neuen Daten wiederholt (3. Iteration).

Beträge in Euro					
Iterationsverfahren					
3. Iteration					
	VK1	VK2	VK3	HK1	HK2
	-----------	-----------	-----------	------------	------------
Zwischensummen	300.000	500.000	700.000	1.500.000	1.000.000
Umlage der Kosten von VK1 326.500 Euro : 1.000 Std. = 326,50 Euro/Std.	**–326.500**	32.650	32.650	130.600	130.600
Umlage der Kosten von VK2 532.500 Euro : 2.000 m^2 = 266,25 Euro/m^2	26.625	**– 532.500**	79.875	186.375	239.625
Umlage der Kosten von VK3 812.000 Euro : 2.000 Std.= 406 Euro/Std.			**– 812.000**	609.000	203.000
nicht verteilte Kosten bei den Vorkostenstellen	125	150	525		
Kosten der Endkostenstellen				2.425.975	1.573.225
Ergänzende Umlage VK3 525 Euro : 2.000 Std.			**–525**	394	131
Kosten der Endkostenstellen				2.426.369	1.573.356

Vergleich der Ergebnisse

Für das behandelte Beispiel ergeben sich somit, je nachdem, welches Verfahren man wählt, die folgenden Beträge für die Endkostenstellen:

	HK1	HK2
Anbauverfahren	2.393.750,00 Euro	1.606.250,00 Euro
Stufenleiterverfahren	2.425.526,00 Euro	1.574.474,00 Euro
Gleichungsverfahren	2.426.507,54 Euro	1.573.492,46 Euro
Iterationsverfahren (abgebrochen)	2.426.369,00 Euro	1.573.356,00 Euro

6.5.3 Allgemeine Formulierung des Gleichungsverfahrens

Wir können das Gleichungsverfahren auch allgemein formulieren (vgl. Haberstock, S. 145). Grundsätzlich gilt: Die gesamten Kosten einer Kostenstelle 1 bestehen aus ihren primären Kosten und anteiligen Kosten von anderen Kostenstellen, wobei diese sich ergeben, indem man jeweils Liefermenge und Lieferpreis multipliziert.

Mit

K_1 = gesamte Kosten der Kostenstelle 1
S_1 = Summe der primären Kosten der Kostenstelle 1
m_{11} = die von der Kostenstelle 1 an sich selbst gelieferte Menge
m_{21} = die von der Kostenstelle 2 an die Kostenstelle 1 gelieferte Menge
m_{31} = die von der Kostenstelle 3 an die Kostenstelle 1 gelieferte Menge
m_{n1} = die von der Kostenstelle n an die Kostenstelle 1 gelieferte Menge
p_1 = innerbetrieblicher Verrechnungspreis für eine von der Kostenstelle 1 gelieferte Einheit
p_2 = innerbetrieblicher Verrechnungspreis für eine von der Kostenstelle 2 gelieferte Einheit
p_3 = innerbetrieblicher Verrechnungspreis für eine von der Kostenstelle 3 gelieferte Einheit
p_n = innerbetrieblicher Verrechnungspreis für eine von der Kostenstelle n gelieferte Einheit

ergibt sich für die Kostenstelle 1 die Gleichung

(1) $K_1 = S_1 + m_{11}\, p_1 + m_{21}\, p_2 + m_{31}\, p_3 \; .... \; m_{n1}\, p_n$

und für die Kostenstelle 2 die Gleichung

(2) $K_2 = S_2 + m_{12}\, p_1 + m_{22}\, p_2 + m_{32}\, p_3 \; .... \; m_{n2}\, p_n$

und für eine beliebige Kostenstelle i die Gleichung

(3) $K_i = S_i + m_{1i}\, p_1 + m_{2i}\, p_2 + m_{3i}\, p_3 \; .... \; m_{ni}\, p_n$

Insgesamt gilt damit die folgende Gleichung für alle Kostenstellen

(4) $$\mathbf{K_i = S_i + \sum_{j=1}^{n} m_{ji}\, p_j \qquad \text{mit } i = 1, 2, ...m}$$

Weiterhin ist bekannt, dass die gesamten Kosten einer Kostenstelle gleich dem Produkt aus Gesamtliefermenge einer Kostenstelle und Lieferpreis sind.

Mit
K_1 = gesamte Kosten der Kostenstelle 1
m_1 = gesamte Liefermenge der Kostenstelle 1
p_1 = innerbetrieblicher Lieferpreis für eine Einheit der Kostenstelle 1

gilt:

(5) $K_1 = m_1 p_1$

und für eine beliebige Kostenstelle i

(6) $K_i = m_i p_i$

Setzt man die Gleichungen (4) und (6) gleich, erhält man den Ausdruck

$$\textbf{(7)}\quad m_i p_i = S_i + \sum_{j=1}^{n} m_{ji} p_j$$

mit i = 1, 2, ...m

Damit liegt ein System linearer Gleichungen vor, bei dem die Anzahl der Gleichungen der Anzahl der Unbekannten entspricht. Das System ist folglich lösbar. Für die Lösung solcher Gleichungssysteme kann man sich neben der oben erläuterten Vorgehensweise auch der Matrizenschreibweise (vgl. Plinke, S. 103–105) und entsprechender EDV-Programme bedienen (vgl. Haberstock, S. 148).

6.5.4 Controllingorientierte Betrachtung der Kostenstellenrechnung

Im Hinblick auf eine Beurteilung der drei erläuterten Verfahren der sekundären Kostenverrechnung ist Folgendes festzuhalten:

Das **Anbauverfahren** ist ohne Zweifel am einfachsten durchzuführen, es verstößt aber am stärksten gegen den Gedanken einer verursachungsgerechten Kostenverteilung, da sämtliche Dienstleistungsbeziehungen zwischen den Vorkostenstellen und damit in großem Umfang bekannte Informationen vernachlässigt werden. Es ist daher „praktisch unbrauchbar“ (vgl. Haberstock, S. 153).

Das **Stufenleiterverfahren** ist an sich ebenfalls relativ leicht durchzuführen. Erhebliche Probleme entstehen allerdings bezüglich der „richtigen“ Anordnung der Vorkostenstellen. Hinzu kommt, dass hier zwar ein Teil der Lieferbeziehungen zwischen den Vorkostenstellen beachtet, andererseits aber auch ein Teil der Lieferbeziehungen zwischen den Vorkostenstellen vernachlässigt wird, so dass auch hier in erheblichem Umfang bekannte Informationen unberücksichtigt bleiben. Der Verstoß gegen den Gedanken einer verursachungsgerechten Kostenverteilung ist zwar weniger gewichtig als beim Anbauverfahren, aber immer noch erheblich. Damit ist auch das Stufenleiterverfahren an sich abzulehnen.

Bei Anwendung des **Gleichungsverfahrens** wird dem Gedanken einer verursachungsgerechten Kostenverteilung am ehesten entsprochen. Sämtliche Lieferbeziehungen finden Berücksichtigung. Es werden also alle bekannten Informationen beachtet. Allerdings wird das Verfahren in der Verwaltungspraxis häufig deshalb nicht gewählt, weil man es für kompliziert hält. Durch die obige Darstellung wird deutlich, dass dieser Einwand nicht berechtigt ist, zumal man sich vorgefertigter EDV-Lösungen bedienen kann.

Mit dem **Iterationsverfahren** wird dem Gedanken einer versuchungsgerechten Kostenverteilung ebenfalls entsprochen. Es werden keine Dienstleistungsbeziehungen zwischen Vorkostenstellen vernachlässigt. Allerdings werden die wechselseitigen Dienstleistungen nicht simultan, sondern nacheinander in die Berechnung aufgenommen, so dass ein Berechnungsfehler entsteht, der aber durch Wiederholung der Rechenschritte (Iterationen) mit korrigierten Ausgangswerten abnimmt. Wird das Verfahren EDV-unterstützt durchgeführt und können so zahlreiche Iterationen ohne großen Aufwand berücksichtigt werden, liefert das Iterationsverfahren letztlich die gleichen Ergebnisse wie das Gleichungsverfahren.

Betrachtet man über die einzelnen Verfahren hinaus die **Kostenstellenrechnung insgesamt**, so bietet sie ohne Zweifel **einen der wichtigsten Ausgangspunkte für das operative Controlling**. Im Hinblick auf einen möglichst großen Steuerungsbeitrag der Kostenstellenrechnung ist bei der Bildung der Kostenstellen zweierlei zu beachten.

Erstens müssen die Kostenstellen Verantwortungs- und folglich Organisationsbereichen entsprechen. Es muss also eine Person die Verantwortung, d.h. besonders die Kostenverantwortung, für die Kostenstelle tragen. Demzufolge müssen die Kostenstellen so abgegrenzt werden, dass möglichst Kostenstelleneinzelkosten vorliegen. Für diese Kosten ist der oder die Kostenstellenverantwortliche zuständig. Nur die Entstehung dieser Kosten ist von ihm bzw. von ihr beeinflussbar.

Zweitens müssen die Kostenstellen so gebildet werden, dass überbetriebliche Vergleiche möglich sind. Gerade dann, wenn innere Verrechnungssätze auf Kostenhöhe gebildet werden, kommt man an Kostenvergleichen nicht vorbei. Abweichungen gegenüber anderen Teilbetrieben, die eine ähnliche Aufgabe erfüllen, bilden häufig den wichtigsten Ansatzpunkt für weitere Nachforschungen. Selbstverständlich darf man, wie stets bei reinen Kostenvergleichen, auch aufgrund kostenstellenbezogener Betriebsvergleiche, nicht vorschnell auf wirtschaftliches oder unwirtschaftliches Handeln schließen. Wenn also beispielsweise die Kostenstelle „Freibad“ in dem Bäderbetrieb einer Gemeinde bei etwa gleicher Besucherzahl deutlich höhere Kosten aufweist, als die Kostenstelle „Freibad“ in einer anderen Gemeinde, dann sind die höheren Kosten nicht automatisch ein Beweis für die Unwirtschaftlichkeit. Hier sind leistungsorientierte Kennzahlen in die Betrachtung einzubeziehen, wie beispielsweise die Unfallhäufigkeit. Möglicherweise werden die höheren Kosten dadurch hervorgerufen, dass man die Aufgabe sorgfältiger erfüllt als der andere kommunale Teilbetrieb.

Alles in allem ist also zu empfehlen, dass die Gemeinden sich auf einheitliche Kostenstellenpläne für ähnliche Einrichtungen verständigen, um das große Potenzial, das die Kostenstellenrechnung im Hinblick auf die Lieferung steuerungsrelevanter Informationen bietet, auch auszuschöpfen.

7 Die Kostenträgerrechnung

7.1 Begriff, Arten und Aufgaben der Kostenträgerrechnung

Bei der Kostenträgerrechnung geht es darum, die für einzelne Organisationseinheiten, d.h. die für die einzelnen Kostenstellen ermittelten Kosten, den Sachgütern und Dienstleistungen zuzuordnen, die diese Kostenstellen hervorgebracht haben. Die Hilfsfrage lautet hier: Wofür sind die Kosten entstanden? **Die Kostenträgerrechnung ist somit eine Objektrechnung**. Dabei kann man unter einem **Kostenträger** sowohl ein einzelnes Objekt verstehen, also **das einzelne erzeugte Stück, das Produkt,** als auch die in einem Zeitraum insgesamt erzeugten Objekte, also eine **Produktmenge**. Ist die Kostenträgerrechnung darauf ausgerichtet, die Kosten eines einzelnen Stücks zu bestimmen, spricht man von der **Kostenträgerstückrechnung**, von der **Stückkalkulation** oder kurz von der **Kalkulation**. Sollen die Kosten für die in einem Zeitraum entstandene Produktmenge ermittelt werden, wählt man die Bezeichnung **„Kostenträgerzeitrechnung"**.

Häufig bauen die beiden Varianten der Kostenträgerrechnung aufeinander auf oder aber sie sind gar nicht voneinander zu trennen. Dies wird deutlich, wenn wir noch einmal das stark vereinfachte Bäderbeispiel heranziehen, bei dem wir lediglich drei Kostenstellen, und zwar die Kostenstellen „Allgemeine Verwaltung", „Hallenbad" und „Freibad" unterschieden haben. Mit den Kosten der Endkostenstelle „Hallenbad" haben wir gleichzeitig ermittelt, welche Kosten sämtliche Hallenbadbesuche eines Haushaltsjahres hervorgerufen haben. Damit haben wir bereits die Kostenträger*zeit*rechnung durchgeführt. Um festzustellen, was ein einzelner Hallenbadbesuch gekostet hat, müssen wir, wenn wir standardisierte Produkte unterstellen, die Kosten lediglich durch die Zahl der in dem betreffenden Jahr zu verzeichnenden Hallenbadbesuche teilen. Wir führen dann eine Kostenträger*stück*rechnung, eine Stückkalkulation, durch. Das Beispiel macht weiterhin deutlich, dass nicht nur die Grenzen zwischen Kostenträgerzeitrechnung und Kostenträgerstückrechnung fließend sind, sondern auch die Grenzen zwischen der Kostenstellenrechnung und der Kostenträgerzeitrechnung. Das gilt immer dann, wenn man die Endkostenstelle wie bei dem soeben herangezogenen Beispiel eng abgrenzt und man somit nur eine spezielle Produktart betrachtet. In diesen Fällen erfolgt der Einstieg in die Kostenträgerrechnung erst mit der Stückkalkulation, d.h. mit der Kostenträgerstückrechnung.

Neben dem produzierten Stück kann auch ein Güterbündel Objekt der Kostenträgerrechnung sein. Man kann also beispielsweise auch einen konkreten Auftrag als Kostenträger ansehen oder ein komplexes Vorhaben, ein Projekt, als Bezugsgröße wählen. Erfolgt die Berechnung der Stückkosten für ein noch zu erstellendes Produkt wird die Kostenträgerstückrechnung **Vorkalkulation** genannt. Überprüft man die geplanten Stückkosten mit Hilfe einer Nachschaurechnung, spricht man von der **Nachkalkulation**.

Werden Güter im Innenverhältnis abgegeben, beliefert also eine Kostenstelle eine andere Kostenstelle, werden diese als **interne Kostenträger** bezeichnet. Handelt es sich bei den Produkten um Sachgüter und/oder Dienstleistungen, die nach außen abgegeben werden, spricht man von **externen Kostenträgern**. Wenn nachfolgend kurz von Kostenträgern gesprochen wird, sind damit die externen Kostenträger gemeint, also die Sachgüter und Dienstleistungen, die an den Bürger bzw. an die Bürgerin abgegeben werden. Falls wir interne Kostenträger in die Betrachtung aufnehmen, wird ausdrücklich darauf hingewiesen. Werden Sachgüter oder Dienstleistungen an andere Personen, Organisationseinheiten oder Institutionen im Hinblick auf die Erfüllung des Sachziels abgegeben, entstehen nicht nur Kosten, sondern es liegt auch immer eine sachzielbezogene bewertete Güterentstehung, also eine Leistung, vor. Insofern handelt es sich bei dem Objekt, dem die Kosten zugeordnet werden und das daher Kostenträger genannt wird, ebenfalls um das Objekt, dem die Leistung zugeordnet wird, und somit auch um den Leistungsträger. **Kosten- und Leistungsträger sind also identisch.** Im Bereich der Privatwirtschaft entspricht die Leistung häufig den Erlösen. In diesen Fällen kann man die dem Objekt zuzurechnenden Erlöse den Kosten gegenüberstellen, die das Objekt hervorgerufen hat. Das abgesetzte Produkt ist dann gleichzeitig Kosten- und Erlösträger. Im Bereich der Kommunalverwaltung ist eine solche Zuordnung in der Regel nicht möglich bzw. nicht gerechtfertigt.

Bezüglich der Aufgaben, deren Erfüllung man mit der Kostenträgerrechnung anstrebt, können wir wieder auf eine bereits mehrfach vorgetragene Grundüberlegung verweisen, die sich wie ein roter Faden, durch alle Bereiche der Kosten- und Leistungsrechnung zieht. Wie die Kostenrechnung insgesamt, so dient auch die Kostenträgerrechnung als Teil der Kostenrechnung besonders der Erreichung zweier **Zielsetzungen**, und zwar soll sie einerseits einen **Beitrag zur Preisfindung** leisten und andererseits Möglichkeiten zur **Wirtschaftlichkeitsbetrachtung** eröffnen.

Im Hinblick auf die erste Zielsetzung, d.h. im Hinblick auf die Preisfindung, wird der Beitrag der Kostenträgerrechnung auch ohne weiteres deutlich. Durch sie werden die in einer Periode entstandenen bzw. entstehenden Kosten eines Betriebs bzw. Teilbetriebs auf die Produkte verteilt, die man erstellt hat bzw. die man erstellen will. Damit ist erkennbar, welchen Preis man hätte erzielen müssen bzw. welchen Preis man erzielen muss, um die Kosten wenigstens zu decken. Dass man diese **Selbstkosten pro Stück** nicht einfach als Entgelt von seinen Abnehmern verlangt bzw. verlangen kann, liegt auf der Hand. Der Preis, der erzielbar ist, hängt von der Nachfrage nach dem betreffenden Gut und vom Konkurrenzverhalten ab.

Ist eine Prognose über den zu erzielenden Produktpreis möglich, ist die Kostenträgerrechnung, wenn sie zukunftsorientiert, also **als Plankostenrechnung**, angelegt ist, sehr hilfreich. Die Konfrontation der zu erwartenden Selbstkosten pro Stück mit dem prognostizierten Preis zeigt, ob sich die Produktion überhaupt lohnt. Eventuell kann man noch rechtzeitig von einer geplanten Fertigung Abstand nehmen. **Als Nachschaurechnung** zeigt die Kostenträgerstückrechnung im Vergleich mit dem erzielten Preis, ob sich die Produktion gelohnt hat. Im Bereich des kommunalen Verwaltungsbetriebs hat die Kostenträgerrechnung darüber hinaus eine besondere **Bedeutung bei der Kalkulation von Benutzungsgebühren**. So soll beispielsweise nach § 6 des Kommunalabgabengesetzes für das Land Nordrhein-Westfalen das Gebührenaufkommen die Kosten der Einrichtung nicht überschreiten und in der Regel decken. Demnach soll das Gebührenaufkommen, vereinfacht formuliert, kostendeckend sein. Die gesamten Kosten der Einrichtung sind also auf die erstellten Sachgüter und Dienstleistungen zu verteilen. Dabei soll die Verteilung der Kosten nach der tatsächlichen Inanspruchnahme der Einrichtung (*Wirklichkeitsmaßstab*) erfolgen. Ist diese besonders schwierig zu bestimmen oder ist ihre Feststellung wirtschaftlich nicht vertretbar, kann von der vermuteten Inanspruchnahme ausgegangen werden (*Wahrscheinlichkeitsmaßstab*). Anders als im Bereich der Privatwirtschaft führt also die Kostenträgerrechnung in diesen Fällen unmittelbar zur Preisbestimmung, d.h. zur Bestimmung der Gebühr. Die **Gebührenkalkulation** kann entweder zukunftsorientiert vorgenommen werden, dann spricht man von der **Gebührenbedarfsberechnung,** oder nachschauorientiert, in diesem Fall wird sie als **Gebührenkontrolle** bezeichnet.

Im Hinblick auf die zweite Zielsetzung, d.h. im Hinblick auf die Wirtschaftlichkeitsbeurteilung, ist die Kostenträgerrechnung insoweit von Bedeutung, als sie eine notwendige Voraussetzung für die Klärung der Frage darstellt, ob es wirtschaftlich ist, ein bestimmtes Produkt anzubieten. Damit ergibt sich auf den ersten Blick eine Überschneidung mit der ersten Zielsetzung; denn wirtschaftlich ist ein Kostenträger dann, wenn die ihm zuzuordnende Leistung seine Kosten übersteigt. Die Leistung ist im privatwirtschaftlichen Bereich in der Regel eine Grundleistung und insofern auf Einzahlungen zurückzuführen, d.h. es handelt sich hierbei in der Regel um die erzielten Erlöse. Ob ein Produkt wirtschaftlich ist, würde somit das *Verhältnis von Stückkosten zu Stückerlös (Preis)* zum Ausdruck bringen. Es liegt auf der Hand, dass diese Relation dann kein Ausdruck für die Wirtschaftlichkeit eines Produktes ist, wenn man das Produkt entweder aufgrund rechtlicher Vorgaben unentgeltlich abgeben muss, oder aber wenn man zuvor die Erlöse auf Kostenbasis errechnet und aufgrund einer entsprechenden Marktstellung auch durchgesetzt hat.

Insofern ist im Bereich der Kommunalverwaltung in vielen Fällen eine andere Relation zu berücksichtigen. *Die Selbstkosten pro Stück sind der Leistung pro Stück gegenüberzustellen und diese beinhaltet auch die betriebszweckbezogene bewertete Güterentstehung, die nicht auf Einzahlungen zurückzuführen ist, d.h. sie umfasst auch die Zusatzleistung.* Ist die Zusatzleistung nur mit großen Unsicherheiten oder gar nicht bestimmbar, ist die Kostenträgerrechnung gleichwohl nicht uninteressant. Man hat jetzt immer noch die Möglichkeit, **produktbezogene Kostenvergleiche** durchzuführen. So kann man beispielsweise

- die Entwicklung der Kosten eines Produktes über mehrere Jahre betrachten, also einen **kostenträgerbezogenen Zeitvergleich** vornehmen,
- die Stückkosten eines Betriebs mit den Stückkosten eines anderen Betriebs vergleichen und somit einen **kostenträgerbezogenen Betriebsvergleich** durchführen oder
- die geplanten Stückkosten mit den tatsächlich entstandenen Stückkosten konfrontieren und insofern einen **kostenträgerbezogenen Soll-Ist-Vergleich** heranziehen, um neue Erkenntnisse zu gewinnen.

Bezogen auf das Produkt „Personalausweis" eines kommunalen Teilbetriebs könnten man also beispielsweise den Fragen nachgehen, wie sich die Kosten für die Erstellung eines Personalausweises in den letzten Jahren entwickelt haben, was die Erstellung von Personalausweisen in verschiedenen kommunalen Verwaltungsbetrieben kostet und wie hoch die tatsächlichen Kosten eines Personalausweises im Vergleich zu den geplanten Kosten eines Personalausweises sind.

Auch hier ist wie bei anderen reinen Kostenvergleichen jedoch darauf hinzuweisen, dass reine Kostenvergleiche keine Beweise für wirtschaftliches bzw. unwirtschaftliches Handeln liefern, sondern lediglich Anhaltspunkte für weitere Nachforschungen.

Dieser Punkt ist besonders bei produktbezogenen Betriebsvergleichen von Bedeutung, die bei den Gemeinden in Verbindung mit *interkommunalen Vergleichen* angestrebt werden. Man muss sich darüber im Klaren sein, dass die Kostenträgerrechnung die letzte Stufe der Vollkostenrechnung darstellt und insofern die Fehler bzw. die Schwächen der anderen Stufen hier durchschlagen. So können Unterschiede bei den Produktkosten beispielsweise durch unterschiedliche Gemeinkostenschlüsselungen, unterschiedliche Vorgehensweisen bei der Berechnung der kalkulatorischen Kosten und durch das öffentliche Besoldungssystem hervorgerufen werden. In diesen Fällen beinhalten produktbezogene interkommunale Kostenvergleiche keine steuerungsrelevanten Informationen. Sie haben dann, wenn überhaupt, nur einen gewissen Unterhaltungswert.

Im NKF bzw. NKR ist **die Kostenträgerrechnung auch im Hinblick auf die Bewertung selbst erstellter Güter** bedeutsam, die in der kommunalen Bilanz zu erfassen sind. In diesen Fällen dürfen allerdings nur die Grundkosten berücksichtigt werden, also die Kosten, die den Aufwendungen entsprechen und somit letztlich auf Auszahlungen zurückgeführt werden können.

7.2 Überblick über die Verfahren der Kostenträgerstückrechnung

Für die Kostenträgerstückrechnung, d.h. für die Kalkulation, stehen mehrere Verfahren zur Wahl. Man spricht in diesem Zusammenhang auch von **Kalkulationsverfahren.** Die einzelnen Verfahren kommen ihrerseits in verschiedenen Varianten vor und werden in der Praxis auch teilweise kombiniert, so dass sich in der Literatur unterschiedliche Übersichten finden (vgl. beispielsweise Haberstock, S. 167 und Plinke, S. 110).

Für den Bereich der kommunalen Verwaltungsbetriebe ist es sinnvoll, zwischen drei grundsätzlichen Verfahren zu unterscheiden, und zwar zwischen

- der **Divisionskalkulation im engeren Sinne,**
- der **Äquivalenzziffernkalkulation** und
- der **Zuschlagskalkulation**.

Die **Divisionskalkulation im engeren Sinne** wird nachfolgend nur kurz **Divisionskalkulation** genannt. Wird sie bei nur einer Endkostenstelle angewandt, spricht man von einer **einfachen Divisionskalkulation**. Wird sie für mehrere Endkostenstellen eingesetzt, also mehrfach praktiziert, wählt man die Bezeichnung **„mehrfachen Divisionskalkulation“**. Unterscheidet man im Prozess der Gütererstellung mehrere Fertigungsstufen und wendet man auf nur einer Fertigungsstufe die Divisionskalkulation an, liegt **einstufigen Divisionskalkulation vor**. Wendet man sie hingegen auf mehreren Fertigungsstufen an, spricht man von einer **mehrstufigen Divisionskalkulation**. Es liegt auf der Hand, dass diese Unterscheidungen nicht erschöpfend sind. So könnten in einem Betrieb beispielsweise mehrere Fertigungsprozesse, die mehrstufig ablaufen, und gleichzeitig mehrere Endkostenstellen vorliegen. Würde die Divisionskalkulation dann bei mehreren Endkostenstellen für mehrere Fertigungsstufen angewandt, könnte man von einer mehrfach mehrstufigen Divisionskalkulation sprechen.

Auch bei der **Äquivalenzziffernkalkulation** kann man eine Unterscheidung danach vornehmen, ob sie bei einer oder bei mehreren Endkostenstellen angewandt wird. Somit ergeben sich dann auch hier die Bezeichnungen **einfache oder mehrfache Äquivalenzziffernkalkulation**. Wird die Äquivalenzziffernrechnung auf einer Fertigungsstufe angewandt, spricht man von einer **einstufigen Äquivalenzziffernkalkulation**. Lassen sich mehrere Fertigungsschritte unterscheiden und praktiziert man auf mehreren Fertigungsstufen eine Äquivalenzziffernrechnung, kann man auch von einer **mehrstufigen Äquivalenzziffernkalkulation** sprechen.

Bei der Zuschlagskalkulation wählt man eine etwas andere Einteilung. Grundsätzlich werden hier bestimmte Kosten, die man den Kostenträgern nicht direkt zuordnen kann, auf die Kostenträger mit Hilfe eines Schlüssels verteilt, sie werden also auf die bereits ermittelten Kostenträger „zugeschlagen“. Wählt man nur eine Schlüsselgröße, d.h. nur einen Zuschlagssatz, für die Verteilung solcher nicht direkt zurechenbaren Kosten und geht man also recht „grob“ bei der Verteilung vor, spricht man von der **summarischen Zuschlagskalkulation**. Teilt man die zunächst nicht verrechneten Kosten in mehrere Blöcke auf und verteilt man jeden Kostenblock nach einem speziellen Gesichtspunkt, d.h. mit Hilfe eines eigenständigen Zuschlagssatzes, auf die Kostenträger, differenziert man also bei der Verteilung, so wählt man die Bezeichnung **„differenzierenden Zuschlagskalkulation“**.

7.3 Die Divisionskalkulation

Divisionskalkulation bedeutet, dass man die Stückkosten ermittelt, indem man die jeweiligen Gesamtkosten durch die jeweilige Menge teilt. Dementsprechend werden bei der **einfachen Divisionskalkulation** die Kosten einer Endkostenstelle durch die Produktmenge geteilt, die diese Endkostenstelle im gleichen Zeitraum abgegeben hat.

> **Beispiel:** Betrachtet wird ein kommunaler Bäderbetrieb, den man in drei Vorkostenstellen, und zwar in die Vorkostenstellen „Allgemeine Bäderverwaltung“, „Werkstatt“ und „Grünflächen“ sowie die Endkostenstelle „Freibad“ eingeteilt hat. Die Betriebsabrechnung für die abgelaufene Periode wird durchgeführt und es ergibt

sich für die Endkostenstelle “Freibad“ ein Betrag in Höhe von 1.000.000 Euro. Die Vorkostenstellen sind vollständig „entlastet“. Weiterhin ist bekannt, dass in der abgelaufenen Periode 100.000 Badebesuche zu verzeichnen waren. Nach der einfachen Divisionskalkulation ergeben sich damit Selbstkosten pro Badebesuch in Höhe von 1.000.000 Euro : 100.000 Besuche = 10 Euro/Besuch.

Es liegt auf der Hand, dass die einfache Divisionskalkulation nur unter bestimmten Bedingungen gerechtfertigt ist. Es muss sich um einen *Ein-Produkt-Bereich* handeln. Es darf *keine Lagerhaltung* vorliegen und innerhalb der Produktart müssen die einzelnen Sachgüter bzw. Dienstleistungen auch völlig gleich sein. Es müssen also *standardisierte oder homogene Produkte* vorliegen.

Im obigen **Beispiel** wäre die einfache Divisionskalkulation beispielsweise nicht gerechtfertigt, wenn man im Freibad ein Sommerfest veranstaltet hätte. Man hätte in diesem Fall neben der üblichen Dienstleistung „Bereitstellung einer Bademöglichkeit“ eine weitere Dienstleistung angeboten, und zwar die Dienstleistung „Teilnahme an dem Sommerfest“. Bei einfacher Divisionskalkulation würden die Kosten der beiden Produkte miteinander vermischt und man könnte beispielsweise nicht mehr erkennen, welche Kosten das Sommerfest tatsächlich hervorgerufen hat und ob es wirtschaftlich ist, ein solches Fest zu veranstalten.

Bei der **mehrfachen Divisionskalkulation** wird entsprechend vorgegangen. Es wird lediglich die einfache Divisionskalkulation bei mehreren Endkostenstellen durchgeführt.

Beispiel: Betrachten wir wieder einen kommunalen Bäderbetrieb. Wie zuvor hat man drei Vorkostenstellen gebildet, und zwar die Vorkostenstellen „Allgemeine Bäderverwaltung“, „Werkstatt“ und „Grünflächen“. Anders als bei dem ersten Beispiel sind aber zwei Endkostenstellen zu berücksichtigen, die Endkostenstelle „Freibad“ und die Endkostenstelle „Hallenbad“. Die Betriebsabrechnung für die abgelaufene Periode wird durchgeführt und es ergibt sich für die Endkostenstelle “Freibad“ ein Betrag in Höhe von 1.000.000 Euro und für die Endkostenstelle „Hallenbad“ ein Betrag in Höhe von 500.000 Euro. Die Vorkostenstellen sind vollständig „entlastet“. Weiterhin ist bekannt, dass in der abgelaufenen Periode im Freibad 100.000 Badebesuche und im Hallenbad 25.000 Badebesuche zu verzeichnen waren. Nach der Divisionskalkulation ergeben sich damit folgende Selbstkosten:

Selbstkosten pro Freibadbesuch
= 1.000.000 Euro : 100.000 Freibadbesuche = 10 Euro/Freibadbesuch

Selbstkosten pro Hallenbadbesuch
= 500.000 Euro : 25.000 Hallenbadbesuche = 20 Euro/Hallenbadbesuch.

Es wird deutlich, dass eine solche Kostenträgerrechnung, wenn überhaupt, nur dann vertretbar ist, wenn die Bedingungen, die wir für die einfache Divisionskalkulation genannt haben, für jede Endkostenstelle gelten: Es darf also nur *eine Produktart von jeder Endkostenstelle* bereitgestellt werden, die einzelnen *Produkte müssen homogen*, d.h. völlig gleich sein, und es dürfen *keine fertigen oder halbfertigen Produkte auf Lager* gehen. Wird beispielsweise im Hallenbad eine besondere Wettkampfveranstaltung durchgeführt, ist die Divisionskalkulation im Hallenbadbereich nicht gerechtfertigt, neben dem typischen Produkt „Hallenbadbesuch" entsteht hier eine besondere Dienstleistung.

Bei den soeben dargestellten Beispielen für die Divisionskalkulation wurden keine Fertigungsstufen unterschieden, weil solche Abschnitte bei der Dienstleistungserstellung im Bäderbereich nur schlecht zu definieren sind, Produktions- und Absatzvorgang gehen fließend ineinander über. Insofern handelt es sich bei den beiden so eben erläuterten Beispielen um einstufige Divisionskalkulationen. **Mehrstufige Divisionskalkulationen** setzen voraus, dass einerseits mehrere Abschnitte in einem Fertigungsvorgang erkennbar sind und andererseits *auf jeder Fertigungsstufe die Voraussetzungen für eine einfache Divisionskalkulation* gegeben sind. Es darf also auf jeder Fertigungsstufe nur eine Produktart vorliegen und die einzelnen Einheiten müssen homogen sein.

Beispiel: In einem kommunalen Teilbetrieb werden bestimmte Urkunden erstellt und an berechtigte Personen abgegeben. Zwei Fertigungsstufen sind zu unterscheiden. Die Fertigungsstufe I beinhaltet die grundsätzliche Vorbereitung und Gestaltung der Urkunde. Das hier entstehende Zwischenprodukt wird „vorgefertigte Urkunde" genannt. In einem zweiten Schritt werden anschließend die vorgefertigten Urkunden ausgefüllt, wobei zunächst noch geprüft wird, ob die Person, die eine solche Urkunde beantragt, auch berechtigt ist. Diese Fertigungsstufe II führt zum Produkt „fertige Urkunde". In einem Jahr entstehen auf Fertigungsstufe I Kosten in Höhe von 50.000 Euro und es werden 5000 Urkunden „vorgefertigt". Von diesen werden im gleichen Jahr 1000 Urkunden weiterbearbeitet; es werden also nach entsprechender Überprüfung die Daten der Antragsteller eingetragen und die Urkunden ausgehändigt. Die Kosten der Fertigungsstufe II betragen 20.000 Euro. Mit Hilfe der mehrstufigen Divisionskalkulation könnte man ausrechnen, was eine fertige Urkunde kostet. Die Berechnung sieht dann folgendermaßen aus:

Fertigungsstufe	Gesamtkosten	Menge in Stück	Berechnung	Stückkosten
I	50.000 Euro	5.000	50.000 Euro : 5.000 =	10 Euro
II	20.000 Euro	1.000	20.000 Euro : 1.000 =	20 Euro
	70.000 Euro			30 Euro

Die Kosten einer fertigen Urkunde betragen 30 Euro und setzen sich aus Kosten der Vorfertigung in Höhe von 10 Euro und Kosten der Endfertigung in Höhe von 20 Euro zusammen.

Das Beispiel macht die engen Grenzen bei der Anwendung der mehrstufigen Divisionskalkulation deutlich: Sind die Halbfertig- bzw. Fertigprodukte nicht völlig homogen, ist das Verfahren nicht verursachungsgerecht. So ist im obigen Fall die Anwendung der mehrstufigen Divisionskalkulation beispielsweise nicht gerechtfertigt, wenn die Endfertigung der einzelnen Urkunden mit Datenerhebungen verbunden ist, die unterschiedlich viel Zeit in Anspruch nehmen. In einem solchen Fall sind die Dienstleistungen nicht homogen und rufen die einzelnen Produkte einen unterschiedlichen Güterverzehr und damit unterschiedliche Kosten hervor.

7.4 Die Äquivalenzziffernkalkulation

Während es bei der Divisionskalkulation grundsätzlich darum geht, Kosten auf völlig gleiche Produkte, d.h. auf homogene Kostenträger, zu verteilen, geht es bei der *Äquivalenzziffernkalkulation* darum, die Kosten auf *unterschiedliche Kostenträger* zu verrechnen, *die einen gemeinsamen „Nenner" haben,* die also gedanklich auf eine gemeinsame Größe zurückgeführt werden können. Um solche unterschiedlichen Kostenträger gleichnamig machen zu können, bedarf es eines Gewichtungsfaktors. Eine solche Größe, d.h. eine Ziffer, die unterschiedliche Dinge gleich (äquivalent) macht, wird Äquivalenzziffer genannt.

Bei der **einfachen Äquivalenzziffernrechnung** wird die *Äquivalenzziffernrechnung für nur eine Endkostenstelle* durchgeführt.

Beispiel: Betrachtet wird ein kommunaler Abfallbeseitigungsbetrieb. Neben den Vorkostenstellen „Leitung und Verwaltung", „Gebäude" und „Fuhrpark" hat man die Endkostenstelle „Abfallsammlung und -entsorgung" gebildet. Es liegt also nur eine Endkostenstelle vor. Aus Gründen der Vereinfachung wird unterstellt, dass der Abfall nicht getrennt gesammelt wird und der Abholrhythmus bei allen Tonnen gleich ist. Den Haushalten stehen drei Tonnengrößen zur Wahl, eine 50-Liter-Tonne, eine 100-Liter-Tonne und eine 250-Liter-Tonne. Genauere Untersuchungen haben ergeben, dass die Entsorgung einer 250-Liter-Tonne 5mal so hohe Kosten hervorruft wie die Entsorgung der 50-Liter-Tonne und die Entsorgung der 100-Liter-Tonne 2mal so hohe Kosten wie die Entsorgung einer 50-Liter-Tonne. Es werden in der Gemeinde insgesamt von den 50-Liter-Tonnen 1000 Stück, von den 100-Liter-Tonnen 2000 Stück und von den 250-Liter-Tonnen 1000 Stück ausgegeben und entsorgt. Für die oben genannte Endkostenstelle betragen die Gesamtkosten des betreffenden Jahres 1.000.000 Euro. Die Vorkostenstellen sind im Rahmen der Betriebsabrechnung vollständig „entlastet" worden.

Damit ergibt sich für die Äquivalenzziffernrechnung folgender Rechengang:

Zunächst werden die Recheneinheiten ermittelt:

Tonnenart	Anzahl in Stück	Äquivalenzziffer	Recheneinheiten	Kosten insgesamt in Euro	Kosten pro Tonne in Euro
50-Liter-Tonne	1.000	**1**	1.000		
100-Liter-Tonne	2.000	**2**	4.000		
250-Liter-Tonne	1.000	**5**	5.000		
			10.000		

Die Kosten pro Recheneinheit ergeben sich, indem man die Gesamtkosten in Höhe von 1.000.000 Euro durch die 10.000 Recheneinheiten teilt. Man erhält einen Betrag von 100 Euro/Recheneinheit. Wenn man diesen Betrag mit den Recheneinheiten der einzelnen Produktarten multipliziert, erhält man die Kosten für die jeweilige Produktart. Die Addition dieser Beträge ergibt die Gesamtkosten.

Tonnenart	Anzahl in Stück	Äquivalenzziffer	Recheneinheiten	Kosten insgesamt in Euro	Kosten pro Tonne in Euro
50-Liter-Tonne	1.000	1	1.000	100.000	
100-Liter-Tonne	2.000	2	4.000	400.000	
250-Liter-Tonne	1.000	5	5.000	500.000	
			10.000	1.000.000	

Teilt man die Kosten pro Produktart durch die betreffende Stückzahl, erhält man die jeweiligen Stückkosten.

Tonnenart	Anzahl in Stück	Äquivalenzziffer	Recheneinheiten	Kosten insgesamt in Euro	Kosten pro Tonne in Euro
50-Liter-Tonne	1.000	1	1.000	100.000	100
100-Liter-Tonne	2.000	2	4.000	400.000	200
250-Liter-Tonne	1.000	5	5.000	500.000	500
			10.000	1.000.000	

Durch die Äquivalenzziffernrechnung werden also die unterschiedlichen Tonnenarten gedanklich gleich gemacht, d.h. auf eine gemeinsame Recheneinheit zurückgeführt. Dies lässt sich beim vorliegenden Beispiel recht gut veranschaulichen. Die Recheneinheit nimmt hier quasi den Platz einer Einheitstonne ein. In das 50-Liter-Gefäß passt eine dieser Einheitstonnen, in das 100-Liter-Gefäß passen 2 dieser Einheitstonnen und in das 250-Liter-Gefäß passen 5 dieser Tonnen. Damit werden insgesamt 10.000 Einheitstonnen geleert. Die Gesamtkosten in Höhe von 1.000.000 Euro werden durch diese 10.000 Einheitstonnen (Recheneinheiten) geteilt und man erhält die Stückkosten einer Einheitstonne (Recheneinheit) in Höhe von 100 Euro. Da im 50-Liter-Gefäß nur eine Einheitstonne „steckt", betragen die Stückkosten dieses Gefäßes ebenfalls 100 Euro. In dem 100-Liter-Gefäß „stecken" 2 Einheitstonnen, insofern betragen die Stückkosten 200 Euro. Für das 250-Liter-Gefäß, in dem 5 Einheitstonnen „stecken“, ergibt sich aufgrund der gleichen Berechnung ein Stückpreis in Höhe von 500 Euro.

Es wird deutlich, dass auch bei der Äquivalenzziffernrechnung Kosten durch eine Produktmenge geteilt werden, und zwar durch die Menge der lediglich gedanklich entwickelten Einheitsprodukte. Deshalb kann man die Äquivalenzziffernrechnung auch als eine Art Divisionskalkulation ansehen. Die Äquivalenzziffernrechnung und die Divisionskalkulation im engeren Sinne könnte man dann zur Divisionskalkulation im weiteren Sinne zusammenfassen (vgl. Haberstock, S. 167).

Zu beachten ist, dass auch bei einer Äquivalenzziffernrechnung bestimmte Grundvoraussetzungen erfüllt sein müssen, wenn dem Gedanken einer verursachungsgerechten Kostenrechnung entsprochen werden soll. So können zwar *mehrere Produktarten*, d.h. Kostenträger bei einer Kostenstelle berücksichtigt werden, aber *die Produkte einer Produktart müssen völlig homogen sein* und es darf *keine Lagerhaltung* vorliegen. Im obigen Beispiel wäre beispielsweise eine Äquivalenzziffernrechnung nicht verursachungsgerecht, wenn extrem unterschiedliche Anfahrtswege beim Abholen des Abfalls zu berücksichtigen sind. Dann gibt es beispielsweise nicht eine Dienstleistung „Entleerung eines 50-Liter-Gefäßes“, sondern es sind je nach Anfahrtsweg unterschiedliche Dienstleistungen mit der Entleerung der 50-Liter-Tonne verbunden. Den Güterverzehr und damit die Kosten, die der einzelne Haushalt hervorruft, sind unterschiedlich. Durch die Äquivalenzziffernrechnung wird dem nicht Rechnung getragen. Dass man in der Praxis bei der Gebührenbedarfsberechnung in solchen Fällen gleichwohl die nicht verursachungsgerechte Äquivalenzziffernrechnung wählt, ist allerdings in der Regel durchaus zulässig, da vom Wirklichkeitsmaßstab abgewichen werden darf, wenn dies nicht wirtschaftlich ist (vgl. beispielsweise § 6 des Kommunalabgabengesetzes des Landes Nordrhein-Westfalen).

Bei der **mehrfachen Äquivalenzziffernrechnung** wird die *einfache Äquivalenzziffernrechnung für mehrere Endkostenstellen* und damit mehrfach durchgeführt.

Beispiel: Betrachtet wird ein Abfallbeseitigungsbetrieb mit mehreren Vorkostenstellen und *zwei Endkostenstellen*, und zwar der Endkostenstelle „Hausmüllentsorgung“ und der Endkostenstelle „Entsorgung von Bioabfällen“. Im Rahmen der Betriebsabrechnung sind die Vorkostenstellen vollständig „entlastet“ worden. Für die Hausmüllentsorgung stehen den Haushalten drei Tonnengrößen zur Wahl, eine 50-Liter-Tonne, eine 100-Liter-Tonne und eine 250-Liter-Tonne. Genauere Untersuchungen haben ergeben, dass die Entsorgung einer 250-Liter-Tonne 5mal so hohe Kosten hervorruft wie die Entsorgung der 50-Liter-Tonne und die Entsorgung der 100-Liter-Tonne 2mal so hohe Kosten wie die Entsorgung einer 50-Liter-Tonne. Es werden in der Gemeinde insgesamt von den 50-Liter-Tonnen 1000 Stück, von den 100-Liter-Tonnen 2000 Stück und von den 250-Liter-Tonnen 1000 Stück ausgegeben und entsorgt. Der Abholrhythmus ist gleich und wirkt sich somit auf die Äquivalenzziffer nicht aus. Für die oben genannte Endkostenstelle betragen die Gesamtkosten des betreffenden Jahres 1.000.000 Euro. Für die Kostenstelle „Entsorgung von Bioabfällen“ stehen eine kleine und eine große Biotonne zur Wahl. Die kleine Biotonne wird 50mal im Jahr geleert und die große Biotonne nur 20mal im Jahr. Weiterhin wurde durch Untersuchungen festgestellt, dass die Kosten eines Leerungs- und Entsorgungsvorganges bei der großen Tonne etwa 50% über denen der kleinen Tonne liegen. Im Abrechnungszeitraum werden regelmäßig 1000 kleine Biotonnen und 100 große Biotonnen entsorgt. Die gesamten Kosten der Kostenstelle „Entsorgung von Bioabfällen" betragen im Betrachtungszeitraum 530.000 Euro.

Damit ergibt sich für die Kostenstelle „Hausmüllentsorgung" die bereits im vorherigen Beispiel durchgeführte Äquivalenzziffernrechnung.

Hausmüllentsorgung					
Tonnenart	**Anzahl in Stück**	**Äquivalenzziffer**	**Rechen-einheiten**	**Kosten insgesamt in Euro**	**Kosten pro Tonne in Euro**
50-Liter-Tonne	1.000	**1**	1.000	100.000	100
100-Liter-Tonne	2.000	**2**	4.000	400.000	200
250-Liter-Tonne	1.000	**5**	5.000	500.000	500
			10.000	1.000.000	

Zusätzlich ist noch die folgende Äquivalenzziffernrechnung für die andere Endkostenstelle durchzuführen:

Entsorgung von Bioabfällen					
Tonnen-art	**An-zahl in Stück**	**Äquivalenz-ziffer**	**Rechen-einheiten**	**Kosten insgesamt in Euro**	**Kosten pro Tonne in Euro**
kleine Biotonne	1.000	**50 · 1 = 50**	50.000	500.000	500
große Biotonne	100	**20· 1,5 =30**	3.000	30.000	300
			53.000	530.000	

Nebenrechnung:
530.000 Euro : 53.000 Recheneinheiten = 10 Euro/Recheneinheit

Wie bei der einfachen Äquivalenzziffernrechnung, so gelten auch für *die mehrfache Äquivalenzziffernrechnung bestimmte Voraussetzungen* für eine Anwendung: Es müssen sich *die einzelnen Kostenträger auf einen gemeinsamen „Nenner"* zurückführen lassen, *innerhalb einer Produktart müssen alle Produkte homogen* sein und *eine Lagerhaltung darf nicht vorliegen.*

Die **mehrstufige Äquivalenzziffernrechnung** ist im kommunalen Verwaltungsbetrieb nur selten anzutreffen. Denkbar wäre folgender Fall:

Beispiel: In einem Verwaltungsbereich wird unter anderem eine Endkostenstelle „Urkunden" gebildet, die Betriebsabrechnung hat zur „Entlastung" der Vorkostenstellen geführt. Die Kostenstelle „Urkunden" hat insgesamt Kosten in Höhe von 100.000 Euro. Weiterhin unterscheidet man bei dieser Kostenstelle zwei Fertigungsstufen, und zwar die Fertigungsstufe I „Vorfertigung der Urkunden" und die Fertigungsstufe II „Endfertigung und Abgabe".

Es ist weiterhin bekannt, dass die Kosten der Fertigungsstufe I 60.000 Euro und die der Fertigungsstufe II 40.000 Euro betragen. Es werden **zwei Arten von Urkunden (U I und U II)** erstellt und abgegeben. U I ruft bei der Vorfertigung doppelt so hohe Kosten hervor wie U II. Bei U II liegen die Kosten der Endfertigung um 50% über denen von U I. Es werden insgesamt 500 Urkunden der Sorte I und 1000 Urkunden der Sorte II vor- und endgefertigt. Weitere Vorfertigungen werden nicht vorgenommen.

Für die Fertigungsstufe I ergibt sich folgende Äquivalenzziffernrechnung:

Urkundenart	Anzahl in Stück	Äquivalenzziffer	Recheneinheiten	Kosten insgesamt in Euro	Kosten pro Urkunde in Euro
U I	500	**2**	1.000	30.000	60
U II	1.000	**1**	1.000	30.000	30
			2.000	60.000	

Nebenrechnung:
60.000 Euro : 2.000 Recheneinheiten = 30 Euro/Recheneinheit

Für die Fertigungsstufe II ergibt sich folgende Äquivalenzziffernrechnung:

Urkundenart	Anzahl in Stück	Äquivalenzziffer	Recheneinheiten	Gesamtkosten in Euro	Kosten pro Urkunde in Euro
U I	500	**1**	500	10.000	20
U II	1.000	**1,5**	1.500	30.000	30
			2.000	40.000	

Nebenrechnung:
40.000 Euro : 2.000 Recheneinheiten = 20 Euro/Recheneinheit

Damit kostet eine fertige Urkunde der Sorte I (U I) 60 Euro + 20 Euro = 80 Euro und eine fertige Urkunde der Sorte II (U II) 30 Euro + 30 Euro = 60 Euro. Die Probe bestätigt dieses Ergebnis: 500 · 80 Euro + 1000 · 60 Euro = 100.000 Euro.

Auch bei der *mehrstufigen Äquivalenzziffernrechnung* ist zu beachten, dass die *Voraussetzungen der einfachen Äquivalenzziffernrechnung auf jeder Produktionsstufe erfüllt sein müs-*

sen. Es müssen also auf jeder Produktionsstufe die Kostenträger so ähnlich sein, dass sie auf einen gemeinsamen Nenner zurückgeführt werden können. Innerhalb einer Produktart müssen die einzelnen Produkte völlig homogen sein. Erfordert also beispielsweise die Endfertigung der Urkunden der Sorte I aufgrund unterschiedlicher Informationsgewinnungsprozesse unterschiedliche Zeiten, so ist die Äquivalenzziffernrechnung zumindest auf dieser Stufe nicht anwendbar.

7.5 Die Zuschlagskalkulation

7.5.1 Anwendungsbereich

Die **Zuschlagskalkulation** findet dann Anwendung, wenn weder die Voraussetzungen für die Divisionskalkulation noch für die Äquivalenzziffernrechnung vorliegen, **wenn also die Kalkulationsobjekte, d.h. die Produkte, weder gleich noch ähnlich, sondern völlig unterschiedlich sind** und auch gedanklich nicht auf einen gemeinsamen Nenner zurückgeführt werden können.

Beispiel:

Ein kommunaler Fuhrpark erstellt in eigener Regie zwei neue Garagen.

Für die Garage I wird Material im Werte von 20.000 Euro verbraucht und für die Garage II Material im Werte von 30.000 Euro.

Die Anlieferung des Materials erfolgt direkt an die jeweilige Baustelle und somit handelt es sich eindeutig um Kostenträgereinzelkosten.

Durch Stundenzettel wird exakt festgehalten, welche Mitarbeiter in welchem Umfang auf den einzelnen Baustellen tätig sind. Somit sind auch die Lohneinzelkosten bekannt, für Garage I betragen sie 30.000 Euro und für Garage II betragen sie 20.000 Euro.

Beide Baustellen werden von einer Person beaufsichtigt. Die Betreuung der auf den Baustellen beschäftigten Personen wird von der Personalabteilung und die Beschaffung des Materials wird von der Beschaffungsstelle vorgenommen. Daneben sind noch andere Tätigkeiten zu beachten, die zu einem Güterverzehr führen, der nicht eindeutig einer der Baustellen zugeordnet werden kann. Es entstehen also Kostenträgergemeinkosten. Ihre Gesamthöhe beträgt 50.000 Euro.

In der nachfolgenden Tabelle haben wir die verschiedenen Kostenträgereinzelkosten und Kostenträgergemeinkosten noch einmal zusammengestellt:

Kostenarten	**Garage I**	**Garage II**	**Kosten insgesamt**
Lohneinzelkosten	30.000 Euro	20.000 Euro	50.000 Euro
Materialeinzelkosten	20.000 Euro	30.000 Euro	50.000 Euro
Kostenträger-gemeinkosten			50.000 Euro

In den kommunalen Teilbetrieben, die auch in der Vergangenheit schon eine Kostenrechnung durchgeführt haben, kommen solche individualisierten Produkte relativ selten vor. Meist werden weitgehend homogene Dienstleistungen und Sachgüter erstellt und abgegeben. Man denke beispielsweise an die Dienstleistungen in den Bereichen „Müllabfuhr", „Abwasserentsorgung", „Wasserversorgung", „Friedhöfe" und „Bäderwesen". Insofern hat die Zuschlagskalkulation im Bereich des kommunalen Verwaltungsbetriebs nicht die gleiche Bedeutung wie im privatwirtschaftlichen Bereich. Da sie weiterhin von einer **Trennung in Kostenträgereinzelkosten und Kostenträgergemeinkosten** ausgeht, *wird sie, soweit sie überhaupt angewandt wird, nicht mit der Betriebsabrechnung verbunden,* sondern extra durchgeführt. Im kommunalen Verwaltungsbetrieb wird sie üblicherweise eingesetzt, wenn Güter des Anlagevermögens, wie im obigen Beispiel, selbst erstellt werden und für die Bilanz bewertet werden müssen.

Bei der Zuschlagskalkulation sind zwei Verfahren zu unterscheiden, die nachfolgend erläutert werden. Es handelt sich dabei um die **summarische Zuschlagskalkulation** und um die **differenzierende Zuschlagskalkulation**.

7.5.2 Summarische Zuschlagskalkulation

Überblick über die Varianten

Bei der **summarischen Zuschlagskalkulation** werden die Kostenträgergemeinkosten mit Hilfe nur einer Bezugsgröße und somit relativ pauschal oder „grob" auf die einzelnen Kostenträger verteilt (vgl. beispielsweise Klümper/Möllers/Zimmermann, S. 280-283).

Dabei stehen als Bezugsgrößen alternativ

1. die gesamten Materialeinzelkosten,
2. die gesamten Lohneinzelkosten, die auch Fertigungseinzelkosten genannt werden, oder
3. die gesamten Einzelkosten

zur Wahl.

Summe der Materialeinzelkosten als Bezugsgröße

Wählt man die gesamten Materialeinzelkosten als Bezugsgröße, dann werden die Gemeinkosten so auf die Kostenträger verteilt, wie die Materialeinzelkosten angefallen sind. Sind also für einen Kostenträger höhere Materialeinzelkosten angefallen als für einen anderen, werden dem Kostenträger mit den höheren Materialeinzelkosten auch mehr Gemeinkosten zugeordnet, d.h. „zugeschlagen". Bei der Verteilung bedient man sich eines **Zuschlagssatzes**. Es wird ein prozentualer Zuschlag auf die Materialeinzelkosten vorgenommen, um die Gemeinkosten zu verteilen.

Dieser **Zuschlagssatz auf Basis der Materialeinzelkosten** errechnet sich folgendermaßen:

$$\mathbf{ZMEK = GK : \sum MEK}$$

Das Ergebnis kann man aus Gründen der Veranschaulichung noch mit 100% erweitern. Man erhält dann:

ZMEK = (GK : Σ MEK) · 100%

mit

ZMEK für Zuschlagssatz auf Basis der Materialeinzelkosten,
GK für Gemeinkosten und
Σ MEK für Summe der Materialeinzelkosten.

Durch diesen Zuschlagssatz werden die Gemeinkosten proportional zu den Materialeinzelkosten verteilt.

Beispiel: Betrachten wir die Kosten, die in Verbindung mit dem Bau der beiden Garagen entstanden sind, so liegen hier Materialeinzelkosten in Höhe von 20.000 Euro für Garage I und in Höhe von 30.000 Euro für Garage II und damit insgesamt in Höhe von 50.000 Euro vor. Es gilt also Σ MEK = 50.000 Euro. Die Gemeinkosten (GK) haben eine Höhe von 50.000 Euro. Damit ergibt sich für den Zuschlagssatz auf der Basis der Materialeinzelkosten folgende Berechnung:

ZMEK = (GK : Σ MEK) · 100%
= (50.000 Euro : 50.000 Euro) · 100% = 1 · 100% = 100 %

Folglich sind auf die Materialeinzelkosten des einzelnen Kostenträgers jeweils 100% zuzuschlagen, um die Gemeinkosten zu verteilen. Damit ergeben sich für die beiden Garagen folgende Stückkosten:

Kostenarten	Garage I	Garage II	Kosten insgesamt
Materialeinzelkosten	20.000 Euro	30.000 Euro	50.000 Euro
100% auf Materialeinzelkosten	20.000 Euro	30.000 Euro	50.000 Euro
Lohneinzelkosten	30.000 Euro	20.000 Euro	50.000 Euro
Stückkosten	70.000 Euro	80.000 Euro	150.000 Euro

Summe der Lohneinzelkosten als Bezugsgröße
Wählt man die gesamten Lohneinzelkosten als Bezugsgröße, dann werden die Gemeinkosten so auf die Kostenträger verteilt, wie die Lohneinzelkosten angefallen sind. Sind also für einen Kostenträger höhere Lohneinzelkosten angefallen als für einen anderen, werden dem Kostenträger mit den höheren Lohneinzelkosten auch mehr Gemeinkosten zugeordnet, d.h. „zugeschlagen". Es wird ein prozentualer Zuschlag auf die Lohneinzelkosten vorgenommen, um die Gemeinkosten zu verteilen.

Dieser **Zuschlagssatz auf Basis der Lohneinzelkosten (=Fertigungseinzelkosten)** errechnet sich folgendermaßen:

ZLEK = GK : Σ LEK

Erweitert man das Ergebnis wieder aus Gründen der Veranschaulichung mit 100%, erhält man:

ZLEK = (GK : Σ LEK) · 100%

mit

ZLEK für Zuschlagssatz auf Basis der Lohneinzelkosten,
GK für Gemeinkosten und
Σ LEK für Summe der Lohneinzelkosten.

Durch diesen Zuschlagssatz werden die Gemeinkosten proportional zu den Lohneinzelkosten verteilt.

Beispiel: Betrachten wir wieder die Kosten, die in Verbindung mit dem Bau der beiden Garagen entstanden sind, so liegen hier Lohneinzelkosten in Höhe von 30.000 Euro für Garage I und in Höhe von 20.000 Euro für Garage II und damit insgesamt in Höhe von 50.000 Euro vor. Es gilt also Σ LEK = 50.000 Euro. Die Gemeinkosten (GK) haben eine Höhe von 50.000 Euro. Damit ergibt sich für den *Zuschlagssatz auf der Basis der Lohneinzelkosten* folgende Berechnung:

ZLEK = (GK : Σ LEK) · 100%
= (50.000 Euro : 50.000 Euro) · 100% = 1 · 100% = 100 %

Folglich sind auf die Lohneinzelkosten des einzelnen Kostenträgers jeweils 100% zuzuschlagen, um die Gemeinkosten zu verteilen. Damit ergeben sich für die beiden Garagen folgende Stückkosten:

Kostenarten	Garage I	Garage II	Kosten insgesamt
Materialeinzelkosten	20.000 Euro	30.000 Euro	50.000 Euro
Lohneinzelkosten	30.000 Euro	20.000 Euro	50.000 Euro
100% auf Lohneinzelkosten	30.000 Euro	20.000 Euro	50.000 Euro
Stückkosten	80.000 Euro	70.000 Euro	150.000 Euro

Summe der Einzelkosten als Bezugsgröße
Wählt man die gesamten Einzelkosten als Bezugsgröße, dann werden die Gemeinkosten so auf die Kostenträger verteilt, wie die Einzelkosten angefallen sind. Sind also für einen Kostenträger höhere Einzelkosten angefallen als für einen anderen, werden dem Kostenträger mit den höheren Einzelkosten auch mehr Gemeinkosten zugeordnet, d.h. „zugeschlagen". Es wird ein prozentualer Zuschlag auf die gesamten Einzelkosten vorgenommen, um die Gemeinkosten zu verteilen.

Dieser **Zuschlagssatz auf Basis der gesamten Einzelkosten** errechnet sich folgendermaßen:

ZgEK = GK : Σ gEK

Erweitert man das Ergebnis mit 100%, erhält man:

ZgEK = (GK : Σ gEK) · 100%

mit

ZgEK für Zuschlagssatz auf Basis der gesamten Einzelkosten,
GK für Gemeinkosten und
Σ gEK für Summe der gesamten Einzelkosten.

Durch diesen Zuschlagssatz werden die Gemeinkosten proportional zu den gesamten Einzelkosten verteilt.

Beispiel: Betrachten wir wieder die Kosten, die in Verbindung mit dem Bau der beiden Garagen entstanden sind, so liegen hier Einzelkosten in Höhe von 50.000 Euro für Garage I und 50.000 Euro für Garage II vor, wobei sich diese Einzelkosten aus Material- und Lohneinzelkosten zusammensetzen. Beide Garagen zusammen haben damit Einzelkosten in Höhe von 100.000 Euro. Es gilt also Σ gEK = 100.000 Euro. Die Gemeinkosten (GK) haben eine Höhe von 50.000 Euro. Damit ergibt sich für den Zuschlagssatz auf der Basis der gesamten Einzelkosten folgende Berechnung:

ZgEK = (GK: Σ gEK) · 100%
= (50.000 Euro: 100.000 Euro)· 100% = 0,5· 100% = 50 %

Folglich sind auf die gesamten Einzelkosten des einzelnen Kostenträgers jeweils 50% zuzuschlagen, um die Gemeinkosten zu verteilen.

Damit ergeben sich für die beiden Garagen folgende Stückkosten:

Kostenarten	**Garage I**	**Garage II**	**Kosten insgesamt**
Lohneinzelkosten	30.000 Euro	20.000 Euro	50.000 Euro
Materialeinzelkosten	20.000 Euro	30.000 Euro	50.000 Euro
gesamte Einzelkosten	50.000 Euro	50.000 Euro	100.000 Euro
50% auf gesamte Einzelkosten	25.000 Euro	25.000 Euro	50.000 Euro
Stückkosten	75.000 Euro	75.000 Euro	150.000 Euro

Vergleich der Varianten
Die bei dem hier gewählten Beispiel insgesamt möglichen Ergebnisse werden in der nachfolgenden Übersicht noch einmal zusammengestellt.

Basis des Zuschlagssatzes:	Gesamtkosten Garage I	Gesamtkosten Garage II
1. Materialeinzelkosten	70.000 Euro	80.000 Euro
2. Lohneinzelkosten	80.000 Euro	70.000 Euro
3. gesamten Einzelkosten	75.000 Euro	75.000 Euro

Damit wird deutlich, dass bei der summarischen Zuschlagskalkulation, je nachdem welche Bezugsgröße man wählt, unterschiedliche Ergebnisse entstehen können. Insofern ist die **Wahl der Bezugsgröße bedeutsam**. Bei der Wahl der Bezugsgröße wird man mit dem *gleichen Problem konfrontiert wie bei der Wahl eines Schlüssels* im Rahmen der Kostenstellenrechnung. Auch jetzt ist nicht bekannt, welche Bezugsgröße diese Kosten in welchem Umfang verursacht hat. *Da man die Kostenverursachung nicht kennt, muss man Vermutungen anstellen.*

Dass die Gemeinkosten ähnlich verursacht werden, wie die Materialeinzelkosten, könnte beispielsweise dann vermutet werden, wenn die Gemeinkosten in großem Umfang auf den Einsatz von Sachmitteln zurückzuführen sind. Ein Zuschlagssatz auf der Basis von Materialeinzelkosten würde sich dann anbieten. Entstehen die Gemeinkosten überwiegend durch Personen, könnte es nahe liegen, eine Proportionalität zu den Lohneinzelkosten zu unterstellen. Ein Zuschlagssatz auf der Basis der Lohneinzelkosten würde in diesem Fall sinnvoll erscheinen. Sind die Gemeinkosten in etwa gleichem Umfang durch Personal und Sachmittel hervorgerufen worden, ist es nahe liegend, die gesamten Einzelkosten als Bezugsgröße und damit einen Zuschlagssatz auf der Basis der gesamten Einzelkosten zu wählen. **Ausschlaggebend für die Wahl der Bezugsgröße ist damit immer ein vermuteter Zusammenhang** zwischen der Entstehung der Gemeinkosten und der Entstehung bestimmter Einzelkosten. Da man den tatsächlichen Zusammenhang, d.h. die Kostenverursachung, nicht feststellen kann, ist die Wahl der Bezugsgröße somit immer subjektiv.

Alles in allem wird deutlich, dass die mit Hilfe der summarischen Zuschlagskalkulation ermittelten Kostenträgerstückkosten in der Regel keine sinnvollen Steuerungsgrößen und daher für das Controlling des kommunalen Verwaltungsbetriebs relativ unbedeutend sind.

Das Problem wird allerdings umso geringer, je geringer der Anteil der Kostenträgergemeinkosten ist. Auch sollte man sich, wenn man auf dieses Kalkulationsverfahren nicht verzichten will, in den einzelnen kommunalen Teilbetrieben wenigstens im Hinblick auf die Bezugsgröße abstimmen, um nicht noch zusätzliche Verzerrungseffekte hervorzurufen.

7.5.3 Differenzierende Zuschlagskalkulation

Bei der differenzierenden Zuschlagskalkulation versucht man, das mit der summarischen Zuschlagskalkulation verbundene Problem der pauschalen Gemeinkostenverteilung dadurch zu verringern, dass man *die Gemeinkosten differenziert betrachtet und behandelt.* Die gesamten **Gemeinkosten werden in Blöcke zerlegt** und anschließend wird jeder dieser Gemeinkostenblöcke mit Hilfe eines besonderen Zuschlagssatzes und damit unter Berücksichtigung einer speziellen Bezugsgröße auf die Kostenträger verteilt. *Durch die Wahl der im Hinblick auf jeden einzelnen Gemeinkostenblock „angemessenen" Bezugsgröße, versucht man, dem Gedanken einer verursachungsgerechten Kostenverteilung stärker Rechnung zu tragen* (vgl. Haberstock, S. 180).

Um die Gemeinkosten aufzuspalten, bedient man sich einer *besonderen Form der Kostenstellenrechnung* (vgl. Homann, S. 152), die auf das Problem zugeschnitten ist und die in der Regel nichts mit der Betriebsabrechnung zu tun hat. Man bildet also speziell für die differenzierende Zuschlagskalkulation Kostenstellen. Dabei lässt man sich von den betrieblichen Grundfunktionen leiten. In der Regel wird zwischen dem Bereich „Materialwirtschaft und Beschaffung“ (Materialkostenstelle), dem Produktionsbereich (Fertigungskostenstelle), dem Absatzbereich (Vertriebskostenstelle) und dem Verwaltungsbereich (Verwaltungskostenstelle) unterschieden. Die Gemeinkosten werden nun daraufhin untersucht, in welchem Bereich sie entstanden sind, und danach der betreffenden Kostenstelle zugeordnet.

Wird beispielsweise ein Materiallager geführt, sind die Kosten für die Führung des Lagers nicht den einzelnen Produkten zuzuordnen. Es handelt sich also um Kostenträgergemeinkosten. Da diese Gemeinkosten im Bereich „Materialwirtschaft und Beschaffung“ anfallen, spricht man von **Materialgemeinkosten.** Fallen im Produktionsbereich, im Bereich „Fertigung“, Kosten an, die nicht dem einzelnen Produkt verursachungsgerecht zugeordnet werden können, spricht man von **Fertigungsgemeinkosten**. Wird also beispielsweise die Herstellung der verschiedenen Produkte von einer Person beaufsichtigt und werden keine genauen Aufzeichnungen darüber geführt, wann diese Person mit welchem Produkt befasst war, liegen solche Kosten vor. Entgelte für Meister, Architekten und Bauleiter führen beispielsweise zu Fertigungsgemeinkosten, wenn die betreffenden Personen mehrere Produkte, Aufträge oder Baustellen betreuen. Solche Kosten werden auf der Fertigungskostenstelle gesammelt. Fallen beim Vertrieb der Produkte Kosten an, die von mehreren Produkten *gleich*zeitig hervorgerufen werden, entstehen **Vertriebsgemeinkosten**. Solche Kosten liegen beispielsweise dann vor, wenn die verschiedenen Produkte gemeinsam Gegenstand einer Werbestrategie sind oder die verschiedenen Produkte gemeinsam ausgeliefert werden und damit gleichzeitig die gleichen Fahrzeuge beanspruchen. Die Kosten werden auf der Vertriebskostenstelle gesammelt. Darüber hinaus entstehen im Verwaltungsbereich Kosten, die nicht durch das einzelne Produkt, sondern simultan durch mehrere, eventuell durch alle Produkte verursacht werden. Es handelt sich dabei beispielsweise um Kosten, die durch das Rechnungswesen, die Organisation und Planung oder die Personalverwaltung entstehen. Sie werden **Verwaltungsgemeinkosten** genannt, die auf der Verwaltungskostenstelle gesammelt werden.

Hat man durch die oben erwähnte besondere Form der Kostenstellenrechnung die gesamten Materialgemeinkosten, Fertigungsgemeinkosten, Vertriebsgemeinkosten und Verwaltungsgemeinkosten erfasst, geht es anschließend **darum, für jeden dieser Gemeinkostenblöcke eine Bezugsgröße festzulegen,** um die Verteilung auf die Kostenträger vornehmen zu können.

Üblicherweise werden

- die **Materialgemeinkosten auf der Basis der gesamten Materialeinzelkosten,**
- die **Fertigungsgemeinkosten auf der Basis der gesamten Lohneinzelkosten,**
- die **Verwaltungsgemeinkosten auf der Basis der gesamten Herstellkosten** und
- die **Vertriebskosten ebenfalls auf der Basis der gesamten Herstellkosten**

verteilt, wobei **die Herstellkosten** sich aus den gesamten Materialeinzelkosten, den Materialgemeinkosten, den gesamten Lohneinzelkosten und den Fertigungsgemeinkosten zusammensetzen.

Entsprechend dieser Überlegungen werden vier Zuschlagssätze unterschieden, und zwar

- der **Materialgemeinkostenzuschlagssatz** (MGZ),
- der **Fertigungsgemeinkostenzuschlagssatz** (FGZ),
- der **Verwaltungsgemeinkostenzuschlagssatz** (VWGZ) und
- der **Vertriebsgemeinkostenzuschlagssatz** (VTGZ).

Sie werden folgendermaßen berechnet:

$$\begin{aligned}
MGZ &= (MGK : \Sigma\, MEK) \cdot 100\% \\
FGZ &= (FGK : \Sigma\, LEK) \cdot 100\% \\
VWGZ &= (VWGK : \Sigma\, HK) \cdot 100\% \\
VTGZ &= (VTGK : \Sigma\, HK) \cdot 100\%
\end{aligned}$$

mit

MGZ	für Materialgemeinkostenzuschlagssatz
MGK	für Materialgemeinkosten
Σ MEK	für Summe der Materialeinzelkosten
FGZ	für Fertigungsgemeinkostenzuschlagssatz
FGK	für Fertigungsgemeinkosten
Σ LEK	für Summe der Lohneinzelkosten (=Fertigungseinzelkosten)
VWGZ	für Verwaltungsgemeinkostenzuschlagssatz
VWGK	für Verwaltungsgemeinkosten
HK	für Herstellkosten
Σ HK	für Summe Herstellkosten
VTGZ	für Vertriebsgemeinkostenzuschlagssatz
VTGK	für Vertriebsgemeinkosten

weiterhin gilt

$\Sigma\, HK = \Sigma\, MEK + MGK + \Sigma\, LEK + FGK$

Beispiel: Wie beim vorherigen Beispiel wird davon ausgegangen, dass ein kommunaler Fuhrpark in eigener Regie zwei neue Garagen erstellt. Dabei seien die bekannten Kosten angefallen: Für die Garage I sind Materialeinzelkosten in Höhe von 20.000 Euro und für die Garage II Materialeinzelkosten in Höhe von 30.000 Euro zu berücksichtigen. Die Lohneinzelkosten betragen für Garage I 30.000 Euro und für Garage II 20.000 Euro. Die Gemeinkosten betragen 50.000 Euro; sie werden aber anders als im vorherigen Beispiel differenziert erfasst. Die Beschaffung des für den Bau der beiden Garagen erforderlichen Materials wird von einer gemeinsamen Beschaffungsstelle vorgenommen. Die durch diese Tätigkeiten hervorgerufenen Kosten betragen insgesamt 10.000 Euro. In welchem Umfang die Beschaffungsstelle für die einzelnen Baustellen tätig ist, wird nicht festgehalten. Folglich handelt es sich um Materialgemeinkosten. Beide Baustellen werden von einer Person beaufsichtigt. Auch hier wird nicht festgehalten, in welchem Umfang die betreffende Person für die einzelnen Baustellen tätig ist. Es liegen also Fertigungsgemeinkosten vor. Sie betragen 20.000 Euro. In Verbindung mit der Erstellung der Garagen fallen Verwaltungstätigkeiten an; die Kosten für die Tätigkeiten betragen 20.000 Euro. Es handelt sich dabei um Verwaltungsgemeinkosten. Da die Garagen nicht veräußert werden, fallen keine Vertriebsgemeinkosten an.

In der nachfolgenden Tabelle haben wir die verschiedenen Kostenträgereinzel- und Kostenträgergemeinkosten noch einmal zusammengestellt:

Kostenarten	**Garage I**	**Garage II**	**Kosten insgesamt**
Materialeinzelkosten	20.000 Euro	30.000 Euro	50.000 Euro
Lohneinzelkosten	30.000 Euro	20.000 Euro	50.000 Euro
Materialgemeinkosten			10.000 Euro
Fertigungsgemeinkosten			20.000 Euro
Verwaltungsgemeinkosten			20.000 Euro

Damit ergeben sich folgende Zuschlagssätze:

MGZ $= (\text{MGK} : \sum \text{MEK}) \cdot 100\% = (10.000\text{Euro} : 50.000 \text{ Euro}) \cdot 100\%$
$= \mathbf{20\%}$

FGZ $= (\text{FGK} : \sum \text{LEK}) \cdot 100\% = (20.000 \text{ Euro} : 50.000 \text{ Euro}) \cdot 100\%$
$= \mathbf{40\%}$

VWGZ $= (\text{VWGK} : \sum \text{HK}) \cdot 100\% = (20.000 \text{ Euro}: 130.000\text{Euro}) \cdot 100\%$
$= \mathbf{15,3846\ \%}$

VTGZ $= (\text{VTGK} : \sum \text{HK}) \cdot 100\% = (\text{O Euro} : 130.000 \text{ Euro}) \cdot 100\%$
$= \mathbf{0\ \%}$

Nunmehr ist es möglich, die einzelnen Produktkosten mit Hilfe der differenzierenden Zuschlagskalkulation zu kalkulieren:

	Garage I	Garage II	Kosten insgesamt
MEK	20.000 Euro	30.000 Euro	50.000 Euro
+ 20% auf MEK	4.000 Euro	6.000 Euro	10.000 Euro
+ LEK	30.000 Euro	20.000 Euro	50.000 Euro
+40% auf LEK	12.000 Euro	8.000 Euro	20.000 Euro
= HK	66.000 Euro	64.000 Euro	130.000 Euro
+ 15,3846% auf HK	10.154 Euro	9.846 Euro	20.000 Euro
+ 0% auf HK	0 Euro	0 Euro	0 Euro
= Stückkosten	76.154 Euro	73.846 Euro	150.000 Euro

7.5.4 Bewertung der Zuschlagskalkulation

Vergleicht man die differenzierende mit der summarischen Zuschlagskalkulation, so scheint erstere im Hinblick auf das Ziel einer verursachungsgerechten Kostenverteilung überlegen zu sein. Ein solches Urteil ist jedoch nicht gerechtfertigt. Auch bei der Verteilung der einzelnen Gemeinkostenblöcke ist der tatsächliche Entstehungsgrund nicht bekannt. Es ist also beispielsweise nicht erkennbar, in welchem Umfang ein Produkt Beschaffungskosten hervorgerufen hat. So fällt unter anderem das Gehalt für den Einkäufer bzw. die Einkäuferin unabhängig von der Anzahl oder Größe der erstellten Produkte an. Bei der Verteilung der Gemeinkostenblöcke muss man also Vermutungen darüber anstellen, in welchem Umfang die einzelnen Produkte diese Gemeinkosten hervorgerufen haben. Auch die differenzierende Zuschlagskalkulation ist damit subjektiven Einflüssen unterworfen. Die Kostenverteilung erscheint bei der differenzierenden Zuschlagskalkulation plausibler als bei der summarischen – mehr aber auch nicht. Der Nachweis, dass die Kostenverteilung durch die differenzierende Zuschlagskalkulation wirklich verursachungsgerechter ist, kann nicht erbracht werden. Damit sind auch die mit Hilfe der differenzierenden Zuschlagskalkulation ermittelten Selbstkosten pro Stück eine sehr fragwürdige Grundlage für das Controlling.

7.6 Controllingorientierte Betrachtung der Kostenträgerrechnung

Die Kostenträgerrechnung ist in Form der Kostenträgerstückrechnung, d.h. in Form der Stückkalkulation, in den kommunalen Verwaltungsbetrieben weit verbreitet. Sie stellt die letzte Stufe der Vollkostenrechnung dar. **Die von ihr bereitgestellten Informationen sind notwendig, um die Produktentgelte, d.h. die Preise, zu kalkulieren.** Wie im privatwirtschaftlichen Bereich so ist die Kostenträgerstückrechnung auch im Bereich der Kommunalverwaltung zunächst nur ein Hilfsmittel zur Preisfindung. Welches Entgelt man für ein Produkt, d.h. für ein Sachgut oder eine Dienstleistung, erzielen kann, hängt vom Markt und damit vom Verhalten der Nachfrager und Konkurrenten ab. *Enger wird die Verbindung von Kostenträgerstückrechnung und Preisbildung immer dann, wenn es um die Berechnung der Gebühren, d.h. um die Gebührenkalkulation geht.* Da das erzielte Gebührenaufkommen die Kosten einer Einrichtung in der Regel decken soll, führt die Kostenträgerstückrechnung hier mehr oder weniger direkt zur Preisbestimmung. Auch hier sollte man das Verhalten der Nachfrager und Konkurrenten jedoch nicht außer Acht lassen. **Wichtig ist stets, sämtliche Kostenträger zu identifizieren, damit es nicht, wegen einer fehlerhaften Kostenverteilung zu einer unerwünschten Nachfragereaktion kommt** (vgl. in diesem Zusammenhang auch Driehaus, Teil III, Benutzungsgebühr § 6, S. 61 – 63).

Wird beispielsweise im Bereich Abfallentsorgung eine sehr hohe kostendeckende Gebühr verlangt, so besteht die Gefahr, dass der Abfall von einzelnen Haushalten in rechtswidriger Weise und damit unter Vermeidung der Gebührenzahlung „entsorgt" wird. Dadurch können bei entsprechenden Fixkosten die Stückkosten und somit auch die kostendeckenden Gebühren für die Haushalte steigen, die ihren Abfall ordnungsgemäß entsorgen, was wiederum dazu führen könnte, dass weitere Haushalte die rechtswidrige Form der „Entsorgung" wählen.

Es würden dann ähnliche Folgen entstehen, wie bei einer streng kostenorientierten Preisbildung im privatwirtschaftlichen Bereich. So wie ein privatwirtschaftliches Unternehmen, das allein eine kostenorientierte Preisbildung vornimmt und einfach einen höheren Preis verlangt, wenn die Stückkosten steigen, sich systematisch aus dem Markt herauskatapultiert, *be-*

steht im Bereich der Kommunalverwaltung bei einfacher und möglicherweise fehlerhafter kostenorientierter Gebührenkalkulation die Gefahr, dass das Sachziel zunehmend verletzt wird.

Hilfreich könnte hier eine Überlegung sein, die sich im Bereich der Friedhöfe bewährt hat. In der Regel wird berücksichtigt, dass ein Friedhof nicht nur dem Bestattungswesen, sondern auch als Ort der Ruhe und der Besinnung dient (vgl. Driehaus, Teil III, Benutzungsgebühren § 6, S. 41). Demzufolge wird ein Teil der entstandenen Kosten mit Recht dieser Funktion oder in anderen Worten diesem Produkt bzw. diesem Kostenträger zugeordnet. Überträgt man diese Vorgehensweise auf andere Gebührenhaushalte, so ist beispielsweise zu prüfen, inwieweit der Bereich Abfallentsorgung einen Beitrag zum Umweltschutz leistet und damit nicht nur den Nutzern der Einrichtung dient. Erfüllt die Einrichtung eine solche Funktion läge ein **zusätzlicher Kostenträger** vor, dem ein Teil der Kosten zugewiesen werden müsste.

In vielen kommunalen Teilbetrieben wird die Kostenträgerstückrechnung zukunftsorientiert, d.h. als Vorkalkulation, und vergangenheitsorientiert, d.h. als Nachkalkulation, durchgeführt. Das ist besonders in kommunalen Teilbetrieben der Fall, die Gebühren ermittelten. Die Vorkalkulation kommt hier in Form der Gebührenbedarfsberechnung vor und die Nachkalkulation in Form der Gebührenkontrolle. *Wichtig ist, dass bei beiden Kalkulationen auch mit der gleichen Sorgfalt vorgegangen wird. Nur dann sind Soll-Ist-Vergleiche aussagekräftig.* Weiterhin ist zu beachten, dass es nicht damit getan ist, eine Abweichung zwischen Soll und Ist festzustellen, sondern dass eine entsprechende **Abweichungsanalyse** in Gang gesetzt werden muss, um steuerungsrelevante Informationen zu erhalten. So ist ein Anstieg der Selbstkosten pro Stück im Bereich der Abfallentsorgung nicht automatisch negativ zu bewerten. Die höheren Selbstkosten pro Dienstleistung könnten beispielsweise dadurch entstanden sein, dass sich einzelne Haushalte aufgrund einer entsprechenden Beratung verstärkt um eine Abfallvermeidung bemühen und somit die Fixkosten der Einrichtung bei der Nachkalkulation auf die angestrebte kleinere Produktmenge verteilt worden sind.

Weiterhin ist für die Kostenträgerrechnung auch das zu beachten, was schon für die Kostenstellenrechnung gesagt worden ist. *Wenn man kostenträgerbezogene Vergleiche anstrebt, so müssen die Kostenträger auch vergleichbar sein.* Das Neue Kommunale Finanzmanagement bzw. Rechnungswesen kann zur Vereinheitlichung der Kostenträger beitragen. Dies gelingt aber nur, wenn der Produktrahmen und der Produktplan, bei dem es sich üblicherweise um eine Untergliederung des Produktrahmens handelt, verbindlich vorgegeben werden. In den meisten Bundesländern ist jedoch nur der Produktrahmen verbindlich und können die einzelnen Kommunalverwaltungen ihre Produkte und Leistungen selbst definieren. Infolgedessen lässt sich kaum noch eine Vergleichbarkeit erreichen. Wenn man steuerungsrelevante Informationen anstrebt, muss man die Basis für interkommunale Vergleiche schaffen. Mit uneinheitlichen Produktdefinitionen legt man den Grundstein für ein aufwendiges Rechenwerk, das kaum steuerungsrelevante Informationen zu liefern vermag.

Aber auch dann, wenn es gelingen sollte, die Kostenträger einheitlich zu definieren, ist vor Fehleinschätzung bezüglich der Aussagekraft der Kostenträgerstückrechnung zu warnen. In Verbindung mit dem „Neuen Steuerungsmodell" wird der Eindruck erweckt, als könne man mit Hilfe der Kostenträgerstückrechnung ohne weiteres die Wirtschaftlichkeit einzelner Produkte überprüfen, also beispielsweise feststellen, welche Kommune einen Personalausweis wirtschaftlicher erstellt als andere Kommunen. Dabei wird vergessen, dass es sich in der Regel bei der Kostenträgerstückrechnung um die letzte Stufe der Vollkostenrechnung handelt. Somit haben bereits zahlreiche Schlüsselungen, d.h. Gemeinkostenverteilungen, stattgefunden, und zwar nicht nur im Rahmen der Kostenstellenrechnung des betreffenden kommunalen Teilbetriebs, sondern auch in den Betriebsabrechnungen anderer kommunaler Teilbetriebe, die gegenüber dem betrachten Teilbetrieb verwaltungsinterne Dienstleistungen erbringen. Die Selbstkosten eines Produkts lassen sich im Bereich der Kommunalverwaltung in der Regel also nicht verursachungsgerecht ermitteln. Folglich liefern produktbezogene Vergleiche auf der Basis von Vollkosten keine gesicherte Grundlage für eine Wirtschaftlichkeitsbeurteilung. Man erhält lediglich erste Hinweise für weitere Nachforschungen. Möglicherweise sind die Kostenunterschiede bei einzelnen Dienstleistungen oder Sachgütern lediglich auf unterschiedliche Verfahren bzw. Schlüssel zurückzuführen oder aber mit einer unterschiedlichen Produktqualität verbunden.

Die begrenzte Aussagekraft **der traditionellen Vollkostenrechnung** ist auch im Bereich der Privatwirtschaft hinlänglich bekannt und hat dazu geführt, dass man neue Kostenrechnungssysteme entwickelt hat, so beispielsweise die **Teilkosten- und Deckungsbeitragsrechnungen, die Plankostenrechnungen und die Prozesskostenrechnung.** Welchen Beitrag diese Rechenwerke für die Steuerung der kommunalen Verwaltungsbetriebe zu leisten vermögen, wird nachfolgend untersucht.

8 Einsatz der Teilkosten- und Deckungsbeitragsrechnungen in Kommunen

8.1 Überblick über die Teilkosten- und Deckungsbeitragsrechnungen

Wie der Begriff „**Teilkostenrechnung**" schon andeutet, werden in diesen Kostenrechnungssystemen nicht sämtliche oder, genauer formuliert, zunächst nicht sämtliche Kosten verrechnet, sondern nur ein Teil. Wir haben bereits darauf hingewiesen, dass im Grunde hinter diesen Rechnungen der Versuch steht, dem Kostenverursachungsprinzip stärker Geltung zu verschaffen, indem **man die Schlüsselung** und damit die Verteilung solcher Kosten, die man den Bezugsgrößen nicht direkt zuordnen kann, **unterlässt** und den einzelnen Bezugsgrößen nur solche Kosten zuordnet, die sie auch eindeutig verursacht haben. Die restlichen Kosten bleiben dann als **Kostenblock bzw. Kostenblöcke** bestehen. Entsprechend der grundsätzlichen Einteilung der Kosten in fixe und variable Kosten auf der einen und Einzel- und Gemeinkosten auf der anderen Seite werden heute **zwei Grundtypen von Teilkosten- bzw. Deckungsbeitragsrechnungen** unterschieden (vgl. Riebel, Teilkostenrechnung, Sp. 1548), und zwar

- die **Teilkostenrechnungen auf der Basis von variablen Kosten** und
- die **Teilkostenrechnungen auf der Basis von relativer Einzelkosten**.

Man spricht deshalb von relativen Einzelkosten, weil die Einzelkosten immer im Hinblick auf eine Bezugsgröße definiert werden. Auch darauf haben wir bereits hingewiesen. Weil man bei den Teilkostenrechnungen zunächst nicht alle Kosten verrechnet, können diese Kostenrechnungssysteme kaum einen Beitrag zur Preisfindung leisten. Sie dienen in erster Linie der zweiten Hauptzielsetzung der Kosten- und Leistungsrechnung, d.h. der Wirtschaftlichkeitsbeurteilung. Da im Rahmen einer Wirtschaftlichkeitsbeurteilung neben der Analyse der Kosten auch die Betrachtung der Leistung anzustreben ist, hat man die Teilkostenrechnung in Richtung auf die Einbeziehung der Leistung ausgebaut. Dabei ist zu beachten, dass man diese Rechenwerke zunächst auf den Bereich der Privatwirtschaft zugeschnitten hat. Insofern hat man die Leistung, die mit Einzahlungen in Verbindung steht, d.h. die Erlöse, einbezogen. Solche um die Erlösbetrachtung ergänzten Teilkostenrechnungen nennt man **Deckungsbei-**

tragsrechnungen. Entsprechend der oben genannten Einteilung gibt es somit auch **zwei Grundtypen von Deckungsbeitragsrechnungen**, und zwar

- die **Deckungsbeitragsrechnungen auf der Basis von variablen Kosten** und
- die **Deckungsbeitragsrechnungen auf der Basis von relativen Einzelkosten**.

Da die Teilkosten- und die Deckungsbeitragsbetrachtung eng miteinander verbunden sind, werden die Begriffe Teilkostenrechnung und Deckungsbeitragsrechnung in der Regel nicht streng voneinander getrennt. Man spricht also beispielsweise auch dann von Teilkostenrechnungen, wenn die Erlöse einbezogen werden. Demzufolge erscheint es zweckmäßig beide Begriffe zusammen zu benutzen, also die Formulierung **„Teilkosten- und Deckungsbeitragsrechnungen"** zu verwenden. Die **Teilkosten- und Deckungsbeitragsrechnungen auf der Basis von variablen Kosten** bezeichnen wir nachfolgend auch als **Teilkosten- und Deckungsbeitragsrechnungen Typ I** und dementsprechend nennen wir die **Teilkosten- und Deckungsbeitragsrechnungen auf der Basis von relativen Einzelkosten** auch **Teilkosten- und Deckungsbeitragsrechnungen Typ II.**

8.2 Teilkosten- und Deckungsbeitragsrechnungen Typ I

Teilkosten- und Deckungsbeitragsrechnungen auf der Basis von variablen Kosten werden in der Literatur unter *unterschiedlichen Begriffen* abgehandelt. Weltweit dominiert die Bezeichnung **„Direct Costing"** (vgl. Riebel, Teilkostenrechnung, Sp. 1548). Da die variablen Kosten in Form der proportionalen Kosten betrachtet werden, nennt man solche Rechnungen auch **Proportionalkostenrechnungen**. In diesem Fall entsprechen die variablen (proportionalen) Stückkosten den Grenzkosten. Deshalb werden solche Rechnungen auch als **Grenz- oder Marginalkostenrechnungen** bezeichnet.

Die Bezeichnungen „Direct Costing", „Proportionalkostenrechnung", „Grenzkostenrechnung" und „Marginalkostenrechnung" sind etwas irreführend, weil es sich zumindest heute in der Regel nicht um reine Kostenrechnungssysteme handelt, sondern die Erlöse einbezogen werden (vgl. auch Riebel, Teilkostenrechnung, Sp. 1548). Erlöse und variable Kosten werden einander gegenübergestellt, um zu sehen, was zur Abdeckung der Fixkosten von den Erlösen übrig bleibt. Bei den Teilkosten- und Deckungsbeitragsrechnungen Typ I wird diese **Differenz zwischen Erlös und variablen Kosten Deckungsbeitrag** genannt. Demzufolge ist es nahe liegend, solche Rechnungen als **Deckungsbeitragsrechnungen auf der Basis von variablen Kosten** zu bezeichnen. Da die Differenz zwischen Erlösen und variablen Kosten betrachtet wird, handelt es sich im Grunde bei den Deckungsbeitragsrechnungen um Erfolgsermittlungen. Es wird aber nicht der Gewinn oder Verlust (der Nettoerfolg) berechnet. Erst, wenn die erzielten Deckungsbeiträge um die Fixkosten vermindert werden, sieht man, was letztlich und damit „netto" übrig geblieben ist. Es ist daher konsequent, die Deckungsbeitragsrechnungen als **Bruttoerfolgsrechnungen** zu bezeichnen (vgl. Plinke, S. 211).

Der Deckungsbeitrag kann für unterschiedliche Größen ermittelt werden. Er kann beispielsweise auf ein einzelnes Stück, eine Produktart, eine Produktgruppe, einen Bereich (eine Kostenstelle), einen Teilbetrieb oder einen Betrieb bezogen sein. Demzufolge gibt es nicht *den* Deckungsbeitrag schlechthin, sondern man hat zwischen dem **Deckungsbeitrag des einzelnen Produkts**, der auch **Stückdeckungsbeitrag** oder **Deckungsspanne** genannt wird, dem **Deckungsbeitrag einer Produktmenge, dem Deckungsbeitrag eines Bereichs** usw. zu unterscheiden. Steht das einzelne Produkt im Mittelpunkt der Deckungsbeitragsrechnung spricht man auch von einer **Stückdeckungsbeitragsrechnung**.

Den **Stückdeckungsbeitrag auf der Basis von variablen Kosten** haben wir bereits in Verbindung mit der Erläuterung der Grundbegriffe definiert und anhand eines einfachen Beispiels veranschaulicht. Die Definition lautet:

Erlös pro Stück minus variable Kosten pro Stück gleich Stückdeckungsbeitrag

oder kurz

$$\mathbf{P - k_v = DB}$$

Damit ist **das einzelne Stück gleichzeitig** das Objekt der Kostenzuordnung, also **Kostenträger, und** das Objekt der Erlös- bzw. Leistungszuordnung, also **Erlösträger** bzw., wenn der Erlös der Leistung entspricht, **Leistungsträger**. Nachfolgend wollen wir die Bedeutung der Stückdeckungsbeitragsrechnung auf Basis von variablen Kosten kurz erläutern.

Beispiel: Betrachtet wird eine Bäckerei, die nur Brote backt und veräußert, und zwar ausschließlich zwei Brotsorten, Roggenbrote und Weizenbrote. Für ein Roggenbrot erzielt sie einen Preis von 4 Euro und für ein Weizenbrot einen Preis von 2 Euro. Aus Gründen der Vereinfachung wird unterstellt, dass man für ein Brot 1 kg Mehl benötigt und ansonsten keine Zutaten erforderlich sind. Für 1 kg Roggenmehl muss man 3 Euro bezahlen und für 1 kg Weizenmehl ebenfalls 3 Euro. Sämtliche Brote werden in einem auf 10 Jahre angemieteten Ofen gebacken. Die Mietzahlungen betragen pro Jahr 100 Euro. Es werden in einem Jahr 200 Roggenbrote und 100 Weizenbrote gebacken und verkauft. Aus Gründen der Vereinfachung wird unterstellt, dass keine weiteren Kosten zu berücksichtigen sind.

Nach der obigen Definition des Stückdeckungsbeitrags gilt hier folgende Berechnung: Preis minus Mehlkosten pro Stück gleich Stückdeckungsbeitrag.

Für ein Roggenbrot ergibt sich damit ein positiver Stückdeckungsbeitrag, und zwar in Höhe von 4 Euro – 3 Euro = 1 Euro und für ein Weizenbrot entsteht ein negativer Stückdeckungsbeitrag, und zwar in Höhe von 2 Euro – 3 Euro = – 1 Euro.

Die Roggenbrote werfen damit insgesamt einen positiven Deckungsbeitrag in Höhe von 200 · 1 Euro = 200 Euro und die Weizenbrote rufen insgesamt einen negativen Deckungsbeitrag in Höhe von 100 · (– 1 Euro) = – 100 Euro hervor.

Damit lässt sich auch die Nettoerfolgsermittlung durchführen:

	Deckungsbeitrag Roggenbrot	200 Euro
+	Deckungsbeitrag Weizenbrot	+ (– 100) Euro
–	Fixkosten (Ofenkosten)	– 100 Euro
=	Nettoerfolg	0 Euro

Das Beispiel macht die Bedeutung der Stückdeckungsbeitragsrechnung für das Controlling deutlich: Man erkennt, dass das Weizenbrot sich auf den Nettoerfolg negativ auswirkt. Dies kann man bei der Planung für das nächste Jahr berücksichtigen. Wenn man für das nächste Jahr von den gleichen Daten ausgehen kann, könnte es zumindest auf den ersten Blick angebracht sein, die Fertigung des Produkts mit dem negativen Deckungsbeitrag, d.h. die Weizenbrotproduktion, einzustellen.

Dies hätte folgende Auswirkungen: Für die Roggenbrote würde bei gleichen Daten ein positiver Deckungsbeitrag in Höhe von 200 Euro anfallen. Durch die Einstellung der Weizenbrotproduktion würden die Mehlkosten für das Weizenmehl vermieden, aber es würde auch auf Erlöse, die durch den Verkauf dieser Brotsorte entstehen, verzichtet. Der Deckungsbeitrag als Differenz von Stückerlös und variable Kosten pro Stück beträgt damit 0 Euro. Die Nettoerfolgsermittlung sieht dann folgendermaßen aus:

	Deckungsbeitrag Roggenbrot	200 Euro
+	Deckungsbeitrag Weizenbrot	+ 0 Euro
–	Fixkosten (Ofenkosten)	– 100 Euro
=	Nettoerfolg	100 Euro

Zu beachten ist allerdings, dass man aufgrund der Daten der Deckungsbeitragsrechnung keine voreiligen Schlüsse ziehen darf. Immer sind die gesamtbetrieblichen Zusammenhänge zu berücksichtige. Gerade bei sortimentspolitischen Maßnahmen, welche die Existenz eines Produkts zum Gegenstand haben, können **Verbundeffekte** auf der Absatz- und Beschaffungsseite unerwartete und unerwünschte Folgen hervorrufen.

So könnte es im obigen **Beispiel** passieren, dass bei einer Einstellung der Weizenbrotproduktion Kunden, die Roggen- und Weizenbrote kaufen, den Lieferanten wechseln. Damit würde der Betrieb dann auch weniger Roggenbrote verkaufen. Der positive Deckungsbeitrag des Roggenbrots würde geringer und der Nettoerfolg würde abnehmen. Unter bestimmten Situationen kann es daher durchaus sinnvoll sein, Produkte mit negativem Deckungsbeitrag im Sortiment zu belassen, wenn dadurch der Verkauf von Produkten mit positivem Deckungsbeitrag in einem entsprechenden Umfang gefördert wird. Ähnliche Überlegungen greifen, wenn Roggen- und Weizenmehl von einem Lieferanten bezogen werden und man aufgrund der Gesamtbezugsmenge entsprechende Rabatte durchgesetzt hat, die wegfallen, wenn man insgesamt weniger einkauft. Dieser Effekt könnte dazu führen, dass der Roggenmehlpreis steigt und folglich der Deckungsbeitrag des Roggenbrotes sinkt.

Die Überlegungen zur Teilkosten- und Deckungsbeitragsrechnung auf der Basis von variablen Kosten lassen sich ohne weiteres auf den kommunalen Bereich übertragen. Aus controllingorientierter Sicht sind allerdings bei einer **Anwendung in den Gemeinden zusätzliche Grenzen** zu beachten.

Beispiel: Betrachtet wird ein kommunaler Bäderbetrieb, der ein Freibad, ein Hallenbad und eine Sauna bewirtschaftet. Die variablen Kosten pro Freibadbesuch betragen 8 Euro, die variablen Kosten pro Hallenbadbesuch betragen 10 Euro und die variablen Kosten pro Saunabesuch betragen 7 Euro. Aus Gründen der Vereinfachung wird unterstellt, dass nur Tageskarten eines bestimmten Typs verkauft werden. Es gibt also keine Wochen-, Monats- oder Dauerkarten und keine Ermäßigungen für Familien, Kinder, Schüler usw. Weiterhin wird das Bad nicht für andere Zwecke, wie beispielsweise Vereins- und Schulschwimmen, zur Verfügung gestellt. Der Preis für eine Freibadkarte beträgt 4 Euro, der Preis für eine Hallenbadkarte beträgt 6 Euro und der Preis für eine Saunakarte beträgt 10 Euro. Im abgelaufenen Rechnungsjahr wurden 50.000 Freibadkarten, 20.000 Hallenbadkarten und 5.000 Saunakarten verkauft. Die Fixkosten hatten insgesamt eine Höhe von 500.000 Euro.

Zunächst lassen sich die **Deckungsbeiträge pro Besuch** ermitteln:

	Freibad	Hallenbad	Sauna
Erlös pro Besuch	4 Euro	6 Euro	10 Euro
variable Kosten pro Besuch	8 Euro	10 Euro	7 Euro
Deckungsbeitrag pro Besuch	– 4 Euro	– 4 Euro	+ 3 Euro

Demnach rufen der Hallenbadbesuch und der Freibadbesuch negative Deckungsbeiträge hervor, während im Saunabereich ein positiver Deckungsbeitrag pro Besuch erzielt wird.

Man kann nunmehr noch die Besucherzahlen berücksichtigen und die **Deckungsbeiträge pro Bereich** ermitteln. Dabei sind zunächst die Erlöse und die variablen Kosten in den einzelnen Bereichen zu errechnen: Die Erlöse betragen im Freibad 50.000 · 4 Euro = 200.000 Euro, im Hallenbad 20.000 · 6 Euro = 120.000 Euro und in der Sauna 5.000 Euro · 10 Euro = 50.000 Euro. Für die variablen Kosten pro Bereich gelten die folgenden Beträge: 50.000 · 8 Euro = 400.000 Euro im Freibad, 20.000 · 10 Euro = 200.000 Euro im Hallenbad und 5000 · 7 Euro = 35.000 Euro in der Sauna.

Damit lassen sich die **Deckungsbeiträge pro Bereich** ermitteln:

	Freibad	Hallenbad	Sauna
Erlös pro Bereich	200.000 Euro	120.000 Euro	50.000 Euro
variable Kosten pro Bereich	400.000 Euro	200.000 Euro	35.000 Euro
Deckungsbeitrag pro Bereich	– 200.000 Euro	– 80.000 Euro	+ 15.000 Euro

Der **Nettoerfolg des gesamten Betriebs** wird deutlich, wenn man neben den Deckungsbeiträgen pro Bereich die Fixkosten berücksichtigt:

Deckungsbeitrag Freibad	– 200.000 Euro
Deckungsbeitrag Hallenbad	– 80.000 Euro
Deckungsbeitrag Sauna	+ 15.000 Euro
Summe der Deckungsbeiträge	– 265.000 Euro
– Fixkosten	– 500.000 Euro
Nettoerfolg	– 765.000 Euro

Das Beispiel veranschaulicht den Wert der Deckungsbeitragsrechnung. Wenn man ein privatwirtschaftliches Unternehmen betrachtet, wird deutlich, welche Produkte für den Betrieb wirtschaftlich und welche Produkte für den Betrieb unwirtschaftlich sind. Beim kommunalen Verwaltungsbetrieb ist erst unter Berücksichtigung der Zusatzleistung eine Beurteilung möglich.

Bleiben wir zunächst bei einer privatwirtschaftlichen Betrachtung. Dann gilt Folgendes: Offensichtlich ist es für den Betrieb lohnend, die Saunadienstleistungen bereitzustellen, denn jeder Saunabesuch trägt dazu bei, dass die Fixkosten teilweise abgedeckt werden und sich der Verlust vermindert. Hallenbad- und Freibadbesuche führen hingegen zu negativen Deckungsbeiträgen und erhöhen somit den Verlust.

Das Beispiel zeigt weiterhin, dass die Teilkosten- bzw. Deckungsbeitragsrechnung andere Informationen bereitstellt als die Vollkostenrechnung.

Bei der Vollkostenrechnung zieht man vom Gesamterlös in Höhe von 370.000 Euro sämtliche Kosten ab, also die gesamten variablen Kosten in Höhe von 635.000 Euro und die fixen Kosten in Höhe von 500.000 Euro. Der Verlust beträgt in diesem Fall 765.000 Euro. Daraus könnte man die Empfehlung ableiten, den gesamten Betrieb zu schließen. Erlöse und variable Kosten würden dann wegfallen und der Verlust verbliebe in Höhe der zumindest nicht sofort wegfallenden Fixkosten, also in Höhe von 500.000 Euro. Durch die Teilkosten- bzw. Deckungsbeitragsrechnung wird jedoch deutlich, dass man ein noch besseres Ergebnis erzielen kann, wenn man die Bereiche mit positiven Deckungsbeiträgen aufrechterhält, also in unserem Beispiel die Sauna weiter betreibt sowie Frei- und Hallenbad schließt. Es würden dann die Erlöse und variablen Kosten der beiden Bäder wegfallen, und es wären lediglich die Erlöse der Sauna abzüglich ihrer variablen Kosten, d.h. der Deckungsbeitrag des Saunabereichs, sowie die Fixkosten zu berücksichtigen. Der Nettoerfolg des Betriebes würde sich somit folgendermaßen errechnen.

Deckungsbeitrag Freibad	0 Euro
Deckungsbeitrag Hallenbad	0 Euro
Deckungsbeitrag Sauna	+ 15.000 Euro
Summe der Deckungsbeiträge	+ 15.000 Euro
– Fixkosten	– 500.000 Euro
Nettoerfolg	– 485.000 Euro

Auch bei der bereichsbezogenen Teilkosten- bzw. Deckungsbeitragsrechnung auf der Basis von variablen Kosten ist aus controllingorientierter Sicht jedoch zu beachten, dass **eindeutige Schlussfolgerungen nur unter bestimmten Voraussetzungen** gezogen werden können, die in der Regel in der betrieblichen Praxis nicht vorliegen.

So wurde im obigen Beispiel unterstellt, dass die *Fixkosten zumindest zunächst nicht abgebaut werden können*, zwischen den einzelnen Dienstleistungen *keine Verbundeffekte bestehen*, also das Schließen der Bäder sich beispielsweise nicht negativ auf den Saunabereich auswirkt, *die Produkte eindeutig definiert* und die variablen Kosten pro Produkt und damit die *Grenzkosten ermittelt werden können*, so dass letztlich bekannt ist, welche zusätzlichen Kosten von einem zusätzlichen Bade- bzw. Saunabesuch hervorgerufen werden. Gerade die letzte Annahme ist in unserem Beispiel besonders problematisch, denn die meisten Kosten ändern sich nicht, wenn ein weiterer Besucher das Bad betritt. Man denke beispielsweise an die kalkulatorischen Abschreibungen, die kalkulatorischen Zinsen, die Personalkosten, die Wasserkosten usw.

Es macht also die Teilkosten- bzw. Deckungsbeitragsrechnung auf der Basis von variablen Kosten nur Sinn, wenn die variablen Kosten in Relation zu den Fixkosten überhaupt eine gewisse Bedeutung haben.

Dominieren die Fixkosten, dann ist die oben dargestellte einfache Berechnung der Deckungsbeiträge und die Konfrontation der Deckungsbeiträge mit den gesamten Fixkosten wenig aussagekräftig und offensichtlich eine differenziertere Betrachtung der Fixkosten angebracht. Dies hat zur Entwicklung von **mehrstufigen Teilkosten- bzw. Deckungsbeitragsrechnungen auf der Basis von variablen Kosten** geführt, die auch als **mehrstufiges Direct Costing** (vgl. Riebel, Teilkostenrechnung, Sp. 1549) oder **stufenweise Fixkostendeckungsrechnungen** bekannt sind. Hinter diesem Ansatz steht die Grundüberlegung, dass man in der Regel zwar nicht dem einzelnen Erzeugnis, eventuell aber einer Erzeugnisgruppe, einer Kostenstelle oder einem betrieblichen Bereich bestimmte Fixkosten verursachungsgerecht zuordnen kann.

Beispiel: Betracht wird wieder der bereits bekannte kommunale Bäderbetrieb, der ein Freibad, ein Hallenbad und eine Sauna umfasst. Nach wie vor gelten die Annahmen über die Stückerlöse, die variablen Kosten pro Stück, die Anzahl der Besucher und die Höhe der gesamten Fixkosten. Weiterhin ist allerdings bekannt, dass von den gesamten Fixkosten in Höhe von 500.000 Euro 100.000 Euro eindeutig auf das Freibad, 50.000 Euro eindeutig auf das Hallenbad und 20.000 Euro eindeutig auf die Sauna entfallen. Es handelt sich dabei um kalkulatorische Abschreibungen von Gebäuden und Anlagen, die jeweils ausschließlich den einzelnen Bereichen dienen. Die restlichen Fixkosten in Höhe von 330.000 Euro betreffen alle Bereiche gemeinsam. Es handelt sich dabei beispielsweise um die Kosten der Leitung und Verwaltung der Bäder. Die betreffenden Daten haben wir nachfolgend noch einmal zusammengestellt:

	Freibad	Hallenbad	Sauna
Erlös pro Besuch	4 Euro	6 Euro	10 Euro
variable Kosten pro Besuch	8 Euro	10 Euro	7 Euro
Anzahl der Besucher	50.000	20.000	5.000
Erlös pro Bereich	200.000 Euro	120.000 Euro	50.000 Euro
variable Kosten pro Bereich	400.000 Euro	200.000 Euro	35.000 Euro
fixe Kosten pro Bereich	100.000 Euro	50.000 Euro	20.000 Euro
gemeinsame Fixkosten		330.000 Euro	

Ausgehend von diesen Daten könnte man beispielsweise folgende Arten von Deckungsbeiträgen ermitteln (vgl. auch Homann, S. 166).

	Freibad	Hallenbad	Sauna
Erlös pro Besuch	4 Euro	6 Euro	10 Euro
– variable Kosten pro Besuch	8 Euro	10 Euro	7 Euro
Deckungsbeitrag 1	– 4 Euro	– 4 Euro	3 Euro
Erlös pro Bereich	200.000 Euro	120.000 Euro	50.000 Euro
– variable Kosten pro Bereich	–400.000 Euro	–200.000 Euro	–35.000 Euro
Deckungsbeitrag 2	–200.000 Euro	–80.000 Euro	15.000 Euro
– fixe Kosten pro Bereich	–100.000 Euro	–50.000 Euro	–20.000 Euro
Deckungsbeitrag 3	–300.000 Euro	–130.000 Euro	–5.000 Euro
– gemeinsame Fixkosten		–330.000 Euro	
Nettoerfolg		–765.000 Euro	

Es wird deutlich, dass die **Mehrstufigkeit der Betrachtung ein differenzierteres Bild** über die Entstehung des Nettoerfolges liefert als das einfache Direct Costing. **Andererseits bleibt das Grundproblem bestehen**. Nach wie vor wird unterstellt, dass die variablen Kosten pro Besuch und damit letztlich *die Grenzkosten einer zusätzlichen Dienstleistung ermittelt werden können* und so bedeutsam sind, dass sich ihre Ermittlung lohnt.

8.3 Teilkosten- und Deckungsbeitragsrechnungen Typ II

Bei den Teilkosten- und Deckungsbeitragsrechnungen Typ II handelt es sich um **Teilkosten- und Deckungsbeitragsrechnungen auf der Basis relativer Einzelkosten.** Ihnen liegt eine *andere Einteilung der Gesamtkosten zugrunde als dem Direct Costing.* Anders als bei den Teilkosten- und Deckungsbeitragsrechnung Typ I (=Direct Costing) geht es jetzt nicht um die Unterscheidung von variablen und fixen Kosten, sondern um die *Trennung von Einzel- und Gemeinkosten.* Bei der Klärung der Grundbegriffe der Kosten- und Leistungsrechnung haben wir Einzel- und Gemeinkosten bereits definiert. Einzelkosten sind Kosten, die einer bestimmten Bezugsgröße eindeutig zugeordnet werden können, weil sie ausschließlich von dieser verursacht werden. Da je nach Art der gewählten Bezugsgröße unterschiedliche Kosten direkt zugeordnet werden können, also beispielsweise von einem Produkt andere Kosten verursacht werden als von einer Kostenstelle, *hängt der Umfang der Einzelkosten von der Bezugsgrößenwahl ab.* Es gibt also *nicht die* Einzelkosten schlechthin, sondern die **Einzelkosten sind immer im Hinblick auf eine Bezugsgröße zu definieren**. Mit Recht spricht man daher von **relativen Einzelkosten.**

Der **Deckungsbeitrag ergibt sich bei diesen Rechnungen**, indem man von den Erlösen, die eine Bezugsgröße hervorruft und die man **Einzelerlöse** nennen kann, die Kosten abzieht, welche die betreffende Bezugsgröße eindeutig allein verursacht hat und bei denen es sich somit um **Einzelkosten** handelt. Da Einzelerlöse und Einzelkosten von der Art der gewählten Bezugsgröße abhängen, hängt auch der Deckungsbeitrag von der Bezugsgrößenwahl ab. Insofern ist es konsequent, von **relativen Deckungsbeitragsrechnungen** zu sprechen.

Bei dem Versuch einer verursachungsgerechten Zuordnung der Erlöse und Kosten auf eine Bezugsgröße wird vom **Identitätsprinzip** ausgegangen (vgl. Riebel, Teilkostenrechnung, Sp. 1552), das wir bereits kurz erläutert haben. Dahinter steht das Bestreben, einzelne Entscheidungen über bestimmte Bezugsgrößen und die mit ihnen verbundenen positiven und negativen Auswirkungen zu isolieren. So sind der Entscheidung, einen Betrieb zu gründen, andere Kosten und Erlöse direkt zuzuordnen, als der Entscheidung, ein bestimmtes Produkt zu erstellen und abzusetzen. Paul Riebel schlägt vor, bestimmte **Bezugsgrößenhierarchien** zu bilden, die dadurch gekennzeichnet sind, dass große Bezugsgrößen in immer kleinere Bezugsgrößen zerlegt werden. So könnte beispielsweise eine erzeugnisorientierte Bezugsgrößenhierarchie (vgl. Riebel, Teilkostenrechnung, Sp. 1553) dadurch gekennzeichnet sein, dass man zwischen der Gesamtproduktion, den Erzeugnissparten, Erzeugnisgruppen, Erzeugnistypen, Fertigungsaufträgen und Erzeugniseinheiten unterscheidet. Von den Gesamtkosten wird nur ein geringer Teil einer Erzeugniseinheit als Einzelkosten zurechenbar sein. Betrachtet man hingegen einen Auftrag, der mehrere Einzelerzeugnisse umfasst, so sind die Einzelkosten umfangreicher. *Je umfangreicher die Bezugsgrößen sind, die man betrachtet, umso umfangreicher sind die jeweiligen Einzelkosten.* Im Extremfall, d.h. bezogen auf die Basisentscheidung, einen bestimmten Betrieb zu gründen, können alle Kosten Einzelkosten sein. Durch die Berücksichtigung solcher Bezugsgrößenhierarchien erhält man einen Überblick über die von zahlreichen betrieblichen Entscheidungen hervorgerufenen Kosten und Erlöse bzw. Deckungsbeiträge. Damit wird deutlich, dass die Teil- bzw. Deckungsbeitragsrechnungen auf der Basis relativer Einzelkosten grundsätzlich mehrstufig sind.

Beispiel: Betrachtet wird eine kommunale Einrichtung, für die im NKF-Haushaltsplan ein Teilhaushalt eingerichtet wird und die als **Produkt „Bäderbetriebe"** bezeichnet wird. Sie ist für zwei Bäder zuständig, die kurz als Süd- und Nordbad bezeichnet werden. Jedes der beiden Bäder umfasst drei Bereiche: ein Freibad, ein Hallenbad und eine Sauna. Die in der Periode erzielten Erlöse wurden ermittelt. Es handelt sich dabei um die **Einzelerlöse der Bereiche**. Im Einzelnen wurden folgende Erlöse erzielt (**Angaben in Euro**):

	Freibad Südbad	Hallenbad Südbad	Sauna Südbad	Freibad Nordbad	Hallenbad Nordbad	Sauna Nordbad
Einzel-erlöse der Bereiche	100.000	200.000	50.000	80.000	100.000	60.000

Weiterhin sind die Kosten, die jedem Bereich direkt zugeordnet werden können, d.h. die **Einzelkosten der Bereiche**, bekannt, so beispielsweise die Wasserkosten, die durch entsprechende Zähler erfasst werden, aber auch ein Teil der kalkulatorischen Abschreibungen, da einzelne Anlagen und Gebäude nur einzelnen Bereichen dienen. Die Bereiche hatten folgende Einzelkosten (**Angaben in Euro**):

	Freibad Südbad	Hallenbad Südbad	Sauna Südbad	Freibad Nordbad	Hallenbad Nordbad	Sauna Nordbad
Einzel-kosten der Bereiche	80.000	210.000	40.000	80.000	150.000	70.000

Durch Gegenüberstellung der Einzelerlöse der Bereiche und der Einzelkosten der Bereiche lassen sich die **Deckungsbeiträge der Bereiche** ermitteln (**Angaben in Euro**):

	Freibad Südbad	Hallen-bad Südbad	Sauna Südbad	Freibad Nordbad	Hallen-bad Nordbad	Sauna Nordbad
Einzel-erlöse der Bereiche	100.000	200.000	50.000	80.000	100.000	60.000
Einzel-kosten der Bereiche	80.000	210.000	40.000	80.000	150.000	70.000
Breichs-deckungs-beiträge	**+20.000**	**– 10.000**	**+10.000**	**0**	**– 50.000**	**– 10.000**

Neben den Einzelkosten der Bereiche sind noch Kosten zu beachten, die zwar mehrere Bereiche betreffen, aber einem Bäderbetrieb eindeutig zugeordnet werden können. Es handelt sich dabei beispielsweise um die Kosten, die das Bäderpersonal hervorruft, da die betreffenden Personen in unserem Beispiel entweder ausschließlich im Nord- oder im Südbad tätig sind. Weiterhin sind bestimmte kalkulatorische Abschreibungen zwar den einzelnen Bäderbetrieben, nicht aber den einzelnen Bereichen direkt zuzuordnen. Das gilt beispielsweise für Abschreibungen, die die Umkleidekabinen oder den Eingangsvorbau betreffen. Auch die Kosten der Reinigung werden in unserem Beispiel nicht für die einzelnen Bereiche getrennt erfasst und können somit nur dem jeweiligen Nord- bzw. Südbad insgesamt zugeordnet werden.

Neben den Einzelkosten der Bereiche sind im Südbad noch Kosten in Höhe von 500.000 Euro und im Nordbad noch Kosten in Höhe von 600.000 Euro zu berücksichtigen. Somit ergeben sich für das Südbad insgesamt Einzelkosten in Höhe von 830.000 Euro und für das Nordbad insgesamt Einzelkosten in Höhe 900.000 Euro. Stellt man diesen **Einzelkosten der Bäderbetriebe** die von dem jeweiligen Bäderbetrieb erzielten Erlöse, d.h. die **Einzelerlöse der Bäderbetriebe**, gegenüber, erhält man die **Deckungsbeiträge der einzelnen Bäderbetriebe.**

	Südbad	Nordbad
Einzelerlöse der Bäderbetriebe	350.000 Euro	240.000 Euro
Einzelkosten der Bäderbetriebe	830.000 Euro	900.000 Euro
Deckungsbeiträge der Bäderbetriebe	**– 480.000 Euro**	**–660.000 Euro**

Neben den genannten Erlösen und Kosten sind weitere Kosten zu berücksichtigen, und zwar fallen für die Verwaltung und Leitung der gesamten Einrichtung Kosten in Höhe von 250.000 Euro an. Somit kann man nunmehr auch die Einzelerlöse der gesamten Einrichtung, d.h. **die Einzelerlöse des Produkts „Bäderbetriebe"**, den Einzelkosten der gesamten Einrichtung, d.h. **den Einzelkosten des Produkts „Bäderbetriebe"**, gegenüberstellen. Man erhält dann den **Deckungsbeitrag der gesamten Einrichtung, d.h. des Produkts „Bäderbetriebe".**

Einzelerlöse des Produkts „Bäderbetriebe"	590.000 Euro
Einzelkosten des Produkts „Bäderbetriebe"	1.980.000 Euro
Nettoerfolg des Produkts „Bäderbetriebe"	– 1.390.000 Euro

Das Beispiel verdeutlicht den **Wert der Teilkosten- bzw. Deckungsbeitragsrechnung auf der Basis relativer Einzelkosten:** Es wird eine differenzierte Betrachtung des betrieblichen Geschehens vorgenommen. Die Kosten- und Erlöszuordnung nach dem Identitätsprinzip und damit letztlich nach dem Verursachungsgedanken liefert wichtige Informationen bezüglich der Wirtschaftlichkeit einzelner Entscheidungen bzw. Maßnahmen. So wird in obigem Beispiel deutlich, dass das Freibad im Südbad und die Sauna im Südbad positive Deckungsbeiträge abwerfen und die anderen Bereiche nicht.

8.4 Beitrag für das kommunale Controlling

Unabhängig von der gewählten Variante der Teilkosten- und Deckungsbeitragsrechnungen ist die *Aussagekraft* dieser Rechenwerke stets gering, *wenn den einzelnen Erzeugnissen nur ein geringer Anteil der Gesamtkosten direkt zugeordnet werden kann.* Gerade bei Kommunalverwaltungen, die in großem Umfang innere Dienstleistungsbeziehungen aufweisen, ist dieses Problem bedeutsam. Bezogen auf die einzelne Dienstleistung dominieren in aller Regel die Gemeinkosten. Dies wird anhand des von uns herangezogenen Bäderbeispiels besonders deutlich. Dem einzelnen zusätzlichen Badebesuch lassen sich möglicherweise überhaupt keine Einzelkosten zuordnen. In diesen Fällen ist eine Teilkostenrechnung zur produktspezifischen Wirtschaftlichkeitsbeurteilung kaum geeignet.

Weiterhin setzten Deckungsbeitragsrechnungen voraus, dass Erlöse vorliegen und diese Erlöse auch aussagekräftig sind. Es ist daher auch an dieser Stelle wieder darauf hinzuweisen, dass im Bereich der Kommunalverwaltung zahlreiche Produkte unentgeltlich abgegeben werden. In diesen Fällen fehlt es an den zur Bildung der Deckungsbeiträge erforderlichen Erlösen. Selbst dann, wenn ein kommunaler Teilbetrieb Erlöse erzielt, sind diese als Ausgangspunkt für die Berechnung von Deckungsbeiträgen häufig nicht oder nur sehr begrenzt geeignet. So ist die Ermittlung von Deckungsbeiträgen im Hinblick auf die Wirtschaftlichkeitsbetrachtung nicht sinnvoll, wenn eine monopolähnliche Stellung vorliegt, die eventuell noch mit einem Abnahmezwang verbunden ist und die Erlöse in Form kostendeckender Gebühren auftreten. Aber selbst dann, wenn es sich um freiwillige Dienstleistungen einer Kommune handelt und eine gewisse marktwirtschaftliche Orientierung erkennbar ist, wie beispielsweise im Bäderbereich, sind die Erlöse oft nicht als Basis für die Berechnung von Deckungsbeiträgen geeignet; denn vielfach werden die Preise aus übergeordneten Gründen, beispielsweise aus sozialpolitischen Gründen, bewusst niedrig angesetzt.

Nicht unbedeutsam ist schließlich noch, dass es sich bei dem in Deckungsbeitragsrechnungen letztlich ausgewiesenen Nettoerfolg, der durch *Gegenüberstellung von Erlösen und Kosten* des gesamten Teilhaushalts ermittelt wird, weder um den pagatorischen noch um den kalkulatorischen Erfolg handelt. Beim pagatorischen Erfolg werden Aufwand und Ertrag einander gegenübergestellt. Da Aufwand und Kosten unterschiedlich ausfallen können sowie Ertrag und Erlöse nicht übereinstimmen müssen, kann der im Rahmen der Deckungsbeitragsrechnung ermittelte Nettoerfolg vom pagatorischen Erfolg abweichen. Der kalkulatorische Erfolg ergibt sich durch die Gegenüberstellung von Kosten und Leistung. Da die Leistung nicht mit den Erlösen übereinstimmen muss, man denke beispielsweise an die Zusatzleistung, können auch hier erhebliche Unterschiede vorliegen.

Weiterhin muss man häufig mit zahlreichen Bezugsgrößen arbeiten, um einen Einblick in das betriebliche Geschehen zu erhalten. Eventuell muss man sogar mehrere Bezugsgrößenhierarchien gleichzeitig verwenden. Das Kostenrechnungssystem ist daher nicht selten sehr aufwendig. Daher ist in jedem Einzelfall zu überprüfen, ob der Informationsgewinn den Aufwand überhaupt rechtfertigt.

Alles in allem wird deutlich, dass die für den Bereich der Privatwirtschaft entwickelten und dort häufig erfolgreich eingesetzten Teilkosten- bzw. Deckungsbeitragsrechnungen für das kommunale Controlling nur ausnahmsweise Bedeutung haben. Bei hohen Gemeinkostenanteilen, fehlenden Erlösen oder bei einer Einschränkung der Preisbildung, wie dies im Bereich der Kommunalverwaltung nicht die Ausnahme, sondern die Regel ist, hat der Einsatz dieses modernen Kostenrechnungsinstrumentariums möglicherweise lediglich Unterhaltungswert.

9 Einsatz der Plankostenrechnung in Kommunen

9.1 Zielsetzung und Gestaltungsmöglichkeiten der Plankostenrechnung

Da das Controlling die Aufgabe hat, die betrieblichen Entscheidungsträger rechtzeitig mit steuerungsrelevanten Informationen zu versorgen, reicht es nicht aus, ihnen Daten zur Verfügung zu stellen, die die Vergangenheit betreffen. **Insofern ist eine Istkostenrechnung aus controllingorientierter Sicht stets unzureichend.** Im Hinblick auf rechtzeitig wirkende Maßnahmen ist es erforderlich, dass das Controlling über zukünftige Entwicklungen und Handlungsmöglichkeiten informiert. Zum Controlling gehört somit die gedankliche Vorwegnahme zukünftigen Handelns, d.h. die Planung. Teil dieser Planung ist die Kostenplanung.

Im Rahmen der **Kostenplanung** macht man sich Gedanken darüber, wie sich die Kosten in der Zukunft entwickeln werden und wie man möglicherweise auf solche zukünftigen Entwicklungen reagieren kann. Ist beispielsweise damit zu rechnen, dass bestimmte Einsatzgüter, die man benötigt, in Zukunft teurer werden, ist diese Information von großer Bedeutung. So wird man von der negativen Kostenentwicklung nicht einfach überrollt, sondern man kann rechtzeitig über Verbrauchssenkungen oder eine Substitution des Produktionsfaktors nachdenken und dadurch Nachteile für den Betrieb vermeiden.

Insofern ist eine Kostenrechnung, die mit zukünftigen Kosten arbeitet, d.h. eine **Plankostenrechnung**, unverzichtbarer Controllingbestandteil. Dies bedeutet allerdings nicht, dass eine **Istkostenrechnung,** d.h. eine Kostenrechnung, die mit tatsächlich entstandenen Kosten arbeitet, überflüssig wäre. Das Gegenteil ist der Fall: Die Istkostenrechnung ist gleichwohl notwendig (vgl. Chmielewicz, S. 176). Sie bildet einerseits die Basis bzw. den Ausgangspunkt für die Schätzung der zukünftigen Kosten und ermöglicht andererseits die Ermittlung und Analyse von **Kostenabweichungen**.

Die Bedeutung der Istkostenrechnung in Verbindung mit der Plankostenrechnung wird besonders deutlich, wenn man, ausgehend von den Plankosten, Vorgaben ableitet und dann später die tatsächlich eingetretenen Kosten, d.h. die Istkosten, mit den vorgegebenen Kosten vergleicht, also **Soll-Ist-Vergleiche** durchführt (vgl. Haberstock, S. 66). In diesen Fällen leistet die Plankostenrechnung einen wichtigen Beitrag zur **Kostenkontrolle**. Die ermittelten Kostenabweichungen bilden den Ausgangspunkt für die **Abweichungsanalyse**, indem man nach den Gründen für die Unterschiede zwischen Soll und Ist sucht. Ist diese Analyse erfolgreich, ergeben sich wichtige Hinweise für die zukünftige Steuerung des Betriebs. Da man die für einen Bereich insgesamt geplanten Kosten auch als **Kostenbudget** oder kurz als Budget bezeichnet, liefert die Plankostenrechnung in anderen Worten auch die Basis für die **Budgetaufstellung** und **Budgetkontrolle**.

Wie die Istkostenrechnung so kann auch die Plankostenrechnung unterschiedlich gestaltet werden. Allerdings lassen sich zwei Grundtypen unterscheiden: Die Plankostenrechnung auf der Basis von Vollkosten und die Plankostenrechnung auf der Basis von Teilkosten, wobei üblicherweise von variablen Kosten in Form der proportionalen Kosten und nicht von den Einzelkosten ausgegangen wird. Eine **Plankostenrechnung auf Vollkostenbasis** wird auch **Vollplankostenrechnung** genannt, und eine **Plankostenrechnung auf Basis von Teilkosten** oder genauer auf **Proportionalkostenbasis** bezeichnet man auch als **Teil- oder Grenzplankostenrechnung** (vgl. Chmielewicz, S. 177).

9.2 Plankostenrechnungen auf Vollkostenbasis

Die einfachste Form einer **Plankostenrechnung auf Vollkostenbasis** ist dadurch gekennzeichnet, dass man für einen Zeitraum die Erstellung einer bestimmten Produktmenge oder in anderen Worten eine bestimmte Beschäftigung des Betriebs plant und für diese geplante Produktmenge bzw. für diese geplante Beschäftigung die voraussichtlichen Kosten ermittelt. Diese Plankosten für die geplante Beschäftigung werden später den Kosten gegenübergestellt, die nach Ablauf der betreffenden Periode tatsächlich entstanden sind; sie werden also mit den Istkosten verglichen. Es liegt auf der Hand, dass solche Kostenvergleiche wenig aussagekräftig sind; denn die Istkosten können allein deshalb von den Plankosten für die Planbeschäftigung abweichen, weil die tatsächliche Beschäftigung von der geplanten Beschäftigung abweicht, also beispielsweise mehr oder weniger produziert wurde, als geplant worden war. Da man die für eine bestimmte Beschäftigung geplanten Kosten beibehält, auch wenn die geplante Beschäftigung nicht zutrifft, spricht man in diesem Zusammenhang auch von der **starren Plankostenrechnung**. Besser ist es, von der **starren Planvollkostenrechnung** oder der **starren Plankostenrechnung auf Vollkostenbasis** zu sprechen.

Die Kritik an der starren Plankostenrechnung führte zur Entwicklung der **flexiblen Plankostenrechnung,** wobei man diese aus Gründen der Genauigkeit eigentlich **flexible Plankostenrechnung auf Vollkostenbasis** oder **flexible Planvollkostenrechnung** nennen müsste. Bei der flexiblen Plankostenrechnung auf Vollkostenbasis ermittelt man die Plankosten nicht nur für die geplante Produktmenge bzw. den geplanten Beschäftigungsgrad, sondern auch für andere Produktmengen bzw. Beschäftigungsgrade. Man passt also seine Kostenplanung an verschiedene mögliche Beschäftigungsgrade an und ist somit bezüglich der Kostenplanung flexibel. Da man die Kosten für unterschiedliche Beschäftigungsgrade plant, ist es möglich, die Istkosten bei einem bestimmten Beschäftigungsgrad mit den Kosten zu vergleichen, die man für eben diesen Beschäftigungsgrad geplant hat.

Die Plankosten für den (erst später bekannten) **Istbeschäftigungsgrad bekommen Vorgabecharakter und werden daher Sollkosten genannt**. Es liegt auf der Hand, dass diese an die realisierte Beschäftigung angepasste Plankostenrechnung, aussagekräftigere Vergleiche liefert als die starre Plankostenrechnung.

Beispiel: Betrachten wir wieder unser einfaches Bäckereibeispiel, dass dadurch gekennzeichnet ist, dass ein Bäcker einen Ofen auf 10 Jahre angemietet hat, für den er pro Jahr 100 Euro Miete bezahlen muss, dass weiterhin nur eine Sorte Brot gebacken wird, wobei für ein Brot 1 kg Mehl benötigt wird, das 1 Euro kostet, und dass ansonsten keine Einsatzgüter benötigt werden.

Bei der **starren Plankostenrechnung** würde der Bäcker für die in dem zukünftigen Zeitraum geplante Beschäftigung, also beispielsweise für 1000 Brote, die Kosten planen. In unserem Beispiel würden damit in der betreffenden Periode Plankosten für den Ofen in Höhe von 100 Euro, Plankosten für das Mehl in Höhe von 1000 Euro und folglich Plankosten in einer Gesamthöhe von 1100 Euro entstehen. Diese Plankosten würden mit den tatsächlich entstandenen Kosten, also mit den Istkosten verglichen. Nehmen wir an, die Istkosten würden 2000 Euro betragen, dann zeigt ein Kostenvergleich in Form eines Soll-Ist-Vergleichs, dass die tatsächlich entstanden Kosten, die Istkosten, um 900 Euro über den Plankosten liegen. Hilfreich ist diese Information kaum; denn der Grund für diese Abweichung wird nicht deutlich. Ist der Mehlpreis gestiegen? Hat man pro Brot mehr Mehl verbraucht? Oder hat man schlicht und einfach mehr Brote gebacken? Es liegt auf der Hand, dass sich je nachdem, wie die Antwort ausfällt, im Hinblick auf die Wirtschaftlichkeit eine andere Beurteilung ergibt. Wenn die Istkosten beispielsweise allein deshalb über den Plankosten liegen, weil man mehr Brote gebacken hat, als man erwarten konnte, so ist das ohne weiteres plausibel und kein Hinweis auf Ressourcenvergeudung.

Bei der **flexiblen Plankostenrechnung** würde der Bäcker teilweise anders vorgehen. Zunächst hätte er allerdings wie bei der starren Plankostenrechnung zu Beginn der Planungsperiode eine bestimmte Beschäftigung bzw. Produktmenge (also wie oben die Produktion in Höhe von 1000 Broten) geplant und für diese **Planbeschäftigung** die Kosten bestimmt. Wie oben hätte er für die 1000 Brote **Plankosten** in Höhe von 1100 Euro ermittelt. Am Ende der Abrechnungsperiode würde er allerdings nicht nur die Istkosten, sondern auch die Istbeschäftigung bestimmen, also die Brotmenge feststellen, die er tatsächlich gebacken hat. Wir wollen annehmen, dass es sich dabei nur um 500 Brote handelt. Auch für diesen an sich nicht angepeilten, aber möglichen Beschäftigungsgrad hätte der Bäcker bei Anwendung der flexiblen Planvollkostenrechnung zu Beginn der Periode die zu erwartenden Kosten errechnen können. Falls er dies versäumt hat, kann er diese Berechnung noch am Ende der Periode nachholen. Die Kosten für den Ofen kann er unverändert in Höhe von 100 Euro ansetztten. Beim Mehl müsste er aber wegen des zu erwartenden geringeren Verbrauchs in Höhe von 500 kg von anderen Kosten ausgehen, und zwar von einem Betrag in Höhe von 500 Euro. Hätte er zu Beginn der Periode mit 500 Broten gerechnet, hätte er hierfür also Kosten in Höhe von 600 Euro geplant. Diese Kosten haben Vorgabecharakter. Sie sollen bei einer Produktmenge von 500 Stück nicht überschritten werden. Es handelt sich in anderen Worten um **Sollkosten,** die bei einer Produktmenge von 500 Broten gelten. Vergleicht man diese Sollkosten in Höhe von 600 Euro mit den Istkosten in Höhe von 2000 Euro, dann wird eine Kostenüberschreitung in Höhe von 1400 Euro deutlich. Von diesem Betrag weiß man, dass er nicht darauf zurückzuführen ist, dass man weniger Brote gebacken hat, als ursprünglich geplant war. Die Kostenabweichung muss andere Gründe haben. Damit liefert die flexible Plankostenrechnung einen besseren Einstieg in die Kostenanalyse als die starre Plankostenrechnung.

Die im Rahmen der **flexiblen Plankostenrechnung auf Vollkostenbasis** durchgeführte Analyse der Kostenabweichung hat das Ziel, die einzelnen Ursachen für die festgestellten Unterschiede zwischen den eingetretenen und geplanten Kosten aufzudecken. Zu diesem Zweck versucht man, die Gesamtabweichung in Teilabweichungen zu zerlegen. Dabei wird in einem ersten Schritt die **Gesamtabweichung** in die **Beschäftigungsabweichung** und **Verbrauchsabweichung** (vgl. Haberstock, Kostenrechnung II, S. 25 u. 26) aufgeteilt, die wir nachfolgend aus Gründen der Genauigkeit **Verbrauchs*wert*abweichung** nennen. In einem zweiten Schritt wird die **Verbrauchswertabweichung** weiter zerlegt, so dass zwei weitere Teilabweichungen entstehen, und zwar die **Preisabweichung** und die **Verbrauchsmengenabweichung.** Bei allen bisher genannten Abweichungen handelt es sich um **Kostenabweichungen, also** um **Wertgrößen.** An diese wertmäßige Betrachtung kann man eine mengenmäßige Betrachtung anschließen, um Auskunft über die Einsatzmengen zu bekommen, die man entweder eingespart oder über Plan verbraucht hat.

Irritationen entstehen dadurch, dass die Begriffe in der Literatur nicht einheitlich gewählt und dass gleiche Begriffe mit anderem Inhalt bei der flexiblen Plankostenrechnung auf Basis von Teilkosten verwendet werden. **In dieser Schrift arbeiten wir mit folgenden Definitionen:**

Kostenabweichung bei starrer Plankostenrechnung auf Vollkostenbasis	
Plan-Ist-Abweichung =	Plankosten bei Planbeschäftigung – Istkosten bei Istbeschäftigung
Kostenabweichungen in der flexiblen Plankostenrechnung auf Vollkostenbasis	
Gesamtabweichung =	Istkosten – verrechnete Plankosten bei Istbeschäftigung
Beschäftigungsabweichung =	Sollkosten bei Istbeschäftigung – verrechnete Plankosten bei Istbeschäftigung
Verbrauchswertabweichung =	Istkosten – Sollkosten bei Istbeschäftigung
Preisabweichung =	der Teil der Verbrauchswertabweichung, der auf Preisänderungen bei den Einsatzgütern zurückzuführen ist
Verbrauchsmengenabweichung =	der Teil der Verbrauchswertabweichung, der darauf zurückzuführen ist, dass im Vergleich mit den geplanten Einsatzgütermengen durchschnittlich für ein Produkt mehr oder weniger Einsatzgüter verbraucht werden bzw. wurden

Die einzelnen Abweichungen beinhalten folgende Informationen:

- Die **Plan-Ist-Abweichung** verdeutlicht, wie groß der Unterschied zwischen den geplanten und den eingetretenen Kosten ist. Eine Abweichung kann unterschiedliche Gründe haben. Eventuell ist die Abweichung nur deshalb entstanden, weil man eine kleinere oder größere Produktmenge erzeugt hat, als geplant. Diese Abweichung wird nur im Rahmen der starren Plankostenrechnung auf Vollkostenbasis beachtet. **Eine Plan-Ist-Abweichung mit negativem Vorzeichen ist tendenziell negativ zu beurteilen. Bei den Abweichungen in der flexiblen Plankostenrechnung sind die Kennzahlen anders aufgebaut! Hier ist eine Abweichung mit einem negativen Vorzeichen tendenziell positiv zu beurteilen. Es handelt sich um eine Kostenunterschreitung.**
- Die **Gesamtabweichung** lässt erkennen, wie stark die tatsächlich entstandenen Kosten, die Istkosten, von den Kosten abweichen, die bei einem kostendeckend kalkulierten Preis von anderen Organisationseinheiten erstattet werden (verrechnete Plankosten).
- Die **Beschäftigungsabweichung** ist der Teil der Gesamtabweichung, der darauf zurückzuführen ist, dass die tatsächliche Beschäftigung, d. h. die realisierte Produktmenge, von der geplanten Beschäftigung, also von der prognostizierten Produktmenge, abweicht. Um diese Abweichung zu ermitteln, geht man bei der Betrachtung von den Sollkosten bei Istbeschäftigung aus. Man korrigiert also die Vorgabe, indem man den Betrag zugrunde legt, den man angesetzt hätte, wenn man die Istbeschäftigung prognostiziert hätte.
- Die **Verbrauchswertabweichung** ist der Teil der Gesamtabweichung, der nicht auf eine fehlerhafte Prognose der Beschäftigung zurückzuführen ist, sondern auf nachträgliche Preisänderungen bei den Einsatzgütern und/oder auf größere bzw. kleinere Einsatzgütermengen pro Produkt, d.h. pro Stück.

Die Definitionen für die Preis- und Verbrauchsmengenabweichungen sind der oben wiedergegebenen Aufstellung enthalten. Falls die Einsatzgüterpreise so hoch ausfallen, wie geplant, ist die Verbrauchsmengenabweichung so groß wie die Verbrauchswertabweichung. Die Preisabweichung beträgt Null. Werden pro Stück genau die Einsatzmengen verbraucht, die man auch geplant hat, so ist die Verbrauchsmengenabweichung Null. Die Preisabweichung entspricht dann der Verbrauchswertabweichung.

> **Beispiel:** Wir betrachten wieder die Bäckerei und belassen es bei dem bisherigen Zahlenmaterial, das wir allerdings aus Gründen der Übersichtlichkeit noch einmal zusammenstellen. Zu Beginn der Periode wird von Ofenkosten in Höhe von 100 Euro pro Jahr ausgegangen. Es handelt sich dabei um **die geplanten Fixkosten**. Weiterhin wird von einem Mehlverbrauch pro Brot in Höhe von 1 kg ausgegangen. Es handelt sich dabei um den **geplanten Mehlverbrauch pro Brot**. Darüber hinaus hat man noch den Preis für 1 kg Mehl prognostiziert. Er liegt bei 1 Euro. Es handelt sich dabei um den **Planpreis für das Mehl**. Die geplante Produktmenge liegt bei 1000 Broten. Es handelt sich dabei um die **Planbeschäftigung**. Die **geplanten variablen Kosten** betragen damit 1000 Euro. Fasst man die geplanten Fixkosten und die geplanten variablen Kosten zusammen, ergeben sich die geplanten Gesamtkosten, die kurz **Plankosten** genannt werden und die 1100 Euro betragen. Teilt man die Plankosten durch die Planmenge erhält man die **Plankosten pro Stück** in Höhe von 1,10 Euro. Bei weiteren Kostenplanungen geht man von diesen Plankosten pro Stück aus. Werden also

Brote an andere Bereiche geliefert, dann werden diese Kosten für jedes Brot verrechnet. Es handelt sich um die **verrechneten Plankosten pro Stück**.

Am Ende der Periode sind die **Istkosten** in Höhe von 2000 Euro und die tatsächlich realisierte Produktmenge, d.h. die **Istbeschäftigung,** bekannt. Sie liegt bei 500 Broten. Für diese Istbeschäftigung ergeben sich **Sollkosten** in Höhe von 600 Euro, und zwar hätte man, falls diese Istbeschäftigung schon zu Beginn der Periode bekannt gewesen wäre, mit Ofenkosten in Höhe von 100 Euro, einem Mehlverbrauch von 500 kg und einem Mehlpreis in Höhe von 1 Euro rechnen müssen. Weiterhin hat man in der Planung pro Brot 1,10 Euro verrechnet; bei 500 Broten betragen damit die insgesamt **verrechneten Plankosten** 550 Euro.

Zusätzlich ist noch folgende Information zu berücksichtigen: Der Mehlpreis und auch die Ofenmiete haben sich nicht verändert. **Bei den Einsatzgütern** liegen also **weder ungeplante Preiserhöhungen noch Preisminderungen** vor.

Damit lassen sich die oben definierten Abweichungen bestimmen:

Kostenabweichung bei starrer Plankostenrechnung auf Vollkostenbasis	
Plan-Ist-Abweichung	= Plankosten bei Planbeschäftigung – Istkosten bei Istbeschäftigung = 1.100 Euro – 2.000 Euro = – 900 Euro
Kostenabweichungen in der flexiblen Plankostenrechnung auf Vollkostenbasis	
Gesamtabweichung	= Istkosten – verrechnete Plankosten bei Istbeschäftigung = 2.000 Euro – 550 Euro = 1.450 Euro
Beschäftigungsabweichung	= Sollkosten bei Istbeschäftigung – verrechnete Plankosten bei Istbeschäftigung = 600 Euro – 550 Euro = 50 Euro
Verbrauchswertabweichung	= Istkosten – Sollkosten bei Istbeschäftigung = 2.000 Euro – 600 Euro = 1.400 Euro
Preisabweichung	= der Teil der Verbrauchswertabweichung, der auf Preisänderungen bei den Einsatzgütern zurückzuführen ist = 0 Euro
Verbrauchsmengenabweichung	= der Teil der Verbrauchswertabweichung, der darauf zurückzuführen ist, dass durchschnittlich für ein Produkt mehr oder weniger Einsatzgüter verbraucht werden bzw. wurden = 1.400 Euro

Folglich können wir in diesem Fall auch den Einsatz der Produktionsfaktoren beurteilen. Da keine Preissteigerungen vorliegen und nur ein Ofen angemietet wurde, muss allein der Mehlverbrauch maßgeblich sein. Die zusätzlich und damit überplanmäßig verbrauchte Mehlmenge ergibt sich, indem man 1.400 Euro durch 1 Euro/kg teilt. Demzufolge wurden 1.400 kg Mehl zuviel verbraucht.

Die Analyse lässt sich folgendermaßen zusammenfassen: Auf den ersten Blick scheint eine Kostenüberschreitung von „nur" 900 Euro vorzuliegen. Dieses Ergebnis würde man bei einem einfachen Plan-Ist-Vergleich erkennen. Tatsächlich sieht die Situation jedoch deutlich schlechter aus. Wenn man bei dem Vergleich als Vorgabe die Kosten heranzieht, mit denen man geplant hätte, wenn man gewusst hätte, dass man nur 500 Brote absetzen kann und somit backen muss, liegt die Kostenüberschreitung bei 1.400 Euro (!) und dies ist allein darauf zurückzuführen, dass man 1.400 kg Mehl zusätzlich verbraucht hat. Anstatt für ein Brot, wie geplant 1 kg Mehl zu verbrauchen, hat man 4 kg Mehl pro Brot verbraucht.

Die im Rahmen der **flexiblen Planvollkostenrechnung** möglichen Abweichungsermittlungen, lassen sich anhand der Abbildung 9 veranschaulichen, wobei wir bei den Erläuterungen neben den allgemeinen Begriffen in Klammern die Zahlen aus dem soeben behandelten Beispiel angeben.

Auf der senkrechten Achse werden die Kosten und auf der waagerechten Achse wird die Beschäftigung (die Produktmenge) erfasst. Wir tragen die Fixkosten K_f (100 Euro) ein, weiterhin die Planbeschäftigung PB (1000 Brote) und die Plankosten PK (1100 Euro). Der Punkt A im Koordinatensystem gibt an, dass bei der Beschäftigung PB mit Kosten in Höhe von PK geplant wird. Damit können wir eine Gerade zeichnen, die in Höhe der geplanten Fixkosten beginnt, die aufgrund der variablen Kosten einen steigenden Verlauf aufweist und die durch den Punkt A geht. Diese Gerade bzw. diese Kurve gibt an, mit welchen Kosten man bei alternativen Beschäftigungen rechnen muss. Ist die Beschäftigung 0, muss man lediglich mit den Fixkosten rechnen. Beträgt die Beschäftigung PB, liegen die Kosten bei PK. Diese Kurve stellt somit eine flexible Vorgabe für alternative Beschäftigungen dar. Sie wird **Sollkostenkurve** genannt. Für die Istbeschäftigung IB (500 Brote) erhalten wir als Vorgabe die Sollkosten SK_{IB} (600 Euro).

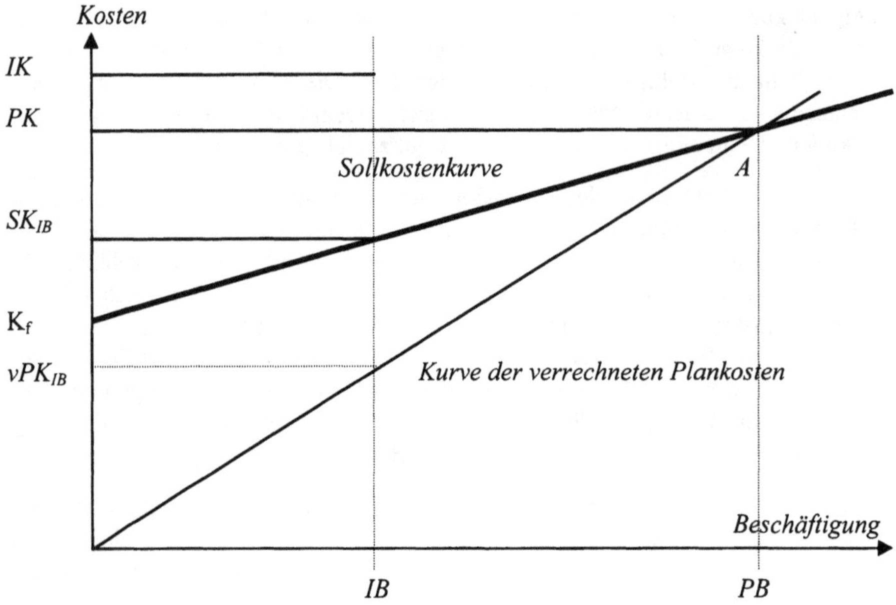

IK	= Istkosten
IB	= Istbeschäftigung
PK	= Plankosten
PB	= Planbeschäftigung
SK_{IB}	= Sollkosten bei Istbeschäftigung
vPK_{IB}	= verrechnete Plankosten bei Istbeschäftigung
$IK - vPK_{IB}$	= Gesamtabweichung
$IK - SK_{IB}$	= Verbrauchswertabweichung
$SK_{IB} - vPK_{IB}$	= Beschäftigungsabweichung
K_f	= Fixkosten

Abbildung 9: Abweichungen bei der flexiblen Plankostenrechnung auf Vollkostenbasis

Die verrechneten Plankosten pro Stück erhält man, indem man die Plankosten durch die Planbeschäftigung teilt. Die Multiplikation der verrechneten Plankosten pro Stück mit einer Produktmenge ergibt die bei dieser Produktmenge insgesamt verrechneten Plankosten. Die **Kurve der verrechneten Plankosten** gibt an, welche Plankosten bei den einzelnen Produktmengen verrechnet werden. Diese Kurve beginnt im Nullpunkt und schneidet die Sollkostenkurve in Höhe der Planbeschäftigung PB (1.000 Brote). Demzufolge werden keine Kosten verrechnet, wenn man kein Produkt abgibt. Gibt man die geplante Menge PB ab, werden auch alle geplanten Kosten PK verrechnet (Gibt man 1.000 Brote ab, werden 1.000 Brote zu 1,10 Euro verrechnet und damit Kosten in 1.100 Euro verrechnet).

Bei der Istbeschäftigung IB (500 Broten) haben die verrechneten Plankosten die Höhe von vPK_{IB} (550 Euro). Die Istkosten IK betragen bei der Istbeschäftigung IB hingegen 2000 Euro.

Die **Verbrauchswertabweichung** lässt sich als Differenz zwischen Istkosten IK (2000 Euro) und den Sollkosten bei Istbeschäftigung SK_{IB} (600 Euro) ermitteln (und beträgt folglich 1400 Euro). Die **Beschäftigungsabweichung** (50 Euro) ergibt sich als Differenz der Sollkosten bei Istbeschäftigung SK_{IB} (600 Euro) und der verrechneten Plankosten bei Istbeschäftigung vPK_{IB} (550 Euro).

9.3 Controllingorientierte Beurteilung

Ohne Zweifel ist aus controllingorientierter Sicht eine zukunftsorientierte Kostenrechnung erforderlich, damit die steuerungsrelevanten Informationen frühzeitig vorliegen und man gegebenenfalls noch rechtzeitig gegensteuern kann. Insofern sind Plankostenrechnungen auch für das kommunale Controlling unverzichtbar. Durch das Neue Kommunale Finanzmanagement und Rechnungswesen wird die Einführung der Plankostenrechnungen erleichtert, die Plankosten können zu einem Großteil den Teilergebnisplänen bzw. Teilergebnishaushalten entnommen werden. Völlig neu sind Plankostenrechnungen im Bereich der Kommunalverwaltung nicht. Man denke beispielsweise an die Gebührenbedarfsberechnungen.

Wenn überhaupt, werden in Verbindung mit Plankostenrechnungen einfache Plan-Ist-Vergleiche durchgeführt und dabei das Grundmuster für die Auswertungen des neuen kommunalen Haushalts- und Rechnungswesens auf die Kostenrechnung übertragen. Dies beinhaltet die Gefahr, dass eine Unterschreitung des Ansatzes, insbesondere eine Unterschreitung der geplanten Aufwendungen bzw. der Plankosten, stets positiv bewertet wird.

Die flexible Plankostenrechnung auf Vollkostenbasis räumt mit diesem Irrtum auf. Kosten bzw. Aufwand sind stets in Relation zur Produktmenge zu betrachten. Wenn keine Leistung entsteht, sind auch keine Kosten gerechtfertig. Es liegt Verschwendung vor, obwohl man die geplanten Kosten möglicherweise deutlich unterschritten hat.

Auf der anderen Seite ist die flexible Plankostenrechnung auf Basis von Vollkosten vom Ansatz her nur für relativ kleine Organisationsbereiche geeignet. In der Regel werden die Abweichungsberechnungen für einzelne Kostenstellen durchgeführt. Zur Beurteilung der Wirtschaftlichkeit von Kostenträgern ist sie kaum geeignet. Auch im Rahmen der flexiblen Plankostenrechnung auf Vollkostenbasis müssen Fixkosten geschlüsselt werden. Sie werden proportional verteilt.

Aber auch bezüglich der Wirtschaftlichkeitskontrolle einzelner Kostenstellen wirft die flexible Planvollkostenrechnung in der Praxis nicht gerade unerhebliche Probleme auf. Aus Abbildung 9 geht hervor, dass zur Ermittlung der Abweichungen die Sollkostenkurve vorhanden sein muss. In unserem Beispiel war diese Kurve einfach zu ermitteln, da wir unterstellt haben, dass nur die Ofen- und Mehlkosten eine Rolle spielen und bekannt sind. In der betrieblichen Praxis gibt es jedoch zahlreiche Produktionsfaktoren, so dass es nicht einfach, wenn nicht sogar unmöglich ist, eine entsprechende Kostenkurve zu erkennen. Ohne eine solche gibt es aber auch keine Abweichungsanalyse.

Mit den **Plankostenrechnungen auf Teilkostenbasis**, wie beispielsweise mit der **Grenzplankostenrechnung,** versucht man, die Fix- bzw. Gemeinkostenschlüsselung zu vermeiden, indem man die Betrachtung auf die variablen Kosten bzw. Einzelkosten beschränkt. Da in den kommunalen Verwaltungsbetrieben Fix- bzw. Gemeinkosten dominieren, ist eine Konzentration auf die variablen Kosten bzw. Einzelkosten nicht gerechtfertigt. Wegen der geringen Aussagekraft solche Kostenrechnungssysteme im Bereich der Kommunalverwaltung werden sie in dieser Schrift nicht behandelt.

Genau an diesem Punkt setzt die **Prozesskostenrechnung** an, bei der es sich um eine moderne Vollkostenrechnung handelt. Nachfolgend wird dieser Ansatz kurz dargestellt und im Hinblick auf seinen Einsatz in der Kommunalverwaltung beurteilt.

10 Einsatz der Prozesskostenrechnung in Kommunen

10.1 Zielsetzung der Prozesskostenrechnung

Bei der **Prozesskostenrechnung** handelt es sich im Grunde um eine **neue Variante der Vollkostenrechnung**, deren Entstehung sich zumindest ansatzweise folgendermaßen erklärt (vgl. Franz, S. 605–606):

Obwohl die Betriebswirtschaftstheorie schon seit Jahren anspruchsvolle Kostenrechnungssysteme bereitstellt, wurden und werden von der betrieblichen Praxis oft recht einfache Formen der Kostenrechnung gewählt. Nicht selten handelt es sich dabei um vergangenheitsbezogene Vollkostenrechnungen, die dadurch gekennzeichnet sind, dass die Gemeinkosten auf recht fragwürdige Weise verteilt werden. Besonders krasse Fälle sind aus den USA bekannt. Hier verrechneten vor Jahren selbst Weltunternehmen ihre gesamten Gemeinkosten proportional zum Fertigungslohn.

Mit zunehmender Bedeutung der Gemeinkosten wurde die Problematik dieses Vorgehens deutlich. Solange wie die Gemeinkosten im Vergleich zu den Einzelkosten relativ gering ausfallen, sind die Folgen willkürlicher Verteilungsverfahren kaum spürbar. Wenn aber die Gemeinkosten einen großen Anteil an den Gesamtkosten haben und eventuell sogar die anderen Kosten übersteigen, wie dies in vielen Bereichen der Privatwirtschaft bereits der Fall ist (vgl. hierzu beispielsweise Reckenfelderbäumer, S. 8- 9), führt ihre pauschale Verrechnung zu erheblichen Verzerrungen.

So ermittelte Kostenträgerkosten bieten keine Orientierungshilfe für die Preisfindung und liefern keine Basis für die Wirtschaftlichkeitskontrolle. Hinzu kommt, dass unabhängig von der Haltung der Praxis auch auf Grund theoretischer Überlegungen die Bedeutung der Teilkostenrechnung um so geringer ist, je größer der Anteil der Fixkosten bzw. Gemeinkosten an den Gesamtkosten eines Betriebes ist. Damit kann die Teilkostenrechnung gerade in modernen Betrieben mit zahlreichen großen Bereichen, in denen fast ausschließlich Gemeinkosten entstehen, nur eine ergänzende Funktion einnehmen, aber auf keinen Fall die Vollkostenrechnung verdrängen. Insgesamt kann man also festhalten, dass mit zunehmendem Anteil der Gemeinkosten an den Gesamtkosten eines Betriebs weder die Anwendung der klassischen Formen der Vollkostenrechnung noch der Ersatz der Vollkostenrechnung durch eine Teilkostenrechnung sinnvoll ist und insofern die Suche nach „besseren" Vollkostenrechnungen nahe liegt.

Inzwischen gibt es mehrere Vorschläge zur Umgestaltung bzw. Ergänzung der traditionellen Vollkostenrechnung. Besonders bedeutsam ist ein Ansatz, der in den USA als **Activity-Based-Costing** oder kurz **ABC** und dessen deutsche Version als **Prozesskostenrechnung** bekannt ist (vgl. Franz, S. 606).

10.2 Darstellung der Prozesskostenrechnung

Bei der Anwendung dieses Ansatzes kommt es zunächst darauf an, die Teile eines Betriebes ausfindig zu machen und eindeutig abzugrenzen, in denen Gemeinkosten entstehen und deren Kosten den externen Kostenträgern, d.h. den nach außen gehenden Produkten, zumindest bisher nicht verursachungsgerecht zugeordnet werden können. Ihre Kosten werden im Rahmen der traditionellen Vollkostenrechnung mit Hilfe von Schlüsseln, also beispielsweise Zuschlagssätzen, auf die Sachgüter und Dienstleistungen verteilt, die der Betrieb an den Markt abgibt. Wir nennen solche Bereiche nachfolgend kurz **unterstützende Bereiche**. Es handelt sich dabei um Abteilungen, die beispielsweise für die Produktionsplanung, Softwareentwicklung, Instandhaltung, die Beschaffung, die Marktforschung, das Rechnungswesen oder die Personalwirtschaft zuständig sind.

Inwieweit in den unterstützenden Bereichen Kosten entstehen, hängt offensichtlich davon ab, welche Dienstleistungen die anderen Organisationseinheiten, die wir als **externorientierte Bereiche** bezeichnen wollen, von den unterstützenden Bereichen erwarten und anfordern. Es gibt somit Einflussgrößen, die von den externorientierten Bereichen auf die unterstützenden Bereiche einwirken und die dort Kosten entstehen lassen.

Faktoren, die auf die unterstützenden Bereiche einwirken und dort Kosten hervorrufen, werden **Kostentreiber** oder **Cost Driver** genannt.

> **Beispiel:** Für die Höhe der im Beschaffungsbereich entstehenden Gemeinkosten könnte beispielsweise bedeutsam sein, wie viele Kundenaufträge die externorientierten Bereiche übernehmen. Denn jeder Auftrag, der erledigt werden muss, hat zur Folge, dass der externe Bereich beim unterstützenden Bereich „Beschaffung" Material bestellt. Durch die Annahme eines Auftrags wird damit im Beschaffungsbereich ein komplexer Vorgang ausgelöst, der Kosten hervorruft und den man als „Material beschaffen" charakterisieren könnte.

Komplexe Vorgänge, die externorientierte Bereiche in den unterstützenden Bereichen auslösen, nennt man **Hauptprozesse**.

Im Hinblick auf eine verursachungsgerechte Gemeinkostenverteilung kommt es also darauf an, die Hauptprozesse zu identifizieren und die sie auslösenden Cost Driver zu erkennen.

> Im obigen **Beispiel** könnte die Annahme eines Kundenauftrags ein Cost Driver für den im Beschaffungsbereich entstehenden Hauptprozess „Material beschaffen" sein

(vgl. z. B. Hoitsch, S. 191). Träfe dies zu, würden die Kosten des Beschaffungsbereichs von der Anzahl der Kundenaufträge abhängen. Für die Gemeinkostenverteilung könnten sich dadurch erhebliche Änderungen ergeben. Hätte man die Kosten der Beschaffungsabteilung beispielsweise bisher proportional zum angeforderten Materialwert pro Auftrag verteilt und damit auf einen größeren Auftrag höhere Gemeinkosten verrechnet als auf einen kleinen, würde sich nach Einführung der Prozesskostenrechnung nunmehr eine Gleichverteilung auf die Aufträge ergeben. Ein Großauftrag würde weniger und ein Kleinauftrag würde stärker mit Gemeinkosten belastet als vorher.

Dies wäre auch durchaus verursachungsgerecht, wenn die Annahme eines Kundenauftrags auch tatsächlich der richtige Kostentreiber ist, sich also mit der Anzahl der angenommenen Kundenaufträge die Kosten in dem unterstützenden Bereich tatsächlich verändern. Mit Hilfe der Prozesskostenrechnung könnte eine bisher falsche Verteilung der Gemeinkosten aufgedeckt und korrigiert werden. Infolgedessen würden möglicherweise Produkte anders belastet und würde sich letztlich das Anbieterverhalten ändern.

Es liegt auf der Hand, dass die soeben dargestellte einfache Vorgehensweise nur gewählt werden kann, wenn der Cost Driver eindeutig identifizierbar ist. Meist sind die für den einzelnen unterstützenden Bereich maßgeblichen Cost Driver jedoch nicht leicht zu erkennen, da mehrere Einflussgrößen mit unterschiedlicher Bedeutung auf die unterstützenden Bereiche einwirken. In diesen Fällen gestaltet sich die Suche nach dem richtigen bzw. dominanten Kostentreiber schwierig.

Ist dieses Problem gelöst, müssen die in den unterstützenden Bereichen grundsätzlich stattfindenden Hauptprozesse erkannt und beschrieben werden. In der Regel laufen in jedem unterstützenden Bereich mehrere Hauptprozesse ab und sind an einem Hauptprozess mehrere Kostenstellen beteiligt. Insofern laufen in jeder Kostenstelle Teile bestimmter Hauptprozessen ab.

Teile eines Hauptprozesses werden **Aktivitäten** oder **Teilprozesse** genannt.

Damit setzt die Einführung der Prozesskostenrechnung in der Regel eine detaillierte **Tätigkeitsanalyse** in den unterstützenden Bereichen voraus (vgl. Franz, S. 607), wobei Organisationstechniken, wie beispielsweise das Interview, zum Einsatz kommen (vgl. Schuster/Siemens, S. 15-55). Wenn nun bekannt ist,

welche Aktivitäten in den Kostenstellen vorkommen,
welche Aktivitäten einen Hauptprozess ergeben und
von welchem Cost Driver ein Hauptprozess abhängt,

kann man die Kostenzuordnung vornehmen.

Dabei wird folgendermaßen vorgegangen: Zunächst wird in Gesprächen mit den jeweiligen Kostenstellenverantwortlichen geklärt, welche Ressourcen von den einzelnen Aktivitäten (Teilprozessen) der Kostenstelle beansprucht werden. Die Ergebnisse der Tätigkeitsanalyse und der Kostenzuordnung werden in **Prozessübersichten** (vgl. Reckenfelderbäumer, S. 54), die für jede Kostenstelle erstellt werden, aufbereitet.

Beispiel: Nachfolgend werden **für zwei Kostenstellen** stark vereinfachte **Prozessübersichten** wiedergegeben, und zwar für die Kostenstelle „Bestellungen ausführen" und für die Kostenstelle „Eingangsprüfung":

Prozessübersicht für die Kostenstelle „Bestellungen ausführen"		
Aktivität	Anzahl der Mitarbeiter	Kosten in Euro
Materialbestellungen vornehmen	4	400.000
Maschinenbestellungen vornehmen	3	300.000
Dienstleistungen bestellen	2	200.000
Treibstoff bestellen	1	100.000
Verwaltung/Leitung	1	100.000

Prozessübersicht für die Kostenstelle „Eingangsprüfung"		
Aktivität	Anzahl der Mitarbeiter	Kosten in Euro
Materialprüfungen	2	200.000
Sonstige Prüfungen	2	200.000
Verwaltung/Leitung	2	200.000

Bei der Bestimmung der Kosten der einzelnen Aktivitäten ist zunächst einmal eine sorgfältige Verteilung jeder einzelnen Kostenart anzustreben. Eine solche Vorgehensweise kann jedoch sehr aufwendig sein. Es wird daher in vielen Fällen als hinreichend erachtet, die dominierende Kostenart, also beispielsweise die Personalkosten, einer gründlichen Analyse zu unterziehen und die restlichen Kosten proportional zur dominierenden Kostenart zu verteilen (vgl. Reckenfelderbäumer, S. 55). Die obigen Aufstellungen deuten an, dass hier eine solche Vorgehensweise gewählt wurde. Weiterhin fällt auf, dass die Kosten einzelner Aktivitäten von der Anzahl der Dienstleistungen abhängen, die die Kostenstelle für andere Bereiche erbringt.

Man spricht in diesem Zusammenhang von **leistungsmengeninduzierten Kosten** oder kurz von lmi-Kosten. Bei der Kostenstelle „Bestellungen ausführen" rufen die ersten vier Aktivitäten und bei der Kostenstelle „Eingangsprüfung" die ersten beiden Aktivitäten leistungsmengeninduzierte Kosten hervor. Mit der Anzahl der Materialbestellungen steigen beispielsweise die Kosten der Aktivität „Materialbestellungen vornehmen". Unabhängig von der Anzahl der zu erbringenden Dienstleistungen fallen hingegen Kosten an, die beispielsweise mit der Beaufsichtigung der Kostenstelle verbunden sind. Es handelt sich hierbei um die Kosten der Aktivität „Verwaltung/Planung". Sie werden als **leistungsmengenneutrale Kosten** oder kurz als **lmn-Kosten** bezeichnet *und in der Regel proportional auf die leistungsmengeninduzierten Kosten verteilt.*

Hat man außerdem in Gesprächen mit den Kostenstellenverantwortlichen geklärt, wie häufig die einzelnen Dienstleistungen vorkommen, kann man für die einzelne Dienstleistung die

Kosten bestimmen. Man spricht hier von dem **Teilprozesskostensatz. Es handelt sich hierbei um die Kosten, die einem Teilprozess, also einer Aktivität, zugeordnet werden.**

Kostenstelle „Bestellungen ausführen"					
Aktivität	Anzahl der Bestellungen	Teilprozesskosten in Euro			**Teilprozesskostensatz** in Euro
		lmi-Kosten	anteilige lmn-Kosten	Summe	
Materialbestellungen vornehmen	200	400.000	40.000	440.000	2.200
Maschinenbestellungen vornehmen	10	300.000	30.000	330.000	33.000
Dienstleistungen bestellen	100	200.000	20.000	220.000	2.200
Treibstoff bestellen	1000	100.000	10.000	110.000	110

Demzufolge kostet eine Materialbestellung 2.200 Euro, eine Maschinenbestellung 33.000 Euro usw. Für die zweite Kostenstelle ergibt sich folgende Übersicht:

Kostenstelle „Eingangsprüfung"					
Aktivität	Anzahl der Prüfungen	Teilprozesskosten in Euro			**Teilprozesskostensatz** in Euro
		lmi-Kosten	anteilige lmn-Kosten	Summe	
Materialprüfungen	200	200.000	100.000	300.000	1.500
Sonstige Prüfungen	100	200.000	100.000	300.000	3.000

Demzufolge kostet eine Materialprüfung 1.500 Euro und eine sonstige Prüfung 3.000 Euro. Unterstellt man, dass sich der Hauptprozess „Materialbeschaffung" aus den Teilprozessen „Materialbestellungen vornehmen" und „Materialprüfung" zusammensetzt und nur jede dieser beiden Aktivitäten einmal im Hauptprozess vorkommt, könnte man den **Hauptprozesskostensatz, also die Kosten des Hauptprozesses „Materialbeschaffen"**, folgendermaßen ermitteln:

Teilprozesskostensatz der Aktivität „Materialbestellungen vornehmen"	2.200 Euro
Teilprozesskostensatz der Aktivität „Materialprüfung"	1.500 Euro
Hauptprozesskostensatz „Materialbeschaffen"	3.700 Euro

In diesem Fall haben wir unterstellt, dass jede Aktivität, d.h. jeder Teilprozess, einmal im Hauptprozess vorkommt. Wir haben also jeden Teilprozess mit einem Gewichtsfaktor von 1 berücksichtigt. Denkbar ist aber, dass beispielsweise eine Aktivität zweimal, dreimal usw. in einem Hauptprozess vorkommt. Es wären dann die Gewichtungsfaktoren 2, 3 usw. zu berücksichtigen. Eventuell kommt ein Teilprozess aber nur in jedem zweiten Hauptprozess vor oder eventuell nur in jedem vierten Hauptprozess. Die Gewichtungsfaktoren betragen in diesen Fällen 0,5 oder 0,25.

Gewichtungsfaktoren, die die Häufigkeit eines Teilprozesses in einem Hauptprozess zum Ausdruck bringen, nennt man **Teilprozesskoeffizienten oder Teilprozessparameter.** Gewichtungsfaktoren, mit denen Hauptprozesse in einem größeren Zusammenhang, beispielsweise bei der Abwicklung eines Auftrages, Berücksichtigung finden, nennt man **Hauptprozesskoeffizienten oder Hauptprozessparameter**.

Wir bleiben bei den Daten des obigen **Beispiels** und nehmen ergänzend Folgendes an: Die Annahme eines Kundenauftrags ist der Cost Driver. Er löst den Hauptprozess „Materialbeschaffen“ 2mal aus. Innerhalb dieses Hauptprozesses kommen die Aktivität „Materialbestellungen vornehmen“ 3mal und die Aktivität „Materialprüfung“ 2mal vor. Weiterhin wird der Hauptprozess „Maschinen beschaffen“ 1mal ausgelöst, der die Aktivität „Maschinenbestellungen vornehmen“ 1mal und die Aktivität „Sonstige Prüfungen“ 1mal beinhaltet.

Die Prozesskostenrechnung sieht dann folgendermaßen aus:

				in Euro
Teil- und Hauptprozesse	Teil-prozess-koeffi-zient	Teil-prozess-kosten-satz	Produkt aus Teilprozess-kostensatz und Teilprozess-koeffizient	**Haupt-prozess-kosten-satz**
„Materialbestellungen vornehmen“	3	2.200	6.600	
„Materialprüfung“	2	1.500	3.000	
Hauptprozess „Material beschaffen“				**9.900**
„Maschinenbestellungen vornehmen“	1	33.000		
„Sonstige Prüfungen“	1		3.000	
Hauptprozess „Maschinen beschaffen“				**36.000**

				in Euro
Hauptprozesse	Hauptprozesskoeffizient	Hauptprozesskostensatz	Produkt aus Hauptprozesskostensatz und Hauptprozesskoeffizient	**Kosten des Auftrags**
Hauptprozess „Materialbeschaffen“	2	9.900	19.800	
Hauptprozess „Maschinen beschaffen“	1	36.000	36.000	
				55.800

Wir nehmen aus Gründen der Vereinfachung an, dass es sich bei den Kosten der beiden betrachteten Kostenstellen um die gesamten Kosten des Beschaffungsbereichs in Höhe 1.700.000 Euro handelt. Weiterhin hat der von uns betrachtete Auftrag einen Anteil von 10% an dem gesamten Auftragswert, den der Betrieb bearbeitet. Bei der traditionellen Vollkostenkalkulation würde der betreffende Auftrag somit möglicherweise mit Beschaffungskosten in Höhe von 170.000 Euro belastet. Bei der von uns durchgeführten Prozesskostenrechnung ergibt sich lediglich eine Belastung in Höhe von 55.800 Euro. Wenn die Prozesskostenrechnung tatsächlich verursachungsgerechter ist, als die traditionelle Vollkostenrechnung, wäre diese Information für die Klärung der Frage, welche Aufträge angenommen werden sollten und welche nicht, bedeutsam.

10.3 Beurteilung der Prozesskostenrechnung

Auch wenn die Diskussion über die **Vor- und Nachteile** der erst in der jüngsten Vergangenheit entwickelten **Prozesskostenrechnung** noch längst nicht abgeschlossen ist (vgl. Hoitsch, S. 194), lassen sich doch folgende Bewertungen vornehmen:

Ohne Zweifel trägt die Prozesskostenrechnung dem Verursachungsgedanken stärker Rechnung als die klassische Vollkostenrechnung. (vgl. Huch/Behme/Ohlendorf, S. 38). Sie ist immer dann interessant, wenn eine Kalkulation der Produktkosten angestrebt wird. Insofern ist auch im Bereich der Kommunalverwaltung ein Einsatz der Prozesskostenrechnung zu prüfen. So kann beispielsweise eine Steuerung über interne Verrechnungen nur sinnvoll sein, wenn die Kosten der einzelnen Produkte möglichst verursachungsgerecht ermittelt werden. **Darüber hinaus liefert die Prozesskostenrechnung** neue Einblicke in die Struktur der Gemeinkosten und somit **Ansatzpunkte für das Gemeinkostenmanagement**. Eventuell werden schon bei der Ermittlung der Teilprozesse bzw. Hauptprozesse Lerneffekte erzielt. Eventuell wird deutlich, dass einzelne Aktivitäten unnötig sind oder dass Abläufen verbessert werden können. Auch dies spricht für einen Einsatz der Prozesskostenrechnung in den kommunalen Verwaltungsbetrieben.

Auf der anderen Seite ruft die Prozesskostenrechnung selbst erhebliche Kosten hervor. In der Regel sind aufwendige Organisationsuntersuchungen erforderlich, um einen Überblick über die Teil- und Hauptprozesse zu erlangen. Weiterhin gestaltet sich die Suche nach den „richtigen" Kostentreibern oft schwierig. Eventuell muss man probeweise Kostentreiber zugrunde legen, von denen man nach einer gewissen Zeit wieder Abstand nehmen muss. Dies führt zu zusätzlichen Kosten. Auch darf man den Beitrag, den dieses Rechenwerk im Hinblick auf eine verursachungsgerechte Kostenerfassung und -verrechnung leistet, nicht überbewerten; denn **auch im Rahmen der Prozesskostenrechnung werden Kosten** geschlüsselt bzw. proportionalisiert und damit **nicht immer verursachungsgerecht verteilt.** So werden beispielsweise die leistungsmengenunabhängigen Kosten auf die leistungsmengenabhängigen Kosten zugeschlagen und die Prozesskostensätze ermittelt, indem man die jeweiligen Gesamtkosten durch die Anzahl des Kostentreibers teilt (vgl. Franz, S. 610). Insofern stellt die Prozesskostenrechnung kein Allheilmittel dar, mit dem sämtliche Probleme auf dem Gebiet der Kosten- und Leistungsrechnung gelöst werden können (vgl. Huch/Behme/Ohlendorf, S. 39). Beim gegenwärtigen Entwicklungsstand der Prozesskostenrechnung empfiehlt es sich, dieses Kostenrechnungssystem zunächst nur in einzelnen Bereichen der Kommunalverwaltung einzuführen, um Anhaltspunkte dafür zu gewinnen, wie groß die Kosten der Einführung dieses Rechenwerks sind und welche Kostensenkungen man erwarten kann.

11 Entwicklungslinien der kommunalen Leistungsrechnung

Den wichtigsten und gleichzeitig schwierigsten Ansatzpunkt zur Weiterentwicklung einer kommunalen Kosten- und Leistungsrechnung bietet die Leistungsseite. Die Arbeitsfortschritte auf diesem Gebiet sind nach wie vor gering. *„Das Kernproblem liegt nicht in der Kosten- bzw. Aufwandsrechnung, sondern in der Leistungserfassung und Leistungsrechnung. Sie ist bisher noch vergleichsweise wenig entwickelt."* Zu dieser Auffassung gelangt **Dietrich Budäus** in seinem **2009** veröffentlichten sorgfältig erstellten **„Manifest zum öffentlichen Haushalts- und Rechnungswesen in Deutschland"**. Die Gründe für diesen Zustand haben wir in dieser Schrift mehrfach angesprochen. Nachfolgend wollen wir sie noch einmal kurz zusammenstellen und aufzeigen, in welche Richtung sich die kommunale Leistungsrechnung entwickeln kann und sollte.

Bereits im Rahmen der Grundbegriffe haben wir verdeutlicht, wie wichtig es ist, die Kosten mit der Leistung zu konfrontieren. Erst wenn man den sachzielbezogenen bewerteten Güterverzehr, die Kosten, mit der sachzielbezogenen bewerteten Güterentstehung, d.h. mit der Leistung, vergleicht, wird deutlich, ob und wie wirtschaftlich man gearbeitet hat. Man kann den Steuerungsbeitrag der Kosten- und Leistungsrechnung noch verbessern, indem man Kosten und Leistung zukunftsorientiert ermittelt, also Plankosten und Planleistung bestimmt, und später Soll-Ist-Vergleiche durchführt, die eine Kosten- und Leistungsbetrachtung beinhalten. Zusätzliche controllingrelevante Informationen erhält man, wenn nicht nur die Gesamtkosten und die Gesamtleistung eines Betriebes, sondern darüber hinaus die Kosten und die Leistung einzelner Organisationsbereiche und einzelner Produkte ermittelt werden, man also in anderen Worten eine kostenstellenbezogene und kostenträgerbezogene Kosten- und Leistungsrechnung aufbaut. Auch hier würde es sich wieder anbieten, neben der Berücksichtigung von Istkosten und Istleistung Plankosten und Planleistung einzubeziehen.

Im Bereich der Privatwirtschaft liegen solche Kosten- und Leistungsrechnungen vor. Dies ist darauf zurückzuführen, dass in diesem Fall die zu berücksichtigende Leistung relativ einfach zu erfassen ist. *„Die verkaufte Leistung (der Erlös) ergibt sich aus den Rechnungsbelegen einer Periode. Der Zeitpunkt der Erfassung ist der Rechnungsausgang. Die nicht verkaufte Leistung wird durch körperliche Bestandsaufnahme (Inventur) erfasst.*"(vgl. Plinke, S. 49). Wenn man bedenkt, dass es sich bei den „nicht verkauften Leistungen" beispielsweise um Bestandserhöhungen an Halb- und Fertigfabrikaten handelt, die in späteren Perioden zu Verkäufen führen, wird deutlich, dass **im privatwirtschaftlichen Bereich letztlich nur die Leistung in Form von Erlösen interessiert,** wobei die Erlöse dem Zweckertrag zuzuordnen sind. Demzufolge wird in der Privatwirtschaft nur die Grundleistung im Rahmen der Kosten- und Leistungsrechnung betrachtet. Dies macht das folgende Zitat deutlich: „Die Zusatzleistung ist theoretisch denkbar als ein Leistungsbestandteil, dem kein Ertrag entspricht (z.B. eine Forschungsleistung). In der Praxis unterbleibt i. d. R. der Ausweis einer Zusatzleistung“ (vgl. Plinke, S. 17).

Die privatwirtschaftliche Kosten- und Leistungsrechnung ist letztlich nichts anderes als eine Kosten- und Erlösrechnung.

Solche Kosten- und Erlösrechnungen werden auch als Erfolgsrechnungen bezeichnet. Wenn es sich dabei um Rechnungen auf Vollkostenbasis handelt, spricht man von Nettoerfolgsrechnungen, werden die Rechnungen auf Teilkostenbasis durchgeführt, bezeichnet man sie als Bruttoerfolgsrechnungen. **Bezieht man die Berechnung auf das erstellte Stück, dann ist dieses gleichzeitig Kostenträger und Leistungsträger.** Wenn man vom Stückerlös die Stückkosten abzieht, erhält man den Stückerfolg. Rechnungen, die auf die Ermittlung der Stückerfolge zielen, werden **Stückerfolgsrechnungen** genannt. Zieht man vom Stückerlös lediglich die variablen Stückkosten ab oder die Einzelkosten des Stücks, ergibt sich der Stückdeckungsbeitrag. Folglich nennt man die betreffenden Berechnungen **Stückdeckungsbeitragsrechnungen**.

Die Stückdeckungsbeitragsrechnung ist ein guter Ausgangspunkt für **Gewinnschwellenanalysen**, die auch als **Break-Even-Analysen** bekannt sind. Mit Hilfe einer solchen Betrachtung lässt sich erkennen, welche Produktmenge erforderlich ist, um in die Gewinnzone zu gelangen. Kann man beispielsweise von fixen Kosten in Höhe von 1000 Euro ausgehen und mit einem Stückdeckungsbeitrag in Höhe von 1 Euro rechnen, dann muss man in der betreffenden Periode wenigsten 1001 Stück herstellen und absetzen, um Gewinn zu machen. Die Stückdeckungsbeitragsrechnung liefert auch den Ausgangspunkt für die Formulierung **kurzfristiger kostenorientierter Preisuntergrenzen**, wobei man unter einer Preisuntergrenze einen Preis versteht, den man mindestens erzielen muss. Hat man beispielsweise, einen Betrieb eingerichtet, kann eventuell kurzfristig ein Nettopreis akzeptiert werden, der gerade über den variablen Stückkosten liegt; denn der positive Stückdeckungsbeitrag trägt dazu bei, dass die durch die Fixkosten hervorgerufenen Verluste vermindert werden.

Die mit Kosten- und Erlösrechnungen gleichzusetzenden Kosten- und Leistungsrechnungen und die mit ihnen verbundenen Analysen sind grundsätzlich auch in einzelnen Bereichen des kommunalen Verwaltungsbetriebs einsetzbar, allerdings ist der Informationsgehalt dieser Rechenwerke im kommunalen Bereich deutlich geringer als im Bereich der Privatwirtschaft. Dies ist schlicht und einfach darauf zurückzuführen, dass die Gleichsetzung von Leistung und Nettoerlös im Bereich der Privatwirtschaft in der Regel gerechtfertigt ist und im Bereich der Kommunalverwaltung nicht.

Die von einer privatwirtschaftlichen Unternehmung hervorgerufene sachzielbezogene Güterentstehung muss sich letztlich am Markt behaupten. Demzufolge ist eine Bewertung durch den Markt nahe liegend. Der erzielte Nettopreis ist damit in der Regel der heranzuziehende Bewertungsmaßstab. Dies gilt allerdings nicht uneingeschränkt. Funktioniert der Wettbewerb nicht, liegt also beispielsweise eine Monopolstellung vor, dann ist der erzielte Preis nicht

Ausdruck der Leistungsfähigkeit, sondern der Marktmacht. Er ist in diesem Fall auch im privatwirtschaftlichen Bereich nicht zur Bewertung der Güterentstehung geeignet.

Da die Kommunalverwaltung in der Regel Güter anbietet, bei denen der Markt versagt (vgl. zur Theorie des Marktversagens beispielsweise Blankart, S. 48), ist der Nettoerlös hier meist kein oder kein richtiger Maßstab für die Bewertung der sachzielbezogenen Güterentstehung. So hat eine Gemeinde zahlreiche Güter unentgeltlich abzugeben. Es wird dann also überhaupt kein Preis erzielt, und es fehlt in diesen Fällen völlig an den entsprechenden Erlösen. Für große Teile des kommunalen Dienstleistungsangebots ist die unentgeltliche Güterabgabe typisch (vgl. Homann, Marketing für Kommunalverwaltungen, S. 271). Dies ist ganz offensichtlich der entscheidende Grund für die gegenwärtig extremen Belastungen der Kommunalverwaltungen. Man denke in diesem Zusammenhang beispielsweise an die Dienstleistungen in Verbindung mit der Sozialhilfe. Weiterhin werden zahlreiche kommunale Dienstleistungen gegen Entgelte abgegeben, die man zuvor kostendeckend ermittelt hat und die man aufgrund einer mit Abnahmezwang verbundenen Monopolstellung auch durchzusetzen vermag. In diesem Zusammenhang ist besonders an die Benutzungsgebühren zu denken, die nach dem Kommunalabgabengesetz ermittelt werden, also z. B. an die Gebühren für die Wasserversorgung, Abwasserentsorgung und Abfallbeseitigung. Es liegt auf der Hand, dass solche Preise nicht den wirklichen Wert der sachzielbezogenen Güterentstehung zum Ausdruck bringen und somit ebenfalls als Bewertungsmaßstab bei der Leistungsermittlung ungeeignet sind. Darüber hinaus werden zahlreiche kommunale Dienstleistungen aufgrund politischer Zielsetzungen, beispielsweise aus sozialpolitischen Gründen, bewusst zu niedrigen Preisen abgegeben. Man denke beispielsweise an die Entgelte für die Benutzung kommunaler Bäder oder an die Eintrittspreise kommunaler Theater und Museen. Auch in diesen Fällen sind die erzielten Erlöse nicht mit der Leistung gleichzusetzen.

Insgesamt kann man also festhalten, dass es im kommunalen Bereich nur ausnahmsweise Erlöse gibt, die der Leistung entsprechen. Damit kann die typische privatwirtschaftliche Kosten- und Leistungsrechnung, bei der es sich im Grunde um eine Kosten- und Erlösrechnung handelt, im Bereich der Kommunalverwaltung nur ausnahmsweise das richtige Steuerungsinstrument sein.

Insofern sind auch die im NKF bzw. NKR zu erstellenden Teilergebnispläne und Teilergebnisrechnungen, in denen die Erträge mit den Aufwendungen konfrontiert werden, im Hinblick auf die Wirtschaftlichkeit des Verwaltungshandels nicht aussagekräftig, auch wenn der Wunsch nach einer derartigen Interpretation nachvollziehbar ist. So könnte beispielsweise das kommunale Bestattungswesen trotz eines hohen Deckungsgrades extrem unwirtschaftlich betrieben werden, weil den Abnehmern dieser Dienstleistung über die Gebührenkalkulation vermeidbare Kosten in Rechnung gestellt werden. Auf der anderen Seite könnte ein Bäderbereich trotz des extrem niedrigen Deckungsgrades wirtschaftlich betrieben werden, weil man bewusst aus übergeordneten Zielsetzungen zahlreichen Personen einen unentgeltlichen Besuch der kommunalen Bäder gestattet und diese Zielsetzungen auch erreicht.

Wenn man eine controllingorientierte Kosten- und Leistungsrechnung für den kommunalen Verwaltungsbetrieb anstrebt, kann man das privatwirtschaftliche Rechenwerk in der Regel nicht einfach übernehmen, sondern muss man offensichtlich neue Wege beschreiten. Angesichts der großen Bewertungsproblematik wird man sich zunächst damit begnügen müssen, die sachzielbezogene Güterentstehung mengenmäßig zu erfassen.

Für solche Mengengrößen findet man in der praxisorientierten Literatur ebenfalls die Bezeichnung Leistung, was wir für nicht zweckmäßig halten, da durch den unterschiedlichen Gebrauch des Leistungsbegriffs Missverständnisse geradezu vorprogrammiert werden. Wir sprechen daher von einer **Leistungsmenge,** wenn wir die sachzielbezogene Güterentstehung unbewertet betrachten. Solche Mengengrößen können mit den Kosten, die sie hervorgerufen haben, verglichen werden. Darüber hinaus kann man mit Leistungsmengen und Kosten auch Kennzahlen bilden, durch die sich zusätzliche Informationen gewinnen lassen.

Beispiel: Im Hinblick auf die Leistung der städtischen Bühnen könnten beispielsweise die folgenden Kennzahlen interessant sein, und zwar

- die Anzahl der Premieren,
- die Anzahl der laufenden Inszenierungen,
- die Anzahl der Sonderveranstaltungen,
- die Anzahl der Gastspiele,
- die Anzahl der Aufführungen,
- die Anzahl der bereitgestellten Plätze,
- die Anzahl der tatsächlichen Besucher,
- der Auslastungsgrad insgesamt,
- der Auslastungsgrad der einzelnen Häuser,
- der Auslastungsgrad der einzelnen Stücke und
- der Auslastungsgrad der einzelnen Aufführung.

wobei man gegebenenfalls eine Differenzierung nach Opernhaus, Tanztheater, Schauspielbühne usw. vornehmen kann (vgl. Brückmann, S. 152)

All diese Angaben könnte man mit den entsprechenden Kosten oder auch mit den Teilergebnissen in den NKF-Teilhaushalten konfrontieren. Allerdings ist bei der Interpretation solcher Zahlen größte Vorsicht angebracht. Die Ermittlung der Mengengrößen ersetzt die Bewertung nicht. So ist beispielsweise eine bestimmte Aufführung nicht deshalb unwirtschaftlich, weil der Auslastungsgrad gering ist, also von den bereitgestellten Plätzen nur relativ wenige besetzt werden. Es kann sich gleichwohl um eine wertvolle Aufführung handeln. Weiterhin sind wie bei der privatwirtschaftlichen Absatzpolitik auch beim kommunalen Dienstleistungsangebot **Verbundeffekte** zu beachten. So kann beispielsweise ein kommunales Theater zum positiven Image einer Stadt beitragen. Auch dieser Effekt müsste den Kosten gegenübergestellt werden.

In anderen Bereichen der Kommunalverwaltung könnten andere Daten leistungsorientierte Aussagen ermöglichen. Im Einzelnen kommen beispielsweise folgende Kennzahlen in Betracht, die teilweise auch die Qualität oder Güte der Dienstleistung zum Ausdruck bringen und daher Qualitätskennzahlen genannt werden können:

- Wartezeiten der einzelnen Bürgerin bzw. des einzelnen Bürgers,

- Liegezeiten eines Antrags,
- Bearbeitungsdauer für einen Vorgang,
- Widerspruchsquoten,
- Fehlerquoten,
- räumliche Erreichbarkeit und
- zeitliche Erreichbarkeit.

Auch diese Daten kann man wieder mit den entsprechenden Kosten konfrontieren, um Anhaltspunkte bezüglich der Kosten-Leistungsrelation oder in anderen Worten bezüglich der Wirtschaftlichkeit zu erhalten. Mehr als Anhaltspunkte erhält man allerdings nicht. Bei der Interpretation solcher Daten ist größte Vorsicht geboten.

Alles in allem dürfte deutlich geworden sein, dass die kommunale Kosten- und Leistungsrechung erheblich größere Probleme aufwirft, als die privatwirtschaftliche Kosten- und Leistungsrechnung, die letztlich auf eine Kosten- und Erlösrechnung hinausläuft. Für das kommunale Controlling ist es wichtig, diese Schwierigkeit zu erkennen und mit diesem Rechenwerk entsprechend behutsam umzugehen. Andernfalls besteht die Gefahr, dass man mit der Einführung einer Kosten- und Leistungsrechnung im kommunalen Verwaltungsbetrieb erheblich mehr Schaden anrichtet, als Nutzen stiftet, und die Kommunalverwaltung in die falsche Richtung gelenkt wird, so dass der neue Kurs den Bürgerinnen und Bürgern letztlich teuer zu stehen kommt. Diese Gefahr ist nach wie vor nicht von der Hand zu weisen. Mit der unkritischen Übernahme privatwirtschaftlichen Denkens auf den Bereich der Kommunalverwaltung, trägt man der Betriebswirtschaftslehre keineswegs Rechnung, sondern führt man sie lediglich vor. Es wäre zu wünschen, dass den Warnungen, wie sie beispielsweise sehr früh und sehr profiliert von Eberhard Laux vorgetragen worden sind, mehr Gehör geschenkt würde (vgl. hierzu Laux, Brückenschläge, besonders S. 1084 u. S. 1088). Überzogene bzw. unrealistische Erwartungshaltungen bezüglich des Steuerungsbeitrags privatwirtschaftlicher Instrumente im öffentlichen Bereich haben letztlich nur eine ablehnende Haltung gegenüber der Betriebswirtschaftslehre zur Folge. Die Chance zur Verbesserung der Wirtschaftlichkeit in den kommunalen Verwaltungsbetrieben wird dadurch verspielt. Nur die mühevolle, auf die Besonderheit der öffentlichen Verwaltung zugeschnittene Anwendung betriebswirtschaftlicher Erkenntnisse vermag sicherzustellen, dass die von den Bürgerinnen und Bürgern bereitgestellten Mittel vernünftig eingesetzt werden.

Anhang: Kostenrechnungsrelevante Aufwendungen im NKF

Aufwendungen	
Personalaufwendungen	
	Dienstaufwendungen u. dgl.
	Beiträge zu Versorgungskassen
	Beiträge zur gesetzlichen Sozialversicherung
	Beihilfen und Unterstützungsleistungen und dgl. für Beschäftige
	Zuführungen zu Pensionsrückstellungen für Beschäftigte
	Zuführungen zu Pensionsrückstellungen für Altersteilzeit
	Aufwendungen für Rückstellungen für nicht genommenen Urlaub, Überstunden u .ä.
	Pauschalierte Lohnsteuer
Versorgungsaufwendungen	
Aufwendungen für Sach- und Dienstleistungen	
	Aufwendungen für Fertigung, Vertrieb, Waren
	Aufwendungen für Energie / Wasser / Abwasser
	Aufwendungen für Unterhaltung und Bewirtschaftung
	Weitere Verwaltungs- und Betriebsaufwendungen
	Kostenerstattungen
	Sonstige Aufwendungen für Dienstleistungen
Transferaufwendungen	
	Aufwendungen für Zuweisungen und Zuschüsse für laufende Zwecke
	Schuldendiensthilfen
	Sozialtransferaufwendung
Sonstige ordentliche Aufwendungen	
	Sonstige Personal- und Versorgungsaufwendungen
	Aufwendungen für die Inanspruchnahme von Rechten und Diensten
	Geschäftsaufwendungen
	Betriebliche Steueraufwendungen
	Andere sonstige ordentliche Aufwendungen
Zinsen und sonstige Finanzaufwendungen	
Bilanzielle Abschreibungen	

	Abschreibungen auf aktivierte Aufwendungen für die Erweiterung des Geschäftsbetriebs
	Abschreibungen auf immaterielle Vermögensgegenstände des Anlagevermögens
	Abschreibungen auf Gebäude u. ä.
	Abschreibungen auf das Infrastrukturvermögen
	Abschreibungen auf Maschinen und technische Anlagen, Fahrzeuge
	Abschreibungen auf Betriebs- und Geschäftsausstattung und geringwertige Wirtschaftsgüter
	Abschreibungen auf Finanzanlagen
	Abschreibungen auf das Umlaufvermögen
	Sonstige Abschreibungen
Aufwendungen aus internen Leistungsbeziehungen	

Abbildungsverzeichnis

Literaturverzeichnis

Banner, Gerhard: Von der Behörde zum Dienstleistungsunternehmen, in VOP 13, 1991, Heft 1, S. 6–11.

Becker, Bernd: Öffentliche Verwaltung, Percha am Starnberger See 1989.

Blankart, Charles: Öffentliche Finanzen in der Demokratie, 3. Auflage, München 1998.

Bohr, Kurt: Wirtschaftlichkeit: in: Kosiol, Erich; Chmielewicz, Klaus und Schweitzer, Marcell (Hrsg.): Handwörterbuch des Rechnungswesens, 2. Auflage, Stuttgart 1981, Sp. 1795–1805.

Brede, Helmut: Grundzüge der Öffentlichen Betriebswirtschaftslehre, München/Wien 2001.

Brede, Helmut und **Buschor**, Ernst (Hrsg.): Das neue Öffentliche Rechnungswesen, Baden-Baden 1993.

Brinkmeier, Hermann Josef: Kommunale Finanzwirtschaft, 5. Auflage, Köln 1990.

Brinkmeier, Hermann Josef und **Schuster**, Falko: Kalkulatorische Abschreibungen – Begriffliche Einordnung, Berechnung, Veranschlagung und Verbuchung unter besonderer Berücksichtigung der Vorschriften des Landes Brandenburg, in: Finanzwirtschaft 52.Jg., 1998 Heft 8, S. 178–182 u. 1998 Heft 9, S. 211–214.

Brinkmeier, Hermann Josef und **Schuster**, Falko: Kalkulatorische Zinsen – Begriffliche Einordnung, Berechnung, Veranschlagung und Verbuchung unter besonderer Berücksichtigung der Vorschriften des Landes Brandenburg, in: Finanzwirtschaft 55.Jg., 2001 Heft 8, S. 205–209 u. 1998 Heft 9, S.236–240.

Brückmann, Friedel: Ein neues Steuerungssystem für die Kommunalverwaltung, 2. Auflage, Wettenberg 1994.

Budäus, Dietrich: Manifest zum öffentlichen Haushalts- und Rechnungswesen in Deutschland, Berlin 2009

Busse von Colbe, Walter und **Laßmann**, Gert: Betriebswirtschaftstheorie, Band 1: Grundlagen, Produktions- und Kostentheorie, 3. Auflage, Berlin/Heidelberg/ New York/Tokyo 1986.

Busse von Colbe, Walther; **Hammann**, Peter und **Laßmann**, Gert: Betriebswirtschaftslehre, Band 2: Absatztheorie, 4. Auflage, Berlin/ Heidelberg/New York/Tokyo 1992.

Chmielewicz, Klaus: Betriebliches Rechnungswesen 1, Finanzrechnung und Bilanz, Reinbek bei Hamburg 1973.

Chmielewicz, Klaus: Betriebliches Rechnungswesen 2, Erfolgsrechnung, 2. Auflage, Reinbek bei Hamburg 1981.

Chmielewicz, Klaus: Forschungskonzeptionen der Wirtschaftswissenschaft, 2. Auflage, Stuttgart 1979.

Deckert, Klaus. und **Wind,** Ferdinand: Das Neue Steuerungsmodell, Köln 1996.

Dreyhaupt, Klaus-F.: Gebührenkalkulation in der kommunalen Versorgungswirtschaft, Erfurt/Bonn 1991.

Dreyhaupt, Klaus-F. und **Placke**, Frank: Kosten- und Leistungscontrolling auf der Basis von NKF, Eine Arbeitsanleitung zur Effizienzsteigerung in öffentlichen Verwaltungen, Stuttgart 2007.

Driehaus, Hans-Joachim (Hrsg.): Kommunalabgabenrecht, Kommentar, Herne/Berlin, Stand der Bearbeitung: Januar 2010 (42. Ergänzungslieferung März 2010).

Eichhorn, Peter: Das Prinzip Wirtschaftlichkeit, Basis der Betriebswirtschaftslehre, 2. Auflage, Wiesbaden 2000.

Eichhorn, Peter: Verwaltungshandeln und Verwaltungskosten, Baden-Baden 1979.

Engelhardt, Werner Hans: Einnahmen und Erträge, in: Kosiol, Erich; Chmielewicz, Klaus und Schweitzer, Marcell (Hrsg.): Handwörterbuch des Rechnungswesens, 2. Auflage, Stuttgart 1981, Sp. 451–463.

Engelhardt, Werner Hans: Erlösplanung und Erlöskontrolle als Instrument der Absatzpolitik, in: ZfbF-Sonderheft, Nr. 6, 1977, S. 10–26.

Engelhardt, Werner Hans: Erscheinungsformen und absatzpolitische Probleme von Angebots- und Nachfrageverbunden, in: ZfbF 28, Heft 2, Febr. 1976, S. 77–90.

Engelhardt, Werner Hans; **Raffée,** Hans und **Wischermann**, Barbara: Grundzüge der doppelten Buchhaltung, 4. Auflage, Wiesbaden 1999.

Fiebig, Helmut: Kommunale Kostenrechnung und Wirtschaftlichkeitssteuerung, Berlin 1995.

Fuchs, Manfred und **Zentgraf**, Helmut: Betriebsabrechnung in öffentlichen Einrichtungen, Göttingen 1981.

Gornas, Jürgen: Grundzüge einer Verwaltungskostenrechnung, Baden-Baden 1976.

Grochla, Erwin: Unternehmungsorganisation, Reinbek bei Hamburg, 1972.

Gutenberg, Erich: Grundlagen der Betriebswirtschaftslehre, Zweiter Band, Der Absatz, 16. Auflage, Berlin/Heidelberg/New York 1979.

Haberstock, Lothar: Kostenrechnung I, 7. Auflage, Hamburg 1985.

Haberstock, Lothar: Kostenrechnung II, 6. Auflage, Hamburg 1984.

Hammann, Peter und **Lohrberg**, Werner: Beschaffungsmarketing, Stuttgart 1986.

Hoitsch, Hans-Jörg: Kosten- und Erlösrechnung, Berlin/Heidelberg/New York 1995.

Homann, Klaus: Kommunales Rechnungswesen, 5. Auflage, Wiesbaden 2003.

Homann, Klaus: Marketing für Kommunalverwaltungen, Berlin 1995.

Horváth, Peter: Controlling, 5. Auflage, München 1994.

Huch, Burkhard; **Behme**, Wolfgang und **Ohlendorf**, Thomas: Rechnungswesenorientiertes Controlling, 2. Auflage, Heidelberg 1995.

Hummel, Siegfried und **Männel**, Wolfgang: Kostenrechnung 1, 4. Auflage, Wiesbaden 1986.

Isemann, Rainer; **Müller,** Christian und **Müller,** Stefan: Kommunale Kosten- und Leistungsrechnung, Grundlagen und Umsetzung, Berlin 2009.

Jost, Helmuth: Kosten- und Leistungsrechnung, 4. Auflage, Wiesbaden 1985.

Klümper, Bernd; **Möllers**, Heribert und **Zimmermann**, Ewald: Kommunale Kosten- und Wirtschaftlichkeitsrechnung, 12. Auflage, Witten 2001.

Kommunale Gemeinschaftsstelle für Verwaltungsvereinfachung (KGSt): Dezentrale Ressourcenverantwortung: Überlegungen zu einem neuen Steuerungsmodell, Köln 1991.

Kosiol, Erich: Kostenrechnung und Kalkulation, Berlin/New York 1972.

Laux, Eberhard: Brückenschläge: Zur Anwendung betriebswirtschaftlicher Konzepte im kommunalen Bereich, in: Die Öffentliche Verwaltung, Dezember1993, Heft 24, S. 1083–1089.

Lüder, Klaus: Konzeptionelle Grundlagen des Neuen Kommunalen Rechnungswesens (Speyerer Verfahren) Stuttgart 1996.

Plinke, Wulff: Industrielle Kostenrechnung für Ingenieure, Berlin/Heidelberg/ New York 1989.

Rau, Thomas: Betriebswirtschaftslehre für Städte und Gemeinden, Strategie, Personal, Organisation, 2. Auflage, München 2007.

Rau, Thomas: Planung, Statistik und Entscheidung, Betriebswirtschaftliche Instrumente für die Kommunalverwaltung, München/Wien 2004.

Reichard, Christoph: Betriebswirtschaftslehre der öffentlichen Verwaltung, 2. Auflage, Berlin/New York 1987.

Riebel, Paul: Einzelkosten- und Deckungsbeitragsrechnung, 5. Auflage, Wiesbaden 1985.

Riebel, Paul: Teilkostenrechnung (insbesondere Deckungsbeitragsrechnung), in: Kosiol Erich; Chmielewicz, Klaus und Schweitzer, Marcell (hrsg.): Handwörterbuch des Rechnungswesens, 2. Auflage, Stuttgart 1981, Sp. 1447–1570.

Reckenfelderbäumer, Martin: Entwicklungsstand und Perspektiven der Prozeßkostenrechnung, Wiesbaden 1994.

Schmalenbach, Eugen: Dynamische Bilanz, Nachdruck 1988 der 13. Auflage, Köln/Opladen 1962.

Schneider, Dieter: Betriebswirtschaftslehre, Band 2: Rechnungswesen, 2. Auflage München/Wien 1997.

Schuster, Falko: Doppelte Buchführung für Städte, Kreise und Gemeinden, Verwaltungsdoppik im Neuen Kommunalen Rechnungswesen und Finanzmanagement, 2. Auflage, München 2007.

Schuster, Falko: Einführung in die Betriebswirtschaftslehre der Kommunalverwaltung, 2. Auflage, Hamburg 2006.

Schuster, Falko: Neues Kommunales Finanzmanagement und Rechnungswesen, Basiswissen NKF und NKR, München 2008.

Schuster, Falko und **Brinkmeier**, Hermann Josef: Das Neue Kommunale Finanzmanagement (NKF) – eine Betrachtung insbesondere aus der Sicht der Öffentlichen Betriebswirtschaftslehre in: der gemeindehaushalt, 102. Jahrgang, Heft 10, Oktober 2001, S. 221–230.

Schuster, Falko und **Brinkmeier**, Hermann Josef: Kalkulatorische Abschreibungen im kommunalen Rechnungswesen – eine Betrachtung aus betriebswirtschaftlicher und kameralistischer Sicht, in: der gemeindehaushalt, 99. Jahrgang, Heft 10, Oktober 1998, S. 217–222.

Schuster, Falko und **Brinkmeier**, Hermann Josef: Kalkulatorische Zinsen im kommunalen Rechnungswesen – eine Betrachtung aus betriebswirtschaftlicher und kameralistischer Sicht, in: der gemeindehaushalt, 101. Jahrgang, Heft 6, Juni 2000, S. 123–131.

Schuster, Falko und **Siemens**, Joachim: Die Organisation des kommunalen Verwaltungsbetriebs, Berlin/Heidelberg/New York 1986.

Schuster, Falko und **Steffen**, Dieter: Das Rechnungswesen des kommunalen Verwaltungsbetriebs, Berlin/Heidelberg/New York 1987.

Schweitzer, Marcell ; **Küpper**, Hans-Ulrich und **Hettich**, Günter O.: Systeme der Kostenrechnung, 3. Auflage, Landsberg 1983.

Wissenschaftliche Kommission „Öffentliche Unternehmen und Verwaltungen“: Empfehlungen für das öffentliche Rechnungswesen im Rahmen der Haushaltsreform, in: **Brede,** Helmut und **Buschor**, Ernst (Hrsg.): Das neue Öffentliche Rechnungswesen, Baden-Baden 1993, S. 287–296.

Wöhe, Günter und **Döring**, Ulrich: Einführung in die Allgemeine Betriebswirtschaftslehre, 22. Auflage, München 2005.

Wünsche, Isabella: Kritische Bestandsaufnahme der Kostenrechnung ausgewählter kommunaler Einrichtungen, München 1987.

Zimmermann, Ewald: Controlling, Wuppertal 2000.

Zimmermann, Gebhard: Prozeßorientierte Kostenrechnung in der öffentlichen Verwaltung, in: Controlling, Heft 4, Juli/August 1992, 196–202.

Vorschriften:

Eigenbetriebsverordnung – EigVO – für das Land Nordrhein-Westfalen i. d. F. der Bekanntmachung vom 14. Juli 1994 (GV. NRW. S. 666), zuletzt geändert durch Gesetz vom 16.11.2004 (GV. NRW. S 644).

Gemeindeordnung für das Land Nordrhein-Westfalen **(GO)** in der Fassung der Bekanntmachung v. 14.07.1994 (GV. NRW. S. 666) zuletzt geändert durch Gesetz v. 30.06.2009 (GV. NRW. S. 380).

Kommunalabgabengesetz für das Land Nordrhein-Westfalen (KAG) vom 21. Oktober 1969 (GV. NRW. S. 712/ SGV. NRW. 610), zuletzt geändert durch Gesetz vom 30. 6.2009 (GV. NRW. S. 394).

Verordnung über das Haushaltswesen der Gemeinden im Land Nordrhein-Westfalen **(Gemeindehaushaltsverordnung NRW – GemHVO NRW)** vom 16. 11. 2004 (GV. NRW. S. 644).

Verwaltungsverordnung zum KAG für das Land Nordrhein-Westfalen – VVO vom 28.10.1969 (MBl. NRW. S. 1880) zuletzt geändert am 1.2.1977 (SMBl. NRW 610).

Die aufgeführten Vorschriften finden sich in der **Vorschriftensammlung von Dresbach,** Heinz: Kommunales Haushalts- und Kassenrecht Nordrhein-Westfalen, 36. Auflage, Bergisch Gladbach 2009.

Stichwortverzeichnis

Der Autor

Professor Dr. Falko Schuster
Geboren 1949. 1968 Abitur. 1968–1969 Wehrdienst. 1969–1974 Studium der Wirtschaftswissenschaft an der Ruhr-Universität Bochum und an der Universität Paris I (Sorbonne). Abschluss: Diplom-Ökonom. 1974–1979 Wissenschaftlicher Mitarbeiter an einem Lehrstuhl für Angewandte Betriebswirtschaftslehre der Ruhr-Universität Bochum. 1978 Promotion zum Dr. rer. oec.; 1979–1983 Referent im Referat Preisprüfung des Bundesamtes für gewerbliche Wirtschaft (heute Bundesamt für Wirtschaft). 1981 Ernennung zum Regierungsrat z. A. Seit 1983 Lehr- und Forschungstätigkeit mit dem Schwerpunkt „Betriebswirtschaftslehre der Kommunalverwaltung" an der Fachhochschule für öffentliche Verwaltung des Landes Nordrhein-Westfalen. 1984 Ernennung zum Professor. 1991 Berufung zum Professor für Öffentliche Betriebswirtschaftslehre.

Bücher:
- Kommunale Kosten- und Leistungsrechnung, 3. Auflage, München 2010;
- *Neues Kommunales Finanzmanagement und Rechnungswesen*, München 2008.
- *Doppelte Buchführung für Städte, Kreise und Gemeinden*; 2. Auflage, München 2007.
- *Einführung in die Betriebswirtschaftslehre der Kommunalverwaltung*, 2. Auflage, Hamburg 2006.
- Die Organisation des kommunalen Verwaltungsbetriebs (zusammen mit Joachim Siemens) Berlin/Heidelberg/New York/London/Paris/Tokyo 1986.
- Das Rechnungswesen des kommunalen Verwaltungsbetriebs (zusammen mit Dieter Steffen) Berlin/Heidelberg/New York/London/ Paris/Tokyo 1987.
- Countertrade professionell, Wiesbaden 1988.
- Gegen- und Kompensationsgeschäfte als Marketing-Instrumente im Investitionsgüterbereich, Berlin1979.

Zeitschriftenbeiträge (Auswahl):
Kaufmänner im Rathaus, in: economag; Magazin; http://www.economog.de/magazin/2009. *Die Organisation der Finanzbuchhaltung im NKF unter Einbeziehung der Gemeindekasse Teil 1 und Teil 2,* in: KKZ Kommunal-Kassen-Zeitschrift, 59. Jahrgang, Januar 2008, S. 1–6 und Februar 2008, S. 25–28. *Neue Kommunale Rechnungsprüfung – Überlegungen zur Rechnungsprüfung im NKF bzw. NKR,* in: der gemeindehaushalt, 107. Jahrgang, November 2006, S. 241–251. *Die kommunale Kasse im Wandel und ihre zukünftige Stellung im NKF*, in: KKZ Kommunal-Kassen-Zeitschrift, 56. Jahrgang, September 2005, S. 177–181 und Oktober 2005, S. 197–200. *Neues Kommunales Finanzmanagement (NKF) – eine Zwischenbilanz*, in: der gemeindehaushalt, 104. Jahrgang, Juli 2003, S. 148–151. *Das Neue Kommunale Finanzmanagement (NKF) des Landes Nordrhein-Westfalen* (zusammen mit Hermann Josef

Brinkmeier), in: der gemeindehaushalt, 102. Jahrgang, Oktober 2001, S. 221–230. *Countertrade – Ein Überblick über den Stand der betriebswirtschaftlichen Forschung sowie Ansatzpunkte zur Weiterentwicklung*, in: zfbf (Zeitschrift für betriebswirtschaftliche Forschung), 42. Jahrgang, Januar 1990, S. 3–21. *Untersuchungsverfahren bei Dumping- und Niedrigpreiseinfuhren* (zusammen mit Hannelore Riley), in: Wirtschaft und Wettbewerb, 33. Jahrgang, Oktober 1983, S. 765–775. *Kompensationsgeschäfte –Erscheinungsformen und Marketing-Probleme* (zusammen mit Werner Hans Engelhardt), in: zfbf (Zeitschrift für betriebswirtschaftliche Forschung), 32. Jahrgang, Februar 1980, S. 102–120. *Barter Arrangements With Money: The Modern Form of Compensation Trading*, in: The Columbia Journal of World Business, Volume XV, Number 3, Fall 1980, S. 61–66. *Bartering Processes in Industrial Buying and Selling,* in: Industrial Marketing Management 7, 1978, S. 119–127.

www.ingramcontent.com/pod-product-compliance
Lightning Source LLC
Chambersburg PA
CBHW061408210326
41598CB00035B/6138